四書私存

〔明〕季本 撰

朱湘鈺 點校
鍾彩鈞 校訂

中央研究院中國文哲研究所

《四書私存》一函五冊（華東師範大學圖書館古籍室珍藏）

大學私存序

大學之道明明德而已矣明明德之實親民而[illegible]

[illegible]止至善而已矣夫善之得於必而本[illegible]

不[illegible]者為明德明德所發於人必親德非親民不可以

為明也故明德者以親民而明德也親民者以明德而

親民也明德體也親民用也體不離用用不離體體用

一源其名同出明德親民非兩事也顧世之務脩己者

恩或不及於民則自私自私非所以語明德矣務治人

者政或不本於德則用智用智非所以語親民矣然則

聖賢立教而以明德親民兩言相對豈以為親民[illegible]

《大學私存》首頁書影（華東師範大學圖書館古籍室珍藏）

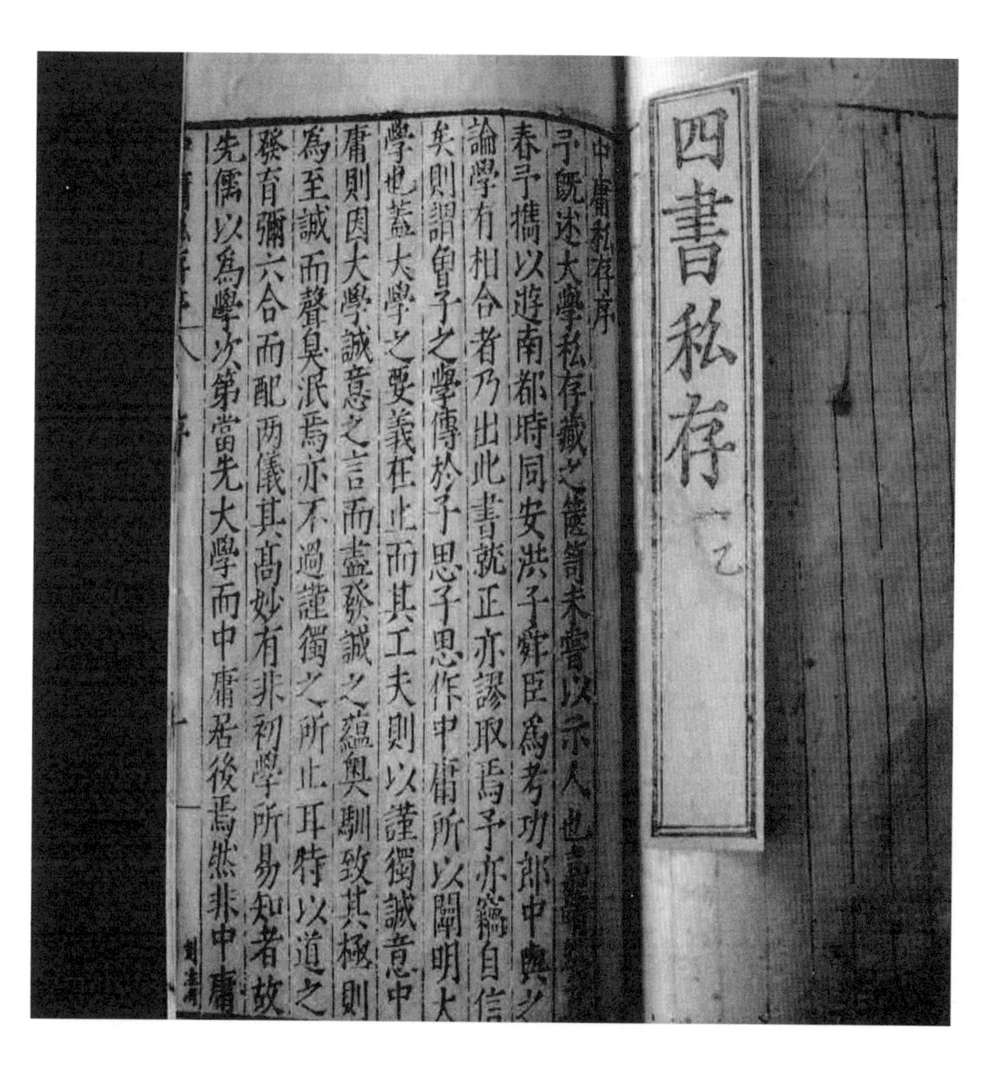

中庸私存序

予既述大學私存藏之篋笥未嘗以示人也
春予攜以遊南都時同安洪子舜臣爲考功郎中與之
論學有相合者乃出此書就正亦謬取焉予亦竊自信
矣則謂曾子之學傳於子思子思作中庸所以闡明大
學也蓋大學之要義在止而其工夫則以謹獨誠意中
庸則因大學誠意之言而盡發誠之蘊奥馴致其極則
爲至誠而聲臭泯焉亦不過謹獨之所止耳特以道之
發育彌六合而配兩儀其高妙有非初學所易知者故
先儒以爲學次第當先大學而中庸居後焉然非中庸

《中庸私存》首頁書影（華東師範大學圖書館古籍室珍藏）

巧色之說嘉者謂之令使果有德者之有言令[illegible]
之人令色不可以為非仁也但好令色乃在外之可[illegible]
者或以此孔壬或以此足恭其中不可知也[illegible]
而愧屋漏者亦多矣謂其不必皆有仁也故曰鮮[illegible]
人求仁於不覩不聞之中也
○曾子曰吾日三省吾身為人謀而不忠乎[illegible]
而不信乎傳不習乎
忠信只是一理自其誠心不欺而言則曰忠自其實
理無違而言則曰信此以忠屬與人謀信屬與朋友
[illegible]是未聞一貫[illegible]事也[illegible]人倫非此

[illegible]
[illegible]有時矣言之不在[illegible]
者為切哉此正所謂隨事精察而力行之猶未知其
體之一也
○子曰道千乘之國敬事而信節用而愛人使民以時
[illegible]其事也信信於民也節用不傷民財也愛人不
[illegible]民情也使民以時不竭民力也皆治國之道而敬
信則又身之所以先民者也五者不及為政蓋為諸
侯當以守法愛民為本故所言止於如此此務本之
意也若邇語以為治則將起變易制度之端其不至
論語私存卷一

《論語私存》書影（華東師範大學圖書館古籍室珍藏）

編校說明

《四書私存》是明代儒者季本（一四八五—一五六三）諸多經注之一。季本，字明德，號彭山。浙江會稽人。正德十二年（一五一七）進士。在《明儒學案》中，被歸爲浙中王門學人。

相較於其他門人，彭山最獨特之處，即其以參究經注的方式理解良知學，此實源於家學。根據傳記所載，彭山自幼便受《春秋》於兄（季木，弘治十四年，一五〇一，舉於鄉），以經聞於諸生。弘治十七年（一五〇四）鄉試，爲麟經魁。正德八年（一五一三）前後，陽明（一四七二—一五二九）便道歸省，前往就教，遂爲門人。以「一意《六經》，潛心體究」王學，其重視經注的態度，即使受到師教訓誡，猶未易轍。後懼當時學者騖於空虛，欲身挽其弊，不但在嘉靖十五年（一五三六）提出「龍惕說」，致仕後，猶著書數百萬言，有《廟制考義》、《春秋私考》、《讀禮疑圖》、《四書私存》、《孔孟圖譜》、《樂律纂要》、《律呂別書》、《說理會編》、《詩說解頤》、《易學四同》等十數種，百有二十卷。後人大都肯定其學精考索、務實踐，有究於新建未發之緒。

彭山恐己說「未合於天下之公」，故以「私」名其經注者有二：其一爲《春秋私考》；其一即《四書私存》。前者收入《續修四庫全書》之中，流傳普遍。相較之下，《四書私存》在明末清初已有散佚的情形，如：《經義考》云「未見」，僅錄其目。即使同時期毛西河（一六二三—一七一六）編纂《大學證文》中，載有「季本《大學》改本」，也因內容過於簡略，且不見《大學私存》字樣，是否錄自《四書私存》，啓人疑竇。今透過《四書私存》的出版，有助於學界對季彭山著作的認識，及其思想的理解與探究。

《四書私存》共三十七卷。今筆者所見刊本二種：其一，在北京國家圖書館，以微卷方式供閱覽。在書前載有「得自林氏樸學齋藏本。戊戌四月十三日書於蒼璧齋」，交代來處。蒼璧齋爲乾隆藏書家何應舉所有，據此推測，此書當刊刻於乾隆之後。每半葉十行，行二十一字。左右雙欄，版心白口，單魚尾。中縫上記書名，中記卷、頁數，下偶有署刻工姓名。另一部藏於上海華東師範大學閩行校區圖書館，一函五冊。不同於北京藏本，上海藏本首頁並沒有任何有關版本來源的文字，而另有編目，將《四書》卷數，依次編爲甲、乙至癸十部（甲、《大學私存》；乙、《中庸私存》；丙、—己、《論語私存》；庚、—癸、《孟子私存》）。但觀其版式、頁數，乃至刻工姓名及其出現頁數，與北京藏本完全相同，推測北京藏本與上海藏本當使用同一刻版。惟後者紙質粗澀，部分篇幅受墨不凝，以致版面不潔，不如北京藏本清晰。不過由於北京藏本多遭蠹蝕，闕處甚多（甚至闕頁，如：原書《論語私存•公冶長》，卷五，頁十下），故需與保存頗完整的上海藏本相互參照，始可見全貌。而上海藏本在幾無蠹蝕的狀況下，仍有部分文字漫滅不清，無法辨認，這與北京藏本闕處重疊。另《論語私存•學而》，卷一，「弟子入則孝」章，北京藏本作「或言未周」，上海藏本作「或有永周」，後者文意不如前者清楚。準此，本書以北京藏本爲底本，蠹蝕、闕頁處再參照上海藏本補上。

此外，隨書附錄一度被認爲已散佚的《龍惕書》一卷。此書同樣館藏於北京國家圖書館，也以微卷方式供閱覽。「龍惕說」是彭山在嘉靖年間，懼於同門主自然者（主要是針對龍溪（一四九八—一五八三））流於無節度所提出的主張。此說在同門間引發熱絡的爭論。後來，彭山將有關「龍惕說」之議的相關書信輯錄成帙，彙爲一書，即《龍惕書》。故此書在彭山生前便已完成，今北京國家圖書館所館藏的版本，乃萬曆三十一年彭山姪孫輩劉穀刊刻於福建者（詳見跋文）。

由於《龍惕書》乃當年彭山蒐集所成，在轉載、傳抄過程中，難免闕漏、錯謬，且每一封書信多是摘錄，而未能見得全貌。雖然如此，仍有助於吾人對彭山思想、「龍惕說」議辯的掌握，及理解王門後學參究良知教過程中，此一重要環節。

這次編校是以北京國家圖書館藏本爲底本，若收錄的書信內容，亦得見於諸子文集中者，則加以校對。所參照的諸子文集出處皆隨文詳注於後。如前所言，《龍惕書》乃摘錄個人書信，而非全文收錄，也因此校對不採傳統字字校勘的方式，而是以《龍惕書》爲主，若有錯字，或不一致處（如：兩文用字不同），方輔以諸子文集，隨字、句附注，以保持《龍惕書》之原貌，及便於讀者閱讀。

本書之所以能夠編校出版，首先感謝國科會數年來的計畫經費補助，讓筆者得以往返北京、上海等數次，進行蒐集、謄抄、校對資料，以及中央研究院文哲所鍾彩鈞教授將本書納入其所主持的「明清儒學資料數位化計畫」項下出版。感謝中央大學中文系楊祖漢教授、孫致文教授及復旦大學哲學系吳震教授、中央研究院文哲所博士後林勝彩博士等人，是他們喚起我關注這批文獻，乃至協尋到這批文獻之館藏處。爲了謄抄、校對，數次往返北京、上海，得到了北京大學曾美珠博士、揚州大學程海霞教授、廣州中山大學張衛紅教授、北京大學高等研究院博士後研究員張昭煒博士、北京師範大學蔣麗梅教授、本系鍾宗憲教授、華東師範大學中文系主任譚帆教授、文獻所研究生蔡軍同學的協助。而北京國家圖書館善本特藏室主任趙前教授及館員們、華東師大閔行校區圖書館古籍部主任周保明教授及館員們的熱情幫助，周教授更慨然應允刊登幾張《四書私存》的書影，在此一併致謝。編校過程中，更得到許多師友的鼓勵與協助，在此特申謝忱：文哲所鍾彩鈞教授主持、策劃此書的出版之外，更悉心地校正全文數次；而文哲所林月惠教授一直是本書出版的最佳催生者；兩位匿名審查委員耐心地校訂全書；中央大學中文系賀廣如教授及林勝彩博士指正《龍惕書》中不少句讀的錯誤；浙江國際陽明學研究中心主任錢明教授的指教、楊祖漢教授與近史所呂妙芬教授所領導的讀書會師友們的指正；計畫助理周茹芬、高偵婷等同學的幫忙，以及出版部詹小姐的協助，才能使本書得以順利出版，感激何限！如有錯漏，皆本人之責。

本書係國科會計畫「『龍惕說』議辯研究」計畫（NSC 97-2410-H-029-040）（《龍惕書》）及「王門後學與『經典』研究」計畫（NSC 98-2410-H-003-138-MY2）（《四書私存》）部分研究成果，謹此致謝。

朱　湘　鈺　謹誌

二〇一三年五月

凡例

一、底本中有脱、衍、倒者，出注説明，一般不改。

二、朱子《四書章句集注》爲宋明時代標準注本。季本爲陽明弟子，其《大學私存》次序大體上遵用《大學》古本，而《中庸私存》、《論語私存》、《孟子私存》分章基本上沿用朱子章句集注。本點校本除了依季本原有章次之外，《論語私存》、《孟子私存》並依朱注章次編號，以利檢索。

三、若錯字、贅字，則以（）標明之，並將訂正之字，以〔〕附其後。若闕字，則以□標明之。

四、古體字、通假字一般不改。異體字、俗體字徑改爲正體字。

五、《龍惕書》的校訂，要在保存底本樣貌。當初是彭山有意摘錄原書信内容，故其脱漏處不改。不一致處，加注説明。錯、刊字則同凡例三的方式處理。

目次

論語私存

孟子私存

〔附錄〕

龍惕書

大學私存[1]

大學私存序

大學之道，明明德而已矣；明明德之實，親民而已矣；其工夫之要，止至善而已矣。夫善之得於心，而本體昭然不昧者爲明德。明德所發，於人必親。德非親民，不可以爲明也。故明德者，以親民而明德也；親民者，以明德而親民也。明德，體也；親民，用也。體不離用，用不離體；體用一源，異名同出，明德、親民，非兩事也。顧世之務脩己者，

[1] 北京藏本書前有以下文字：《經義考》云：「未見。」此書得自林氏樸學齋藏本。戊戌四月十三日書於蒼壁齋。

恩或不及於民則自私，自私非所以語明德矣；務治人者，政或不本於德則用智，用智非所以語親民矣。然則聖賢立教，而以明德、親民兩言相對，豈以爲親民別有一事哉？正以見明明德之實用耳，其究則明明德之一言固已盡之矣。明德存乎止，親民發乎恕，是故格物、致知、誠意、正心、脩身皆以止，而明德所謂止於仁敬孝慈信者是已；齊家、治國、平天下皆以恕，而親民所謂孝弟慈，心誠求之者是已。夫善，詳言之則曰仁敬孝慈信，略言之則曰孝弟慈，皆所謂德也，皆所以親民也。但主治己以定其體者而言則曰止，主及人以廣其用者而言則曰恕耳。故止者善之存也，恕者善之發也，因其本體無所加焉，善之至也。由是觀之，親民之善即明德之善，善豈有二哉？而善之上又豈別有所謂至哉？惟其本體常存，工夫不已，則德日明，而及日遠，功業無窮焉。是則所謂克明峻德者，而亦不過充吾本體之善耳。善以恕行，恕以止盡，故止至善者，明德、親民之要也。在《易・艮》之彖曰：「艮其背，不獲其身，行其庭，不見其人。」蓋心體之明，常應常靜，惟爲物所動則不止耳。艮其背而不以心累，所見則不動於物，內外兩忘，此正止至善之義也。自堯、舜以來，執中之傳，惟曰精一，而所以爲精一者，止而已矣。《書》、《詩》所言曰：「安汝止」、曰：「欽厥止」，以至「於緝熙敬止」，聖聖相承，豈有他學哉？孔門之教以此爲宗，故其傳之曾子，雖三綱八目，理益精詳，而止之一言，則又曾子終身服膺忠恕一貫之學，而有得焉以授門人者也。其間承宗世嫡述爲此書，本末兼該，終始備舉。然提挈綱維，惟止爲切矣。聖學失傳，簡編錯亂，眾說紛紜，莫知的向，雖如二程夫子尊信此篇，各爲定本，而要言未顯，讀者猶疑，至於朱子分章則不免又補綴矣。我陽明先師見超千古，獨是舊文，約其工夫，歸於誠意，而指點良知最爲切要，故箋註數言，略舉大義，而合一之學遂復煥然。蓋先師讀書不牽文句，舊次或有未協，不必於類從；訓釋或有未明，不必於強解。此真深造以道，而得意忘言者也。若本學未及此，不免求於文字之間，以爲聖賢立言必有精意，而篇章義例必不錯陳。凡文不相屬而意不相蒙者，亦可據理考經，求其當處，於是反復舊文，仍加校釋，雖未能一一合於聖賢宗旨，然平生精力所至，亦或有發明焉，尙俟有道者就正耳。

嘉靖癸卯三月既望後學會稽季本序。

大學私存

會稽季本箋　潮陽蔡亨嘉校正

大學

大學者，以天地萬物爲一體之學也。古之人方其八歲，則入庠序以明人倫，量其日用之常，以孝弟爲切，故所申者惟孝弟之義。其職主於事人，而不責其治人者也，是爲小學，古司徒所教是也。及其十有五年，德性漸定，聰明漸開，其賢愚大略可見矣，則以其凡民使之歸農，而擇其人之俊秀，與夫天子諸侯之元子、眾子，以至公、卿大夫元士之適子，皆將有天下國家脩己治人之責者，則升於國學，教之成材，充其孝弟之量，以養其中和之德，化民成俗，於此基焉，是爲大學。以其首出凡民之上謂之胄子，古典樂之官所教是也。雖在凡民之中，不預於國學之教，然能誦詩讀書，隱居求志，以精脩身之學，備大人之事者，則亦大學也。云大學則不但小善其身而已。學之爲言效也，呈見之意。蓋天命之性具於吾心，自然呈見，不假人爲，苟有未盡，必不自安，而有所不爲不欲。所謂良知良能非由外鑠者也。故學也者，本體之呈見也。聖人有聖人之學，生知安行者也；其次大賢以下，有所觀感而後興起者，學知利行者也；至於下愚昏蔽之甚，難於感動，必待困心衡慮，困知勉行者也。知行者學也，知行成德則爲知仁勇，雖所入異途，其爲學根於心，一也。

大學之道，在明明德，在親民，在止於至善。知止而后有定，定而后能靜，靜而后能安，安而后能慮，慮而后能得。

大學以及人爲大，而不外乎以爲己爲本，故首揭明明德言之。且夫心之虛靈不昧者爲明德。明之者德自明也，去其蔽則明矣。德之真切愛人者爲親民，親之者明能親也，充其量則親矣。明德者體之存於內者也，親民者用之發於外者也。德以親民而明，則體發實用；民以明德而親，則用存虛體，此體用不離，合外內之道也。離則脩己者恒自私，而不知所以親民；治人者恒用智，而不知所以明德，非道矣。然則明德必顯於親民，而親民乃所以明德，言親民非別爲一事也，不過發明明德之爲實學而已。故欲明德而親民者，工夫之要，惟在於止。止者靜功也，靜體常動，明在其中矣。至善者，天理之至極，而無一毫人欲之雜，即心之本體也。心體虛靈，本常感物，動而不止，則蔽於物，而德不明，何以充其能親之量哉？止則動而無動，因其本體無所加焉，神妙萬物，而不物於物矣！此學問之至要，而可以參天地育萬物者也，故謂之大學之道。斯道也即中庸率性之道也。明德即達德也，成己也；親民即達道也，成物也；止至善即行之者之一也，誠也。觀乎戒慎不睹，恐懼不聞，可以見工夫之止矣。○知止者，主止而言，蓋工夫之要在止也。止中有明，虛靈之本體能應物者也。即〈艮卦〉二陰收斂於下，而一陽光輝在上，乃其明之不息者，故曰知止，則止非杳冥昏默之謂也。理之所在，心有的向曰定。惟見此理，不見他物曰靜。心樂乎此，無所厭苦曰安。察理之精，無二無雜曰慮。理得於心，復其本體曰得。定靜安慮皆以驗心體之所得，一時可見，非有四節工夫也。蓋工夫全在知止，止則必定，定則必靜，靜則必安，安則必慮，而後可以語得。不慮由於不安，不安由於不靜，不靜由於不定，原其所自，皆由不止，而學可以不知止乎？蓋德者得也，對失而言。知止則理得於心，復其虛靈之本體，而爲明德，否則爲物所動，失其本心矣。故曰止者，靜功也，於定靜安慮見之矣！

物有本末，事有終始，知所先後，則近道矣。古之欲明明德於天下者，先治其國；欲治其國者，先齊其家；欲齊其家者，先脩其身；欲脩其身者，先正其心；欲正其心者，先誠其意；欲誠其意者，先致其知；致知在格物。物格而后知至，知至而后意誠，意誠而后心正，心正而后身脩，身脩而后家齊，家齊而后國治，國治而后天下平。自天子以至於庶人，壹是皆以脩身為本。其本亂而末治者否矣。其所厚者薄，而其所薄者厚，未之有也！子曰：「聽訟，吾猶人也，必也使無訟乎！」無情者不得盡其辭。大畏民志，此謂知本。

物有本末之物，即格物之物。天理之象，如至善中之仁敬孝慈信，發於吾心而可見者是已。凡物之已成形者，器也。心有所感，象其物宜者，理也。理則物之動而未形者也，以其不滯形器，故物以理言。《易》曰：「見乃謂之象」，正謂此耳。事則處物而通其變者也。物與事兼言之，則分二義，專言之則一而已。故格物單言物，而事在其中矣。精誠所聚者爲本，萌芽所達者爲末。譬之木焉，自根而幹，而枝而葉，而萌芽之透徹，未有停機，其萌芽之所達即精誠之所聚也，故即本而言末在本，即末而言本在末，本末不可分爲兩段事，蓋亦體用不離者也。但自人可致力而言則在本耳，本明明德，吾所固有而天命不已，應用無窮，本立而道自生矣。凡恩之所推，由近及遠，苟欲盡之，雖堯舜猶病，惟日新又新，處之曲盡，至於道久化成，萬物得所，皆自本而充其量，明德之外不可以有加也。若不務責己，惟末之治，則不能不假於政刑，非有本之末矣。本即所始也，末即所終也，本末一貫，終始相因。本而及末，則其用不窮，終而復始，則其機不息。故自此以下，皆言務本而不遺其末之意，惟在工夫不息而已。故曰：「知所先後則近道」，道即大學之道，近則不離本體之謂也。若以爲自此至彼相去不遠，則與道爲二矣。下文平天下、治國、齊家，必先脩身、正心、誠意、致知、格物；物格、知至、意誠、心正、身脩，而后家齊、國治、天下平，其言先后，皆自知所先后而發之。○明明德於天下，猶言親天下之民也，治國者親一國也，齊家者親一家也。不言親民而言明明德者，親民不過明吾之明德耳。但恩之所施必自近始，漸次推行，待其自化，則事不煩而德易及耳，其理豈有二哉？譬之日然，日光之能照，猶明德之能親也，日光照於戶庭之間，猶明德之親一家也；日光照於畿甸之中，猶明德之親一國也；日光照於海宇之內，猶明德之親天下也。照有廣狹，而日之本體一也。親民有遠近，而明德之本體一也。故以天下國家統之於明明德之一言，則以本之在德也。蓋德之所發散在萬殊，然其則不遠，風有所自，非血肉之軀所能也。故指其隨時應接，樞機在我者，而謂之身；言身則為達道之所起矣，身非別為一物也。故指其懸空提起，不近四旁者，而謂之心；言心則為達德之所存矣，心非別為一物也。故指其警惕之幾，流行莫遏者，而謂之意；言意則為不已之誠矣，意非別為一物也。故指其虛靈之地，主宰常惺者，而謂之知；言知則為本體之明矣，知非別為一物也。故指其感應之理，成象於心者，而謂之物；言物則為所明之善矣。如此則物乃實理顯著，天命之本善也；善體常明，則非外物而有知矣；明體常動，則非外知而有意矣；動體常貞，則非外意而有心矣；貞體常應，則非外心而有身矣。大抵德之所以不明於天下國家者，本於身之不檢，故欲明明德於天下國家者，必先脩身。脩者，品節之意。欲其事以中節，使私無所牽也，身脩則德無不明矣。身之所以不脩者，本於心之有著，故欲脩身者必先正心。

正者，貞一之意。欲其一以主中，使根無所著也，心正則身無不脩矣。心之不正，本於意之有欺，故欲正心者，必先誠意。誠者，幾微之意。欲其幾動於微，惕然而不容自欺也，意誠則心無不正矣。意之不誠本於知之有蔽，故欲誠意者，必先致知。致者，明精之意。欲其明極於精，惺然而不爲物蔽也，知至則意無不誠矣。知之不致，本於物之有欲，故欲致知者必在格物。格如格式之格，不踰矩之意。欲其不動於欲，而合於天則也，物格則知無不至矣。八條之序，或言「先」，或言「在」，其義一也，文之異耳。朱子以爲「先」字慢，「在」字緊，非也。身心意知物皆明德本明之體，發於用而屬動者也，動則其勢不可遏矣，脩正誠致格乃復其本體，靜功也。凡言工夫未有不歸根於靜者，此學之所以爲止也，而其日可見之行則在格物，所謂止至善者，舍是無可用力矣。夫物格則吾心所感之理，凡有象而可見者皆爲至善，是神妙萬物，物即道也，否則滯於有形，物即器矣。同一物也，格則爲道，滯則爲器。信乎道器之分，只在形而上下之間耳。〇物字之義，詳見《中庸私存》第二十五章。物格則至善得止，是實功得力之地也。故知至意誠心正統於身脩，而家國天下之本盡於是矣。此皆以後驗先，欲驗物格觀乎知，欲驗知至觀乎意，欲驗意誠觀乎心，欲驗心正觀乎身，欲驗身脩觀乎家國天下。凡在後者有未驗，皆在先者有未盡耳。蓋覆說上文，以見學之不可不知所先也。格物、致知、誠意、正心、脩身本無等級之相懸，但在格物上精之又精，以造其極耳。雖其始學工夫或有未至，然求之天命之本善則一而已，故所先究於格物，而脩身無餘功矣。○天子有天下，諸候有國，大夫有家，皆以盡親其民爲責者也。庶人見治於人，而其學皆所以明人倫，則民未嘗不各親於下也，苟能充之，亦可以治天下國家矣。不以責不及焉，而身可以不脩也。壹是者，言人心之所同然也，既曰脩身，則皆格致誠正之學矣。學豈有二哉？但工夫有粗密，則所造有淺深，而功用亦異耳。故不能充者，謂守孝弟之常，而不能成中和之德以化民成俗也，如此則僅可以自善其身，而爲小學矣。脩身而能齊家治國平天下，學然後大。○本亂謂身不脩也，身不脩而徒假政刑以治其末，豈能化民哉？厚，厚責之也。薄，薄責之也。所厚指身而言，所薄指人而言，謂夫躬自厚而薄責於人者也，反是而薄於責己，厚於責人，則所令反其所好，而民不從矣。自明明德於天下，至此皆言本之在所先也。○聽訟者，聽其辭而斷之明也。無訟，則其心感愧而自不得盡其辭矣。凡執辭而欲伸己之直者，皆無慈愛惻怛之情，而忍陷人於罪惡者也。惟有以感動其良心，則至情真切，而自恥於有爭，此其天命之全體呈露，而恐懼不寧，非但小小畏罪而已，故曰大畏民志。夫民生有欲，不能無爭，雖堯舜文王之世，不免有訟獄之人。但聖人自明其德，不怒而威，能使人即命安貞，所謂有恥且格是也。若聽斷之明，人孰無之？然所治在人，雖罰必當罪，亦不過道之以政，齊之以刑耳，是豈有本之治哉？此引孔子之言而申之，以明上文脩身爲本之意。

《詩》云：「瞻彼淇澳，菉竹猗猗。有斐君子，如切如磋，如琢如磨。瑟兮僩兮，赫兮喧兮。有斐君子，終不可諠兮！」如切如磋者，道學也。如琢如磨者，自脩也。瑟兮僩兮者，恂慄也。赫兮喧兮者，威儀也。有斐君子，終不可諠兮者，道盛德至善，民之不能忘也。《詩》云：「於戲，前王不忘！」君子賢其賢而親其親，小人樂其樂而利其利，此以沒世不忘也。

剖分制用曰切，刮削平礧曰磋，雕鏤成章曰琢，砥礪入細曰磨，皆以治玉一事，相因爲義，君子比德於玉，故常以玉喻學。張南軒嘗以四者皆爲治玉石之事，而朱子專執切磋治骨角、琢磨治玉石之見。第南軒以石混玉，理猶未精，而訓釋之間疑於重複，故卒無以勝朱子之說耳。切以喻辨志，磋以喻去邪，琢以喻有文，磨以喻無迹，精而又精之功也。但切磋以求善言，有審擇之意，故曰學。琢磨以精善言，有節密之意，故曰脩。然謂之自脩，正以見學之爲己。恂慄者，信實之敬，德之存也。威儀者，嚴畏之儀，德之著也。充實光輝，德之盛也，則謂之有斐。德之顯於外，而不可揜者，謂之盛。善之極於心，而不可加者，謂之至。善以德存，德以善發，非至善無以成盛德，非盛德無以驗至善，亦本其體用合一而言也。德盛則得至善之本體，而所以親民無不曲盡，故恩澤入人之深，而人心感慕不能忘矣。此以驗學問工夫不已之所必至，而未至於此者，亦惟反求其明德之有闕，而日孜孜耳。明德之外，豈別有親民之術哉？此明脩身爲本，而工夫不已以盡其末也。○有善曰賢，有恩曰親，相安曰樂，相養曰利，言君子小人各盡性分之固有，職分之所當爲也。沒世不忘，蓋極言之以明上文民不能忘之意，非別爲一義也。

〈康誥〉曰：「克明德。」〈大甲〉曰：「顧諟天之明命。」〈帝典〉曰：「克明峻德。」皆自明也。湯之〈盤銘〉曰：「苟日新，日日新，又日新。」〈康誥〉曰：「作新民。」《詩》曰：「周雖舊邦，其命惟新。」是故君子無所不用其極。

顧猶言常目也，諟猶言在此也，謂常目之而見其在此也。明命即明德，命之在心爲德，德之不已爲命。峻德以其參天地育萬物而言也，能明明德於天下，則德之峻可知矣。言克明皆是顧諟意，文王與湯，湯與堯，其工夫一也。然則聖人亦可以語工夫乎？曰：戒慎恐懼，天命之本體也。聖人所謂能明者，亦惟工夫不已而已，舍工夫何以爲本體哉？先文王，次湯，次堯，由今推及於古，以見道統之傳有自也。上言德盛而民不能忘，然非爲人而學也，故復推本於身而曰自明。○湯盤，指盥頮之盤而言，此論工夫不已，故發新字。日新者，方來之幾，念念不汙也，日新又新，則常加切磋琢磨之功者矣。如此則德及於民，鼓舞不倦，而民心興起，化舊爲新，是民之新者由我作之也。然則本在自明，而曲成不遺，在日新又新耳。民新則天命亦新矣，天命只在民心上見。此承湯銘日新之語而遂及民新、天命之新，蓋亦因文而終意也，先儒以新民別爲一事則誤矣。○所，指與人相接之處，而極謂極於至善，由此而行之謂之用。君子處人，隨其所接之處，凡動靜云爲無不用此至極，則日新工夫無間斷，而親民之化在其中矣。蓋大學以止至善爲要，知止以下，不過反覆推明此意，故又言此以結之。

右論大學之道在於明德、親民，而其工夫之要在於止至善。大抵皆務本以盡其末之意。○此篇舊本有「此謂知本」者二句，因以「聽訟」一條誤屬後句之上，而以「此謂知之至也」至「必誠其意」，誤屬前句之下。以文義推之，則篇首諸條所當改正者惟此而已。況「聽訟」一條，伊川固已屬之「所薄者厚未之有也」之後，但其下文所序，則義又不協耳。今故即此二句各以類從，而「淇澳」諸條俱仍其舊，則文順而理通矣！

《詩》云：「邦畿千里，惟民所止。」《詩》云：「緡蠻黃鳥，止于丘隅。」子曰：「於止，知其所止，可以人而不如鳥乎！」《詩》云：「穆穆文王，於緝熙敬止！」為人君，止於仁；為人臣，止於敬；為人子，止於孝；為人父，止於慈；與國人交，止

於信。此謂知本。此謂知之至也。「此謂知本」一句重出，蓋知本二字有誤也，當依朱子補傳作物格爲是。

邦畿，王者之都，四方之極也。止即定也，民心歸一，所以定也。此明心有主則定，所謂止者如此。○土一成爲丘，隅，角也，所不見之處也。止於所不見，鳥之所安也，知其所止，謂明一於是也，可以見知不在止外矣。○穆穆，不顯之意也。緝，不已也。熙，昭明也。穆對昭而言者也，昭，明之至，無聲無臭則穆穆矣。敬者，惕然有警而不敢忽之謂。敬而止之，所以常明，此即致知在格物之意。仁敬孝慈信，至善之大目，天理之在吾心而有象可見者，所謂物也。行之於君臣父子朋友之間，則親民也。當明德下手用力之地，而即以親民之事言之，以見德之不外於物如此。止之者，不動於欲而合於天則，所謂格也，而止中之明不已，則知至之意存焉。蓋因上言緝熙而見矣，故合而言之曰「此謂物格，此謂知之至也。」曰：格物致知，各爲一目，其不分釋何也？曰：物知意心身，同一明德之發用也，而德之所以爲明，則即其物之始感而已見，非外物而有明也。但自其流行之異態者而言，則其名有五，自其明動之相須者而言，則一物耳。故大學於此首申格物致知，不異其文，所以明合一之意。次申誠意正心脩身，各疏其義，以著相因之功。蓋同者未嘗無別，而異者不害其爲同，可以互相發矣！

右申釋格物致知。

所謂誠其意者，毋自欺也。如惡惡臭，如好好色，此之謂自謙。故君子必慎其獨也！小人閒居為不善，無所不至，見君子而后厭然，揜其不善，而著其善。人之視己，如見其肺肝然，則何益矣。此謂誠於中，形於外，故君子必慎其獨也。曾子曰：「十目所視，十手所指，其嚴乎！」富潤屋，德潤身，心廣體胖，故君子必誠其意。

誠之爲言成也，本於成之者性而言。朱子以實訓誠，實不足以喻之。蓋實者有物在中之名，而誠則不倚於物者也。誠者，天之道也，實理流行，無所勉強，乃天命之本體，惕然不能自已，所謂微之顯而不可揜者也。故即惡惡臭、好好色之情以明之，而後章凡言好惡之公，其端皆發於此。夫人於臭之惡者，必能惡之，非以其當惡而有心於惡；於色之好者必能好之，非以其當好而有心於好，乃其真情之所不能自已者，故意者天命流行之幾，即其惕而不能已者，是己所以誠之，亦惟不自欺其本體之惕然耳。自欺者，天命本體之在我者不爲主，至爲外物所誘，不能勝而加揜焉者也，此正其知其有蔽處。毋者，意有所不安而不欲爲也，毋自欺即是致知，但自其惕然動者而言，則曰誠意耳。自慊者，其意常安，無所不足也，毋自欺則自慊矣。

爲學關頭只在自欺與自慊。人欲勝則自欺，天理爲主則自慊，惟其自慊所以爲誠。而君子必慎其獨，獨與上文自字相應，以我所自主而言，故曰獨。本文不著知字，但獨處必能知，故即以獨知爲獨，此指天命源頭不雜於物者而言也。謹即戒慎不睹、恐懼不聞之意，正所謂惕然也，獨上何待於加謹邪？蓋懼外邪之干己耳。天命常存，誠不可揜，則感物之際，自惕然而不物於物，無迹可露，人豈得而知哉？誠意之功只在毋自欺，而毋自欺之要只在謹獨，即獨以明自見，非他人所能與，此明德所以爲自明也。○閒居，心無所事之時也。厭然，自知不善而不安之貌。小人亦知善所當爲，但自欺耳。自欺已是不誠，安得善形於外？故雖自厭其不善，而卒不可揜之於人。言善不可以僞爲也，惟誠則中有實德，而善自外形，動無不化，而人皆仰之矣，故曰誠於中形於外。朱子以此爲惡實於中，非也。自古聖賢何嘗有以惡言誠者哉？正爲不知誠之之功爲天命之所不能自已耳。○嚴者，謹嚴可畏之意。十目所視，十手所指，因上文「人之視己如見肺肝」，而言人所容睹之處也。謹於人所共睹，則爲人而謹矣。乎，疑詞，故陽明先師曰：「此未足爲嚴，以見獨之嚴也。」《詩》云：「視爾友君子，輯柔爾顏，不遐有愆，相在爾室，尚不愧於屋漏。」亦此意。○潤身，即前章所謂有斐也。廣，恢弘之意。胖，融釋之意。心恢弘而體融釋，惟德潤身者能之，此明上文誠於中形於外之意。以必誠其意而結上文，別無工夫，只是一謹獨矣。

右申釋誠意。

所謂脩身在正其心者：身有所忿懥，則不得其正；有所恐懼，則不得其正；有所好樂，則不得其正；有所憂患，則不得其正。心不在焉，視而不見，聽而不聞，食而不知其味。此謂脩身在正其心。　身有之身，當從程子作心。

忿懥、恐懼、好樂、憂患四者之情，本意之流行處，心之用也。至虛應物，不著方所，心體之正也。著則不虛，乃爲不正。有即是著，謂動於物欲，而流行之體滯，此乃意不警惕，容留在內，是意之不誠也。但意中以貞而一，動處即是心，故以正心言耳。心正則虛體在中，故能神妙萬物，而體物不遺；不正則倚於一物，在物而不在中矣。故謂之心不在焉，心而不在，則以何者主物而應之無失哉？

右申釋正心。

所謂齊其家在脩其身者：人之其所親愛而辟焉，之其所賤惡而辟焉，之其所畏敬而辟焉，之其所哀矜而辟焉，之其所敖惰而辟焉。故好而知其惡，惡而知其美者，天下鮮矣！故諺有之曰：「人莫知其子之惡，莫知其苗之碩。」此謂身不脩不可以齊其家。　辟與僻同。

敖惰者與之抗而慢其事，如子產對晉徵朝及爭乘之類，皆人情之所不能無者也。凡人相與之情莫切於親愛，故以親愛爲先。然溺愛者常至於不明，故因親愛而以賤惡繼之。狎恩者多流於不敬，故又因親愛而以畏敬繼之。賤惡者或不得其情，故又繼之以哀矜。畏敬者或不勝其侮，故又繼之以敖惰。至於哀矜中有可絕，敖惰中又有可尊，其變不窮，各以順應，即此可以見不偏之意。夫身之所謂偏，即心之所謂有也。有則必倚，所以爲偏，彼忿懥、恐懼、好樂、憂患四者之情，豈與親愛、賤惡、畏敬、哀矜、敖惰五者之情有二用哉?但自其名之異者而言，則心之所感，或先有此四種之事，故即四者之情以明病根之所存；身之所應，常偏向此五等之人，故即五者之情，以明病證之所發。若能隨所交而感，隨所感而應，前無所待，後無所留，則四者之情流行乎五者之內，心不爲有而身不爲偏矣。故脩身工夫只在正心而已，好知其惡，惡知其美，發而中節也，由人陷於一偏，故天下鮮矣！碩者，苗之虛大也。陸象山所謂「葉幹膨鬆而無實」是已。苗碩以況子惡莫知者偏也，此明天下鮮矣之意。蓋身者，風化之所自，而行之實始於家，偏向則任私，而所以親親者不能合於好惡之公矣，此家之所以不齊也歟！

右申釋脩身。

所謂治國必先齊其家者，其家不可教而能教人者，無之。故君子不出家而成教於國：孝者，所以事君也；弟者，所以事長也；慈者，所以使眾也。〈康誥〉曰「如保赤子」，心誠求之，雖不中，不遠矣。未有學養子而后嫁者也！

孝弟慈即至善之理，德之所親民者也。以是脩身於家，孝以老老，弟以長長，慈以恤孤。在國則事君，同一老老之義也；事長，同一長長之義也；使眾，同一恤孤之義也。故曰：孝者所以事君，弟者所以事長，慈者所以使眾，以見國之理不外於家也。孝弟慈行於家，而教國之本盡於此矣。治本以德化民，故以教言，身脩而後家可教者，身教也，《中庸》脩道之謂也。家不可教，而能教人者，言教也，則不能不假於刑政矣，所令反其所好而民不從，故曰「其家不可教，而能教人者，無之」。此言齊家即所以治國，而但當求之於身也。○保赤子乃慈母愛子之心，真切不能自已者，豈待學而能哉？即此可以見誠意之本體矣，雖其所發時或不中所求，然心既有誠，必能求得，所差不遠而即覺也。《中庸》「忠恕違道不遠」亦此意，心誠求之，即是忠恕，詳見下文。此明孝弟慈之本於身者，存乎固有之誠，而不待於外求也。

一家仁，一國興仁；一家讓，一國興讓；一人貪戾，一國作亂；其機如此。此謂一言僨事，一人定國。堯、舜帥天下以仁，而民從之；桀、紂帥天下以暴，而民從之；

其所令反其所好，而民不從。是故君子有諸己而后求諸人，無諸己而后非諸人。所藏乎身不恕，而能喻諸人者，未之有也。

德之慈愛惻怛者謂之仁，仁之謙虛退遜者謂之讓。讓所以盡仁，其實一道也。一家仁讓而一國興焉，謂民化也，以驗吾脩身之德。凡民之不化，皆德之未誠也，則亦勉於脩身，待其自化，而非可求之人者也。故歸本於身，而發一人定國之意。貪者，求濟己欲。戾者，拂逆人情。機指仁讓與貪戾本人身而言。一言，謂貪戾也。〇暴者，貪戾之發也。帥以身言。帥以仁，親民也；帥以暴，不親民也。堯、舜之治固教人以善，桀、紂亦非不以善教人者，但堯、舜之民從其教而爲善，桀、紂之民不從其教而爲非，則本其身之所帥耳。有諸己，真有親民之心也；無諸己，真無不親民之心也。心之真處即是誠，求而爲恕矣。□□脩身教家言。求諸人、非諸人是推教□□誠以教國，亦從此恕出也。恕者，如其親民之誠心而行之者也，故曰如心爲恕。上言仁，此言恕，恕不外乎仁也，但自其理之爲德者而言，則曰仁，自其心之推行者而言，則曰恕耳。不恕則無親民之誠矣，雖欲喻人，所謂其家不可教而教人也，無本之治，豈能興起人心哉?此承上文一人定國，而言治國者不可不本於身也。〇此章之恕，朱子以自治爲主，而曰「如治己之心以治人」。下章絜矩之恕，朱子以及人爲主，而曰「如愛己之心以愛人」，則是恕有二義也。夫恕固以如心爲義，而所如之心則實本中心之忠也。大學之教以親民爲德者也。心誠求之，忠也。如其誠心而求焉，以無拂人情，恕也。然則恕專以愛人爲主，而治人即所以愛人也。以此善諸己，則謂之愛己，以此責諸己，則謂之治己，而治己即所以愛己也。今以愛人如愛己之心，治人如治己之心，則人己已分爲二學矣。故以愛言治者，則愛人即當如愛人之本心，而不必以愛己之心爲如也；以治言愛者，則治人即當如治人之本心，而不必以治己之心爲如也。夫所謂愛己治己之心者，何心哉？蓋就人同欲之情而言，猶云己所不欲焉爾，如此則猶易溺自私之處，但可即此以見取譬之意，而所如之心則中心也，必因推行而見，殆非愛己治己之心所能盡也。果嘗窮理以正之，而所以愛己、治己者皆出於正，然後即是推之以及於人，則心非親民，所正何事？以此爲學，猶涉自私，取以譬彼，雖見人情，而推行之間，前後異念，此與己所不欲之心，苟未及人，同一虛景，必有待於推，而心始盡，如心之本旨豈謂是哉？至於愛之與治亦分二義以言恕，則益支離費辭說矣，正由不知此章之恕亦主愛人而言耳。蓋愛人者，恕之所以爲用也，而其中心之誠，則忠之所以爲體也。無忠做恕不出，而恕豈在忠外別有一念乎？至善之所謂止者，惟此一言而已。故自齊家以下，皆以恕言，以見親民之要道如此。然則論恕者，但當求愛人之真切於忠，以盡治己之道，而愛人之外，別無自治之事矣。體用合一之學，不於此而可見哉？

故治國在齊其家。

通結上文。

《詩》云：「桃之夭夭，其葉蓁蓁；之子于歸，宜其家人。」宜其家人，而后可以教國人。《詩》云：「宜兄宜弟。」宜兄宜弟，而后可以教國人。《詩》云：「其儀不忒，正是四國。」其為父子兄弟足法，而后民法之也。此謂治國在齊其家。

宜，善也，本脩身者而言。家人，統言一家之人也。儀，法也，言身盡父子兄弟之道，而足以爲法也。以家人視兄弟，則兄弟爲親；以兄弟視身，則身爲切，蓋自遠推及於近耳。引《詩》之序，大略如此，無他意義也。

右申釋齊家治國。

所謂平天下在治其國者：上老老而民興孝，上長長而民興弟，上恤孤而民不倍，是以君子有絜矩之道也。所惡於上，毋以使下；所惡於下，毋以事上；所惡於前，毋以先後；所惡於後，毋以從前；所惡於右，毋以交於左；所惡於左，毋以交於右。此之謂絜矩之道。

倍，謂偝棄死者，與〈坊記〉「民不偝」意同。絜，心之忖度處。矩，心之裁制處。

德之能通天下，亦猶矩之爲方也。老老、長長、恤孤皆孝弟慈之行於國者，以親民言治國也，而民之興於孝弟不倍，則國治矣。如此可見孝弟慈之德，乃人心之所同，欲天下無異於國也。故君子以是推於天下，絜而矩之，必使無一人不被吾孝弟慈之澤，蓋欲盡天下之民而親之，亦充治國之心之所不能自已者耳。朱子於此以化之、處之分二義，似以化本明德，而處爲新民也。夫明德之學，親民而已，非别有新民之事也。化者，親民之所感動興起，而處則親民之曲盡人情者也。處以漸盡，則化以漸深。化非可強，但在日新其德，以俟道久自成耳。如道之以德，而又齊之以禮，禮只是德之詳密處，而豈在德外哉？故絜矩者亦親民也。謂之自新親民之德於天下，以作其興起之端，而民新焉則可，謂之别爲新民一事則不可，何也？蓋言親民則爲己之學也，言新民則近於爲人耳，毫釐之間而心術之公私係焉，不可不察也。○所惡勿施，恕也。絜矩者，所以盡恕也。上下以尊卑言；前後以長幼言；左右以朋輩言。舉此六者，足以盡天下之人矣。蓋取上下四旁均齊方正之義，以見所謂絜矩者如此。

《詩》云：「樂只君子，民之父母。」民之所好好之，民之所惡惡之，此之謂民之父母。《詩》云：「節彼南山，維石巖巖。赫赫師尹，民具爾瞻。」有國者不可以不慎，辟則為天下僇矣。《詩》云：「殷之未喪師，克配上帝。儀監于殷，峻命不易。」道得眾則得國，失眾則失國。

民好好之，民惡惡之，是與民同好惡，而可樂之德也。承上文所惡勿施，而言絜矩之道只是能公此而已。以是好惡之公行於老者，是謂恤孤，如此則能親民，其德可樂，而爲民之父母矣。○有國者，指君身而言。慎，本〈誠意〉章慎獨之慎，即所謂慎德也。辟，即〈脩身〉章之辟，偏也。不慎，未有不偏者。僇，辱也。

是故君子先慎乎德。有德此有人，有人此有土，有土此有財，有財此有用。德者，本也；財者，末也，外本內末，爭民施奪。是故財聚則民散，財散則民聚。是故言悖而出者，亦悖而入；貨悖而入者，亦悖而出。〈康誥〉曰：「惟命不于常！」道善則得之，不善則失之矣。生財有大道。生之者眾，食之者寡，為之者疾，用之者舒，則財恒足矣。仁者以財發身，不仁者以身發財。未有上好仁而下不好義者也，未有好義其事不終者也，未有府庫財非其財者也。孟獻子曰：「畜馬乘，不察於雞豚；伐冰之家，不畜牛羊；百乘之家，不畜聚斂之臣。與其有聚斂之臣，寧有盜臣。」此謂國不以利為利，以義為利也。長國家而務財用者，必自小人矣。彼為善之，小人之使為國家，災害並至。雖有善者，亦無如之何矣！此謂國不以利為利，以義為利也。《楚書》曰：「楚國無以為寶，惟善以為寶。」舅犯曰：「亡人無以為寶，仁親以為寶。」

此承上文，言好惡所以不能與人同者，爲專利也，故遂就財貨上推廣同好惡之義。慎德者，誠心以親民也。言先者，以見財用爲後耳。有人、有土，則得衆、得國矣。德本財末，因上文以起下文。慎德則由本達末，而生財之有道皆德也。以其財在民間，不專於己，故謂之財散。若不本於德，而專以聚財爲心，使民從己之欲，則外本內末矣。是民之劫奪，由我之施教而使之爭也，爭奪則民散矣。言悖貨悖，事之相因者也。蓋上不親民，則言悖出而貨悖入矣；下不好義，則言悖入而貨悖出矣。此申財聚民散之意。○善則得之，謂親民之德能新天命也，民心所在即天命也。○生財只在五穀，而百工之物皆餘粟所易可知矣。生財之道，崇本節用而已，以其能通天下，故謂之大道。此則能均其利而藏富於民，正所謂財散也。財恒足者，百姓足，君孰與不足之意。仁者謂能親民之人，發身謂興起在位也，於民聚見之。以身發財，則亡身殖貨，非財散民聚者也。下好義，是民樂於盡忠，而克終厥德，必不爲爭奪之事矣。○孟獻子之言，專爲聚斂之臣而發。其意蓋曰：察雞豚、畜牛羊，非有取財於民也，而食祿者猶不忍爲，況百乘之家，已有采地，而可畜聚斂之臣乎？故傳《大學》者，既以國不以利釋其意，下文又深言小人務財用之害，而丁寧國不以利之意以結之。所謂小人即聚斂之臣，聚斂之臣專以言利爲主，不能以善導其君，而君則以爲善也，故曰彼爲善之。禍及於身爲災，禍及於民爲害。《楚書》以善人爲寶，舅犯以愛親爲寶，蓋用善則民心悅，愛親則民德興，皆所以親民也。此明上文以義爲利之意。聖賢莫嚴於義利之辨，所謂慎德者慎此而已。自先慎乎德至此，皆言不專利以爭好惡也。

〈秦誓〉曰：「若有一个臣，斷斷兮無他技，其心休休焉，其如有容焉。人之有技，若己有之；人之彥聖，其心好之，不啻若自其口出，寔能容之，以能保我子孫黎民，尚亦有利哉。人之有技，媢疾以惡之，人之彥聖，而違之俾不通，寔不能容，以不能保我子孫黎民，亦曰殆哉。」唯仁人放流之，迸諸四夷，不與同中國。此謂唯仁人為能愛人，能惡人。見賢而不能舉，舉而不能先，命也；見不善而不能退，退而不能遠，過也。好人之所惡，惡人之所好，是謂拂人之性，菑必逮夫身。命字之誤也，當依程子作怠。

上言長國家而務財用者，必自小人，故遂就用人上推廣同好惡之意。一个，謂只有一事而不雜也。斷斷，正言其一之專確處。休休者，無迹之意。如有容，不見有容之迹也，無有容之迹則無一毫自用之心，然後能容。蓋人臣之於賢才，孰不知所用之，然惟有自用之心，則必欲技能皆出於己，是使賢者不得盡其才也，故以盡他技一言決之，以見人臣之德惟有一樂善之誠耳。有技以才言，彥聖以德言。才若己有，不知其出於人，德由心好，有甚於出其口，此是能容而能保子孫黎民者也。忌才棄德之人，是不能容而不能保子孫黎民者也。能保子孫黎民，能親民者也，則公利於人，故曰有利。不能保子孫黎民，不能親民者也，則利己而不利人，故曰殆哉。人之賢否，其關於百姓之利害如此。○放流，只就不能容者而言。蓋信讒邪則任賢不專，小人既遠則誠於用賢，因可見矣。愛人即好人也，好惡之公真切如此，非仁人不能也。○讓之使前謂之先。不能先，則欲人下己，非推賢之道矣。怠謂怠於敬也。過謂過於容也。舉而先、退而遠，不當有兩節事，大抵只要見不能先賢、遠不賢之失。四不能字，本上文能字而言，以明仁人所以爲能愛、惡人之意。自〈秦誓〉至此，皆言用賢、退不賢，以同好惡也。○好人所惡，惡人所好，失人心之公，則不能絜矩以親民，與民之父母正相反。此終言好惡之偏，申「辟則爲天下僇」之意。

是故君子有大道，必忠信以得之，驕泰以失之。

道之通於天下者爲大道，即絜矩之道，所謂恕也。發己自盡爲忠，循物無違爲信。忠者，信之發於實心者也；信者，忠之依於實理者也；其實一誠而已。驕者，心之矜高處；泰者，事之踈放處，忠信之反也。得大道則爲明德，失則非得矣。此結上文，言平天下之道不過以誠爲德，而親民之恕皆從此出，爲學之要豈有他哉？

右申釋平天下。○此章自「生財有大道」至「以義爲利也」一段，舊本誤在「必忠信以得之」之後。朱子因之，遂分好惡、義利兩端，而以爲傳欲致詳，更端廣意。蓋病程子定本之未當，其說似矣。第好惡者，常物之大情，而人心之所同也，故目脩身齊家以至治國平天下，不過公此而已。惟其專利則不公，故以貨財之出入明之；惟其用佞則不公，故又以人才之進退明之。其實非好惡之外，別有當公之情也。然則義利豈可與好惡爲對，而好惡又豈可專以用人實之哉？今亦不從程子序次，但以「生財」以下一段更附「《楚書》」之前，「不善則失之矣」之後，以終上言財貨好惡之公，而用人又自發一公好惡之義，則條理分明，脈絡通貫，不惟限界之有餘，而意味益深切矣。

大學私存附錄

會稽季本編釋　潮陽蔡亨嘉校正

學之不明，由知行分爲二也。大學之教，自明其德而已。明之之功則有格物、致知、誠意、正心、脩身之目，然非五事也。先儒因《中庸》「不明乎善，不誠乎身」之說，乃謂知行先後由此而分，遂以格物、致知爲知之所開端，誠意、正心、脩身爲行之所踐實，知行分屬，說遂多歧矣！身即心也，心即意也，意即知也，知即物也。非心無以見身，故以心明身；非意無以見心，故以意明心；非知無以見意，故以知明意；非物無以見知，故以物明知。物也者，善之形於外者也，故身心意知物，明之用也。格致誠正脩，明之歸於本體也，明歸本體則誠矣。明善之外，豈別有誠身邪？故自誠之能知者而言則曰明，自明之爲主者而言則曰誠。明中有誠，言明則不必言誠；誠中有明，言誠則不必言明，此體用合一之道也，何先後之可言哉？大抵知行之有先後，蓋以明之歸其本體而爲誠者，皆知之主乎內者也。其主常存而行之不息，以收成功於知後，則爲行耳。此豈以格致屬知而居先，誠正脩屬行而居後哉？夫知行合一之旨，自陽明先師發之，然又嘗曰：「正心，復其體；脩身，著其用。」是以身心分體用也。又曰：「不本於誠意，而徒以格物者謂之支；不事格物，而徒以誠意者謂之虛。」是又以意物分虛實也。似亦不能不於文義上分析者，而其意則主乎致本體之知，非求之於外者也，若求知於外而不以心體言知，則去道遠矣。朱子之言格物，求知於外者也，其於誠意正心脩身之功，當至何時始用乎？自格物致知之說一差，而工夫無一貫之妙矣，其說安得而不支離哉？故即《章句》、《或問》之論格物致知者，類爲別錄，亦註數言以附《私存》之後，庶備參考焉。

朱子格物致知論說

《章句》曰：「致，推極也。知，猶識也。推極吾之知識，欲其所知無不盡也。格，至也。物，猶事也。窮至事物之理，欲其極處無不到也。」

物者，心所感應之事，以其有形，故謂之物，而知則物理本明之靈覺也。物不失則，故謂之格，如此則知在格中見致。以識言知，則所識乃在外之物，而窮至事物之理，理不在心矣。至於致知，則又於格上加一推，而格物之內安能當下便了哉？

又取程子之意以補傳文之闕，曰：「所謂致知在格物者，言欲致吾之知，在即物而窮其理也。蓋人心之靈莫不有知，而天下之物莫不有理。惟於理有未窮，故其知有不盡也。是以《大學》始教，必使學者即凡天下之物，莫不因其已知之理而益窮之，以求至乎其極。至於用力之久，而一旦豁然貫通焉，則眾物之表裏精粗無不到，而吾心之全體大用無不明矣。此謂物格，此謂知之至也。」

物理二字本於《易》，若於心上感應處求理之精，則是盡天理之極，而無一毫人欲之私，此亦安有不是？但朱子所謂即物窮理者，乃指在外之物之理。而理之已知，則心與物交也。云益窮之以求至乎其極，是格字意。夫在外之物，即其一物之理而窮之，豈有窮得盡時？致知只是推得去也。至於用力之久，而一旦豁然貫通，亦但以格物爲公案而頓悟耳，未可以爲實際。聖人之學，行遠自邇，登高自卑，循序漸進，以極高明，無有直超之理。如曾子聞一貫而唯，卻是精察力行，實有得處，非虛見也，則與頓悟者不同。若謂眾物表裏精粗無不到亦甚難，非德已入聖，而全體大用無不明者不能也。表裏以位言，精粗以理言，發於表之可見者則爲粗，而用不外是矣；存於中之不可見者則爲精，而體不外是矣。是故身心意知物，即其用也；格致誠正脩，則用之歸於體也。至於聰明入聖，而後可以語全體大用矣。乃以物格爲眾物之表裏精粗無不到，知至爲吾心之全體大用無不明，則既以大學之始教者分爲二事，而格致之後，尚當有誠正脩之功，將復何所用力邪？先師所謂補之以傳而益離者，其以此夫。

或問：此經之序，自誠意以下，其義明而傳悉矣。獨其所謂格物致知者，字義不明，而傳復闕焉，且爲最初用力之地，而無復上文語緒之可尋也。子乃自謂取程子之意以補之，則程子之言，何以見其必合於經意，而子之言，又似不盡出於程子，何耶？

曰：或問於程子曰：「學何爲而可以有覺也？」程子曰：「學莫先於致知，能致其知，則思日益明，至於久而後有覺爾。《書》所謂『思曰睿，睿作聖』，董子所謂『勉强學問，則聞見博而智益明』，正謂此也。學而無覺，則亦何以學爲也哉？」

此一條也。思是求誠要義，觀《孟子》以《中庸》之「誠之」爲「思誠」則可見矣。思而作聖，明則誠也，思內已盡聖功，此豈遠思者哉？若董子以勉強學問爲聞見博，則求知於聞見，與《書》所謂思者不同矣。

或問：「忠信則可勉矣，而致知爲難奈何？」程子曰：「誠敬固不可以不勉，然天下之理不先知之，亦未有能勉以行之者也。故《大學》之序，先致知而後誠意，其等有不可躐者。苟無聖人之聰明睿智，而徒欲勉焉以踐其行事之迹，則亦安能如彼之動容周旋無不中禮也哉？惟其燭理之明，乃能不待勉強而自樂循理爾。夫人之性，本無不善，循理而行，宜無難者。惟其知之不至，而但欲以力爲之，是以苦其難而不知其樂耳。知之而至，則循理爲樂，不循理爲不樂，何苦而不循理以害吾樂耶？昔嘗見有談虎傷人者，衆莫不聞，而其間一人神色獨變，問其所以，乃嘗傷於虎者也。夫虎能傷人，人孰不知，然聞之有懼有不懼者，知之有眞有不眞也。學者之知道，必如此人之知虎，然後爲至耳。若曰知不善之不可爲而猶或爲之，則亦未嘗眞知而已矣。」

此二條也。忠信，誠也。致知，明也。知明則誠矣，工夫豈有難易之可分哉？明與誠同進，明一分則誠一分，明盡則誠亦盡矣，非兩事也。凡行之所以苦其難者，爲有私意間隔也，明以察之而私意不得萌焉，即本體自然呈露，何苦之有？此不待既明而後行之不苦也。凡燭理之明，不待勉強而自樂循理者，則亦聖人聰明睿智之事也，而安可以語始學之士有待於勝私者哉？至於談虎而神色獨變，尤不可以語真知。蓋虎之傷人，人孰不知，使其遇虎則必知懼，當其未遇虎時，泛論及之，自宜不以爲意，不可以爲不真知也。其傷於虎者雖云知懼，但事已往矣，而有所恐懼以動其心。至於色變，則其知虎亦著物之知耳，非本心應物之本體也。以是語知道，亦非聖人格物之宗旨矣。若但借以形容所見之親切，庶足以明躬行心得者之驗焉，而豈思索講求者所能及哉？

此兩條者，皆言格物致知所以當先而不可後之意也。

觀此則格物致知，與誠意正心脩身分爲兩事者，亦程子之說也。

又有問進脩之術何先者。程子曰：「莫先於正心誠意，然欲誠意，必先致知，而欲致知，又在格物。致，盡也。格，至也。凡有一物，必有一理，窮而至之，所謂格物者也。然而格物亦非一端。如或讀書，講明道義，或論古今人物，而別其是非，或應接事物，而處其當否，皆窮理也。」曰：「格物者，必物物而格之耶？將止格一物，而萬理皆通耶？」曰：「一物格而萬理通，雖顏子亦未至此。惟今日而格一物焉，明日又格一物焉，積習既多，然後脫然有貫通處耳。」

此一條也。讀書與論古今人物，是言講學事，接物是言躬行事。明義理、別是非、處其當，若於心體求理之精以言格物，有何不可？但程子本意似謂講學所以盡萬物之理，躬行乃在事上求精，亦未爲一貫。且此三言只說得《論語》「執事敬」一句，若「居處恭，與人忠」工夫，則固有所未備也。〇格物工夫無時無處而可忽者，豈可計條件？若今日格一物，明日格一物，此在聞見上用功如何了得？所以必須推類然後能盡其餘，所謂推極吾之知識也。於知識上推極，安能脫然貫通邪？此不過頓悟而已。詳見前補傳下後三條義同。

又曰：「自一身之中，以至萬物之理，理會得多，自當豁然有箇覺處。」

此二條也。理有在身者，有在物者，是以物分內外也。

又曰：「窮理者，非謂必盡窮天下之理，又非謂止窮得一理便到，但積累多後，自當脫然有悟處。」

此三條也。

又曰：「格物，非欲盡窮天下之物，但於一事上窮盡，其他可以類推。至於言孝，則當求其所以爲孝者如何？若一事上窮不得，且別窮一事，或先其易者，或先其難者，各隨人淺深。譬如千蹊萬徑，皆可以適國，但得一道而入，則可以推類而通其餘矣。蓋萬物各具一理，而萬理同出一原，此所以可推而無不通也。」

此四條也。蓋發上三條所以能貫通之意。其言格物當先於一事上窮盡者，謂心蔽於此，或通於彼，則就通處先格之，以求至乎其極，所通處即理之已知者也。因其所知，不強其所未知，理亦無害，但須視其事之當應否耳。若泛然尋一事去格，則是未見是物，而先有是事，即謂之索隱，謂之遠思矣。且君子學以務本，本立而道自生，豈可於末上盡得？欲從千蹊萬徑上適國，是求之於末也，又安知自明而誠者一以行之，明處即復誠之本體，而何待於推類邪？

又曰：「物必有理，皆所當窮，若天地之所以高深，鬼神之所以幽顯是也。若曰天吾知其高而已矣，地吾知其深而已矣，鬼神吾知其幽且顯而已矣，則是已然之詞，又何理之可窮哉？」

此五條也。欲以天地鬼神上窮盡，是求理於外矣。

又曰：「如欲爲孝，則當知所以爲孝之道，如何而爲奉養之宜，如何而爲溫凊之節，莫不窮究然後能之，非獨守夫孝之一字而可得也。」

此六條也。孝雖切己之行，若只於思索上深探其理，而不於獨知處求精，則亦不免爲逐物矣。

或問：「觀物察己者，豈因見物而反求諸己乎？」曰：「不必然也，物我一理，纔明彼即曉此，此合內外之道也。語其大，天地之所以高厚，語其小，至一物之所以然，皆學者所宜致思也。」曰：「然則先求之四端可乎？」曰：「求之情性，固切於身，然一草一木，亦皆有理，不可不察。」

此七條也。觀物察己之察，非謂省察，是吾心昭著處，所昭著者，即是物理之感於吾心也。物在彼，己在此，故曰「才明彼，即曉此」，此以知之合內外者言也。若見物而反求諸己，則因物有感而省察乎己矣。此即「見賢思齊，見不賢而內自省」之意，蓋說求誠工夫未至一貫也，故不以屬於明彼曉此之義。其下通言天地萬物皆所當察之意，然惟「求之性情」一句爲切己耳。

又曰：「致知之要，當知至善之所在，如父止於慈，子止於孝之類，若不務此，而徒欲泛然以觀萬物之理，則吾恐其如大軍之遊騎，出太遠而無所歸也。」

此八條也。語最切己，但恐父慈子孝之類，只於文義上求知，則亦不免失之於遠耳。

又曰：「格物，莫若察之於身，其得之尤切。」

此九條也。其說是矣，但要在謹獨，若只用心於推求點檢，雖在性情倫理，亦義襲耳。

此九條者。皆言格物致知所當用力之地，與其次第工程也。

此九條之說，唯末一條最爲精當，其餘則多出入，皆由不知知行之合一故也。

又曰：「格物窮理，但立誠意以格之，其遲速則在乎人之明暗耳。」

此一條也。格物即誠意，立誠意以格之，亦分爲二矣。

又曰：「入道莫如敬，未有能致知而不在敬者。」

此二條也。

又曰：「涵養須用敬，進學則在致知。」

此三條也。敬即是知之惺惺處，不可分而爲二。

又曰：「致知在乎所養，養知莫過於寡欲。」

此四條也。寡欲養知卻非二事。

又曰：「格物者，適道之始，思欲格物，則固已近道矣，是何也？以收其心而不放也。」

此五條也。以收放心爲格物，則知行合一矣。

此五條者，又言涵養本原之功，所以為格物致知之本者也。

此五條之說，唯後二條無病，前三條以誠敬與知分而爲二，非合一之學也。蓋格物處即是誠敬，舍物何所寓其誠敬邪？故時當讀書而讀書，時當養身而養身，時當應事而應事，時當接人而接人，隨物精察，而處之各當其則。所謂格物也，其真切處即是誠敬，不論初學成德皆當如此，但工夫有生熟，心體有純雜耳。若感應非時，泛思無實，雖云致知，不過虛見而已，安得而不加誠敬於其上哉？此先師所以謂其合之以敬而益綴也歟？

凡程子之爲說者，不過如此，其於格物致知之傳詳矣。今也尋其義理既無可疑，考其字義亦皆有據。至以他書論之，則〈文言〉所謂「學聚問辯」，《中庸》所謂「明善擇善」，《孟子》所謂「知性知天」，又皆在乎固守力行之先，而可以驗夫大學始教之功爲有在乎此也。愚嘗反覆考之，而有以信其必然，是以竊取其意，以補傳文之闕，不然，則又安敢犯不韙之罪，爲無證之言，以自託於聖經賢傳之間乎？

朱子以〈文言〉「學問思辨」、《中庸》「明善擇善」、《孟子》「知性知天」皆在固守力行之先爲據，則亦并失本文之意矣。

曰：然則吾子之意，亦可得而悉聞之乎？曰：吾聞之也，天道流行，造化發育，凡有聲色貌象而盈於天地之間者，皆物也。既有是物，則其所以爲是物者，莫不各有當然之則，而自不容已，是皆得於天之所賦，而非人之所能爲也。今且以其至切而近者言之，則心之爲物，實主於身，其體則有仁義禮智之性，其用則有惻隱羞惡恭敬是非之情，渾然在中，隨感而應，各有攸主，而不可亂也。次而及於身之所具，則有口鼻耳目四肢之用。又次而及於身之所接，則有君臣父子夫婦長幼朋友之常。是皆必有當然之則，而自不容已，所謂理也。外而至於人，則人之理不異於己也；遠而至於物，則物之理不異於人也；極其大，則天地之運，古今之變，不能外也；盡於小，則一塵之微，一息之頃，不能遺也。是乃上帝所降之衷，烝民所秉之彝，劉子所謂天地之中，夫子所謂性與天道，子思所謂天命之性，孟子所謂仁義之心，程子所謂天然自有之中，張子所謂萬物之一原，邵子所謂道之形體者。但其氣質有清濁偏正之殊，物欲有淺深厚薄之異，是以人之與物，賢之與愚，相與懸絕而不能同耳。以其理之同，故以一人之心，而於天下萬物之理無不能知；以其稟之異，故於其理或有所不能窮也。理有未窮，故其知有不盡，知有不盡，則其心之所發，必不能純於義理，而無雜乎物欲之私。此其所以意有不誠，心有不正，身有不脩，而天下國家不可得而治也。昔者聖人蓋有憂之，是以於其始教，爲之小學，而使之習於誠敬，則所以收其放心，養其德性者，已無所不用其至矣。及其進乎大學，則又使之即夫事物之中，因其所知之理，推而究之，以各到乎其極，則吾之知識，亦得以周徧精切而無不盡也。若其用力之方，則或考之事爲之著，或察之念慮之微，或求之文字之中，或索之講論之際。使於身心性情之德，人倫日用之常，以至天地鬼神之變，鳥獸草木之宜，自其一物之中，莫不有以見其所當然而不容已，與其所以然而不可易者。必其表裏精粗無所不盡，而又益推其類以通之，至於一日脫然而貫通焉，則於天下之物，皆有以究其義理精微之所極，而吾之聰明睿智，亦皆有以極其心之本體而無不盡矣。此愚之所以補乎本傳闕文之意，雖不能盡用程子之言，然其指趣要歸，則不合者鮮矣，讀者其亦深考而實識之哉！

此節言物有以所發於內言者，即所謂身心性情之德，人倫日用之常，物之在我者也。有以所遇於外言者，即所謂天地鬼神之變，鳥獸草木之宜，物之在彼者也。蓋本程子自一身之中，以至萬物之理之說。其引諸書所謂降衷秉彝之類，皆物理也。自其體之微者言，乃其不可見者也；自其用之顯者言，乃其可見者也。可見者在表而粗，則爲所當然而不容已；不可見者在裏而精，則爲所以然而非人所能爲，然實體用之合一者也。但以物分內外，則如前諸書所言之物理，將屬之我乎？屬之彼乎？是不免於支離鶻突矣！殊不知在外之物感於吾心，則所以處之者吾心之理也，以己之心度人之心，所以盡物理者如此而已，豈能泛求萬物之理乎？而物之不切於己者，亦何必一一盡窮乎？以理著於萬物，而不約於吾心，此說格物者之大病也。〇求之文字之中，即程子所謂讀書講明義理；索之講論之際，即程子所謂論古今人物而別其是非；此皆講學事也。察之念慮之微，考之事爲之著，即程子所謂應事接物而處其當否，此則躬行事也。然但以念慮屬於事爲，則其所謂講學者止是求於文義矣。

曰：然則子之爲學，不求諸心，而求諸迹，不求之內，而求之外。吾恐聖賢之學，不如是之淺近而支離也。曰：人之所以爲學，心與理而已矣。心雖主乎一身，而其體之虛靈，足以管乎天下之理；理雖散在萬物，而其用之微妙，實不外乎一人之心，初不可以內外精粗而論也。然或不知此心之靈，而無以存之，則昏昧雜擾，而無以窮衆理之妙。不知衆理之妙，而無以窮之，則偏狹固滯，而無以盡此心之全。此其理勢之相須，蓋亦有必然者。是以聖人設教，使人默識此心之靈，而存之於端莊靜一之中，以爲窮理之本；使人知有衆理之妙，而窮之於學問思辯之際，以致盡心之功。巨細相涵，動靜交養，初未嘗有內外精粗之擇，及其眞積力久，而豁然貫通焉，則亦有知其渾然一致，而果無內外精粗之可言矣。今必以是爲淺近支離，而欲藏形匿景，別爲一種幽深恍惚，艱難阻絕之論，務使學者莽然措其心於文字言論之外，而曰道必如此然後可以得之，則是近世佛學詖淫邪遁之尤者，而欲移之以亂古人明德新民之實學，其亦誤矣。

心者理之總會，理者心之支分，本合一者也。此以心爲體而足管乎理，以理爲用而不外乎心，未爲非是，但欲存心於端莊靜一之中，窮理於學問思辨之中，工夫分而爲二，則所謂窮理者，於心外別求一理矣。《中庸》言「莫顯乎微」，而工夫只在謹獨，此正格物之要功也。顯即是所知之理，微即是所存之心，顯處無可用功，但著用功則歸於微矣，故曰知微之顯。至於已精而益求其精，雖篤恭亦由此進，而豈能外德性以問學哉？○明德者，明吾仁義禮智之心而已。仁義禮智之發於用，豈有不精當者哉？古人以仁義禮智言心，故曰實學。若佛老，則求心於空虛而任自然矣！

曰：然則所謂格物致知之學，與世之所謂博物洽聞者，奚以異？曰：此以反身窮理爲主，而必究其本末是非之極至；彼以徇外誇多爲務，而不覈其表裏眞妄之實然。必究其極，是以知愈博而心愈明；不覈其實，是以識愈多而心愈窒。此正爲己爲人之所以分，不可不察也。

只窮理上加反身字，便是立誠意也。誠中之明便是窮理，但朱子本以誠明分二事耳。○按：司馬溫公云：「格猶扞也，禦也，能扞禦外物，而後能知至道也。」朱子辯之曰：「天生烝民，有物有則，物之與道，固未始相離也。夫外物之誘人，莫甚於飲食男女之欲，然推其本，則亦莫非人之所當有而不能無者也。但於其間自有天理人欲之辨，而不可以毫釐差耳。今不即物以窮其原，而徒惡物之誘乎己，乃欲一切扞而去之，是必閉以枵腹，然後可以得飲食之正，絕滅種類，然後可以全夫婦之別也。是雖裔戎無君無父之教，有不能充其說者，況乎聖人大中至正之道，而得以此亂之哉？」此其爲說甚善，但溫公所言亦須善會。蓋物而謂之外，乃指物欲而言，非欲斷絕人情也。止是扞禦二字工夫費力，非天理本然之節耳。然其意實主躬行，而欲全天理以去人欲也。其他程氏門人，則呂與叔、謝顯道、楊中立、尹彥明、胡康侯皆以全盡天理爲說，則亦以格物主於躬行也，但朱子皆深辯其非，而獨信程子耳。雖然，主於躬行而不求行於獨知之知，則亦不免於行不著、習不察矣，故謹獨者，知行合一之要功也。

中庸私存

中庸私存序

予既述《大學私存》，藏之篋笥，未嘗以示人也。嘉靖癸丑春，予攜以遊南都。時同安洪子舜臣爲考功郎中，與之論學有相合者，乃出此書就正，亦謬取焉，予亦竊自信矣。則謂曾子之學傳於子思，子思作《中庸》，所以闡明《大學》也。蓋《大學》之要義在止，而其工夫則以謹獨誠意。《中庸》則因《大學》誠意之言，而盡發誠之蘊奧，馴致其極，則爲至誠，而聲臭泯焉，亦不過謹獨之所止耳。特以道之發育，彌六合而配兩儀，其高妙有非初學所易知者，故先儒以爲學次第當先《大學》，而《中庸》居後焉。然非《中庸》，則《大學》之旨或不能有所發明，而亦無以會其全矣。故演繹舊聞，少加箋釋，而與《大學》之說並私存之，他日苟有新知，亦可以自考矣。

是歲八月戊戌，彭山季本書于廣陵之樊圃。

中庸私存

會稽季本箋　潮陽蔡亨嘉校正

中庸

程子謂「中一名而有二義」，蓋含已發未發言，此亦無害，但朱子分未發爲不偏不倚，已發爲無過不及，則不可。蓋中因和而得名，中未有不和者，和者中之用也。中以和用，則心體無所忿懥恐懼好樂憂患，而心在矣。是以視見聽聞，食而知味，凡後事之感無有不中節者，是動由靜制也。用而不中節便是過不及，過不及則倚於物而爲偏，故不偏亦只於無過不及見之。若已發之際，但可謂之隨事而見，不可謂之偏於一事。蓋其本體瑩然，主宰常定，如鏡之照物，無所留滯，何偏之有？所謂立天下之大本者，亦只是應事時不失其本體。和即所以中也，故中庸脩身工夫，只是脩道，而脩道以誠，即是致中，然則名篇之中，本取喜怒哀樂未發之中，以和在中中，言中盡之，而不必言和矣。夫以中爲不偏，庸爲不易，皆程子之言也。不偏是渾然全體上說，不易是流行不息上說。渾然全體者，無物不有；流行不息者，無時不然也，此已含平常之義。蓋中者停停當當，即是平也；庸者恒久不已，即是常也。朱子乃以平常釋庸字，是以平常對詭異說，如此則詭異是太過，平常又疑於不及，故

《或問》又設「淺近苟且」之問以發之，復自以爲未足以盡意也，故又曰：「惟其平常，故可常而不可易。」則其說亦纏繞矣。楊文恪公有詩：「中中已有平常在，只合還將定訓庸。」斯言近之。或謂古無以常訓庸者，庸，用也，以中庸爲用中之義，似亦未爲知庸也。《孟子》以「庸敬」對「斯須」，則庸固可以訓常矣。夫中，天性在中，不倚於一物之名也。在孩提則爲愛親敬長之心，在衆人則爲怵惕惻隱之心，在賢人則爲日月至焉之心，在大賢則爲三月不違之心，在聖人則爲從容中道之心，此皆本心得正之時，即此是中矣。苟有間斷，即不可以言庸。惟庸然後能致中而無間斷，此中之所以不可無庸也，故遂謂道體爲中庸。而擇乎中庸，猶有不能期月守者，豈可以不能守者之不庸，而遂謂所擇之中庸爲中之用哉？

天命之謂性，率性之謂道，脩道之謂教。

天者，剛健之體，其德爲乾，主理而言也。命即理之流行不已，所謂「維天之命，於穆不已」也。剛則必明，謂之明命。性即生意不可遏處，正是天命之不已也。故以天命名性，蓋指源頭不雜於氣稟而言矣。後儒但以太虛言天，則氣體蒼蒼即是虛也，而不本命之明處，何以爲〈乾〉？《易》只以〈乾〉言天，方有主宰，不然則所謂於穆者，不過杳冥昏默而已，烏得謂之不已之命哉？朱子釋天命，以爲「天以陰陽五行化生萬物，氣以成形而理亦賦焉。於是人物之生，因各得其所賦之理，以爲健順五常之德，所謂性也。」蓋本程子「天所賦爲命，物所受爲性」之說，是以氣稟言性，所以不得不兼人物說，如此則犬牛與人性皆無異，即告子所謂生之謂性也。且以命屬於天，性屬於氣，性命分爲二義，源頭先已雜了。欲明性之本善，而以氣質之性爲第一義，此豈《中庸》之本意哉？以〈乾〉言天，則命即〈乾〉道之自強不息處，故性之所發無有不善，所謂「其情則可以爲善矣」，故性中不可有所加損，只消順其自然而已。理從性出，爲人所由，各有條理，故謂之道。若不本乾健源頭上說來，則順其自然乃是順氣之動而流於欲也，人不當由，安得爲道？凡聖人言道，皆切人身，只是率性之謂，以性無不善也。自先儒以稟受言性，則遂以氣化言道矣。或以率爲帥領之帥，則性上有所加損也，天德之健自有主宰，何待於帥邪？程子以爲順而循之，得其意矣。道本無過不及，所謂中也，中在何處？只是性之德，性以節道，道即是中，有過不及，則有所加損而蔽其性，便偏倚不中。蓋雜於外誘之私，是爲離道。脩之者所以抑其過、引其不及以歸於中，則道得於心而爲德，是爲達德。而性由道立，道從性出矣。此與脩道以仁意同，謂之仁，則天性之自覺者也，豈從外面著得人力？蓋道能自覺，才一照則外誘去矣。德極於誠，必有效驗，成己自能成物，所謂久於其道而天下化成也。故以脩道言教，見人有未化，乃其道有未脩也，而君子爲己之功，豈有已乎？先儒既以性道爲人物所同有，則脩道以仁，非物所能預，故只得將脩道就聖人設教上說，則脩道者，脩人物之道也。又其教以禮樂刑政爲主，皆是治人事，苟非責己反躬，爲政以德，則與道之以政者所爭毫釐間耳。殊不知聖人言教只是身教也。教即是道，道即是性，性即是天，一理也。說天處一差，則脩道非率性之宗旨矣。蓋天是性之源頭，性是道之主宰處，道是性之流行處。性爲道體，道爲性用。即體而言用在體，即用而言體在用。言性則道在其中，言道則性在其中。故性以生生不已爲義，生處即是道，而不已者即是天命也，豈二物哉？董子言道之大原出於天，一言以蔽之矣！○朱子於《或問》又以虎狼之父子，蜂蟻之君臣，豺獺之報本，雎鳩之有別，爲有以存其理義之所得，而可以見天命之本然，初無間隔。殊不知此是氣稟偏處，既偏即是私，已不可以爲率性之道。如人私於父子之愛，溺於夫婦之情；夷狄立君以統眾，亦是有君；盜賊殺人以祭天，亦是報本；此豈可以爲道？蓋凡物，雖蠛蠓之微皆有知覺，不但虎狼豺獺而已，然卻只是性之偏處，烏可以語天命哉？

道也者，不可須臾離也，可離非道也。是故君子戒慎乎其所不睹，恐懼乎其所不聞。莫見乎隱，莫顯乎微，故君子慎其獨也。

《章句》本兩節正是修道工夫。緣朱子以修道之教解作聖人立教，故以此爲由教入道，蓋指大賢以下之事，是謂聖人無所待於脩道也，豈爲知聖學哉？須臾，謂少頃之間。須者，等待之意。臾者，延緩之意。不可須臾離，正見天命之本體。故不可二字，勿以戒之之辭言，勿以順之之辭言。戒則著意，恐苦於難；順則從心，恐流於慾。蓋不可者，心之所不安處也。與道爲一則安，即《孟子》所謂「心之同然」也；離道則不安，即《孟子》所謂「羞惡之心」也。蓋不睹不聞，乃天命之於穆於不睹不聞之中，而惕然戒慎恐懼，此非天命之不能自已者乎？戒慎恐懼，不敢放肆，即是誠也。然此處誠不可揜，卻甚昭著，是己所獨知，即誠中之明也，所謂戒懼於所不睹不聞者，正是獨知處知謹耳。獨知只指天理源頭不雜於欲者而言，即不睹不聞中之靈覺處，所謂戒慎恐懼者，謹此獨知而已。蓋靈明一發，著於四方，皆此心之用也；謹則是常惺惺法，退藏於無聲無臭之中矣。夫明是出機，謹是入機。謹則常入，雖出而實無所出。蓋明約於誠，此動靜之所以合一也。故獨知非謂幽獨之中，若幽獨之中而可謂獨知，則閒居不善、欺天罔人者，亦己所獨知也。然人之視己如見肺肝，正以耳目之官爲聞見所蔽，而形迹不能揜耳。故謹於思慮見聞之所及處，未免於形迹上著意點檢，已是人所共知，非隱微之顯見也。獨知處有蔽而不能自覺，則非天命之本體矣。獨知覺之，而姑容之而不知謹焉，即屬自欺。不自欺者，誠也。

而獨知之知，即明也。故此二節即以下節發明上節。上節論誠，下節論明。上節不睹不聞，即是後章所謂隱也；下節莫見莫顯，即是後章所謂費也。心之體用其合一本如此，但求道於用，則功加於見聞之後，明必有所障礙。惟隱微之際，乃爲不覩不聞之中，於此謹焉，則得其本體，少有見聞之蔽，一覺即開，而虛明洞達，偏照無方，見顯莫加焉。此誠之所以不可揜也。然則脩道之要，其惟在謹獨乎！謹獨者，明約於誠而已矣。○謹獨只是指出不覩不聞中戒慎恐懼處，爲獨知也。以戒慎恐懼爲有，則是有所恐懼矣；以不覩不聞爲無，則是視而不見，聽而不聞矣。動而未形，在有無之間，故謂之微；微藏於密，故謂之隱。不覩不聞中有戒慎恐懼，是何等惺惺！蓋顯見無有過於此者，故曰莫見乎隱，莫顯乎微。見顯者，知也，而隱微則人所不知，故云獨也。隱微只在一處，而異其名，故言隱不必言微，「君子之道費而隱」是也；言微不必言隱，「夫微之顯」、「知微之顯」是也。舜之授禹，但言「道心惟微」，故先師有言：「道只在一微字」，以微爲幾動之初而惺惺然獨知也。然則不覩不聞與獨知處無有二時，此所謂動靜合一也。朱子kmkm以不覩不聞爲常存敬畏，而謹獨爲尤加謹焉。雖以要切之地在獨知，而靜爲存養，動爲省察，遂分二事矣。觀《或問》引程子「不愧屋漏與謹獨，是持養氣象」之言，謂二者之間，特加與字，爲分兩事，則固自信存養、省察分言之當矣。竊意程子所加與字，特以篇章爲別，非以動靜而分也，豈可據之以證心體哉？〈定性書〉嘗言：「靜亦定，動亦定」，此亦不以動靜分二時也。蓋本體常靜，是靜亦定也，而靜中常應，則謂之動亦定耳。此等功夫，但觀下文中和之德則可知矣。致中工夫即是致和，致和之外無致中，則謹獨者所以省察所感之留滯也，謹獨之外，豈別有一存養靜功求中哉？〇隱微見顯之說，或主於理，或主於心，程子則曰：「人只以耳目所見聞者爲顯見，所不見聞者爲隱微，然不知理卻甚顯也。且如昔人彈琴，見螳螂捕蟬，而聞者以爲有殺聲，殺在心而人聞其琴而知之，豈非顯乎？人有不善，而自謂人不知之，然天地之理甚著，不可欺也。」游氏則曰：「人所不覩，可謂隱矣。而心獨知之，不亦見乎！人所不聞，可謂微矣。而心獨聞之，不亦顯乎！」輔漢卿問：「《章句》：『迹雖未形，幾則已動』兩句是程子意。『人雖不知，己獨知之』兩句是游氏意否？」朱子曰：「然，兩事只是一理。幾既動，則己必知之，己既知，則人必知之。」此則謂心與理無異指也。夫他人所知，乃在聲色之間。聲色者，理之見於外者也，理之動處則爲幾，幾在吾心雖顯於有象，而不以聲色之聞見爲顯，顯處只在獨知。此顯通乎有象，則謂之「象事知器」，而知器之知，不倚於象，即是「占事知來」。「占事知來」乃其不覩不聞之顯，通乎有象者也，是爲微之顯。惟微則不爲象礙，先幾而覺，故曰「知來」耳。〇戒慎恐懼止是一敬畏也，但分屬覩聞亦略有別。蓋《中庸》一書通是言行上論工夫，雖如孔子之聖，亦曰「庸德之行，庸言之謹」。充其極，至於世爲天下法則者，不過言行而已，此見學以言行爲實地也。覩者，行也；聞者，言也。故不動而敬，即戒慎不覩之意；不言而信，即恐懼不聞之意。以行失則足以致悔，故以戒慎言，惟慮其有歉於己也；言失則足以招尤，故以恐懼言，惟慮其得罪於人也，偶因文而異辭，其意則一而已。不睹之中有常覩，故能戒慎不覩；不聞之中有常聞，故能恐懼不聞，此天命之於穆不已者也。故不覩不聞，即是無聲無臭，涉於覩聞，即是聲色。雖聲色未嘗至前，而心所與交，即在聲色矣，一著聲色便是形而下者。耳目蔽於覩聞，則心失虛明之體，不可以爲誠矣。惟感於不覩不聞者，乃爲形而上也。故《中庸》論道只在聲色有無之間，首章與末章意同。

喜怒哀樂之未發，謂之中；發而皆中節，謂之和。中也者，天下之大本也；和也者，天下之達道也。致中和，天地位焉，萬物育焉。

上言脩道工夫本只循得天命之性，故狀性情之德，以見心體本如此，而學道者當以此爲則也。朱子以未發、已發分爲二時，此非合一之學也。何則？未發之中即是已發之和，子思所以言未發者，蓋因喜怒哀樂而言，以明未嘗先有喜怒哀樂之意。其喜也不先見所可喜，其怒也不先見所可怒，其哀樂也不先見所可欣戚，此正所謂不睹不聞也。發即是見顯，中節即是戒懼。良知良能自然知謹，此是天命之不能已處，不容私智作爲，故無所乖戾而謂之和。然中節即所以立大本，而喜怒哀樂皆由此主。故以人心而言，幾者動之微，往過來續，無一息之暫停，將以何時屬動？何時屬靜邪？夫喜怒哀樂未發之前是何等氣象哉！心之靈覺，自平旦既寤之後，或居處，或執事，或與人，無有不與物接之時。當其時，非喜則怒，非哀則樂，而謂未發而絕然無事，可乎？故自後來之喜怒哀樂未感於心則爲未發，而前事必有所感，正是已發之喜怒哀樂也。蓋已往爲前念，方來爲後念。前念之和即後念之中，前念之中即後念之和。用在體中，體在用中，通一無二者也。故聖人之學，只以知來、前知爲要，此正是謹獨，謂之「知幾其神」。知幾處正是立大本，歛於無迹，故曰神。周子曰「幾微故幽」，幾是動，微是靜，可見靜在動中，舍致和，無致中工夫矣。〇中和之德非人所強，有此性情，則有此中和，中和非別有一物，不過狀性情之德耳。心體得正時即是中，中則所發自然順理，何待勉強哉？故存而爲中，即爲天下之大本；發而爲和，即爲天下之達道。但有一念之覺者，有全體之明者，其高下懸絕，何啻什百千萬？然當其正時，均之爲中和也。自此推至其極，則謂之致中和。學問本無止極，雖聖人亦不敢自謂中和已至而不致也。故聖人有聖人之中和，賢人有賢人之中和，學者有學者之中和，孩童有孩童之中和。大人不失赤子之心，豈可謂赤子未能推極，而遽謂之非中和乎？今人乍見孺子將入於井，皆有怵惕惻隱之心，是心也不思而得，不勉而中，謂非中和可乎？《中庸》所謂發而皆中節，本喜怒哀樂四者各中一節而言皆也。如此則隨其情之所感，而一念得正，真體呈露，如日月至仁者，即可以爲和矣，奚必事事中節，而後謂之和哉？必待事事中節，而後謂之和，則一事不中節爲全體之累者，猶不可以語和也。不得謂之和，則不得謂之天下達道；不得謂之天下達道，則不得謂之天下大本；而天地之中，非人人知所能受矣。雖伯夷、伊尹、柳下惠之聖，既有清、和、任之偏，不一可以言中和，而况其下者乎？故中和者，本性情之德而言也，人人之所共有也，則人人所能爲矣。中和之德，只是性之本體，而脩道者之準則也。○天下達道，朱子以爲天下所共由，是即衆人公共上說，故遂添出「古今」二字以足之，此蓋氣化宗旨，非率性也。性是己性，循之則能通於人心，猶曰「推之四海而準」云耳。若謂天下古今之所共由，是就衆人上說，而天下大本却就自身上說，文義不相協矣。夫天下之理皆由此出，是從本心上說，故謂之大本，此豈可以爲天下同有之本乎？理固人人之所同得，但此謂中和，則言一人所具之德耳。二十章「達道」、「達德」義與此同。○朱子謂天地位、萬物育，爲致中和之效驗。以聖人在上，和氣感通言之，固有萬國咸寧，百獸率舞者矣。然以此驗德，使人不息其功則可，以爲實有此事，則雖極治之世，亦或不能盡應。

何則？形氣既分，物性不無陵奪，其曰育者，但可爲養育萬物者言耳。蓋天地生物之心，則自麟鳳龜龍，以至虎狼蛇蠍，無不欲各得其所，聖人之育物亦此心也。若必欲物之自育，則五氣之偏，互有生尅，弱肉難使不爲強食矣。萬物並育而不相害，意亦如此。萬物既育，則天地自位，此即至誠盡人物之性，以贊天地之化育，而與天地參者也。非有育物之功，何以能位於中，而與天地參哉？然則脩道之教，盡於中和之致矣。

右第一章。《中庸》一篇本出《禮記》，朱子分爲三十三章，語脈雖皆相通，而章旨亦各有屬，今仍其舊。□中間有可合而爲一者，別論於本章下云。

仲尼曰：「君子中庸，小人反中庸。」君子之中庸也，君子而時中；小人之中庸也，小人而無忌憚也。

君子中庸，言其有中庸之德也，只是肯用工夫，故曰時中；小人反中庸，言其無中庸之德也，只是不用工夫，故曰無忌憚。中庸之德之有無，只在工夫敬肆之間耳。時中之時，人所難能，其工夫惟在戒慎不睹恐懼不聞，求中於時而已。無忌憚之云，是指放肆不畏天命者而言，與爲惡而略存畏心者，猶有間□。蓋君子之德以時中爲極，小人之德以無忌憚爲極，各就其極處言之。○此章首二句聖人之言，下四句子思釋之也，故以首二句著仲尼字，蓋必仍所引書之本文也。以後凡引聖人之言，皆止稱「子曰」，亦用當時所記之文。有釋解者，特申言之，如二十八章「今天下」云云是也。小人之中庸也，當依王肅本加「反」字。若孫字其祖，則《或問》固明其爲古之常稱矣。

右第二章。

子曰：「中庸其至矣乎！民鮮能久矣！」

中庸是中和之德就人心上說。至是「無聲無臭至矣」之「至」，言盡天理之極而無以加也。苟間以一毫之私欲，則不得爲至矣。凡言至者，皆以德言。鮮能是過、不及。此節承小人反中庸而言。〇「過則失中，不及則未至，故惟中庸之德爲至。」朱子之意似謂過與不及皆是道，但不若中庸之德爲道之至耳。故其言中，往往以此立說，如所謂「於善之中，又執其兩端」也。殊不知過與不及皆主離道言，但分數有多寡不同耳。惟二十章，《或問》以「過與不及」爲「不見實理而妄行者」，斯言得之。蓋知不與行合一，則爲窈冥，非智也；行不與知合一，則爲怠棄，非仁也。仁智者，德也，出乎仁智，豈可以爲道哉？《中庸》以賢智言過，愚不肖言不及，此特其大分耳。然賢智之中亦自有過不及，如「師也過，商也不及」是也。又有以資稟言者，如「由也兼人」是過，「求也退」是不及。又有以風氣言者，如「南方之強」是不及，「北方之強」是過。不可以其未嘗有心於為惡，而便謂之於道不離。蓋雖賢智既謂之過，則知行已不合一，雖顏子違仁亦是私欲，安能云不離哉？惟周公、孔子之過於厚，伯夷、柳下惠之不及於時中，乃其推行之勢各有所重，靈明之照偶未旁通，此所謂聖人有所不知、不能也。但其中和全體本無所虧，不可以為離道。然聖人亦自以依中庸為難，而曰「唯聖者能之」，此聖人所以乾乾不息，而允執厥中也。

右第三章。

子曰：「道之不行也，我知之矣，知者過之，愚者不及也；道之不明也，我知之矣，賢者過之，不肖者不及也。

心之貞明謂之知，知之流行謂之行。貞明者靜也，以其存主而言，即靜虛之本體也；流行者動也，謂往而不息，即其無間斷者也。知屬智，行屬仁。智主於收斂，而有所歸根，是虛中之實也；然以虛而能知，智之能知處，即仁之所顯也。仁主於發生，而無所著物，是實中之虛也；然以實而能行，仁之能行處即智之所藏也。智非仁不可以為智，仁非智不可以為仁，智中有仁，仁中有智，此仁智之所以為合內外之道也。《中庸》推本道之不行，則由不明；推本道之不明，則由不行；故交互言之，以見知行之所以爲一也。智者過之，則所索者隱，而識見過於凌虛，故游心於窮高極遠之思，則踐履不實，其知乃爲自私，而流行之用息焉。愚者蔽塞闇昧，不能流行，不待言矣，此道之所以常不行也。賢者過之，則所行者怪，而事爲過於執實，故刻意於驚世駭俗之事，則主宰不虛，其行乃爲用智，而貞明之體失焉。不肖者恣欲妄行，不能貞明，不待言矣，此道之所以常不明也。過於知則不及於行，過於行則不及於知，此又相因之勢也。上章所謂「民之鮮能」，蓋如此。

人莫不飲食也，鮮能知味也。」

人莫不飲食，只說得口之欲味，不可以爲道，惟知味乃爲道耳。如《詩》言：「民之質矣，日用飲食。」不可以爲道，必「群黎百姓，徧爲爾德。」德則能知，乃爲道也。道字全在知上，知方是率性，故「百姓日用而不知」者，謂之「君子之道鮮矣」。《或問》引行不著，習不察爲證，只是說賢者過之耳。蓋朱子之意但以過不及爲失中，不以爲離道，故其說如此。

右第四章。

子曰：「道其不行矣夫！」

道之不行，知不與行合一也。

右第五章。

子曰：「舜其大知也與！舜好問而好察邇言，隱惡而揚善，執其兩端，用其中於民，其斯以為舜乎！」

問，問其所學也。察，察之於心也。好善惡惡本是非之心，隱人之惡，而揚人之善，則愛人真切，無有作好、作惡之心，此舜待人之恕也。擇善甚精，而以之待人則恕，智約於工夫之常，此知之所以無過也。執者，久而不失之意。兩端，謂心之是非。執兩端而精擇歸中，以用之於民。民，人也，如父子兄弟之類。智全於執持之久，此知之所以無不及也。夫然後知與行合一，而道無不行也歟！舜，上智之資也，故舉以言智。○朱子論舜大智，只以「不自用而取諸人」一句爲宗旨，如此卻只是從外面說了。故必湊合天下之知以爲一人之知，然後爲大。殊不知《書》所謂「執中」，不是執民之中；《孟子》所謂「樂取諸人以爲善」，不是湊合天下之知以成大。蓋中者，天下之大本，用吾本心之中，即是發而中節之和。小德川流，所以爲大德敦化也。如曰取民於中而用之，則中在民也，民豈可以易言中哉？

右第六章。

子曰：「人皆曰『予知』，驅而納諸罟擭陷阱之中，而莫之知辟也。人皆曰『予知』，擇乎中庸而不能期月守也。」

道之不明，行不與知合一也。蓋已知而不能守，則爲不肖者之不及，而知亦息矣。見能行，然後爲智也。

右第七章。

子曰：「回之為人也，擇乎中庸。得一善，則拳拳服膺而弗失之矣。」

擇乎中庸，即是擇善。行以智精，此行之所以無過也。得一善即是善感於心，服膺弗失，則是知而弗去，此行之所以無不及也。夫然後行與知合一，而道無不明也歟！顏淵，大賢之才也，故舉以言行。

右第八章。

子曰：「天下國家可均也，爵祿可辭也，白刃可蹈也，中庸不可能也。」

天下國家可均，是起下章「國有道不變塞焉」之意。爵祿可辭，白刃可蹈，是起下章「國無道，至死不變」之意。此三者人皆可勉力爲之者也。勉力爲之，猶是氣爲主也，不可以爲知仁勇之德者，因其質之所近言之，但有似知似仁似勇而已。蓋中庸之德，天命流行，自然中節，非立大本者不能。能即良能，唯聖者能之，故曰中庸不可能也，此一句則爲下章「中和不變」張本。○朱子以三者之難能爲倚於一偏，不知所謂偏者何指？若以任氣質而言，則誠偏矣。若指一事而言，則不可以爲偏。如周公之致治、微子之去位、比干之死節，雖偏於一事，皆謂之中庸也。以孔門諸賢論之，如子路、冉求言志，皆欲得國而治，而孔子又嘗許以弒父與君亦不從，看他才氣，只做得均天下、辭爵祿、蹈白刃三事，惟曾點風雩詠歸之志，成就將來，則近乎《中庸》矣。若伯夷、柳下惠、伊尹與孔子，雖聖有偏全，則同爲中庸也。但夷、惠、尹三聖能處，未及孔子之至耳。

右第九章。

子路問強。子曰：「南方之強與？北方之強與？抑而強與？寬柔以教，不報無道，南方之強也，君子居之。衽金革，死而不厭，北方之強也，而強者居之。故君子和而不流，強哉矯！中立而不倚，強哉矯！國有道，不變塞焉，強哉矯！國無道，至死不變，強哉矯！」

《中庸》過、不及本從離道上說。南方之強是氣質之過於柔也，北方之強是氣質之過於剛也。過於柔則不及於剛矣，過於剛則不及於柔矣。然過柔爲君子之道，過剛爲強者之事，故君子與強各居其一。居猶當也。合而言之，則爲君子之強矣。○中立而不倚即未發之中，和而不流即中節之和。合而言之，則歸於一中而已。立而不倚，即是立天下之大本，夫焉有所倚也。國有道無道而皆不變，則庸矣，此所謂中庸之不可能也。矯字從矢從喬，謂發矢昂然不下垂也。

右第十章。

子曰：「素隱行怪，後世有述焉，吾弗為之矣。君子遵道而行，半塗而廢，吾弗能已矣。君子依乎中庸，遯世不見知而不悔，唯聖者能之。」　素當作索。

隱是幽暗處，索隱是將眼前所不見事思索，所謂不見是物，而先有是事也。怪是異常事，行怪是作意去做奇異事，不是物來順應也。索隱即知者過之，行怪即賢者過之。吾弗爲之矣，即是有弗學也。所遵者道，不以一毫不善之念雜於其間，是擇善也。擇善，知也。然謂之遵道而行，則知即是行。半塗而廢，不行也。雖云行有不逮，而知亦息矣，此正是知行合一處。既曰遵道，則已是擇中庸了，不必再論賢知之過，但恐人之有不及耳，故常以力行言之。吾弗能已矣，即是學之弗能弗措也，蓋得善而服膺弗失之意。如此用工，方可入聖，若工夫不繼，併前聞而棄之，則與全然不遵者同歸愚不肖耳。此聖人勉人自強之深意也。依者，不違之謂。言依中庸，則與道爲一，而所謂吾弗能已矣者在其中矣。至於遯世不見知而不悔，則依中庸之極功，尙絅闇然之至德也，此已說到無聲無臭地位，故曰惟聖者能之。朱子本意以中庸爲平常易近之理，故於依但著而已二字，是說得依字太淺矣。大抵此章只在遵道上見得中意，力行不已，而至於聖，亦不過致此中耳。

右第十一章。自君子中庸起，至唯聖者能之，皆論《中庸》以明道不可離之意。道之所以不離者，有三達德以行之也。故詳論知仁勇之無過不及者，以發其意。知是靈覺處，仁是流行處，勇是仁知之能奮發處，此合內外之道，其實一也。故非明不可以爲仁，非行不可以爲知，非仁知不可以爲勇。以舜之知，明知與仁合一，道所以行；以顏淵之仁，明仁與知合一，道所以明；以夫子告子路之勇，明仁知之不息，道所以成，非以「舜爲知，顏淵爲仁，子路爲勇也」。○知、仁、勇是德，好學、力行、知恥爲知、仁、勇工夫，是學。學是入道之門，德是居道之奧，非入道之門也。朱子以三達德爲入道之門，則道若別爲一物，而不從德出矣。

君子之道費而隱。

君子之道，道在君子身上說，不可以氣化言。朱子以「近自夫婦居室之間，至於聖人天地之所不能盡」爲道之費，是從氣化散漫上說也。又謂「隱是所以然之不見者」，亦不知主宰著在何處，是不從人性上說道也。殊不知道只是率性之謂，君子之道是就君子之率性而言，與言聖人之道同。費者，用之顯也，隱者，體之微也。微只是獨知處，從獨知處言費，則所謂費者乃吾心之所昭著，若不在獨知處言費，則漭漭蕩蕩，不過游氣之往來耳，道不在君子之身矣。蓋道顯於用，即是已發之和，道隱於微，即是未發之中。一部《中庸》只說得箇微之顯，微是誠處，顯是明處。此云費而隱，只是言道之用處乃至微者爲之體，謂人當戒慎不覩，恐懼不聞，以立大本。要切之旨，盡於一隱字矣。蓋發首章「莫見乎隱，莫顯乎微」之意，以明「明之約於誠」也。夫求道於顯，則變無窮而明有盡，道之茫茫，何處下手？凡所著意處皆是願外之思，是爲高遠。求之於本體之微，則有機可握，是爲卑近之實地矣。《中庸》恐人求道於遠，故發此意。

夫婦之愚，可以與知焉，及其至也，雖聖人亦有所不知焉；夫婦之不肖，可以能行焉，及其至也，雖聖人亦有所不能焉。天地之大也，人猶有所憾。故君子語大，天下莫能載焉；語小，天下莫能破焉。

此節申言道以隱而盡費，不可於費上求道也。夫婦之愚不肖，謂匹夫匹婦也。苟有一念爲善，雖昏弱之甚，而於道可以與知能行。蓋夫婦，人倫之始，而人所易褻，故舉以爲言，以見道在人心，不遠可得，而隱微之際，人不可忽也。隱處可求，故夫婦之愚、不肖能知能行；費處難盡，故聖人有所不知不能。夫婦之至愚、不肖可以與知，即良知也，猶所謂「是非之心，人皆有之」也；可以能行，即良能也，猶所謂「惻隱之心，人皆有之」也。充良知良能以至其極，而無一毫人欲之私得以間之，所謂至也。雖聖人只是此知此能，到得至處，便是至德無以加矣。德雖已至，然氣機有所未開，則於天下之事有所不能盡知，力量有所未及，則於天下之事有所不能盡行，皆不害其爲德之至也。如孔子不知禮、不知官，是氣機未觸開處；及問禮、問官，孜孜好學，正見至處。堯舜病博施、孔子不得位，是力量不及處，蓋其事不由乎我也。然教思無窮，以求感化，亦是至處。天地亦然，氣雖有偏勝，爲人所憾，而生物之心則一至誠也。聖同於天地，亦只是純亦不已之心爲德之至耳。若學而有厭，教而有倦，則仁知之德未盡，此却是未至也。故聖人惟以能盡良知良能爲至，而不以盡知盡能爲大也。聖人惟不求之於盡知盡能也，則所求者至隱，而能知能行之體具於此矣。夫然後工夫無間斷，而小莫能破；應酬無欠缺，而大莫能載。故君子之道，語其大者，天下莫能載，只是良知良能之中，萬物皆備，天下之理皆從此出，所以莫能載。此即所謂洋洋乎發育萬物，峻極於天者也。語其小者，天下莫能破，只此仁知之端，工夫細密，無一毫間斷，所以莫能破。此即所謂優優大哉，禮儀三百，威儀三千者也。此兩句正所謂放之則彌六合，卷之則退藏於密。發用之大者，正是幾微之小者所爲。小即大之幾，所以盡乎其大者也。小者入於至微，非隱而何？今朱子以一處全體分小大，是以聞見多寡論大小，不以明誠之一體論至德矣。道之大小，詳見二十七章。〇聖人有所不知不能，非是終不能者。蓋謂此時不能（獵）〔躐〕等而爲，故行遠自邇，登高自卑，久於其道而天下化成，不必強所難爲也。不強所難爲，然後成其爲隱耳。孔子誨仲由以不知爲不知，是知也，曉子貢以君子多乎哉？不多也，即此意。天地不能盡，亦謂天定能勝者耳。朱子以造化生成之偏言，若謂造化生成之功有不到處爲偏，則可；若以爲天能生覆而不能形載，地能形載而不能生覆爲偏，則不可。蓋天地各有所能，此一定而不可易者也。於人有所憾說不去，至於寒暑災祥之不得其正，却是人所憾者。然天亦自有悔禍爲福之時，夫豈終爲人憾者哉？

《詩》云：「鳶飛戾天，魚躍于淵。」言其上下察也。君子之道，造端乎夫婦，及其至也，察乎天地。

引《詩》而言道之察於天地。察，昭著也，以見費乃吾心之理之所昭著也。鳶飛之處，吾心之理上昭於天也；魚躍之處，吾心之理下昭于淵也。苟吾心與鳶魚無感焉，則鳶魚一外物耳，於我何與？必就君子心上說道，方有著落。今《章句》解作化育流行，上下昭著，是就氣化上說道。則所謂鳶飛戾天者，鳶率鳶之性也；魚躍于淵者，魚率魚之性也，而道不在君子身上矣。或曰：鳶，惡鳥也，苟有一毫作惡之心，必將援弓而射之。有見於鳶而任其戾天，則鳶即吾所育之物矣。魚，美味也，苟有一毫作好之心，必將臨流而羨之。有見於魚而任其躍淵，則魚固吾所育之物矣。萬物各得其所，此豈從外鑠哉？吾心天理昭著，發育之所以洋洋也。此說得之，但以鳶魚分善惡，似過於區別耳。○端如四端之端，天理始萌之幾，動於體之微者也。故自夫婦之良知良能造端，而極其至焉，則察乎天地矣，此微之所以顯也。子思之意蓋欲人求之於能知能行，以造其極，而不強所不知不能也。強所不知不能，則不睹不聞中著一物，而動其本體矣，何得爲隱乎？

右第十二章。自十一章言君子不爲索隱行怪而依乎中庸，故十二章遂言聖人亦有所不知不能。可見君子之道只消求之良知良能，不必強求其所難知難能也。難知難能之事非遂不求也，行遠自邇，登高自卑耳，故十三章以下皆承此意。

子曰：「道不遠人，人之為道而遠人，不可以為道。

道不遠人，人指人所居之位而言。人之所以爲人者，心也，蓋行遠自邇，登高自卑，就良知良能上素位而行，乃是實地，所謂卑近也。若非良知良能之本體而有所著意，則過於執持而不由於天命之自然，即是計功計利之心，而務爲高遠，便是遠人矣。蓋忽卑近而騖高遠，此爲道者之通病，如此爲道，同歸於離道。不可以爲道，言道體本不如此也，兩爲字不同。○前論中庸，則以過不及爲離道；此論爲道，則以願乎外爲遠人。夫既爲道，則非愚柔者之不及矣。就爲道者言，故常患其遠人。遠人者，求效太速，是謂願外，則失之過。然切近處工夫不實，則又不免於不及也。惟庸德之行，庸言之謹，斯爲非賢知之過。而有所不足，不敢不勉，有餘不敢盡。必至於言顧行，行顧言，而切近工夫無有不實，始非愚不肖之不及耳。

《詩》云：『伐柯伐柯，其則不遠。』執柯以伐柯，睨而視之，猶以為遠。故君子以人治人，改而止。

此即伐柯之遠於則者，以明道不遠人之意。睨而視之，就新柯說，如今匠作斜視木器然。猶以爲遠，謂遠於舊柯之則。以舊柯爲則，如人以古人轍迹爲法，與全然不爲道者不同。然終是止助，謂之義襲，非集義也，與道隔一層矣。若本人身而爲道，則則在我，乃爲不遠耳。故惟以人治人，則道不待求之於外也。人即道不遠人之人，治猶爲也，以我所以爲人之道而爲人，有何遠哉？但須改所不善耳。聖人之學雖至於廣大高明，猶當工夫不已而進於日新，又不已而進至於崇禮，學豈有止法哉？改而止，非謂既改而即可止也。蓋謂不善之地未可以止，改不善而後有善可止耳，亦《大學》止至善之義也。下文有所不足不敢不勉，有餘不敢盡，即是改也。置於言顧行，行顧言，而爲慥慥之君子，則得聖人之止矣。〇朱子以此節爲治人之事，則君子之學未有不先於治己者，論道不遠人，而先以治人爲說，豈不遠哉？惟史伯璿有曰：「君子以人治人，猶曰君子以在己之道自治其身之意爾。下文忠恕即是以人治人之工夫。」斯言得之矣。

忠恕違道不遠，施諸己而不願，亦勿施於人。君子之道四，丘未能一焉：所求乎子以事父，未能也；所求乎臣以事君，未能也；所求乎弟以事兄，未能也；所求乎朋友，先施之，未能也。庸德之行，庸言之謹，有所不足，不敢不勉，有餘不敢盡。言顧行，行顧言，君子胡不慥慥爾！」

此以忠恕爲以人治人之實事，而以其工夫不已，言行深造於君子之成德者，見其改而止也。〇忠恕違道不遠，正是說不遠人以爲道，工夫只消忠恕，再無他術矣。道不外於本體之德，如所謂知、仁、勇。忠恕是工夫，如所謂好學、力行、知恥。不遠，謂不離於道。猶云近乎知、近乎仁、近乎勇，皆不離本體之謂也。其曰違道不遠，蓋就違道者而言。不忠恕則違道而遠去矣，忠恕則道即在是，雖或暫離，而失之不遠也。朱子以爲自此至彼相去不遠，則忠恕與道爲二物，忠恕從何處發來？忠恕即是中和，如形與影，要離一箇，離不得者也。《論語》曰：「有一言而可以終身行之者，其恕乎！」《大學》曰：「所藏乎身不恕，而能喻諸人者，未之有也。」皆言恕而不言忠，蓋恕之實心即是忠也。故言忠則不必言恕，而恕在其中；言恕則不必言忠，而忠在其中。如推己及人，恕也，著實推處便是忠，此體用合一之道也。忠恕只在勿施於人上見，蓋己所不欲之心，愛己雖甚真切，然只是人之同情，若非勿施於人，猶是私己，不可以爲忠。故道者及物之心也，外心而言道，則遠人矣。○四所求者，朱子以子臣弟友四字絕句，則四未能也，是未能如其求子、求臣、求弟、求友之心，與未能君子之道語意不同。且求人之心，是願外也，豈可以爲道？還當以父君兄之四字絕句，則以所求乎人者而求諸己，此君子之道。而孔子自謂不能，則所不能者正君子之道也。庸德庸言即忠恕之見於言行者，皆從孔子身上說。下見得行不敢不勉，言不敢盡，正是改處，乃工夫之不已也。言必顧行，行必顧言，弗篤則弗措，是君子之道，雖聖人所不能，何所不深造邪？造而又造，是謂慥慥，蓋孔子自言必能造君子之道如此，可見希聖希天之學，惟在改過耳。○此章自引《詩》以下，張子分爲三節：於「伐柯」一節，則曰：以眾人望人則易從；「忠恕」一節，則曰：以愛己之心愛人則盡仁；「君子之道四」一節，則曰：以責人之心責己則盡道。朱子於《或問》中亦以不遠於彼、不遠於我、不遠於心，分屬三節，則支離破碎，而於道不遠人之本旨反晦而不明矣。

右第十三章。

君子素其位而行，不願乎其外。

素其位而行，是承上章言君子惟盡庸言庸行之常。不願乎外，謂無計功計利之心也，責人之心，即是計功計利矣。

素富貴，行乎富貴；素貧賤，行乎貧賤；素夷狄，行乎夷狄；素患難，行乎患難；君子無入而不自得焉。在上位不陵下，在下位不援上，正己而不求於人則無怨。上不怨天，下不尤人。故君子居易以俟命，小人行險以徼幸。

富貴、貧賤、夷狄、患難是所遇之事，即所素之位也，其所行者道也。自得謂得其本心，即是中和之德。○在上位，在下位，通富貴、貧賤、夷狄、患難說。游氏以富貴爲在上，貧賤爲在下，則失之矣。此雖申言不願乎外，脫不得素位而行，故言不求於人，必曰正己。上不怨天，本無怨說，天無私惡，故曰不怨；其咎在人，責之無益，故曰不尤。惟不知天，則不能全盡天理，故不樂天，而以不合於人怨天矣。

怨天則必尤人，尤人正見求人也。○在上位不陵下，在下位不援上，此與二十七章「居上不驕，爲下不倍」語意不同。蓋不驕不倍者，以素位而行言也；不陵不援者，以不願乎外言也；義各有所指焉，然合而觀之，則亦未嘗不通也。○居易，素位而行也。俟命，不願乎外也。行險者，居易之反。徼幸者，俟命之反。存於心爲居，見於事爲行。

子曰：「射有似乎君子，失諸正鵠，反求諸其身。」

此節但言反求諸身，可見不願乎外，只在素位而行內。

右第十四章。

君子之道，辟如行遠必自邇，辟如登高必自卑。《詩》曰：「妻子好合，如鼓瑟琴。兄弟既翕，和樂且耽。宜爾室家，樂爾妻帑。」子曰：「父母其順矣乎！」

行遠自邇，登高自卑，謂行道有漸也。學必就力所能及者爲之，其所不能者，以漸而進，斯不（獵）〔躐〕等矣。如正己而化人，力所能爲者只是正己，而人亦須待其自化也。故修身之要，惟在行於妻子。蓋刑于寡妻，則兄弟始相信，然後能行於兄弟。宜爾室家，樂爾妻孥，皆妻子好合之事也。妻子好合，則兄弟既翕，兄弟既翕，則能諭父母於道，而信順我矣。大舜、文、武、周公之孝，德教之加於四海者，皆本於此。此可見道行當自閨門始，而奚必求之高且遠哉？呂氏謂「治家之道，必自妻子始」，得其意矣。

右第十五章。前章以造端乎夫婦發其端。上章但言子臣弟友，而不及夫婦，故此特以「刑於寡妻」之道言之，以盡其意，而五倫之道備矣。夫婦，人倫之本，宜於此加意焉。〇前章言「道不遠人」，君子但自責而不責人。上章申明前章之意，凡求人者皆欲人之愛敬我也，然人恆愛之，人恆敬之，亦是在我之感孚處，但當反身修德以致之，此行之必有漸次，反於其道，而天下化成者也。故此章遂言行遠自邇，登高自卑之意，蓋自費隱章至此，皆約顯歸微，本於實德而不求於外之義也。

子曰：「鬼神之為德，其盛矣乎！

程子曰：「鬼神者，造化之迹也。」是就氣化上說。造化之迹，氣也。自其至而伸者爲神，自其反而歸者爲鬼，往來不測，何嘗有迹哉？張子以爲二氣之良能，則是指其靈處，而不在迹上言鬼神矣。然亦但主於在天爲實理，而不知所謂德者，乃指人心之靈者言之也。朱子亦以在天之實理言鬼神，故借人心之性情功效以況之，不敢質言，故但云爲德猶言性情功效也，則反近於影響矣。夫鬼神之德，正是性情。性，其微也；情，其顯也，微而顯者，中和之德也。功效言其育物之功，發用者大也。發用之大，方謂之盛。苟非顯於功用，則衰而不得爲盛矣。凡德自其本體入於至微而言，則曰至；自其發用盡於至顯而言，則曰盛。

視之而弗見，聽之而弗聞，體物而不可遺。使天下之人齊明盛服，以承祭祀。洋洋乎！如在其上，如在其左右。

此申言鬼神之德之盛，而推本於微也。視之而弗見，孰視之？吾心之視於無形者也。聽之而弗聞，孰聽之？吾心之聽於無聲者也。此即戒慎不睹，恐懼不聞之微處也，所以爲物之體而不遺。物者，即此微也。不可遺者，遺之，則鬼神自覺其不可也。此已是吾心鬼神昭著之理，即是顯也。故下文遂即誠之顯於祭祀者，以明昭著之意。齊明，誠也。盛服，所以肅其誠也。此見於有事之誠，誠之用也。畏敬奉承而洋洋如在，正是鬼神之昭著處。使天下之人者，是誰使之？即視不見，聽不聞者之所爲，猶言鬼使神差云耳，見此心不從外得也。曰天下之人，見人人皆同此心也。蓋古人最重鬼神之教，神明昭著不昧，無乎不在，常感觸人畏敬，不敢厭射自欺，故洋洋如在，乃是自然昭著，不是感格時始得，雖闇室屋漏，莫不皆然。但以人於他處多忽，惟祭祀則人人知敬鬼神，故特指以明之。舉此一端，則凡人事上治民，而能感格其心者，皆此鬼神之所不能已也，正由人自不誠耳。

《詩》曰：『神之格思，不可度思！矧可射思！』夫微之顯，誠之不可掩如此夫。」

引《詩》言神不可度，度則不知其所在，惟誠則神有所依，自然昭著。射，厭怠也。矧可射思，乾乾不已之意，言當誠也，故承其意，遂發誠字。夫微之顯，猶言此微之顯也，指不見不聞之能體物者言，謂這微處乃是誠也。惟誠故顯而不可揜，最要在誠，而誠則在微字內也。誠不可揜，則功用自盛，豈必遠人以爲道哉？

右第十六章。自上章「妻子好合」，以至「父母其順」，亦是道之顯處，但行於家庭尚約卑近之地，未言盛也。至此則言其盛，而推本於誠。誠則行之天下，傳之後世，感格人心，無所不達矣。故下章遂及大舜、文、武、周公功用之盛，而亦不過自庸行之孝推之，以至其極也。行遠自邇，登高自卑，豈有出於一誠之外者哉？此章以後，皆言以微達顯而著德之用也。

子曰：「舜其大孝也與！德為聖人，尊為天子，富有四海之內。宗廟饗之，子孫保之。

孝者，天理之見於事親者也。理具於心則爲德，故推本於德。然必謂之孝者，父母全而生之，子全而歸之，全盡天理，則不虧其親，故以孝言。孝而曰大，則以其功用之盛及於天下後世，非常人所及耳。亦因以見孝爲庸行之常，而充之可以極其大，欲人知道之不遠人也。尊爲天下，富有四海，與《孟子》「尊親養親」意不同。蓋此因全盡天理，而言功用之遍天下者，以見孝之大也。宗廟饗之，指舜本宗親廟，宗廟饗其祭，子孫保其緒，不至於覆宗絕祀，見舜之功用及後世也。○朱子曰：堯舜之廟雖不可考，然以義理推之，堯之廟當立於丹朱之國，所謂脩其禮物，作賓於王家。蓋神不歆非類，民不祀非族，故《禮記》有虞氏禘皇帝而郊嚳，祖顓頊而宗堯，伊川以爲可疑。據此，則舜之廟當立於商均之國矣。

故大德必得其位，必得其祿，必得其名，必得其壽。

此節提出德來特說，則孝在德中矣。名、壽正是能及後世處，壽是悠久無疆之意，非謂年齡。蓋脩短是命分不齊，而莫能易者，不可以必得言也。德足以得祿位名壽，方是大德，而孝之所以爲大者，亦不外於此德之大耳。德即達德，而行之者一則誠而已，然則大孝豈外於誠哉？

故天之生物，必因其材而篤焉。故栽者培之，傾者覆之。《詩》曰：『嘉樂君子，憲憲令德。宜民宜人，受祿于天。保佑命之，自天申之。』故大德者必受命。」

上言以德獲福之必然，所重在德，此則推言福之所以歸德者，乃天之所厚，以見其爲天命之自然也。蓋上天生物之心本必因材而篤。材是所成之性，指有德而言，謂天所必厚也，但在人自栽。栽，立也，欲其立大本也。栽則自然滋息，故曰培。而傾則自覆耳，見人不可不栽也。此發下文「受祿於天」之意。○嘉樂，其德嘉美而可樂也。憲憲，即顯顯，以德之發用者言，於宜民宜人上見之。受祿之祿，福也，兼祿位名壽而言，此即天所保佑之命也。申，重也，不已之意。蓋不已其德，則天亦不已於命也。《章句》以受命解作受天命爲天子，只說得尊爲天子一句，義不備矣。引《詩》而結之，以明上文天厚有德之意。○章內必字皆必然之辭。謂之必得，則不論其非常理，以見人惟在求其德之大耳。如孔子之聖亦大德之敦化者也，而不得祿位，即是聖人有所不知不能，於人未能盡感通也。此則行有不得，但當反求諸己，至其久而德日益遠，則天下自化成耳。當舜未登庸時，多少行有不得處，亦俟久而後顯耳。使孔子一息尚存，則志不少懈，豈可必天下之皆非而終不相遇哉？蓋人有不感通處，偶遇時勢之難，皆外至者，亦是天也，人定則勝天矣，此所以言必得也。況自在下位而言，則居官、食祿、垂譽無窮，亦天命之所培也，而何必爲天子，然後爲培邪？侯氏謂「孔子德爲聖人，其名與祿壽孰禦焉？固以培之矣。《孟子》所謂天爵者也，何歉於人爵哉？」此說亦通，但以天爵言培，則栽也，非培也。

右第十七章。

子曰：「無憂者，其惟文王乎！以王季為父，以武王為子，父作之，子述之。

此章通是言文王之事。下文皆就武王述之而言，以見文王能光王季之業，所以爲大孝也。聖人以天下爲憂，故堯以不得舜爲己憂，舜以不得禹、皐陶爲己憂，懼天下之無可託也。文王亦有天下之責者，豈果其然憂哉？正以武王爲子，則任天下之重者有所託耳，無憂只在子述上見。以王季爲父一句乃序功業之所由來，蓋遺大投艱，正文王之所勤惕，而恐不得盡其孝者，安得起無憂之義乎？有子述之於後，則其父之所作者益光，此所以無憂也。武王得天下，在文王既沒之後，而未嗣之前，文王即已無憂，亦以武王德足以任重故也。此章本爲文王能盡中庸之道而發，惟在無憂二字見之，則文王本有欲安天下之憂，而孝實於此乎寓，茲非純亦不已之誠乎？文王有子能述，亦是化行於家，而大德獲福處。

武王纘大王、王季、文王之緒，壹戎衣而有天下，身不失天下之顯名。尊為天子，富有四海之內，宗廟饗之，子孫保之。武王末受命，周公成文武之德，追王大王、王季，上祀先公以天子之禮。斯禮也，達乎諸侯、大夫，及士、庶人。父為大夫，子為士，葬以大夫，祭以士。父為士，子為大夫，葬以士，祭以大夫。期之喪，達乎大夫。三年之喪，達乎天子。父母之喪，無貴賤，一也。」

武王雖以征誅而得天下，然伐罪弔民非富天下，故不失顯名。纘太王、王季、文王之緒，以有天下，適足以慰文王安天下之心。至周公成文、武之德，以追崇其先祖，而及於天下，此因武王能用周公以安天下，亦武王述之之事也。以此終文王之無憂，而文王之盡中庸，在於以安天下爲孝矣。○末，老也，謂晚年也。武王晚年受命，而周公攝政，即周公相武王以伐紂後事。非謂武王既沒，而周公始成其德也。觀伐商之後，大告武成，即稱太王、王季、文王，則當武王初年已追王矣。曰追王太王、王季，而不及文王者，本上文成文、武之德，則自文王王業之所起者而言，故不參以文王也。追崇雖是武王事，而實周公所成也，故以周公言之。上祀先公以天子之禮，祭以天子也。〈喪服小記〉言：「父爲士，子爲天子，則祭以天子」，其即斯禮歟？斯禮達於諸侯大夫，則葬用死者之爵，祭用生者之祿，能達天下之情矣。達者，達其情也，本通變宜民之意。〈喪服〉自期以下，能達大夫之情，而諸侯得臣諸父昆弟，則勢有所不能達焉。觀此則大夫當有期喪而〈司服．疏〉謂大夫降者，妄矣。三年之喪，則能達天子之情，以父母之喪，無貴賤，一也。凡有父母之愛者，皆謂之父母之喪，如孫爲祖承重、臣爲君、妻爲夫，皆服喪三年，以其皆有父母之愛也，統之爲父母之喪矣。若太子壽，景王之子也；穆后，景王之妻也，相繼而卒，叔向謂其有三年之喪二，而說者因以爲子與妻有三年之戚，則附會之臆說也，豈可據以爲定禮哉？此節所言三大禮也：追崇一也，葬祭二也，喪服三也，所以教天下孝者莫大於此。此見聖人之治必本於德，體悉人情以行達道，而不在法制禁令之間矣。饒氏謂：「斯禮達乎諸侯、大夫及士、庶人，是自上達下；期之喪至達乎天子，是自下達上。」以達分上下，不亦支離乎？

右第十八章。

子曰：「武王、周公，其達孝矣乎！夫孝者，善繼人之志，善述人之事者也。

此章專論武王、周公之孝，而見其能盡中庸之道也。達，通變之意。舊說以爲天下之人通謂之孝，是以其能通天下之情也。然達孝與至孝相應，自其誠於事親而無以加，則謂之至；自其裕於通變而無所礙，則謂之達。然通變亦所以達情也，孝惟達然後見其爲至。夫孝，指武王、周公之孝，而以其善於繼志述事者明之。心之向往者，人之志也，繼之則端緒相因而不絕。道之當然者，人之事也。述之則應酬得當而不差，此則能通其變而謂之達也。人字，指人身而言，不指先王說。若謂先王，則達孝在制禮上說，至孝在祀先上說，前後文義牽強不相屬矣。故下文祭祀之禮，非是所制之禮通於上下，乃專舉天子之事，而謂武王、周公之所行也。周公攝政時亦嘗主祭，故與武王並稱。

春秋脩其祖廟，陳其宗器，設其裳衣，薦其時食。宗廟之禮，所以序昭穆也。序爵，所以辨貴賤也；序事，所以辨賢也。旅酬，下為上，所以逮賤也；燕毛，所以序齒也。踐其位，行其禮，奏其樂，敬其所尊，愛其所親，事死如事生，事亡如事存，孝之至也。

四時皆有祭，言春秋，錯舉四時之二以總括之也。祖廟，但就天子之廟說。脩，葺治也。言祖廟則包禰在其中，蓋禰亦他日之祖也。自人本乎祖而言，則曰祖廟；自人心所尊而言，則曰宗廟，其實一也。宗廟之禮，統言制禮本意，非指昭穆之位次，位次在序昭穆內見。然昭穆之所以序，大意欲人尊祖敬宗以睦族，即《禮記》所謂「仁昭穆也」。序昭穆是親親，辨貴賤是貴貴，辨賢是賢賢，逮賤是幼幼，序齒是老老。踐其位是祭祀時所歷之位，如升降祼獻是也。其字不指先王，所尊、所親，則通指先王。自其致敬而言則曰尊，自其致愛而言則曰親。若以所尊分為先王，而以所親言於子孫臣庶，則下文「事死如事生，事亡如事存」二語不相屬矣。○脩祖廟、陳宗器、設裳衣、薦時食，是預備祀先之物，本為祖考而設。序昭穆、序爵、序事、逮賤、序齒，所以周處與祭之人，此是曲盡人情，正見孝之達處。然實事先之誠為之本也。故下文遂言武王、周公祭祀盡誠，以明達孝之為至孝。踐位、行禮、奏樂，蓋指武王、周公躬行祭祀之禮也。當臨祭之時，而踐位、行禮、奏樂，禮文多少紛紜，一一皆能曲中，此所謂裕於通變也。而其敬尊、愛親、事死如生、事亡如存之誠，未嘗有一毫人僞之雜，非至孝而能然乎？然非達孝亦無以見其至也。聖人以誠心而應萬事，大抵如此，此特言祀先之孝，以見一本之所由耳。

郊社之禮，所以事上帝也，宗廟之禮，所以祀乎其先也。明乎郊社之禮、禘嘗之義，治國其如示諸掌乎！」

郊社、宗廟之禮，大意不過祀帝、祀先而已。祀帝、祀先主於仁孝之誠，故特揭此而言，以見制禮之本意也。盡此仁孝之誠，即是明乎郊社之禮、禘嘗之義。義是禮之合宜處，互文以見耳。鬼神，至幽者也，誠則必能感格，況於人道之顯然者乎？曰天下國家如示諸掌，言易見也。此章專以祭祀之禮立說，蓋本鬼神之德誠不可揜而言，故因上文祀先之意而推言之，以起下章治天下國家之端也。孝達於天下國家，亦可以爲大孝矣。

右第十九章。

哀公問政。子曰：「文、武之政，布在方策。其人存，則其政息。人道敏政，地道敏樹。夫政也者，蒲盧也。故為政在人，取人以身，脩身以道，脩道以仁。仁者，人也，親親為大。義者，宜也，尊賢為大。親親之殺，尊賢之等，禮所生也。在下位不獲乎上，民不可得而治矣！故君子不可以不脩身；思脩身，不可以不事親；思事親，不可以不知人；思知人，不可以不知天。

其人存之人，指君身言。下文人道敏政、爲政在人、仁者人也，諸人字俱同此義。朱子解作三樣：人存、人亡與人道敏政之人，兼君臣說；仁者人也之人，就君說；爲政在人之人，就臣說。蓋以爲政在人一句，據《家語》：「爲政在於得人」之文，故不得不分析耳。殊不知取人以身，謂所取於人者以身，非謂取他人也。《家語》附會之書，不足爲據。象山陸氏曰：「人者，政之本。身者，人之本。」似得此意。地道敏樹，謂草木能自樹立，非謂樹藝。觀蒲盧之爲物，自然生長，何嘗有人力栽種？故以此見地道之敏樹也。地之敏樹，其主張切要處，惟在「道」字，蓋道乃生物之理也。脩身以道，是起下文達道；脩道以仁而推及義、禮，是起下文達德。脩道以仁，是五達道之中皆此仁之所行也，而仁莫切於愛親，故以親親爲大。仁之所以斷然能行者在於義，五達道之中皆此義之所宜也。而義莫辨於明善，故以尊賢爲大。謂之大，則天下之道皆本於此矣。尊賢之真心即是仁，未有尊賢而不根於親親者，所以謂親親必先尊賢，此從仁之有別處言。蓋是非之心不明，則不知善之所在，何以處之各當，而啓發人之善端？雖親親出於天性，亦是或明或暗，不分曉者也。故曰：欲盡親親之仁，必由尊賢之義。言尊賢，蓋以見明善之實耳。○親親中有戚疏之殺，尊賢中有師友之等，辨於尊賢之等，而親親之殺從此辨矣。此天理之節文，故曰禮所生也。尊賢之等只是辨善惡，而親親之殺則盡禮之曲折處，是亦不離仁以義斷之意。義之有宜，禮之有節，皆言智之別辨處，而仁智中奮發處，即是勇也。三達德之行達道者已具於此矣。達德即是性中仁義禮智之德，仁之密處爲禮，義之藏處爲智，而仁智又體用合一之道也。故或錯舉，或專言，皆可以一貫，惟在人觀其會通耳。○言事親，則所謂親親者，主所事而言矣，如諸父、昆弟皆是也。知人、知天本與二十九章知天、知人同。知人謂知人道也，以尊賢意主於明善耳；知天從禮所生說，可見義、禮之言智矣。此推言脩身以道之德，以明脩身所以盡天命之性也，如此則人道立而人存政舉矣。

天下之達道五，所以行之者三。曰君臣也，父子也，夫婦也，昆弟也，朋友之交也，五者天下之達道也。知、仁、勇三者，天下之達德也。所以行之者一也。或生而知之，或學而知之，或困而知之，及其知之，一也。或安而行之，或利而行之，或勉強而行之，及其成功，一也。」子曰：「好學近乎知，力行近乎仁，知恥近乎勇。

知斯三者，則知所以脩身；知所以脩身，則知所以治人；知所以治人，則知所以治天下國家矣。」

此以脩身而治天下國家者，申言人存政舉之意。然身之所以脩，不過以達德行達道，而達德之行則誠而已矣，故遂推本於誠，而謂之一。○君也、臣也、父也、子也、夫也、婦也、昆也、弟也、朋友也，各是一物，合而言之，然後爲道。君臣合而爲義，父子合而爲親，夫婦合而爲別，昆弟合而爲序，朋友合而爲信。合即交也，交字本該五者，文偶屬於朋友耳。此道得之於心是德，此德純全無人欲之雜曰一，一即精一之一，惟一故誠。誠外無德，德外無道，言道而歸於誠，猶言和而歸於中也。○知達道是知，行達道是仁，知行能奮發處是勇。本因上文知仁勇而言，故全在知行上發。知是行之明覺處，故主於發端而言知之；行是知之持久處，故主於有終而言成功。生知者必安行，學知者必利行，困知者必勉行，資稟雖有三等，而知行本無二樣。知之則知矣，成功則仁矣，能知仁則勇矣。知仁勇是吾心之德，蓋天命之性惺惺而不能自已者。故知之者知此道也，求道之精，而不使有一毫之蔽，則知之便是擇善；行之者行此道也，體道之密，而不使有一息之間，則行之便是固執。生知、學知、困知，同一知也；安行、利行、勉行，同一行也。但自其入德而言，則生知安行者爲力易，學知利行爲爲力難，困知勉行者爲力尤難耳。非謂生知安行者可以不學，而學知利行、困知勉行者其良知良能不若聖人也。一，只是純而不雜，正應上文一字，以明行之者一也之意。蓋心體不一，不能行此達德，當其知之只是此一，及其成功亦只是此一，所以爲行之者一也。其分生知安行、學知利行、困知勉行爲三等者，特以明此德爲人所同得，人人可入於聖，患在於不一耳。呂氏以爲所入之塗雖異，所至之域則同。而《章句》遂以其至一也言一，則一乃取齊之義，而不可以言精一之誠，與上文不相應矣。○上言達德之行惟在於一，此三近則言未及乎達德，而求以入德之事也。朱子以三知爲知，三行爲仁，而此三近爲勇之次，說得太支離矣。好學即學問思辨之功，求之存主者也；力行謂行此學問思辨之功，必求其篤者也；知恥即其不能自欺，而羞惡奮發者也。知仁勇之德是天命之本體也，好學、力行、知恥是工夫，所以求入知仁勇者也。以知仁勇之本體言之，不思而得，不勉而中，此何煩人力也？但知之行之處，即是工夫之一，工夫苟有忽焉，則去道遠矣。故惟好學然後不遠於知，力行然後不遠於仁，知恥然後不遠於勇。惟知故能好學，惟仁故能力行，惟勇故能知恥。好是心之軓嗜處，力是心之勤勵處，知是心之真切處。蓋學主知言，然謂之好，則仁之萌也，是言知而行在其中矣；行主仁言，然謂之力，則知之守也，是言行而知在其中矣，此仁、知所以爲合內外之道也；知恥主勇言，而知行在其中矣，此仁知之所以不息也。工夫皆根於知仁勇，故工夫即本體也。近者，不遠之謂，未離本體之名也。朱子以近爲「自此至彼，相去不遠」之意，故《章句》取呂氏「好學非知，力行非仁，知恥非勇」之說，則工夫非由性出，何以能合一邪？〇好學、力行、知恥，則心體一而達德之誠在我矣，即是知所以脩身也。身必對人而脩，治人即在脩身內矣。人不外於天下國家，治天下國家即在治人內矣。故治人、治天下國家者，即是脩身之道也，更無兩截事。

凡為天下國家有九經，曰脩身也，尊賢也，親親也，敬大臣也，體羣臣也，子庶民也，來百工也，柔遠人也，懷諸侯也。脩身則道立，尊賢則不惑，親親則諸父昆弟不怨，敬大臣則不眩，體羣臣則士之報禮重，子庶民則百姓勸，來百工則財用足，柔遠人則四方歸之，懷諸侯則天下畏之。齊明盛服，非禮不動，所以脩身也；去讒遠色，賤貨而貴德，所以勸賢也；尊其位，重其祿，同其好惡，所以勸親親也；官盛任使，所以勸大臣也；忠信重祿，所以勸士也；時使薄斂，所以勸百姓也；日省月試，既稟稱事，所以勸百工也；送往迎來，嘉善而矜不能，所以柔遠人也；繼絕世，舉廢國，治亂持危，朝聘以時，厚往而薄來，所以懷諸侯也。凡為天下國家有九經，所以行之者一也。

此承上文，言治天下國家之道不外於脩身，而行之亦惟以達德之一也。脩身，以身體道，所謂脩身以道也，尊賢以下皆是道也。尊之、親之、敬之、體之、子之、來之、柔之、懷之，皆是以恩及人，不私其身者也。故於身曰脩，去其私於身者，則所行皆道矣。呂氏論九經之目，而曰：「天下國家之本在身，故脩身爲九經之本。然必親師取友，然後脩身之道進，故尊賢次之。道之所進，莫先於家，故親親次之。由家以及朝廷，故敬大臣、體群臣次之。由朝廷以及其國，故子庶民、來百工次之。由其國以及天下，故柔遠人、懷諸侯次之。」可謂知立言之序矣。由此觀之，則敬大臣以下皆親親之所推也，而親親以下，道之能進，則尊賢之所爲也。《或問》以爲敬大臣、體群臣，自尊賢之等而推之，子庶民、來百工、柔遠人、懷諸侯，自親親之殺而推之，亦近於牽合矣。遠人，在國都而遠化或未孚者，如畿內則茅戎、陸渾戎之類，侯國則□顓臾之類。《章句》以爲「無忘賓旅」，不知何指。蓋賓客則屬諸侯，商旅則屬百工，不可以爲遠人也。而列在懷諸侯之上，又非可指爲遠夷之國者乎！○「脩身則道立」九句，是舉九經之效，見爲治不在於責效，而在於盡道，以明九經之當盡也，故下文遂言九經之事。不惑謂不爲他岐所亂，此其心一於好善，而事皆合宜也。不眩只是有靠托不慌張，非謂小臣有間也，爲小臣所間，則屬於惑矣。《章句》以「不疑於理」註「不惑」，「不迷於事」註「不眩」，此須善會其意。親親則諸父昆弟不怨，即其易怨者言也。以始封之君不臣諸父昆弟，封君之子臣昆弟而不臣諸父之禮觀之，則狎恩恃愛，易於生怨。曰不怨，則親親不失輕重可知矣。○脩身只是以禮整齊嚴肅，使非僻不干，方是非禮不動而謂之脩，故以齊明盛服發之。《中庸》論脩身常約於禮，此謹獨之要功也。尊位、重祿、同好惡，非可泛施於旁親者，只宜就同姓至親上說。《或問》引兄弟昏姻欲其無相遠爲解，偶未暇精擇耳。勸親親與前言親親也語意不同。親親也，上親字是活字，下親字是死字；勸親親，上親字是死字，下親字是活字，亦須有辨。送往迎來，嘉善矜不能，是「脩文德以來之，既來之則安之」之意。此言九經之事，是治天下國家下手做工夫處。○九經只是達道，行之天下國家，不過此道之常耳，故謂之經。行之者一，即是行達道之一。言行之，則達德在其中矣。道即是德，德即是一，一之外豈別有道哉？

凡事豫則立，不豫則廢。言前定則不跲，事前定則不困，行前定則不疚，道前定則不窮。在下位不獲乎上，民不可得而治矣；獲乎上有道：不信乎朋友，不獲乎上矣；信乎朋友有道，不順乎親，不信乎朋友矣；順乎親有道，反諸身不誠，不順乎親矣；誠身有道，不明乎善，不誠乎身矣。

凡事，指九經之事，蓋皆見於人倫日用之常者，即達道也。豫，即是此道素定於心，有以立天下之大本，而凡事皆從此出矣。所以能素定者，只是明善以誠身耳。誠，即達德之一，所以行達道，故達德在豫字內，跟誠不可以爲事。《章句》併以達德屬事，非也。言、事、行、道，皆以其所發之相因者言，由粗及精而歸宿於道耳。道之發於口者爲言，言之顯於物者爲事，事之體於身者爲行，行之本於心者爲道，道即達道矣。跲困疚窮皆不通之意，不可以爲達也。此以見所以立誠者皆實德，而人君所當前定也。〇在下位，主臣而言。上文爲哀公發，故但言君道。時政在三家，欲哀公脩德以率之，而使其臣同心共治，故以獲上爲言也，然亦是爲政不可以不脩身之意。治民是爲政也，獲上、順親、信友，是脩身以道也。言順親本於誠身，則刑于寡妻、至於兄弟之實德在其中矣。明善則知人、知天之謂也。誠是所存之明，明善則於所發上存誠，故爲誠身工夫也。《章句》以明善爲察於人心天命之本然，而真知至善之所在，此言似是而非。蓋至善就人性本善上説，則所謂人心天命者，乃吾所得於天之性也。但朱子以楊氏「萬物皆備於我而反身至誠」之説爲非，乃曰：「格物之功，正在即事即物而各求其理」，則以至善爲事物之理，理在事物上説。則所謂明善者，非吾心本然之善矣，於此求明，卻是義外也。此推言在下位者以明善誠身而獲上，可見人君之所以素定乎誠以立標準者，亦惟在於明善而已。

誠者，天之道也；誠之者，人之道也。誠者，不勉而中，不思而得，從容中道，聖人也。誠之者，擇善而固執之者也。博學之，審問之，慎思之，明辨之，篤行之。有弗學，學之弗能弗措也；有弗問，問之弗知弗措也；有弗思，思之弗得弗措也；有弗辨，辨之弗明弗措也；有弗行，行之弗篤弗措也。人一能之，己百之，人十能之，己千之。果能此道矣，雖愚必明，雖柔必強。」

此承上文誠身而言。誠之工夫即是明善，欲人自明而誠也。誠者天之道也，是推言誠字本體。蓋良知良能隨感而應，此天命之不能自已處，故曰天之道也。自人身而言，則恐墮於人欲之危，雖聖人亦當脩道而閑邪以存其誠，故曰「誠之者，人之道也。」「聖人也」，不當分句。言其爲不勉而中、不思而得、從容中道之聖人也。蓋聖人之於天道，亦有不脗合者，則不可盡以聖人爲能從容中道矣。中即是勉，以其常中，不見其有勉，故曰不勉而中。得即是思，以其常得，不見其有思，故曰不思而得。中與得即是中道，從容中道猶言動容周旋中禮也，非此無以形容天道自然之本體，故舉以實誠者，而非以誠專爲聖人之所有也。若人道誠之之工夫，則以擇善固執實之。蓋擇善是明善誠身之功，即所謂惟精惟一，而固執則工夫不已之意，即所謂允執厥中，徹上徹下之道也。但《章句》以天道爲自然之實理，而聖人之誠與天道同，誠之者則主乎未至於聖者言，而擇善固執之功不可言於聖人矣，是聖人可無精一執中之功以閑邪存誠乎？夫聖人雖生知安行，而其知、其行即精一之工夫也，以其無間斷，故曰生、曰安耳。學困之知、利勉之行，同一工夫，其知其行皆天命之所發，是工夫就在本體上也。故雖有安、勉之殊，然以本體言，則聖賢皆天道也；以工夫言，則聖賢皆人道也。大抵欲人知工夫從本體上出，故以誠者起之，而乃以天道、人道分而爲二，豈爲知聖學哉？〇博是工夫積聚無有疎遺處；審是精察處；慎是戒懼意，恐其遠於心也；辨是心之幾微能別理欲處，在古人但謂之學問。《易》曰：「學以聚之，問以辨之。」聚而博也，辨即問中之思辨，所以精此學也。四者皆擇善之事，然謂之學，則所擇之善皆從心體上精一。善是明之發用處，故精一即是行也。觀下文以學言能，以問言知，能者能其所知，知者知其所能，可見學即是行，而知即在行中也。以思言得，以辨言明，又見所謂知者，在得於心而能辨理欲，皆從能上求精也。篤行但欲其行之不息耳，豈學問思辨之外，別有所謂篤行哉？五之字皆指道言。〇《或問》論五者之序，似謂學以可問而博，問以可思而審，思以可辨而慎，辨以可行而明，而行又別爲實踐之事，恐非本意。蓋學欲其能，弗能弗措，故必博，非以欲問而博也。問欲其知，弗知弗措，故必審，非以欲思而審也。思欲其得，弗得弗措，故必慎，非以欲辨而慎也。辨欲其明，弗明弗措，故必明，非以欲行而明也。故學，本能而言；審，本知而言；慎，本得而言；明，本精而言。學以充其良知，已是能其所知，有所不知則猶待於問耳。問已是得之於心，有所不得則猶待於思耳。思已是研之於慮，有所不精則猶待於辨耳。由所能而知無不精，是明善乃主於行也。下文復言篤行，蓋欲其力行不息耳。故五者之序皆是工夫不息之意，非謂學中無知，問中無得，思中無明，辨中無行，而行又別爲一事也。○有弗學問思辨行，即「索隱行怪，吾弗爲之」之意。學之、問之、思之、辨之、行之，即是遵道而行也。弗能、弗知、弗得、弗明、弗篤而弗措，即吾弗能已矣之意。學無止法，豈有既明而遂可措者？蓋因不明而言當必求其明耳。《章句》謂「君子之學不爲則已」，則益非矣，天下豈有當學之事，可以不爲而遂已者哉？○上文博學之五句，止是列誠之之目，不可指作學知利行之事。有弗學以下方是實用力處，雖聖人亦必如此用功。故孔子爲道，止從庸德上必求慥慥，豈可以必要其成而百倍其功者，專指作困知勉行之事哉？先師嘗曰：「聖人以生知安行之資，而用困知勉行之功。」得其意矣。○果能此道，是言實能用力也。就遵道而行上說來，已非賢智之過，但恐其有不及，故以愚柔之必明必強者言效。明者明則誠也，強者明之不息，誠斯至矣。

右第二十章。孔子告哀公問政，發揮詳盡，意其君聽之不厭，而爲臣者因得以竭忠歟！記者又敷演其文，宜乎說之長矣！夫哀公之問，本欲正人，而孔子之言則惟正己，以道德脩身，所以正己也。《論語》曰：「爲政以德。」又曰：「政者正也，不能正其身，如正人何？」孔子之言止於如此，當春秋衰世，略無一毫功利徇俗之見，此可見脩身之外無治道矣。○此章與《家語》所載間有不同。蓋《家語》乃因《中庸》之說而附會成書，其所增損，則漢儒之陋見也。而《章句》强爲之解，則又加上一層附會矣。

自誠明，謂之性；自明誠，謂之教。誠則明矣，明則誠矣。

誠是明之體，明是誠之用。自本體而言，則曰誠明；自工夫而言，則曰明誠。誠明，由誠發明，乃天命流行之實理，故謂之性。明誠，由明存誠，明處警省，即是工夫，所謂脩道也。學至成物方盡，故謂之教，與首章性、道、教義同。誠未有不明，明未有不誠，誠明本合德者也，故曰誠則明矣，明則誠矣。此承上章明善誠身而言，欲人由明誠工夫盡性以立教也。教即成物之義，故下章以後，遂從成物上言誠。○以天命名性，重在性上，則曰之謂；以誠明命性，重在誠明上，則曰謂之。教字亦然。

右第二十一章。

唯天下至誠，為能盡其性；能盡其性，則能盡人之性；能盡人之性，則能盡物之性，能盡物之性，則可以贊天地之化育；可以贊天地之化育，則可以與天地參矣。

性中所具是仁義禮智之實理，凡感物而動，處之各得其當，皆此理之所應用，所謂萬物皆備於我也。故能盡其性，則能盡人物之性，人物之性皆在己性內見，即吾心育物之仁也。若人之性在人身上，物之性在物身上，我如何與他盡得？化育者，謂育物之功無迹可見也。此因上章明誠之教而言，以見誠以成物爲能也。物字義見二十五章。

右第二十二章。

其次致曲。曲能有誠，誠則形，形則著，著則明，明則動，動則變，變則化。唯天下至誠為能化。

其次，通大賢以下，承上章「唯天下至誠」而言也。至誠非必生知安行，然後其誠能至，學至於誠而造其極，亦至誠也。如孔子十五志學，學也，而至於所欲不踰矩，則至誠矣。學之功惟在致曲。曲者，天理之節文曲盡處也。致曲即是約禮，約禮而不容有私欲之雜，則心體精一而誠。誠則實理在中，發不可遏，如實有此仁，則愛心生焉，實有此義，則敬心生焉，所謂形也。愛則必顯於事親，敬則必顯於事君，所謂著也。著則愛不倚於愛，敬不倚於敬，而本體虛明，無所隔礙，所謂明也。明則旁燭無疆，流行不息，故謂之動。動則隨機應感，變易無方，故謂之變。變則自然推行，其神不測，故謂之化。誠則必形，形則必著，著則必明，明則必動，動則必變，變則必化，動變而入於化，則不動而變矣。由致曲之誠而推極其至，則以化爲動變之極，不必言不動也。蓋誠未有不化者也，不化由於不變，不變由於不動，不動由於不明，不明由於不著，不著由於不形，不形由於不誠，而誠之不至，皆其曲有未致耳。致者，誠之所以爲至也。曲致則誠至矣，而誠之所以爲至，亦唯其不息焉耳。至誠之德及於天下，育萬物而參天地，則爲天下之至誠矣，誠之外亦豈有毫末可加，而後謂之至哉？故致曲者，至誠之工夫也。《易》曰：「擬議以成其變化。」擬議者，隨時處中之意，至誠自然之裁制，乃曲字內節文，非致曲之功夫也。變化以擬議而成，則變化不離於心者也。而《章句》以動、變、化主動物而言，則變化待物成而見，化原不在是矣。化不本於化原，何以見至誠大德之敦化哉？至誠則化，化則神，故下章繼之以至誠如神，以神明化，則化屬於心可知矣。〇《章句》又以曲爲「善端發見之偏」，如《孟子》言人皆有所不忍不爲也，故必須著致字，則曲字義始盡，只單說曲字便不備矣。殊不知人性所發，由其本體之感，未嘗著物，不可謂偏，如《孟子》以夷、惠爲仁，則所存固是未發之中，亦不可以其發處爲偏也，特其極致未能入於神化耳。蓋有所不知不能，不害其爲聖也。故致曲之（致）〔曲〕，只以「節文曲盡」解之爲善，如此則不必復舉致字，而意自備矣。形、著、明只是一箇明字。初說形已是此意，但恐其工夫有息，則雖形而不能及物，雖著而不能徧照，故詳言之。動、變、化，亦只是此明之不息耳。凡徵於外者皆其在內之明也，蓋曲能有誠，明則誠也，誠則形而至於化者，誠則明也，其實一而已矣。然則誠明之明，豈外於所致之曲哉？

右第二十三章。此以其次二字屬上章，而結句唯天下至誠又與上章相應，似當合爲一章。

至誠之道，可以前知。國家將興，必有禎祥；國家將亡，必有妖孽；見乎蓍龜，動乎四體。禍福將至：善，必先知之；不善，必先知之。故至誠如神。

至誠前知，此正是誠則明處。成性存存，而無一毫人欲之私，謂之至誠。道即性所由之路，而幾之動也。前知只是先立乎誠，而幾自神處。蓋心體虛明，本自靈覺，人苟靜虛，其神常應，況德至至誠，則窮理盡性，其道自然昭著，幾之不容自已者乎！禎祥、妖孽，所謂幾也。禎者，正也。祥者，眹兆之初形也。妖者，邪也。孽者，萌芽之初露也。國家之興，必以正興，而正之所起有祥。國家之亡，必以邪亡，而邪之所起有孽，皆幾之動於心者也。見乎蓍龜，求之蓍龜，而蓍龜告吾心之神之顯於象，非假物以聽吉凶也。動乎四體，察乎四體，而四體應吾心之神之發於身，非因人以觀俯仰也。故幾之善也，則爲禎之祥，而國家將興之福在是矣。幾之不善也，則爲妖之孽，而國家將亡之禍在是矣。至誠必先知之，正見其幾之未嘗息也。善不善者，氣機動於介然之間者也。幾而先覺，則安於善而必爲，不安於不善而必不爲，此其所以有善無不善，而常趨吉避凶也。若謂禎祥、妖孽，與蓍龜、四體別有一處，爲理之先見，則幾在外而不在心，其所知之善不善皆他人禍福之所由，無與於己。且因事而後知，不可以爲前知。不可以爲前知，烏得謂之神乎？神也者，幾動於心，而不知所以動者也。《易》曰：「知幾其神乎！」與至誠如神意同。蓋自本體而言，則曰其神；自妙用而言，則曰如神，其實一而已矣。誠、神、幾，非盡性者，孰能一之？○程子曰：「人固可以前知，然其理須是用則知，不用則不知。知不如不知之愈，蓋用便近二，所以釋子謂又不是野狐精也。」夫至誠前知，體用合一，何二之有？但謂之用，則涉聲色，聲色入於無，則用不離體，知出於不知，乃可爲一。若只就聲色上言，雖知無所用，而未見其離體，然亦易離。「近二」之時，此「不大聲色」、「德輶如毛」，所以不可語至德也。野狐精以其枯禪而覺於用時者也，蜀山人、董五經亦此類也。因用始覺，則當其不用時著於空寂，異於至誠之前知耳。

況當其知時，未免有所播弄，則益離本體矣。程子之意，非謂不用而不知者賢於至誠之前知，正謂不知之知乃本體之呈露，蓋恐人於用上求知，則蔽其本體之明耳。

右第二十四章。此章言神，與上章能化相屬。

誠者自成也，而道自道也。誠者物之終始，不誠無物。是故君子誠之為貴。誠者非自成己而已也，所以成物也。

此章自成，惟在盡物理而成物，乃爲自成也。誠以成而得名，蓋本於「成之者性也」。凡天下之物，其能成者皆誠也。誠者自成，以心而言，自成即其成己也。人雖曲成萬物而不遺，不過以此誠心自成己而已。誠之理散於萬事者即是道也，以此道應萬事，則自明而誠，歸於誠之本體矣。二十章以達德行達道，而曰「行之者一也」即是此意，故求誠工夫莫要於行道。自道者由己而不由人之意，即所以自成也。誠以道行，而物理盡於此矣，誠豈在道外哉？〇言誠爲物之終始，而自誠所以成物者，正以申明人心當以誠自成也。心惟能誠，則道之在我者無不行，而凡應事時所接之物，皆此誠通貫始終。不曰始終，而曰終始，以見終則復始，誠未嘗息也。如其不誠，則有息矣。雖不能不應事，而於物無親，若與己不相干涉。譬如手足痿痺不仁，氣已不貫，此所謂無物也。誠貫物之終始，誠非遺物者也，即此便是自道，故以誠字約之，而曰誠之爲貴也。之字是助語辭。云非自成己而已者，猶言成己非無事，而專於自守者也。所以成物亦非謂又有待於成物，而與成己爲兩截事也。道約於誠則曰己，誠顯於道則曰物。誠爲道體，物從誠出，道爲誠用，誠以道行，通一而無二者也。故於自道上盡物理，而皆有成就結果處，即是成物也，而成物不在成己外矣。〇章內誠字皆以心言，而朱子以「物之終始」泛言在天之實理，則不誠無物不可以實理言。因曰在天本無不實之理，而在人或有不實之心，則兩誠字遂分屬天人矣。又言：「天下之物，皆實理之所爲，故必得是理，然後有是物。所得之理既盡，則是物亦盡而無有矣。」殊不知物之所盡者，氣也，若理豈有盡時邪?至其言物，則亦有不同者。如曰：「誠者物之所以自成」，則本程子「至誠事親，則成人子；至誠事君，則成人臣」之說也。蓋事親而自成者，子也；事君而自成者，臣也，是以臣、子之身爲物。及註成物，則云：「既有以自成，則自然及物，而道行於彼」，是又以成物說向外去，兩「物」字不相應矣。何則?臣、子之身屬自己，則己之所對，方始是物。如子是己，而所對者父是物；臣是己，而所對者君是物，則物不可以言己矣。必子與父交而事之，則爲事親。臣與君交而事之，則爲事君。事君事親者，事也；處之各當其理者，道也；行是道而本於心者，誠也。誠以道行，即是育物之仁，道行則爲事，事成則爲物，斯乃一體之所變化也。蓋以其始生而言，則繼善之初，而物以事成；以其既成而言，則成性之後，而事從物感，而所感之事則又成物。故物者，己之所自成，但於事處之各當，以正性命，便是曲成萬物，豈在外物上求成哉？如子事父，竭誠而感格之，不使陷於不慈；臣事君，竭誠而感格之，不使陷於不仁，中間多少愛護保全處，皆是我曲成之也，不必在人化上說。若向人化上說，則所重不在成己之用，乃是從外說效也。凡言效者，皆以驗己之德，以爲人有未化，則德猶未至，不可以爲成耳。其實施爲處置，只在我自成之而已，我自成之，久於其道，而天下化成，即是下章「悠久成物」也，此惟在於「至誠無息」而已。如「瞽瞍底豫」，化也是舜盡事親之道，而成其孝也。故成物即是成己之見於處物者，即所謂道也，但自人化而驗其成耳，道外豈有物哉？以物言於道外，則形氣之不屬於我者，而有待於感應矣。凡言物者皆以此義推之可也。

成己，仁也；成物，知也。性之德也，合外內之道也，故時措之宜也。

此言成己所以爲成物者，以成物之道，不外於成己也。智主於收斂，常存而爲體，此天理之入機，所謂成之者性也，性之成即是誠。仁主於發生，常顯而爲用，此天理之出機，所謂繼之者善也，善之繼即是道。今朱子《章句》以仁爲體之存，智爲用之發，正以明仁智之合一也。蓋仁之存處即是智，智之發處即是仁。以成己爲仁，見非仁不可以爲智；以成物爲智，見非智不可以爲仁。自誠之成己而言謂之德，自德之成物而言謂之道。其曰合內外之道，因成物而言用不離體耳。時措之宜，正是誠之成物處，而成己已在誠字內矣。〇仁智，達德也。仁智合一，誠也。謂之內外之道，則道也。誠者體之歸根處，歸根即智也，非此無以成己。道者用之發端處，發端即仁也，非此無以成物。故《孟子》以學不厭屬智，是本其自成言也；以教不倦屬仁，是本其及物言也。然《中庸》於誠則曰成己，仁也；成物，智也，正見仁以智爲體；智以仁爲用。非成物不可以爲成己，則仁在智中矣；非成己不可以爲成物，則智在仁中矣。體用不相離，離則內外判，而道可外誠矣，烏得爲率性哉？

右第二十五章。

故至誠無息。不息則久，久則徵，徵則悠遠，悠遠則博厚，博厚則高明。

此承上章成己所以成物而言。物之所以能成者，只在誠之無息也。無息乃見誠之至處，故至誠無息猶云惟至誠故無息。有息則是己德未至，而不能動物矣。不息二字承無息說來。誠則必明，不息是明之動處，即是道也。誠惟不至，故不能無息，誠既至矣，何息之有？不息之有常者謂之久，非別有一心常於中也。徵則其常久者之驗，非至此始發於外也。蓋如徵諸庶民之徵，以其能感動人而言也。悠久謂寬緩不迫，悠然以及於遠，遠謂不限於近、小，非謂久、長，如以不賞民勸，不怒民威，而漸至於篤恭天下平也。博厚是容受上說，謂積之既久，愈廣愈厚也。高明是開豁上說，謂所積者藏於虛空不用之地，而高明遍照也。如愛民之德及人，則以得人心爲徵，至於悠遠則此德之廣被也，博厚則此德之積者日崇也，高明則此德之發者無累也，皆自不息中來，久則其過脈處耳，所謂久於其道而天下化成也。故悠久、博厚、高明，皆以道言。久字徹前徹後，故以悠久成終，而下文遂言悠久。

博厚，所以載物也；高明，所以覆物也；悠久，所以成物也。博厚配地，高明配天，悠久無疆。如此者，不見而章，不動而變，無為而成。

載物、覆物、成物，本上章成物而言。覆物、載物而有成功處，即是成物，故上章止言成，而覆載在其中矣。物謂所感之事，生於吾心，而處之曲當，以各正性命者也。至誠、博厚、高明、悠久之功用於此見之，未嘗指出天地也。下文言配，才方指出天地。如此者指配天、配地、無疆而言也。載物則隨物顯形而謂之章，覆物則隨物流行而謂之變，成物則隨物曲成而謂之成。成即章變之有成者也。章而能含，則不見而章矣；變而能化，則不動而變矣；成而無迹，則無爲而成矣。章、變、成皆言其顯也。不見、不動、無爲皆言其微也。至誠所以配天地無疆者，只是微之顯耳。〇東陽許氏有曰：「不見不動，只是言聖人無爲。下句又聯上二句。地未嘗有意於生物，而百穀草木禽獸昆虫皆粲然可觀，是不見而章也；天未嘗有意變化萬物，而有生之類皆稟命於天，是不動而變也。」此說固善，但章是說地有長養之美；變是說天有敷施之幾，不就物說，止是因物而見耳，且此三句是說聖人配天地之德，非以天地明聖人也。

天地之道，可一言而盡也：其為物不貳，則其生物不測。天地之道：博也，厚也，高也，明也，悠也，久也。今夫天，斯昭昭之多，及其無窮也，日月星辰繫焉，萬物覆焉。今夫地，一撮土之多，及其廣厚，載華嶽而不重，振河海而不洩，萬物載焉。今夫山，一卷石之多，及其廣大，草木生之，禽獸居之，寶藏興焉。今夫水，一勺之多，及其不測，黿鼉、鮫龍、魚鼈生焉，貨財殖焉。

上文言配天配地無疆，猶未及天地之所以爲天地也，至此始以天地之道明之。配天配地無疆者只是誠，天地之道亦只是誠也。一言而盡，謂只是不貳之一言，無他說也。不貳則一，一即誠矣。爲物，言天地之造萬物也。生物，則所造以有生之物也，二物字義同。物之有生，見天地章、變、成的意，不測則從不見、不動、無爲上來。〇博也、厚也、高也、明也、悠也、久也，方說出天地之道。道即誠之功用也，見天地之所謂道者，不過功用之博厚、高明、悠久而已。〇天地山川四段，承上文「天地之博厚高明悠久」，而言其能覆載以成萬物也。天自昭昭而無窮，地自撮土而廣厚，雖無積累工夫，然無窮、廣厚實自昭昭、撮土者不貳不息，而充其盛大之體，此則成其爲高明博厚也。生物只在萬物覆、萬物載二句內，日月星辰之繫，當是無窮內意，以見不止一昭昭之明也。河海華嶽之載振，當在廣厚內意，以見不止一撮土之積也。今夫山，本載華嶽而推言之。今夫水，本振河海而推言之。寶藏興焉，貨財殖焉，不可以爲生物。蓋所生之禽獸、草木、黿鼉、蛟龍、魚鼈皆足以利民用，而因以生財，但自其積聚而言，則曰寶藏，自其懋遷而言，則曰貨財耳。文有錯綜，宜善會之。

《詩》云：「維天之命，於穆不已！」蓋曰天之所以為天也。「於乎不顯！文王之德之純！」蓋曰文王之所以為文也，純亦不已。

引《詩》言天道不已，發文王之純亦是不已，以明至誠無息之意。穆，幽玄之意，即不顯也。以穆明誠，以不已明無息，而不顯之純即誠也。德至於純則亦不已矣，言天只是不已，言文王之德只是純德之不已，只於純字見之。上言天地之道，此但言天者，道從天出，天足以包乎地也。○穆對昭而言，昭即顯也，穆則不顯矣。蓋道心只在一微字，凡《詩》言「不顯」，皆謂微也，朱子往往以「豈不顯」解之。至論道心之微，則以爲微妙難見，而曰：「道心常爲一身之主，則微者著」，是以顯盛於微也。此其病根所在，故論理常著聲色，近於義襲矣。

右第二十六章。上章言「誠之成物」，而此言成物惟在誠之至也。但自成物本於至誠而言，則至誠在己也，及以其曲成萬物，德被天下而言，則爲天下之至誠矣，其爲至誠一也。

大哉聖人之道！洋洋乎！發育萬物，峻極于天。優優大哉！禮儀三百，威儀三千。

聖人之道在聖人身上說，方是聖人率己之性。發育萬物，就聖人育物之仁說，即上章所謂載物、覆物、成物也。育物之功，峻極於天，即上章所謂高明配天也，此二句只是一意相因。雙峰饒氏以功用、體段就氣化上相對爲說，則將道字說得散漫，非率性之謂矣。優優大哉，正是明聖人之道所以爲大者，不在於高遠無歸，而優優其大也。優優乃是充足有餘而無所欠闕，無所欠闕則天下莫能破矣。此則惟禮爲密，故以禮言。禮非儀文度數之粗迹，乃仁之所透徹，而細微曲盡，入於至小無間者也。夫儀文度數雖從禮出，但皆有形迹可見，以此爲禮，則心有所著，非仁體之流行，而他事必有所不中節矣。故禮惟在不睹不聞處，於此而戒慎恐懼，則爲謹獨，獨處知謹，則無有一毫放過，所謂禮儀三百，威儀三千也。自事之有禮者而言，則曰禮儀；自心之有威者而言，則曰威儀。禮儀在顯處，威儀在微處，言敬畏之心十倍於禮文，而儀即文之合儀處也，豈謂真有三百、三千之條目哉？禮家以禮儀爲經禮，威儀爲曲禮，是皆以迹論也，或亦自爲一說耳。道以禮言大，則有實地可據矣。

待其人而後行。故曰：苟不至德，至道不凝焉。

道之體於心者則爲德，德之散於事者則爲道。而至則盡天理之極，而無一毫人欲之雜也。凝，聚也。至道聚於心，是爲至德，此即道所待以行之人也。

故君子尊德性而道問學，致廣大而盡精微，極高明而道中庸，溫故而知新，敦厚以崇禮。

此詳脩德凝道之工夫也。上言聖道之大，而其要在禮，則工夫皆從禮起，故禮者敬而已矣。禮之所以曲盡者，本於尊德性而道問學。德性者，天命之性，而吾得之於心以爲德，即不睹不聞之本體也。尊則戒慎恐懼之功，而禮之節文於此謹矣。故學者學此者也，問者問此者也，學問烏有不從德性出者哉？由是又恐其心體之廣大或有蔽，則精微有不盡，故又繼之以致廣大而盡精微。精而曰微，則精之至矣。由是又恐其心體之高明或有累，則中庸有不道，故又繼之以極高明而道中庸。中而曰庸，則中之至矣。由是又恐其心體之工夫或寒，則德不新，故又繼之以溫故而知新。由是又恐其心體之工夫或止則德不厚，故又繼之以敦厚以崇禮。精磨熟鍊，務底於深，至於崇禮，則篤恭矣。蓋禮極其卑，泯然無有聲色，則亦不過戒慎不睹，恐懼不聞而已。凡其動容周旋中禮，事事得中節之和者，皆此禮在中，有以立天下之大本也，禮外豈有學問哉？○《章句》以尊德性、致廣大、極高明、溫故、敦厚屬存心，而道體之大者於此盡焉；道問學、盡精微、道中庸、知新、崇禮屬致知，而道體之小者於此盡焉。因曰非存心無以致知，而存心者又不可以不致知，是以存心致知分兩事也。然以合一之理論之，則致知本於存心者，求放心以爲學問，先立乎其大者，而小者不能奪。存心而繼以致知者，已精而益求其精，盡其大而不遺其小者也，亦何害於學哉？但朱子本以戒慎不睹，恐懼不聞，與謹獨分動靜，而存養省察認爲兩截工夫。則其以存心爲靜存，致知爲動察，蓋其平生之定論矣。○《中庸》言道有大小，如十二章「語大，天下莫能載；語小，天下莫能破」是也；德亦有大小，如三十章「小德川流，大德敦化」是也。此章《章句》於聖人之道，則以發育爲道之極於至大而無外，威儀爲道之入於至小而無間，蓋本十二章道之大小而言也；於君子脩德，則以存心爲盡道體之大，致知爲盡道體之小，蓋本三十章德之大小而言也。道言其用，德言其體。道發於事，則由小以致大，而小者之所謹即已入而爲德；德存於心，則由大以達小，而小者之所流則已出而爲道。故小者獨知細密之處，出入之機，而道德之會也。德蘊於微，道形於顯，獨知盡之矣。然德之穆穆無迹可尋，故驗德者必於顯；道之茫茫無手可下，故求道者必於微。蓋道之大者，大德之所渾合；道之小者，小德之所發散，故君子之脩德以凝道也。尊德性以盡道體之大，則爲大德矣；道問學以盡道體之小，則爲小德矣。德者道之體，故云道體，是以發育極於至大，而不見其有餘；威儀入於至小，而不見其不足，但因小者之無間，以盡大者之無窮，則固同歸於德，而德亦以大德爲本耳。堯、舜治天下，如一點浮雲過太空，則道固在體而不在用矣。後儒乃以氣化言道可乎？餘見三十章。〇上章以功用言道，則先博厚而後高明；此章以工夫言德，則先高明而後博厚。蓋博厚實體也，高明虛體也，功用恐其滯迹，則從實體上致虛；工夫恐其淪空，則從虛體上就實，各因所重而言之，然亦體用相須，而不可以先後分者也。

是故居上不驕，為下不倍。國有道，其言足以興；國無道，其默足以容。《詩》曰：「既明且哲，以保其身」，其此之謂與！

居上而謙虛體物，曲盡人情，是爲不驕；居下而畏敬自持，恪遵國法，是爲不倍。言足以興，默足以容，通乎上下。人君一言可以興邦，亦是言足以興；不出戶庭無咎，亦是默足以容。明哲只是一知，自其全體昭明而言，則謂之明；自其幾微曲折而言，則謂之哲。上文言道以發育萬物，峻極於天爲大，而約之於禮，則爲大德，然不必皆得時行道而及於天下也。雖居下位而不倍，雖當亂世而可容，同歸於明哲保身，亦何害其爲大德哉？《中庸》兼舉此義，欲人不願乎其外也。

右第二十七章。

子曰：「愚而好自用，賤而好自專，生乎今之世，反古之道。如此者，烖及其身者也。」非天子，不議禮，不制度，不考文。今天下車同軌，書同文，行同倫。雖有其位，苟無其德，不敢作禮樂焉；雖有其德，苟無其位，亦不敢作禮樂焉。

時王所作禮樂，合乎時宜。及其後也，未有聖人在天子之位，禮樂雖已廢壞，人心未思改革，則愚賤不當作禮樂者，而自用自專，則災之及也。故前王禮樂有變亂時，則變亂者猶謂之愚自用、賤自專也。遇有聖人在天子之位，則人思改革，是生今之世，當作禮樂者也，而反古之道，仍承其舊，則亦災之及也。孔子言此二端以見禮樂有當變、不當變之時也，蓋反覆其辭以見義，其實爲作禮樂者發耳。○非天子以下是子思言，惟天子可作禮樂也。今周之禮樂，天下同軌、同文、同倫。同者，民心信從之意，即人心之同，見其以聖人在天子之位矣。故以有位無德、有德無位，不敢作禮樂者，申言其意，以見周之當作禮樂也。蒙上非天子言，故先言有位以及有德。議禮所以一道德也，制度所以利器用也，考文所以正學術也，皆本人君中和之德，故謂之作禮樂焉。禮樂同於人心，皆心服也，故言信從，豈苟安之辭哉？今天下之今，當與生乎今之世今字同看，指周而言，非謂春秋時。當春秋時，變亂已甚，而變亂之法，人不信從，尙得謂之同乎？其所同者，時王所作之禮樂也。時只在聖人得位上見，非聖人得位，則遂非可爲之時矣。故有德有位，然後爲當變之時，特可以爲，雖聖人相繼而興，如成王之繼武王，中間禮樂所未備處，亦得隨時變更，但繼治世者其道同，則有不待於改革耳。若春秋之世，諸侯僭亂，人思反正，豈不可以改作乎？所以不敢作禮樂者，正以愚賤非可信從之人，則亦不得爲改作之時矣。

〇禮樂必本於中和。中和者，禮樂之德；禮樂者，中和之形。自其惕然謹微者而言，則謂之禮；自其自然中節者而言，則謂之樂。故禮只是一箇敬，樂只是一箇和，和與敬本相須者也。故禮無樂則苦，樂無禮則淫。樂以禮節，禮以樂行，其工夫皆起於戒慎不睹，恐懼不聞。但著於戒慎恐懼，而非不睹不聞，則拘礙不可以爲和；著於不睹不聞，而非戒慎恐懼，則昏迷不可以爲敬。敬中有和，和中有敬，和從敬出，乃爲真體。其見於身，則威儀不愆者皆禮也，從容不迫者皆樂也。其發於政，則爲之制度文章，使人截然有倫者亦禮也；爲之詠歌舞蹈，使人油然忘倦者亦樂也。自我而言，由身以達於治，豈有不自中和出者哉？但以人之不皆中和也，則以禮樂爲教，制度文為所以節人心也，詠歌舞蹈所以和人心也。中和不在禮樂之迹，而因之以淑其心耳，不但以此淑人心，而己之中和亦自此而養焉。中和常得所養則益致，而教不外於修道矣，此聖人制作之本也。議禮、制度、考文皆禮也，雖不言樂，而禮能和於人心，合同而化，則樂在其中矣。故言治者必曰禮樂，而豈瑣瑣於事為之末者哉！

子曰：「吾說夏禮，杞不足徵也；吾學殷禮，有宋存焉；吾學周禮，今用之，吾從周。」

此又引孔子之言以明時王禮樂當變而變，不反夏、殷之舊，而通變宜民，審時定制，可以世為天下道，故今用之。今亦與「生今之世」「今」字同，用之即是信從也。此章本為「為下不倍」而發，而所言皆時王當作禮樂之意，惟吾從周一句，乃始是「為下不倍」耳。蓋非序作禮樂之故，則無以見民之信從也。〇吾說夏禮，杞不足徵，與《論語》「夏禮吾能言之，杞不足徵」之徵不同。彼謂文獻之不足徵，此則是下章「徵諸庶民」之意。禮字所指亦各不同，彼謂能言其意，如禮是隨時處中之道，而文獻不足徵，則是人皆不知聖學，求禮於迹耳。此謂之說，則言所作之禮樂，正指其迹也，故殷禮猶有存者而得學焉，若禮意則殷之文獻亦不足徵矣。各從其義而求之可也。

右第二十八章，此申言爲下不倍，而默足以容之意亦在其中矣，然非有遯世不見知而不悔之德者，則不倍亦豈易言哉！

王天下有三重焉，其寡過矣乎！

王天下，謂王者興起在位也。三重，謂議禮、制度、考文。議禮以一道德，則惡行不得以亂倫；制度以利器用，則非法不得以亂俗；考文以正學術，則邪說不得以亂真，此三者所繫於天下甚重，故謂之三重。非有中和之德，則不能作禮樂。三重曰有，有德於此見之。寡過非謂民得以寡過，蓋能永終譽則免於災及其身矣。此一章之大指。

上焉者雖善無徵，無徵不信，不信民弗從；下焉者雖善不尊，不尊不信，不信民弗從。故君子之道，本諸身，徵諸庶民，考諸三王而不繆，建諸天地而不悖。

此明王天下者之有三重，而爲民所信從也。上焉者，以有位者言也，其所作禮樂是古之道也，今既有時王以聖人在天子之位，禮樂不復反古，則古道無徵，民之信從，不在古而在時王矣。下焉者，以無位者言也，此則言作禮樂必須天子也。蓋爲下文君子之道發端。曰君子，與上文「王天下」同以位言也，故下焉者亦止以不尊起之。

○道謂議禮、制度、考文，以其達之於天下，則謂之道；以其本之於身，則謂之德。前章脩德凝道，其用在此。處之曲盡，宜於人情，人皆信從，故曰徵諸庶民。徵庶民，只在德之宜民上見，然所以必待王天下者，謂無位則此道不能行耳，所重實在德也。只民心信從，則三王、天地、鬼神、後聖，無不合矣。故徵諸庶民一言已盡，而又必及於幽明遠近者，見其通天人之極，而不可忽於民也。事之有差者謂之謬，三王異治，以其皆有安民之心，故言不謬。理之有拂者謂之悖，天地同道，以其皆有生物之心，故言不悖。明之礙者謂之疑，鬼神妙萬物而不測者也，以其能通於鬼神，故言無疑。心之動者謂之惑，後聖曠百世而相感者也，以其能信於後聖，故言不惑。其能不謬、不悖、不疑、不惑者，理也，所以因時制宜之中也，若以迹言，豈能一一相合哉！

質諸鬼神而無疑，百世以俟聖人而不惑。質諸鬼神而無疑，知天也；百世以俟聖人而不惑，知人也。是故君子動而世為天下道，行而世為天下法，言而世為天下則。遠之則有望，近之則不厭。

本諸身之德與天人之理合一，德之至也，故曰知天、知人。知天、知人，但本鬼神、後聖說。言鬼神之幽，則天地之明者不足言矣；言後聖之遠，則三王之近者不足言矣。此以知天、知人爲德，起君子動與言行，能使民永世信從，以申上文之意。動而世爲天下道，言其議禮、制度、考文可以爲常行之道也。動於設施爲行，動於議論爲言，事有度爲法，心有準爲則，此言君子之道也。遠有望，近不厭，正是民信從處，因其道可以常行，而能及後世故耳。及王者之迹既熄，政教不行於天下，諸侯多有變亂者，是以強凌弱，衆暴寡，往往有之。然民心猶思先王之澤，謂治道將能復興也。故不服諸侯變亂之制，而懷先王覆育之恩，此盛德至善之餘澤，沒世不忘，所謂世爲天下道也。至其極也，王澤盡竭，禮不復存，時王以聖人代興，更姓改物，其德足以感人心，庶民徵焉，而上焉者之善，民始不信從矣。

《詩》曰：「在彼無惡，在此無射。庶幾夙夜，以永終譽！」君子未有不如此而蚤有譽於天下者也。

《詩》言彼無惡，是遠有望也；此無射，是近不厭也。無惡、無射，譽其終矣。君子道能及於後世，此譽之所以永終也。未有不如此，指徵諸庶民也。蓋承無惡、無射而言，君子之道能徵庶民，正爲德脩於己，而三千三百之禮，敦厚以崇，故其心虛無我，曲盡人情，而居上所以不驕也歟！

右第二十九章。此申言居上不驕，而言足以興之意亦在其中矣。聖人所以能成發育之能者，不驕而已，然則道之所以爲大，豈外於禮哉？

仲尼祖述堯、舜，憲章文、武，上律天時，下襲水土。辟如天地之無不持載，無不覆幬，辟如四時之錯行，如日月之代明。

精一之傳，發自堯、舜，故堯、舜之道，後聖之所祖述也。文、武隨時損益，因人情而立法，其精神心術之微，固亦堯、舜之道也。近守其法，即從周也，因而章明之則謂之憲章耳。道外豈有法哉？上律下襲，正祖述憲章之實也。時者，天之行也，水者，土之界也。事之隨宜而不可拘者，則若天時之無常候也，律天時則不過於中矣。理之一定而不可易者，則若水土之有定形也，襲水土則不淆於變矣。《或問》以得夏時、贊周易之類爲律天時；以序禹貢、述職方之類爲襲水土，此以迹論也，又豈知天時、水土不可分爲兩事者乎？此四句言孔子道之時中也。〇天覆地載，所以育萬物也，萬物之育即是道之行處。四時日月錯行代明，是言天道流行不息處。覆載是橫說，錯行代明是直說，其實不過說一育物而已，以此取辟，見道之大也。

萬物並育而不相害，道並行而不相悖，小德川流，大德敦化；此天地之所以為大也。

此言天地之道本於德也，萬物並育而不害，育物之心也。夫萬物得形氣之偏，其在天地間無不相害之理，惟育物之心則不相害耳。並育者，指育物之心而言也。育物之心即是道，物各付物而各當其所，乃其並行而不悖也。道並行而不悖，正以明並育而不相害意。上文言無不持載、覆幬，只是說並育並行，未有不害不悖之云。而此言不害不悖，正以足並育並行之意。此皆言道之用，即是小德川流處。小德之川流必本於大德之敦化。川流者，脈絡分明而往不息也；敦化者，根本充實而迹泯於無也。蓋大德是道之所會，道之所會即爲心，此於穆之誠，天地之心也；小德則天地之心於此見焉，此一本之所以萬殊也。夫天地之大，道之大也。而所以爲大，則德之大也。道以大德爲本，豈物物刻而雕之者哉？知此則知聖人之道亦本於德矣，何則？自其心之所存而言，則爲大德；自其用之所發而言，則爲小德，小德本在大德之中。然大德則因小德而見，所見即是道也。聖人豈異於天地哉？〇史伯璿於此章既以小德、大德爲隱，川流、敦化爲費。又於下二章言小德川流者爲費，大德敦化者爲隱。其說展轉枝梧，自相牴牾，只爲不知誠明體用之原，故不免多費辭說耳。蓋小德之川流者即是用，放之彌六合，則爲其大無外；大德之敦化者即是體，卷之退藏於密，則爲其小無內。故用之顯爲費，體之微爲隱，此不易之理也，豈可以道之大小概論德之大小乎？蓋道無大小，皆小德之川流也，而全體則具於大德。所謂敦化者，正爲其泯於無迹耳。朱子註敦化爲其出無窮，是就用上說也，豈化字本旨哉？餘詳見二十七章。

右第三十章。上章言王天下有三重，其動世爲天下道，所謂發育萬物，峻極於天之事功也。然聖人之所謂大者，不在於事功，而在於心體，故孔子未嘗得位行道，而大德在心，不可不謂之育萬物也。即此便是天地之所以爲大矣。而奚必求之於事功哉？《易》於〈同人〉亦發此義。夫德至同人，當九五君子之貞，能通天下之志，可謂能大同矣。然上九無位之地，乃曰「同人于郊，無悔」，則不用而在郊者也，以其能遯世不見，知而不悔，故曰無悔，然曷嘗不謂之同人之德哉？君子大行不加，窮居不損，非以所性分定故邪？

唯天下至聖，為能聰明睿知，足以有臨也；寬裕溫柔，足以有容也；發強剛毅，足以有執也；齊莊中正，足以有敬也；文理密察，足以有別也。

聖，通明之稱，即睿之思通而能化者也。聖而曰至，則明之至也，明未有不誠者。論其德之所發，故以聖言。曰爲能，則固誠之所能也。聰明睿知，非以質言。蓋心體虛明，無有一毫之蔽，故聽而無不聞，明而無不見，睿而無不通，知而無不記，即良知也。以此爲首出庶物，故足以臨。有容、有執、有敬、有別，則仁義禮智之德，乃虛明中之實理，即良能也。隨仁義禮智之感，即能照徹，則爲聰明睿知矣。五者之德，皆曰足以，言德中具此用耳。至下文「時出」處，始是言發見也。

溥博淵泉，而時出之。溥博如天，淵泉如淵。見而民莫不敬，言而民莫不信，行而民莫不說。

上文言至聖悉備眾德，此則言發無不當也。溥博淵泉，在用上見德之盛處，非謂充積於中也，充積於中則是大德矣。以其施之遍及而言則曰溥博，以其源之常出而言則曰淵泉，皆於小德川流上見之。此即時出之形，時出正以足溥博、淵泉之意，而非別爲一義也。○如天如淵，亦以用言。蓋天淵者心之本體也，詳見下章。曰如，則用如其體云耳。見兼言行，敬兼信說。言行合於人心，正是當其可處。當其可之謂時，所以爲時出也。

是以聲名洋溢乎中國，施及蠻貊。舟車所至，人力所通；天之所覆，地之所載，日月所照，霜露所隊；凡有血氣者，莫不尊親，故曰配天。

此極言時出之德，與天合一之意。舟車所至，至莫不尊親，通中國蠻貊而極言之也。有血氣者，本上文民字而言。蓋人死則無血氣，有血氣則指生民之類矣。尊親即是敬信，說之至配天，以聖人之德高明覆物者而言，即溥博如天之極功也。

右第三十一章。此申言小德川流之意，故以至聖之能明者，發德之用。

唯天下至誠，為能經綸天下之大經，立天下之大本，知天地之化育。夫焉有所倚？肫肫其仁！淵淵其淵！浩浩其天！苟不固聰明聖知達天德者，其孰能知之？

至誠，經綸天下之大經。大經本經綸而言，經綸從心出謂之大經，非指五倫言也。五倫固是常道，但大字乃自心言。若以五倫爲大，則何者爲小？且以常道之大訓經，非經綸之意，而大字與大本之大不合矣。經綸處即是立天下之大本，立本處即是知天地之化育。育言化者，自然而然，無迹可見也。化言知者，德性之知，自內主宰，知由心出者也。若聞見之知，學問之知也，自外觸發，知由事得者也，則不可以言知化矣。大本之所經綸者，乃天地生物之心，而人得之以爲心者，故以化育歸本於心而言知，以見其不能自已也，三句相因爲義。蓋經綸者道也，立本者性也，知化者命也。道即性，性即命，至誠之所以成其能者，天命之於穆不已耳。○夫焉有所倚，謂德性爲主，心即體，欲即用，體立用行，事由心出，無所待而然也。若倚著於物，則是思勉而假外面物事以檢持此心矣，此與下三句爲一意。仁、淵、天皆指至誠之德言，自心之生意藹然懇切者而言，則曰仁；自仁之本體寂然靜深者而言，則曰淵；自本體之於穆不已者而言，則曰天。蓋以經綸言之，則其仁肫而又肫；以立本言之，則其淵淵而又淵；以知化言之，則其天浩而又浩，皆自然不已，正見其無所倚也。淵淵與上章淵泉不同，淵而言泉，則已就其所出而言矣；浩浩與上章溥博不同，溥而言博，則已就其周遍而言矣。故其淵其天與如淵如天，義亦微有分別，天、淵一也，自本體而言則曰其，自用之合本體而言則曰如耳。○聖知即睿知，天德即仁義禮智之德，惟聰明聖智者能通達無間，故曰達，是其明也。固謂五者之德充積於中，是其誠也，實有此明，即是至誠。知之即是知天地之化育，此大德之所以敦化也。鄭氏謂：「惟聖人能知聖人」，朱子亦謂「至誠之道，非至聖不能知」，則分爲兩人矣。

右第三十二章。此申言大德敦化之意。自至聖說歸至誠，見明之本於誠也。誠至而大德之化敦矣。

《詩》曰：「衣錦尚絅。」惡其文之著也。故君子之道，闇然而日章；小人之道，的然而日亡。君子之道，淡而不厭，簡而文，溫而理，知遠之近，知風之自，知微之顯，可與入德矣。

此承上章至誠而言誠只在微處也，故以衣錦尚絅發明微字。蓋獨知之地，人所不見，所以爲微。微中之顯，知之不能昧者，此即是絅中之錦。入於微則爲德，發於顯則爲道，衣錦之錦，道也，尚絅則道之藴而爲德也。不欲其文之著，則道藴於內，而外無可見，所謂君子之道闇然也。然美在其中，則誠不可揜，故日章，謂道章也。的然，條理分明之意。小人道暴於外，則實無以繼，故日亡，謂道亡也。尙絅乃是用功於己所獨知處，即是爲己之學。淡而不厭，簡而文，溫而理三句是言道體如此。淡者，泊然無所好之意，自其無一事者言也，而所好藏焉，則非無味矣，故不厭。簡者，專一無他岐之意，自其不多事者言也，而節文寓焉，則非無儀矣，故有文。溫者，渾然無疆界之意，自其隨所應而無迹者言也，而條理具焉，則非無別矣，故有理。淡、簡、溫，闇然也，所以形容道體之微；不厭而文且理，日章也，所以形容道體之顯。重在淡、簡、溫上，淡簡溫則不厭，而文且理之美在中，故謂之德。文在中而不可遏者即是幾，故以知幾爲入德之要。幾者，微也。遠之近，風之自，言風之見於遠者自近始也。微之顯，則自近始者爲微，風見於遠者爲顯，其顯則皆獨知之所昭著也。昭著在心，而風及遠則人所共見也。故知幾之顯，則尙絅工夫專在獨知處矣。所重只在知微之顯，謹獨之外無知微，豈別有爲己之學哉？自衣錦尙絅，至的然日亡，是起微字之意。自淡、簡、溫至可與入德是申上文，分明說出學當知微，乃可入德也。爲己與謹獨不是二事，《章句》言「有爲己之心，而又知此三者」，則知所謹而可入德則分爲二，而文義不相屬矣。

《詩》云：「潛雖伏矣，亦孔之昭！」故君子內省不疚，無惡於志。君子之所不可及者，其唯人之所不見乎！《詩》云：「相在爾室，尚不愧于屋漏。」故君子不動而敬，不言而信。《詩》曰：「奏假無言，時靡有爭。」是故君子不賞而民勸，不怒而民威於鈇鉞。《詩》曰：「不顯惟德！百辟其刑之。」是故君子篤恭而天下平。

此四引詩皆以謹獨明尙絅工夫，一節深如一節。蓋爲己之學只是不顯，雖至篤恭，亦不過充尙絅之心以致其極耳。〇潛伏謂隱微，即人所不見也，人所不見便是不顯。孔昭乃其莫見莫顯處，指獨知而言矣。內省不疚，無惡於志，幾能自知，正是君子不可及處。〇不動不言，即是不顯，亦潛伏之意。但謹獨工夫無時不用，不止在人所共知處有之，故復以不愧屋漏言。敬信非謹獨而何？其曰不動、不言者，但以明謹獨工夫之密，非因言動而後有耳，豈有二事哉？《或問》以內省不疚爲謹獨克己之功，不愧屋漏爲戒慎恐懼而無己可克之事，則是謹獨之外，又有戒慎恐懼之功，而戒慎恐懼之中，無獨知矣。然則聖人所謂不顯亦臨，無斁亦保者，所理何事哉？首章從天命之性言，則先言戒懼而後謹獨，此章從爲己之學言，則先言謹獨而後戒懼，其實無先後之可分也。〇不賞、不怒本無言而說，即是不顯。上文所謂敬信，乃其感人之德不在賞罰，賞罰便假於言動。因言動而敬信，則屬有意之私，不足以化人矣。惟有不顯之心，則人自化，故以人化驗工夫之密。〇不顯之德，即上文無言之德。刑之即上文民勸、民威，但言百辟，則盡乎天下，蓋以感人之大者，明德之盛也。恭即上文敬信，禮之卑者也，已是不顯之德。篤則其工夫不息也，言篤則爲天下平而發耳。上言民勸民威，是德深而能化人也。此言天下平，則德盛而化又遠矣，皆言謹獨工夫之密也。蓋以化驗德，所重在德不在化也。《或問》以時靡有爭爲變，百辟刑之爲化，則分變化爲二矣。蓋變未有不化者，不化不可以爲變。當時靡有爭時，以爲人未盡化，而恭猶有待於篤則可，豈可謂至於百辟刑之，而始得言化邪？恭而曰篤，則不顯之德無以加矣。然亦豈能加毫末於人所不見之獨知哉？篤恭而曰天下平，則德及於天下矣，此所以爲天下之至誠也。

《詩》云：「予懷明德，不大聲以色。」子曰：「聲色之於以化民，末也。」《詩》曰：「德輶如毛。」毛猶有倫。「上天之載，無聲無臭。」至矣！

此三引《詩》從聲色上說入無處，以形容篤恭之德爲不顯之至也。〈皇矣〉詩言不大聲以色，非謂猶有聲色者存，止於不大而已，文王之明德，豈果存聲色而不大者哉？云不大則已入於微矣。孔子以聲色爲化民之末務，非以不大而言，乃概論聲色之不足以化民，猶曰平天下惟在篤恭耳。〈蒸民〉詩云：「德輶如毛。」如毛亦若言文王聲色之不大處。蓋聲色即是言動，如容貌、辭氣、威儀、文辭，人所共見者也。即所可見者而言德，則在外之美乃其顯處，雖「視爾友君子，輯柔爾顏，不遐有愆」，已是盛德之容，所謂如毛，不過如此，但未見其本體之密，不可以爲不顯耳。惟在心上篤恭，乃是己所獨知之真體，以其人所不見而爲不顯之德，其聲色之柔嘉，有不知其所以然而然者，故以〈文王〉詩「上天之載，無聲無臭」者爲不顯之至。謂〈皇矣〉、〈蒸民〉之詩，涉於聲色，皆不足以形容之，非謂聲色無與於德也，大抵爲己之學在微而不在顯，故聲色之於無聲無臭，顯微之間耳，德豈在聲色外哉？

右第三十三章。《中庸》一篇要旨，只在微之顯。微處只是謹獨，而謹獨只在戒慎不睹，恐懼不聞，故自不動而敬，不言而信，以至篤恭而天下平，皆此意也，睹聞則著聲色矣。然謂之敬信，則從言行上踐實，敬信即戒慎恐懼之謂也。敬不著於動，斯爲戒慎不睹；信不著於言，斯爲恐懼不聞，茲非天命之流行者乎？故曰：「上天之載」。《中庸》盡性之學也，其原自天命之性始，言天則究極其原矣。

論語私存

語孟私存序

孔子，聖之至也；孟子，學聖而幾焉者也。雖其德有淺深，而言皆性命之蘊。蓋堯、舜精一之傳，此其正宗也。聖賢豈有意於立言哉？道不得行於天下，則與其徒講明此學，庶幾有傳焉。孔子之徒，能言莫如宰我、子貢；孟子之徒，善問莫如公孫丑、萬章，然亦未嘗不務躬行，蓋恥躬不逮，鄒、魯教人之家法也。至其誨人，諄諄不倦，誠有所不得已耳。得其人而傳焉，則亦無待於立言矣。《語》、《孟》之書，蓋其諸弟子之門人得於師傳，而亦非宰我、子貢、公孫、萬章諸賢之手筆，故其言雜出無倫，諸弟子不自爲類，此可見親炙孔、孟之門者，雖其人已沒，而私淑以善其身者猶未泯也。各一再傳，而信此學者日益鮮矣，則聖賢之教幾於無傳，於是筆之於書，以貽後世，此又有所不得已焉。求其不得已之心，而立言者之意見矣，豈以言語可盡道哉？二書述孔、孟之言及諸賢之說，皆有所受。其所摹寫悉得其真，故感動人心，萬世尚如一日，此豈意想之空言比哉？其有簡編亂舊，傳寫承訛，則授書者之愆，安可概以爲記言者之誤哉？予以臆見，隨義分疏，以附於《學、庸私存》之後，以《學》、《庸》貫道之全，可以得爲學之統體；《語》、《孟》則聖賢異德，憂樂殊時，高卑曲應，前後錯陳，初學未必遽能一貫。由《學》、《庸》以及《語》、《孟》，然後下手知所據而易於合一耳。《語》、《孟》固發性命之蘊者也，其言豈果可後哉？

嘉靖癸丑三月望彭山季本序。

論語私存

會稽季本箋釋

學而第一

一

子曰：「學而時習之，不亦說乎？有朋自遠方來，不亦樂乎？人不知而不慍，不亦君子乎？」

維天之命，於穆不已，性之本體也。人之秉彝，好是懿德，本體之說也。說是不能自已處，即孟子所謂「理義悅心，而生則惡可已也」。學所以盡性，而時習則純亦不已之功。無所厭苦，安有不說？說在心，學以復心之本體，故不曰說而云亦說，驗學然後學爲得正。學至於說，雖聖人亦只如此。說則能欣然與物同體，故又以朋來而信從者衆爲樂。苟有一毫私吝，則不能充說之量，何足以言樂邪？樂則能以善及人矣，然及人而樂者，順而易，不知而不慍者，逆而難。苟非充其說，而至於私欲淨盡，則逆境未必能安，猶未可以爲成德也。故由說而充之，以致其極，至於成德，則所性不存，而及人之樂不足言焉，其工夫惟在時習之不已耳。求說於心，而不求於外，所以爲爲己之學。悅、樂之別，詳見《說理會編》卷二。○朱公遷於此通論君子之稱，甚詳。

二

有子曰：「其為人也孝弟，而好犯上者，鮮矣；不好犯上，而好作亂者，未之有也。

孝弟是言愛親敬長之實德，不必專指資質美者言。人有此德，則自有真切不忍之心，豈肯犯上？犯上是言小有拂戾，若作亂，則悖逆而與親爭鬥矣。觀不好二字，可見其心誠有所不欲爲也，所以爲孝弟。孝弟自孩提之童便有此心，不從外得，人道所重在此，故以孝弟發端。

君子務本，本立而道生。孝弟也者，其為仁之本與！」

此以孝弟爲仁之本，而明其所當務也。仁之本猶言仁之實也，如此則以用言仁，理亦無害。程子以行仁訓爲仁，亦以仁言其用也。但識得立言之意，正不必泥於文義耳。又謂性中只有仁義禮智四者而已，曷嘗有孝弟來？此語亦未瑩。蓋仁是體，孝弟是用，體用本不相離，即體而言用在體，即用而言體在用。孝弟天性也，豈有性外之孝弟哉？就如言仁，而不以惻隱之心，則仁之名亦無由立，孝弟非即惻隱之大目乎？而仁固在是矣。孝弟既可以言仁，則凡感於天下之事，雖仁民愛物之遠，其出於真切處，皆根本於孝弟矣。故曰：事君不忠非孝也；朋友不信非孝也；斷一木、殺一獸，不以其時非孝也。〈西銘〉以事天言事親，亦是此意。則孝弟之外，豈別有本哉？《集註》云：「凡事皆用力於根本」，則泛言事事各有一本，而爲仁則惟以孝弟爲本也。凡事之本，果何本哉？故君子務本，本立而道生，專爲孝弟發也。○仁及義、禮、知，詳見《說理會編》卷二。

三

子曰：「巧言令色，鮮矣仁！」

《集註》謂：「巧言令色非仁，但聖人辭不迫切，故以鮮言耳。」此欲人以立誠爲本也。○或曰：言之曲中者謂之巧；色之柔嘉者謂之令。使果有德者之有言，令儀者之令色，不可以爲非仁也。但聲色乃在外之可睹聞者，或以此孔壬，或以此足恭，其中不可知也，則在室而愧屋漏者亦多矣。謂其不必皆有仁也，故曰鮮，欲人求仁於不睹不聞之中也。

四

曾子曰：「吾日三省吾身：為人謀而不忠乎？與朋友交而不信乎？傳不習乎？」

忠信只是一理，自其誠心不欺而言，則曰忠；自其實理無違而言，則曰信。此以忠屬與人謀，信屬與朋友交，各從所重耳。傳習是未聞一貫前事也。彝倫非止一端，隨所寓而當盡。今日省止此三事，蓋自從師在外講習時工夫言之，不在家庭也，豈謂平生止以三者爲切哉？此正所謂隨事精察而力行之，猶未知其體之一也。

五

子曰：「道千乘之國，敬事而信，節用而愛人，使民以時。」

敬，敬其事也。信，信於民也。節用，不傷民財也。愛人，不拂民情也。使民以時，不竭民力也。皆治國之道，而敬信則又身之所以先民者也。五者不及爲政，蓋爲諸侯當以守法愛民爲本，故所言止於如此，此務本之意也。若遽語以爲治，則將起變易制度之端，其不至於賤而自專者，幾希矣。

六

子曰：「弟子入則孝，出則弟，謹而信，汎愛眾，而親仁。行有餘力，則以學文。」

孝弟，庸德也。脩之於言行之間，謹而信也。於博愛之中而擇交焉，愛眾而親仁也。

此是日用間實行。餘力謂暇日。學文者，所以求節文之密。凡考之古訓，質之先覺，以精於義理，皆學文之事也。蓋人之威儀文辭，不易曲盡，若於此先求精密，則用心於外，其不至於遺本者幾希。故示人先脩實行，而以其餘力學文，此聖人重本之意也。以爲節文或言未周，不害其爲務本耳，豈謂學文必俟行充而後可及哉？

七

子夏曰：「賢賢易色，事父母能竭其力，事君能致其身，與朋友交言而有信。雖曰未學，吾必謂之學矣。」

未學，指生質之美者言。於人倫能盡其誠，此是良能肯著力做工夫處，即此是學，故曰吾必謂之學矣。游氏說得之。

八

子曰：「君子不重則不威，學則不固。主忠信。無友不如己者。過則勿憚改。」

人之輕浮而學無實得者，凡以不忠信耳。主忠信則內重有威，而學始固。忠信，德之本也。擇友而不泛交，則善日進，改過而無吝意，則德日親，此皆所以立誠，而學之所以固也。孔門之學以誠爲本，忠信而已矣。○游氏言「學以成之」是舊說，

《或問》已有辯矣。

九

曾子曰：「慎終追遠，民德歸厚矣。」

此必因在上者背死忘生，無以振民之薄俗而言。朱子人心所不能自已之說甚善。

十

子禽問於子貢曰：「夫子至於是邦也，必聞其政。求之與？抑與之與？」子貢曰：「夫子溫、良、恭、儉、讓以得之。夫子之求之也，其諸異乎人之求之與？」

人之求，求諸人；夫子溫良恭儉讓以得，求諸己也。

十一

子曰：「父在，觀其志；父沒，觀其行；三年無改於父之道，可謂孝矣。」

此警爲人子之欲爲善者，不當務伸己志，而當不死其親也。所重在於三年無改於父之道。蓋蒙父沒觀行而言，謂父在時之志，至此已得專行。父之道謂父時所謂道，而於子時則有所不宜者，然既謂之道，則不必速改。三年無改，謂喪制未終，而事死如生也。觀此則知人子制行之善，不在於事之更新，而在於心之不忍矣。

十二

有子曰：「禮之用，和為貴。先王之道，斯為美；小大由之。有所不行，知和而和，不以禮節之，亦不可行也。」

和者發而中節之謂。節即是禮，苟非中節，安得爲和？但恐禮不出於自然，則有所乖戾，故言其用以和爲貴。先王之道即是發而中節之和，此其道之所以爲美也。美者，文章在中之義。小大由之，謂小事大事皆從此道以出，見其和而行之順也。既言禮之所貴在和，又恐其一於和，則流而無節，小事大事亦不可行，以見禮必有節，然後可以爲和。蓋覆說上文之意也。

十三

有子曰：「信近於義，言可復也；恭近於禮，遠恥辱也；因不失其親，亦可宗也。」

近，不遠之意。謂信從義出，不遠於義；恭從禮出，不遠於禮也。所因即是所主，不必言後曰主之也。此必爲春秋時，諸侯交鄰者而發。若泛舉三事，似無頭腦而不切於學者。陸象山謂有子之言支離，殆爲此耳。

十四

子曰：「君子食無求飽，居無求安，敏於事而慎於言，就有道而正焉，可謂好學也已。」

不求安飽，謂其志全不在於安飽也。敏事慎言，則其志之所在焉。就有道而正者，不敢自是，務求其精也。學謂之好，其心愛慕而不能自已也。

十五

子貢曰：「貧而無諂，富而無驕，何如？」子曰：「可也。未若貧而樂，富而好禮者也。」

可者，當其可之名，當無諂無驕時，亦不可不謂之可。但進而至於樂且好禮時，則又以樂與好禮爲可矣，非僅可而有所未盡之辭也。

子貢曰：「《詩》云：『如切如磋，如琢如磨』，其斯之謂與？」子曰：「賜也，始可與言《詩》已矣！告諸往而知來者。」

切、磋、琢、磨喻義理無窮，而工夫當益致其精也。斯指上文論貧富而言。〇子貢因論學而知《詩》，蓋能得於言意之表矣，故可與言《詩》。

十六

子曰：「不患人之不己知，患不知人也。」

學在己，不暴於外。故人不知，蔽在人也，何足患乎？不知人，則其蔽在我，而無以取友輔仁，有繫於己德，安可不患邪？

為政第二

一

子曰：「為政以德，譬如北辰，居其所而眾星共之。」

政者，正也。本正身而言，故曰以德。以德則無爲而化，故以北辰居其所，而眾星共者喻之。《集註》以政爲正人之不正，非以德化民之意矣。

二

子曰：「《詩》三百，一言以蔽之，曰『思無邪』。」

《詩》之言，皆作詩者得好惡之公，而無邪思也。故聖人舉思無邪之一言以蔽三百篇之義。見作者之性情皆出於正，而欲人之興於善端也。今誠三百一十篇，邪正錯雜，蓋因秦火之後，世儒附會以足三百篇之數，則《傳習錄》已有辯矣。

三

子曰：「道之以政，齊之以刑，民免而無恥。道之以德，齊之以禮，有恥且格。」

道之以政，謂懸法制以示禁，而一之則以刑，即所謂正人之不正也。蓋離德禮而言之矣，故其民免而無恥。○道之以德，謂躬行以率之也。如此則上老老而民興孝，上長長而民興弟，同有所觀感興起矣。其有所感淺薄而不能興起者，則禮以齊之。禮即德之曲盡處，蓋挈而矩之，使人人皆遂孝弟之願，而無不齊之處矣。故其民有恥且格，格如格其非心之格。今按德禮之治，不能無政刑，但本其德意而言，則政刑皆謂之禮耳。《集註》謂：政者爲治之具，刑者輔治之法，與德禮相爲終始，不可偏廢。恐非聖人論治之意也。

四

子曰：「吾十有五而志于學，三十而立，四十而不惑，五十而知天命，六十而耳順，七十而從心所欲，不踰矩。」

十五者，入大學之年也。志，則心之所主而念念不忘者也。學以盡性，性之則即下文所謂矩也。盡性工夫，謹獨而已。獨不謹則矩踰矣。立即志之不頹處，不惑即立之有定處，知天命即不惑之主於天明處，耳順即天命之隨感而應處，從心所欲不踰矩即感應之合則處。自志學以志於所欲不踰矩，皆此學之漸進以造其極耳。非如《集註》可分知行爲兩事也。當其志學必亦立矣，但十年之中猶有未立之時，故至於三十而始可以言立。當其能立必亦不惑矣，但十年之中猶有惑時，至於四十而始可以言不惑。當其不惑必亦知天命矣，但十年之中天命猶有不知之時，至於〔四〕〔五〕十而始可以言知天命。當其知天命時必亦耳順矣，但十年之中猶有不順之時，至於六十而始可以言耳順。當其耳順必亦不踰矩矣，但十年之中矩猶有或踰之時，至於七十而始可以言不踰矩，此其安且成而言矣。故學者學此矩也，立者此矩之立也，不惑者此矩之不惑也，知天命者此矩之知也，耳順者此矩之順也。至於矩之不踰，則亦不過安於所志之學耳。聖人之學本無異於人，惟其工夫不息，則非人所能及，所以爲聖也。然則此章所逑進德之序，豈假設其辭以示謙哉？

五

孟懿子問孝。子曰：「無違。」樊遲御，子告之曰：「孟孫問孝於我，我對曰『無違。』」樊遲曰：「何謂也？」子曰：「生，事之以禮；死，葬之以禮，祭之以禮。」

以禮事親，則不陷親於不義，非愛親之至者不能也。

六

孟武伯問孝。子曰：「父母唯其疾之憂。」

此欲武伯謹疾也。

七

子游問孝。子曰：「今之孝者，是謂能養。至於犬馬，皆能有養；不敬，何以別乎？」

《孟子・離婁篇》「曾子養曾皙」章當互看。

八

子夏問孝。子曰：「色難。有事，弟子服其勞；有酒食，先生饌，曾是以為孝乎？」

愉色婉容所以悅親之心也，此惟孝子之有深愛者能之。

九

子曰：「吾與回言終日，不違如愚。退而省其私，亦足以發。回也不愚。」

十

子曰：「視其所以，觀其所由，察其所安。人焉廋哉？人焉廋哉？」

以，用也，謂其所致用者。皆從為善上說來，蓋恐其或作偽耳。以，以所行言；由，以所從言；安，以所樂言。觀詳於視，察密於觀。

十一

子曰：「溫故而知新，可以為師矣。」

義當與《中庸》同，以其知新，故可爲師。

十二

子曰：「君子不器。」

君子德成於己，則形而上之道流行無滯；滯於跡，則爲形而下之器矣。然藝成，則亦能各適其用也。

十三

子貢問君子。子曰：「先行其言而後從之。」

此章之意，所重在行。

十四

子曰：「君子周而不比，小人比而不周。」

《集註》詳盡矣。○君子小人之辨，詳見《說理會編》卷十三。

十五

子曰：「學而不思則罔，思而不學則殆。」

凡單言學者，思在其中。單言思者，學在其中。惟學與思對舉，則學以習事言，用之實也；思以求心言，體之虛也。體用不合一則偏，故有罔殆之病。

十六

子曰：「攻乎異端，斯害也已！」

端，即四端之端，心之初動處也。四端，人所同有，其端爲同。若楊、墨發端處，比四端爲偏，謂之異端。當孔子時，楊墨之教已有，但其說未肆耳。至孟子時已移人心，乃始闢之。然孔子固已知其學之爲害矣，故云然。至於鄉愿，則發端處全是僞心，其不及楊、墨遠矣。楊、墨猶爲害，而況於鄉愿乎？真西山謂：「孔子亦有闢墨闢楊之說」，得之矣。餘詳見《說理會編》卷十四。

十七

子曰：「由！誨女知之乎！知之為知之，不知為不知，是知也。」

此爲子路強所不知以爲知，故言不知不可以爲知。但以知者爲知，而不強所不知，則知乃真知，而不自欺其知，故曰是知。《集註》云：「由此而求之，又有可知之理」，是言不必強不知之意。

十八

子張學干祿。子曰：「多聞闕疑，慎言其餘，則寡尤；多見闕殆，慎行其餘，則寡悔。言寡尤，行寡悔，祿在其中矣。」

子張學干祿，謂爲干祿之學，非以此爲問也。當時干祿者，皆以多聞、多見爲學。屬於言而入耳者爲聞，屬於行而經目者爲見。古之大學未嘗廢多聞多見之教，然多識前言往行，惟以畜德，非以干祿也。故所聞而疑，所見而殆者，則闕之。然必有不疑不殆者，以其所不疑，慎之於言；以其所不殆，慎之於行。則聞非虛聞，見非虛見。以漸而進，日知所無，脩天爵而人爵從之矣。若以聞見爲未足而求多焉，則聞見之外別無工夫，而疑殆亦終不可解矣！何益於學哉？

十九

哀公問曰：「何為則民服？」孔子對曰：「舉直錯諸枉，則民服；舉枉錯諸直，則民不服。」

舉、錯非對言。舉其直者，而諸枉者則置而弗舉之耳。舉枉錯諸直，是因告以民服之道而反之也，其語意當如此。

二十

季康子問：「使民敬、忠以勸，如之何？」子曰：「臨之以莊則敬，孝慈則忠，舉善而教不能則勸。」

臨之以莊者，篤恭之容也，故民敬；孝則可法，慈則有恩，故民忠。舉善則不能者有所觀感，而又教之，此其所以勸也。康子蔑君專國，非正人也。其欲人之歸善，亦不過欲人服而已。孔子告之，皆脩己之方，略無一毫遷就世俗之見。可見明明德之外無他學，而人人可爲也。

二十一

或謂孔子曰：「子奚不為政？」子曰：「《書》云：『孝乎！惟孝，友于兄弟，施於有政。』是亦為政，奚其為為政？」

言孝而曰孝友，弟亦孝中事也。施于有政，謂能推廣以爲一家之政也。

二十二

子曰：「人而無信，不知其可也。大車無輗，小車無軏，其何以行之哉？」

不知其可，猶言知其不可也。無信則無以行，故以爲不可。

二十三

子張問：「十世可知也？」子曰：「殷因於夏禮，所損益，可知也；周因於殷禮，所損益，可知也。其或繼周者，雖百世可知也。」

禮只是天理之節文，萬古不易之常道也。所損益不過隨時處中而已，損益以通變，知來之道盡於此矣。

二十四

子曰：「非其鬼而祭之，諂也。見義不為，無勇也。」

諂瀆鬼神，多不務民義。此與〈雍也〉篇告樊遲「務民之義，敬鬼神而遠之」意同。

八佾第三

一

孔子謂季氏：「八佾舞於庭，是可忍也，孰不可忍也？」

庭，廟庭也。《集註》「尙忍爲之」加尙字，則以僭天子之禮爲重，而他事皆輕也。謝氏則謂：既僭八佾，雖弒父與君皆可爲矣。原其僭竊無君之心而言也，此說爲長。

二

三家者以〈雍〉徹。子曰：「『相維辟公，天子穆穆』，奚取於三家之堂？」

大夫歌〈雍〉以徹，此〈雅〉、〈頌〉所以不得其所也。

三

子曰：「人而不仁，如禮何？人而不仁，如樂何？」

人心不仁即失正理，如禮樂何？言所用之禮樂皆虛文也。

四

林放問禮之本。子曰：「大哉問！禮，與其奢也，寧儉；喪，與其易也，寧戚。」

禮之節文皆從本出，故以爲大。云禮奢寧儉，已統喪禮矣，而又於其中挈喪而言，以明喪之本在哀也。學道之初必須敦本，方有實地，由本盡末，末從本出矣！何患於無文哉？

五

子曰：「夷狄之有君，不如諸夏之亡也。」

夷狄有君，謂其臣知有君也，而諸夏則亡君，故孔子傷之。

六

季氏旅於泰山。子謂冉有曰：「女弗能救與？」對曰：「不能。」子曰：「嗚呼！曾謂泰山，不如林放乎？」

旅，因事而告祭，非常祭也。不能救，非謂其不救，蓋言不能開明季氏之心耳。

七

子曰：「君子無所爭，必也射乎！揖讓而升，下而飲，其爭也君子。」

射以觀德，必欲其中，所以有爭也。然其爭也克讓，故謂之君子之爭，揖讓而升，下而飲，兼此三節也。

八

子夏問曰：「『巧笑倩兮，美目盼兮，素以為絢兮。』何謂也？」子曰：「繪事後素。」曰：「禮後乎？」子曰：「起予者商也！始可與言《詩》已矣。」

子夏蓋知忠信爲本，所謂禮後者，以儀文言也，此所以爲知學。

九

子曰：「夏禮，吾能言之，杞不足徵也；殷禮，吾能言之，宋不足徵也。文獻不足故也。足，則吾能徵之矣。」

夏、殷之禮皆以天理之節文言，其有損益，不過隨時處中耳。能言之者，謂能言其意也。當時人不知學，皆以爲禮必有儀文器數，不能信孔子之言，雖杞、宋、夏殷之後亦無傳焉，則終於無證而已。

十

子曰：「禘，自既灌而往者，吾不欲觀之矣。」

禘者，審諦功德之祭也。魯祖周公以文王爲祖所自出，祀之於周公之廟，而周公配之也。詳見《廟制考義》，餘意《集註》盡之矣。

十一

或問禘之說。子曰：「不知也。知其說者之於天下也，其如示諸斯乎！」指其掌。

報本追遠而盡仁孝誠敬，此禘之說也。如此則能感格鬼神，而治天下之道不外是矣。以天下言，見其爲天子之事也。知禘之說，謂當其事而知仁孝誠敬也，孔子不當其事，故以爲不知，非以講明文義爲知也。

十二

祭如在，祭神如神在。子曰：「吾不與祭，如不祭。」

祭如在，不言祭先，因祭神而見之也。如在，皆洋洋乎如在其上之意。

十三

王孫賈問曰：「『與其媚於奧，寧媚於竈』，何謂也？」子曰：「不然，獲罪於天，無所禱也。」

王孫賈是庸俗之人，謂有權可以引援孔子，故以媚竈爲問。孔子告以不敢逆天之意，是使之聞天下有正理也。此朱子說，甚善。

十四

子曰：「周監於二代，郁郁乎文哉！吾從周。」

文謂其禮文之曲折詳盡，此周制之所以合乎時宜，而當從也。此與《中庸》「吾學周禮，今用之，吾從周」意同。

十五

子入大廟，每事問。或曰：「孰謂鄹人之子知禮乎？入大廟，每事問。」子聞之，曰：「是禮也。」

《語錄》：「問：『每事問，尹氏謂「雖知亦問，敬慎之至。」問者所未知也，問所知焉，似於未誠。尹氏之說，聖人之心恐不如是。』曰：『以石慶數馬，與張湯陽驚事，相對觀之，可見雖知亦問，自有誠僞之別。兼或人謂夫子爲鄹人之子，則亦夫子始仕，初入太廟時事。雖平日知其說，然未必身親行之，而識其物也。故問以審之，理當如此，必不每入而每問也，然大綱節目與其變異處亦須問也。』」此說發明盡矣。

十六

子曰：「射不主皮，為力不同科，古之道也。」

射以觀德，射不主皮，尚德也。周衰禮廢，復尚貫革，則尚力矣。○楊氏「中可以學而能，力不可強而至」之說，與《孟子・萬章下》篇「其至，爾力；其中，非爾力」意相戾。

十七

子貢欲去告朔之餼羊。子曰：「賜也，爾愛其羊，我愛其禮。」

胡氏謂：「主於利害，則見物而不見理；主於是非，則見理而不見物。子貢之說，豈初年貨殖之心猶未脫去。」此論甚善。

十八

子曰：「事君盡禮，人以為諂也。」

事君之禮，恭敬小心，而不敢肆，有似於諂，然不知此乃忠順之心，天理之所當然也。孔子自謂於禮無所加，則謂之爲諂者，於此理亦不能盡矣。

十九

定公問：「君使臣，臣事君，如之何？」孔子對曰：「君使臣以禮，臣事君以忠。」

厚齋馮氏之說，發朱子之正意；新安陳氏之說，補尹氏之偏言。皆有可取。

二十

子曰：「〈關雎〉，樂而不淫，哀而不傷。」

《集註》言：「后妃之德，宜配君子。求之未得，則不能無寤寐反側之憂；求而得之，則宜有琴瑟鍾鼓之樂。」未得其人而懸想，既得其人而縱情。就使憂樂因於后妃，亦爲有著，未可以爲性情之正也。恐詩意不如此。詳見《說理會編》卷第十。

二十一

哀公問社於宰我。宰我對曰：「夏后氏以松，殷人以柏，周人以栗，曰使民戰栗。」子聞之，曰：「成事不說，遂事不諫，既往不咎。」

古者立社，各樹其土之所宜木以爲主。此夏松、殷栢、周栗所以不同也。然松栢久長之物，乃古今社木之常，而周改用栗，或亦有取於敬畏之義，但不爲戮人於社而發耳。宰我以三桓專政，魯勢日衰，由於君之懦弱無爲，威權不立，故因哀公問社。而專舉周人用栗之事，以爲使民戰栗，蓋即胡康侯所謂勸之斷也。雖立社之意，本爲報其養民之功，所重不在於栗，而其所以警哀公者意則深矣。然三桓之勢已成，惟當正身脩德以漸小貞，而不得罪於巨室則可。若欲驟張公室，動不相時，鮮不敗矣！此孔子聞之，所以謂其於此事不必言也。舊說謂宰我啓時君殺伐之心，而孔子責其失言。竊意門弟子之過，自宜正言規之，豈可爲此漫辭而姑置弗論邪？況諫之爲義，乃人臣諍事之辭，非師所施於弟子者也。

二十二

子曰：「管仲之器小哉！」或曰：「管仲儉乎？」曰：「管氏有三歸，官事不攝，焉得儉？」「然則管仲知禮乎？」曰：「邦君樹塞門，管氏亦樹塞門；邦君為兩君之好，有反坫，管氏亦有反坫。管氏而知禮，孰不知禮？」

仁山金氏曰：「據算家有築臺三歸法。」蓋方臺也。此但言其臺榭之盛，家臣之多，爲非儉爾。

二十三

子語魯大師樂，曰：「樂其可知也：始作，翕如也；從之，純如也，皦如也，繹如也，以成。」

當時律呂之制尚未失傳，樂官豈有不知？孔子不必告也。惟求之於音節，則人人可得自調而樂之，爲樂不外是矣。翕如言八音之合也，謝氏以五音言合，非矣。純、皦、繹方是五音。蓋五音者清濁高下之變，而八音則一音所合之器也。

二十四

儀封人請見，曰：「君子之至於斯也，吾未嘗不得見也。」從者見之。出曰：「二三子，何患於喪乎？天下之無道也久矣，天將以夫子為木鐸。」

此孔子爲魯司寇，去魯，歷聘時事也。觀儀封人辭氣，可以見其人品之高矣。

二十五

子謂《韶》：「盡美矣，又盡善也。」謂《武》：「盡美矣，未盡善也。」

盡美是言其安民之功，盡善是言其順人之德，皆於樂之聲容知之。德只從性之、反之分淺深，而揖讓、征誅乃其所遇，不可以是論優劣也。使舜當武王之時，亦必征誅，但其征誅自是無跡；武王當舜時，亦必揖讓，但其揖讓不免帶粗耳。

二十六

子曰：「居上不寬，為禮不敬，臨喪不哀，吾何以觀之哉？」

寬者居上之本，敬者爲禮之本，哀者臨喪之本，無本則無可據依。雖有條教號令之施，威儀進退之節，哭泣擗踊之數，皆無足觀者矣。謂能寬、敬、哀，則就寬、敬、哀中，考量他所行之得失也。此本朱子說，重在以字上。

里仁第四

一

子曰：「里仁為美。擇不處仁，焉得知？」

里者，人之所居也。里居之美，不若居仁，故言人擇所以自處，而不於仁，則不得爲知矣。此與《孟子・公孫丑上》篇言「莫之禦而不仁，是不智也」意同，非謂擇里也。

二

子曰：「不仁者不可以久處約，不可以長處樂。仁者安仁，知者利仁。」

不仁則無恒心，故於貧富不能常處。因言仁之爲德，自其本體之安而言，則謂之仁者；自其工夫之斷而言，則曰知者。安者與仁爲一，利者裁割之意，言其心體之明，斷然不爲不仁也。仁與智本一德，皆根於心，但因安、利而分耳。

三

子曰：「唯仁者能好人，能惡人。」

仁者能好、惡人，朱子以當理爲能，游氏以自克爲能，微有不同。此當以《大學》「見賢而不能舉，舉而不能先；見不善而不能退，退而不能遠」互觀，其義自見。

四

子曰：「苟志於仁矣，無惡也。」

言志則心已專矣，苟雖訓誠，所重在志。惡者悖理之名，比之過，則惡乃自欺其本心者也。

五

子曰：「富與貴，是人之所欲也，不以其道得之，不處也。貧與賤，是人之惡也，不以其道得之，不去也。君子去仁，惡乎成名？君子無終食之間違仁，造次必於是，顛沛必於是。」

富貴是人所欲，欲字內即含處字意。不以其道得之，謂不當得處富貴而處之也。貧賤是人所惡，惡字內即含去字意。不以其道得之，謂不當得去貧賤而去之也。審富貴，安貧賤，所以求仁也，非仁則不可久處約，長處樂。故言君子去仁，無所成名，而其爲仁，當無時無處而不用其力也。如此則存養之功密，而成君子之名矣。此勉人之爲仁也。

六

子曰：「我未見好仁者、惡不仁者。好仁者，無以尚之；惡不仁者，其為仁矣，不使不仁者加乎其身。

好仁惡不仁，則好善惡惡有誠矣，惟成德者能之，故難得而見之。好仁惡不仁，同一德也，但以好惡分言耳。

有能一日用其力於仁矣乎？我未見力不足者。蓋有之矣，我未之見也。」

用力於仁，非謂用力於好仁惡不仁，好仁惡不仁出於至誠，非由勉強，力如何用哉？蓋欲仁而有私欲拒之於中，則其所好必不真；不欲不仁，而有私欲挽之於內，則其所惡必不切。去其所拒所挽之私欲，而充其本然之好惡，乃其所用之力也。既能用力，即是力足，故曰我未見力不足者。又云蓋有之，以力不足者言也。當其力不足時，即是不用力。故又曰我未之見也，以明用力於仁者，未見其力不足之意，蓋欲人之用力於仁也。

七

子曰：「人之過也，各於其黨。觀過，斯知仁矣。」

此章之義，詳見《說理會編》卷五。

八

子曰：「朝聞道，夕死可矣！」

聞道，非徒耳聞，有得於心之謂也。盡生之道則可以全歸，而無愧於鬼神，故曰夕死可矣。

九

子曰：「士志於道，而恥惡衣惡食者，未足與議也。」

士志於道，有志於學者也。恥惡衣惡食，則其初向道時，芬華之心猶未絕也，故未足與議道。此豈棄絕之辭哉？俟其心無外慕，然後可與之議耳。此即可與共學，未可與適道者也。○志道與志仁亦略有別。朱子曰：仁是最切身的道理，志於仁，大段是親切做工夫，所以必無惡。志於道，凡人有志於學皆是也。若志得來，泛而不切，則未必無恥惡衣食之事。

十

子曰：「君子之於天下也，無適也，無莫也，義之與比。」

此以應事言。義者，因時制宜之道也。無適無莫，猶〈微子〉篇言「無可無不可」也。

十一

子曰：「君子懷德，小人懷土；君子懷刑，小人懷惠。」

德謂秉彝之心，懷德者惟恐身之陷罪，故懷刑。土謂有利之地，懷土者惟冀人之私己，故懷惠。懷德與懷刑，懷土與懷惠常相因，而君子與小人則相反也。

十二

子曰：「放於利而行，多怨。」

勉齋黃氏曰：「謂之放，則無一言一動不在於利也；謂之多，則其怨之者不但一二人而已，惟其放利，所以多怨」。

十三

子曰：「能以禮讓為國乎？何有？不能以禮讓為國，如禮何？」

爲國以禮，不貴於文。所貴者讓，讓乃實德，然後感動人心。如禮何，言無讓則禮乃虛文，何足以爲國？

十四

子曰：「不患無位，患所以立；不患莫己知，求為可知也。」

有可以見知於人者，則足以致舉而得立乎位。見知與得位本相因，故並言之。

十五

子曰：「參乎！吾道一以貫之。」曾子曰：「唯。」子出。門人問曰：「何謂也？」曾子曰：「夫子之道，忠恕而已矣。」

孔門始教即是忠恕，曾子初亦從忠恕上用功，如何至此夫子方告以一貫？要見其初，曾子做忠恕工夫時，只是恕上求忠，猶爲物物刻而雕之，未從一上貫萬事也。至此聞之，然後知忠恕即一貫之意，故告門人曰：夫子之道，忠恕而已。從恕上求忠，忠即是立大本，而一貫之基在是矣。詳見《說理會編》卷四。

十六

子曰：「君子喻於義，小人喻於利。」

喻者，言其只知有此也。南軒張氏論義利之辯，最爲要切，其曰：「義者，無所爲而然」，朱子謂其擴前聖之所未發。

十七

子曰：「見賢思齊焉，見不賢而內自省也。」

人之所遇，只有善惡兩等人，而皆反求諸身，此方是切己之學。

十八

子曰：「事父母幾諫，見志不從，又敬不違，勞而不怨。」

幾諫，迎父母之幾，而下氣怡色柔聲以諫，非顯然責善也。勞而不怨，謂起敬起孝而熟諫之，不知其勞也。

十九

子曰：「父母在，不遠遊，遊必有方。」

此雖事之至近，非其心念念在父母者不能也。

二十

子曰：「三年無改於父之道，可謂孝矣。」

說見〈學而〉篇。

二十一

子曰：「父母之年，不可不知也。一則以喜，一則以懼。」

所重在懼，故《集註》「愛日之誠」四字，王氏以爲於懼字旨意深切。

二十二

子曰：「古者言之不出，恥躬之不逮也。」

觀一恥字，可見其務躬行之本心矣。

二十三

子曰：「以約失之者鮮矣。」

南軒張氏曰：「凡人事事以節約存心，則有近本之意。雖未能皆中節，而失則鮮矣。」

此說得之。

二十四

子曰：「君子欲訥於言而敏於行。」

訥言敏行是其工夫，君子所欲者如此。

二十五

子曰：「德不孤，必有鄰。」

古註曰：「方以類聚，同志相求，故必有鄰，是以不孤。」

二十六

子游曰：「事君數，斯辱矣；朋友數，斯疏矣。」

新安陳氏「人合主義，天合主恩」之說，足以補《集註》之所未備。

公冶長第五

一

子謂公冶長，「可妻也。雖在縲絏之中，非其罪也。」以其子妻之。子謂南容，「邦有道，不廢；邦無道，免於刑戮。」以其兄之子妻之。

此聖人量才擇配，而無所私也。

二

子謂子賤，「君子哉若人！魯無君子者，斯焉取斯？」

此君子亦是成德之名，故下章子貢有「賜也何如？」之問。○胡氏謂孔子卒時，子賤方二十歲。蓋據《家語》子賤少孔子四十九歲而言，不足信也。

三

子貢問曰：「賜也何如？」子曰：「女，器也。」曰：「何器也？」曰：「瑚璉也。」

自德之所成而言，則曰不器。自才之所成而言，則曰器。

四

或曰：「雍也仁而不佞。」子曰：「焉用佞？禦人以口給，屢憎於人。不知其仁，焉用佞？」

有口才者謂之佞，禦人以口給，謂以口辯壓服人也。○仲弓列於德行之科，而孔子不許其仁。則以仁者天理渾然，而生意流行不息也，少有私欲間之，即違仁矣。故惟顏子爲能三月不違，其餘雖如閔子騫，冉伯牛、仲弓之賢，已能成德，亦但德性用事，所守堅定而已。至於仁體自然流行處，則或日一至焉，未可遽謂其能久如顏子也。況仲弓之德亞於閔子騫、冉伯牛，故德行之中，又列三子之下，而孟子稱善言德行，所以但舉三子而不及仲弓也歟？如此則孔門之賢，如子賤、南宮适，亦爲成德之君子，雖孔子稱之，必又不及仲弓矣！

五

子使漆雕開仕。對曰：「吾斯之未能信。」子說。

自己信不過處，不敢自欺，此方是實學。誠能動物，皆原於此。

六

子曰：「道不行，乘桴浮于海。從我者，其由與？」子路聞之喜。子曰：「由也好勇過我，無所取材。」

邢氏曰：「乘桴浮海者，欲居九夷也。材，桴材也。孔子以子路不解微言，故以此戲之。」竊意九夷在東方，箕子封於朝鮮亦在其地，其俗猶有忠信之風，故孔子每思之，蓋有深意焉。孔子卒不往者，以浮海爲難，而猶有望於中國耳。

七

孟武伯問：「子路仁乎？」子曰：「不知也。」又問。子曰：「由也，千乘之國，可使治其賦也，不知其仁也。」「求也何如？」子曰：「求也，千室之邑，百乘之家，可使為之宰也，不知其仁也。」「赤也何如？」子曰：「赤也，束帶立於朝，可使與賓客言也，不知其仁也。」

仲弓以德行稱，孔子猶不許其仁，況子路以下，猶未成德者乎？其於仁也，或月一至焉，則有之矣，故曰不知其仁也。

八

子謂子貢曰：「女與回也孰愈？」對曰：「賜也何敢望回。回也聞一以知十，賜也聞一以知二。」子曰：「弗如也！吾與女弗如也。」

子貢以顏回爲聞一知十，自謂聞一知二。《傳習錄》以子貢多學而識，工夫只在知見上用，聖人以其不如顏子在心地上用功，故嘆惜之，非許之也。可謂知心學之要矣。

竊謂聞者皆指所聞於夫子而言其領受也。聞一知十，言即始見終，乃聲入心通之意，便是心上默識。聞一知二，言因此識彼，卻是推測而知，正自謂默識不如顏子也。子貢之多識，顏子未必如之，聖人恐其自謂愈於顏子也，故問其孰愈。而子貢之答，原不在知見之多寡也，但其所言未及工夫之要耳。然只此不如二字，便可入聖，故謂聖人許之亦無害。若謂其說止於知見，則聞一知十之知，豈可以知見言哉？

九

宰予晝寢。子曰：「朽木不可雕也，糞土之牆不可杇也，於予與何誅？」子曰：「始吾於人也，聽其言而信其行；今吾於人也，聽其言而觀其行。於予與改是。」

君子晝不居內，宵不居外。晝寢者，晝居內寢也。若偶因倦息，聖人未必責之如此之嚴。

十

子曰：「吾未見剛者。」或對曰：「申棖。」子曰：「棖也慾，焉得剛？」

慾者，貪慾之名。故《集註》曰：「多嗜慾也。」《語錄》又曰：「無心『欲』字，虛；有心『慾』字，實。亦通用。」○剛，健德也，故不屈於慾。

十一

子貢曰：「我不欲人之加諸我也，吾亦欲無加諸人。」子曰：「賜也，非爾所及也。」

欲無加諸人，猶言亦無欲加諸人也。此本體自然，故程子以爲仁。然以己所不欲，勿施於人者爲恕，而曰：「恕則子貢或能勉之，仁則非所及矣。」則其別全在勿字，故朱子因謂無爲自然，勿爲禁止。竊意勿者，人心所不安而不得不禁止處，亦未嘗不自然也。蓋聖賢徹上徹下工夫，但有生熟純疵之別，一有間斷，則不得爲仁耳。

十二

子貢曰：「夫子之文章，可得而聞也；夫子之言性與天道，不可得而聞也。」

聖賢論學，必以性命爲先，故《中庸》篇首即言「天命之謂性」，孟子開口便說性善。舍是，則學問無頭腦矣。子貢所謂性與天道不可得而聞者，非謂夫子不言，蓋聞者不能了悟耳，故出口入耳不可以爲聞，惟了悟乃爲聞也。然求道無基，不能憤悱，則自暴自棄者，常懷不信之心，強聒何益哉？故中人以下，不可以語上，俟其漸有開明，而後可與言耳。非謂學力未至子貢者，類不可以語性命也。

十三

子路有聞，未之能行，唯恐有聞。

未行所聞，而恐有聞，非謂行之不逮也。行之不逮，而恐再聞，則將且行前事而廢後聞乎？天下未有如此之學問也。蓋所謂恐有聞者，謂聞之則有愧心耳。

十四

子貢問曰：「孔文子何以謂之『文』也？」子曰：「敏而好學，不恥下問，是以謂之『文』也。」

孔文子即仲叔圉也。孔子於此既稱文子可以爲文。又曰：「仲叔圉治賓客，奚其喪？」文子爲人無以稽其成就，但聖人誰毀誰譽？如有所譽，必其人有足稱焉。文子之勤學好問，要亦虛心求善者，至於賓客之治國，能賴以不喪，則又必善於辭命而應對諸侯，鮮有敗事者矣。蓋其賢雖不若蘧伯玉之出處合道，然亦豈不修行檢人哉？《左氏》載文子事，以爲使太叔疾出其妻而妻之，疾通於初妻之娣，文子怒，將攻之。訪於仲尼，仲尼不對，命駕而行。疾奔宋，文子使疾弟遺室孔姞，則一敗壞人倫之惡族也，將不足齒錄矣，而孔子稱之，何以略無貶辭邪？《左氏》所記蓋傳聞當時謗毀之言，而不察其實耳！由此觀之，文子其亦可與有言者歟？但身爲衛卿，而不能正輒之拒父，必其所學止狥以文飾治之名，而無正心誠意之實。故當其臨大節也，不免爲衆議所奪耳，然其心必有所不安焉。衛君待子而爲政，蓋有所自矣。

十五

子謂子產，「有君子之道四焉：其行己也恭，其事上也敬，其養民也惠，其使民也義。」

敬從恭推，惠以義濟。新安陳氏之說，蓋廣《或問》之意也。即此四事，亦可以見子產之善矣。然不能講學以行王道，故孟子以爲不知爲政。

十六

子曰：「晏平仲善與人交，久而敬之。」

孔子至齊，主晏平仲。詳見《孔孟圖譜》。

十七

子曰：「臧文仲居蔡，山節藻梲，何如其知也？」

藏龜固宜有室，但不必山節藻梲耳。不務民義而諂瀆鬼神，乃孔子告樊遲問知之語，故《集註》即此以明臧文仲之不知，最切。

十八

子張問曰：「令尹子文三仕為令尹，無喜色；三已之，無慍色。舊令尹之政，必以告新令尹。何如？」子曰：「忠矣。」曰：「仁矣乎？」曰：「未知；焉得仁？」「崔子弒齊君，陳文子有馬十乘，棄而違之。至於他邦，則曰：『猶吾大夫崔子也。』違之。之一邦，則又曰：『猶吾大夫崔子也。』違之。何如？」子曰：「清矣。」曰：「仁矣乎？」子曰：「未知，焉得仁？」

仁只從忠清上無私心說，如子文之忠、陳文子之清，而皆出於中心之誠，無一毫狥私要譽之念，則仁矣。若有爲而爲，或其心有不安而隱忍遷就，此在獨知之地可以自欺，故以不知告之。又即二子而論之，本非求仁者也，故又就忠、清而言其焉得爲仁也？〇李延平有言曰：「當理而無私心，則仁矣。」《傳習錄》論此則謂心即理也。無私心即是當理，未當理即是私心，析心與理言之，恐亦未善。《集註》似以子文之仁主事言，文子之仁主心言，則分理與心爲二矣。

十九

季文子三思而後行。子聞之，曰：「再，斯可矣。」

學者克治己私，則思之，思之又重思之，欲其愈深而愈精也。事則思之已得，再加精審，則可見之於行矣。周公思兼三王之事，夜以繼日，謂思而未得時也。

二十

子曰：「甯武子，邦有道則知，邦無道則愚。其知可及也，其愚不可及也。」

衛文公之時，甯武子尚未仕。其父莊子名速，在成公初年會魯于向，則邦有道，非指文公時而言也。蓋武子始終只事成公，當成公與元咺交訟時，是邦無道也，而武子能沈晦以免患。至成公復國，用賢國治，是邦有道也，而武子之才始見。其愚也，晦其明也；其知也，明出地上也。○《集註》謂：「武子仕衛，當文公、成公之時。」故金仁山遂有失諫之說，其誤甚矣！

二十一

子在陳，曰：「歸與！歸與！吾黨之小子狂簡，斐然成章，不知所以裁之。」

狂者簡略，正其所志者大，而不拘拘於小節則肆矣。然既斐然成章，其志已立，但不知所裁耳。裁則居敬而已，能敬則就中矣。故孔子以其志在希聖，而亞於中行，故在陳思之。詳見《孟子・盡心下》篇。

二十二

子曰：「伯夷、叔齊，不念舊惡，怨是用希。」

人之有惡，爲夷、齊所惡時，亦必有怨之者，蓋常人之情也。然夷、齊之惡，乃惡其惡，非惡其人也。可惡在彼，已何與焉？所以其人能改，則夷、齊又好之矣。其能改者，蓋亦聞夷、齊之風而興起者也，既遷於善，則感德不忘，豈復怨之？曰怨是用希，謂雖不能無怨，而怨者少矣。

二十三

子曰：「孰謂微生高直？或乞醯焉，乞諸其鄰而與之。」

直者，順理之名，解見下篇「人之生也直」下。無醋而乞諸鄰家以與人，則是驢虞心術，非直道矣。

二十四

子曰：「巧言、令色、足恭，左丘明恥之，丘亦恥之。匿怨而友其人，左丘明恥之，丘亦恥之。」

恭不足，而善其辭色以致敬，飾僞以求尊執之悅者也。怨在心，而匿其情實以納交，曲意以求同類之親者也。此小人側媚之情，真有甚於穿窬之可恥。左丘明必誠篤君子，孔子素所重者，故因其所恥而亦自謂恥之，以見左丘明好惡之得正，而世亦少其人也。

二十五

顏淵、季路侍。子曰：「盍各言爾志？」子路曰：「願車馬、衣輕裘，與朋友共，敝之而無憾。」顏淵曰：「願無伐善，無施勞。」子路曰：「願聞子之志。」子曰：「老者安之，朋友信之，少者懷之。」

程子曰：「子路、顏淵、孔子之志，皆與物共者也，但有小大之差爾。」朱子曰：「子路須是有箇車馬輕裘，方把與朋友共。如顏子，只就性分上理會，無伐善，無施勞，車馬輕裘則不足言矣。然以顏子比之孔子，則顏子猶有箇善、勞在，若孔子便不見有痕跡了。」此二說足以盡此章之意矣。善與勞就功德及人者說。

二十六

子曰：「已矣乎！吾未見能見其過而內自訟者也。」

人能自知過者不難，而難於內自訟。聖人嘆終不得而見者，惟在內自訟耳。

二十七

子曰：「十室之邑，必有忠信如丘者焉，不如丘之好學也。」

忠信從言行上做工夫，所謂修辭立其誠是也。故無友不如己，過則勿憚改，皆從忠信上進學不已之功也。聖人以忠信之資而好學，亦必如此。

雍也第六

一

子曰：「雍也可使南面。」仲弓問子桑伯子。子曰：「可也簡。」仲弓曰：「居敬而行簡，以臨其民，不亦可乎？居簡而行簡，無乃大簡乎？」子曰：「雍之言然。」

仲弓爲人簡靜，簡則不擾，臨民之道也。《書》曰：「莅眾以簡。」故孔子稱其可以面南，雖不言其簡，而意實在簡。及仲弓以子桑伯子爲問，則以伯子與己有相似者。觀孔子以簡稱伯子，亦可見矣。可者謂其亦可南面，非以其簡爲僅可也。可字之義，說見「貧而無諂無驕」章。伯子之簡，只是清心寡慾，恬淡無爲，蓋老氏之流，所謂「我無欲而民自正」者也。其於聖學兢兢業業工夫則疎矣，故仲弓以爲居敬而簡，方可臨民，不亦可乎？蒙臨民而言亦可使南面之意，只任一簡而不能居敬，謂之太簡，此正以明伯子非聖學也。伯子之簡，雖有所略，必不如《家語》所言，欲同人道於牛馬者，此必因仲弓太簡之言而附會之耳。雍之言然，然其居敬之言也，非以仲弓不知可字之意，而然其言之默契於理也。〇太簡之說，朱子與仲弓本意不同。程子多一簡字之說，又與朱子不同。

二

哀公問：「弟子孰為好學？」孔子對曰：「有顏回者好學，不遷怒，不貳過。不幸短命死矣！今也則亡，未聞好學者也。」

不遷怒者，心體常安，不爲怒所遷也。不貳過者，心體常一，不爲過所貳也。此惟謹獨之功不息，而未發之中恒存者能之。孔門自顏子之外，少有及此者矣。今也則亡，言無顏子也。無顏子，則好學無如之者，故曰未聞也。〇程子論顏子所好之學，云「先明諸心，知所往，然後力行以求至焉」，雖以知行分先後，若因其所知而力行，以造其極，理亦何害？但以知行工夫分爲二事，則不可耳。

三

子華使於齊，冉子為其母請粟。子曰：「與之釜。」請益。曰：「與之庾。」冉子與之粟五秉。子曰：「赤之適齊也，乘肥馬，衣輕裘。吾聞之也，君子周急不繼富。」原思為之宰，與之粟九百，辭。子曰：「毋！以與爾鄰里鄉黨乎！」

子華之使齊，原思之爲宰，皆孔子爲魯司寇時事。冉子請粟而與之少，則固以其爲不當與矣。然而屢請而不拒者，欲以養其心之仁厚也。至原思辭祿，而使之與鄰里鄉黨，則亦莫非進之以仁厚之道也，而用財之義於此見焉。

四

子謂仲弓，曰：「犁牛之子騂且角，雖欲勿用，山川其舍諸？」

《集註》謂：「此論仲弓云爾，非仲弓言也。」今按《論語》中記「子謂」者有數端：子謂子貢、子謂子夏皆面論也；子謂公治長、子謂南容、子謂子賤，皆非面論也；子謂顏淵，則「行藏」章面論也，「進止」章死後追論也；子謂子產、子謂衛公子荊，則論鄰國之臣也。各隨文義求之而已矣。

五

子曰：「回也，其心三月不違仁，其餘則日月至焉而已矣。」

仁者心之德，仁之所存則爲心，其實一也。心苟少爲私欲所間，則即不存而違仁矣。至者，至於仁。當其至時，天理流行，自無勉強，但不能久耳。三月者，言其久時有三月，非其違以三月爲限也；日至者，比月至者工夫稍熟，而至之多矣。

六

季康子問：「仲由可使從政也與？」子曰：「由也果，於從政乎何有？」曰：「賜也可使從政也與？」曰：「賜也達，於從政乎何有？」曰：「求也可使從政也與？」曰：「求也藝，於從政乎何有？」

爲宰，治大夫之家事；爲大夫，則與聞國政矣，故曰從政。孔子論從政，則曰：「苟正其身矣，於從政乎何有？」及康子問由、賜、求，則但取其才者。蓋自己而言，則當以正身爲先；自用才者而言，則當隨才器使，而同歸於德。可也。

七

季氏使閔子騫為費宰。閔子騫曰：「善為我辭焉。如有復我者，則吾必在汶上矣。」

閔子騫不爲費宰，非擇官而仕也，亦漆雕開「吾斯未信」之意。蓋自知其德不能化季氏耳，豈謂季氏必不可仕哉？

八

伯牛有疾，子問之，自牖執其手，曰：「亡之，命矣夫！斯人也而有斯疾也！斯人也而有斯疾也！」

伯牛本成德者，亡之，則傳道無人矣。命本亡言。○《集註》「病者居北牖下」之牖。仁山金氏曰：「當作墉，墻也。西北角有小圓窗，名扉，即屋漏。」

九

子曰：「賢哉，回也！一簞食，一瓢飲，在陋巷。人不堪其憂，回也不改其樂。賢哉，回也！」

人不堪其憂，憂貧也。顏子不改其樂，忘憂也。其字本其所自有者而言。樂字義，詳見《說理會編》卷二。

十

冉求曰：「非不說子之道，力不足也。」子曰：「力不足者，中道而廢。今女畫。」

力不足者，如《中庸》所謂遵道而行。半途而廢。蓋嘗用力，但止於中道耳。非若畫則先已有限，全不用力也。

十一

子謂子夏曰：「女為君子儒，無為小人儒。」

子夏篤信聖人，規模狹隘，則近言必信行必果之硜硜小人。聖人恐其安於近小，而不能與萬物同一體也，故告之曰女爲君子儒，毋爲小人儒。惟君子爲能通天下之志，乃大學也。此與斥樊遲爲小人意同，非必爲人之小人也。

十二

子游為武城宰。子曰：「女得人焉爾乎？」曰：「有澹臺滅明者，行不由徑，非公事，未嘗至於偃之室也。」

行不由徑，譬說也。猶言不走私路。人固有遵彼微行時，豈有終身不由小路之理？

十三

子曰：「孟之反不伐，奔而殿，將入門，策其馬，曰：『非敢後也，馬不進也。』」

孟子蓋聞老氏懦弱謙下之風而悅之者，故莊子稱之。使其知道而自強不息，則《書》所謂「女惟不矜，天下莫與女爭能；女惟不伐，天下莫與女爭功」，《易》所謂「善世而不伐者」，亦不能外此。不伐之一念，不伐則心虛而可以進道，欲學者取以爲法，非以不伐爲已足也。

十四

子曰：「不有祝鮀之佞，而有宋朝之美，難乎免於今之世矣！」

佞是口辯，不專謂諛；美是嬌容，不專謂令。免謂免於憎嫉。佞者當時之所尙，非佞則不免於憎嫉，此謂其同類之不善者好之也。若非同類，則為其所憎矣，故前篇有曰「屢憎於人」。

十五

子曰：「誰能出不由戶？何莫由斯道也？」

戶，指起念處。道，即其所出之路，非二物也。故語意相承甚急，乃是怪嘆之辭。《集註》所引洪氏說，則以戶況道，分為二事矣。但「非道遠人，人自遠爾」二句卻得聖人本意耳。

十六

子曰：「質勝文則野，文勝質則史。文質彬彬，然後君子。」

質，猶木之榦。文，猶木之華。未有無華之榦，亦未有無榦之華。勝非全無之謂也，謂開花太少，則含畜在榦，而其美不章；開花太盛，則其美盡發，而榦無所含畜矣。野謂野人之未仕者，史謂史官之知典籍者，古之史官豈皆誠不足者哉？但自有所偏而言，則質勝者似野人之鄙略，文勝者似史官之發揮耳。彬彬非謂各居其半，蓋先有質而濟以文之意。新安陳氏「文有損益，而質無損益」之說得之。

十七

子曰：「人之生也直，罔之生也幸而免。」

直者，天理直達而無回曲也。罔，無也，謂無此直也。天與人以直道而生，故人之得生，必順此直道，不順此直道，則生理已絕，即合死矣。其有存者，幸而免耳。此欲人之順生理也，二生字同。

十八

子曰：「知之者不如好之者，好之者不如樂之者。」

學只是充此知而已。好者知之篤也，樂者好之安也，知之外亦豈別有一樂哉？

十九

子曰：「中人以上，可以語上也；中人以下，不可以語上也。」

中人以下不可以語上，非是全不與語，聖人之教徹上徹下，下學中即有上達者在。淺深雖不同，豈能遺哉？但學未有得，語之而不能會心，則雖語無益，故云然耳。若夫子告曾子、子貢以一貫，則謂二子可以語此耳。此與前篇「性與天道不可得而聞」義同。

二十

樊遲問知。子曰：「務民之義，敬鬼神而遠之，可謂知矣。」問仁。曰：「仁者，先難而後獲，可謂仁矣。」

「仁者」二字當爲句，「先難而後獲」，當屬「可謂仁矣」讀。餘詳見《說理會編》卷十二。

二十一

子曰：「知者樂水，仁者樂山；知者動，仁者靜；知者樂，仁者壽。」

仁知合內外之道，知中有仁，仁中有知。故知本化機之收斂，屬靜者也，而曰知者動；仁本生意之滋萌，屬動者也，而曰仁者靜。此正見內外之合也。若以知專屬動而樂水，仁專屬靜而樂山，則爲知者見之謂之知，仁者見之謂之仁，其見偏於一矣。樂以驗動體之和，壽以驗靜體之久，皆以德言效也。詳見《說理會編》卷二。

二十二

子曰：「齊一變，至於魯；魯一變，至於道。」

齊存霸政之餘習，尚詐謀者也；魯有先王之遺風，守轍跡者也；道則出於仁義之本心矣。此可以見王霸與心跡之辨。

二十三

子曰：「觚不觚，觚哉！觚哉！」

以觚爲言，取其稜也，見人當義以方外之意。

二十四

宰我問曰：「仁者，雖告之曰：『井有仁焉。』其從之也？」子曰：「何為其然也？君子可逝也，不可陷也；可欺也，不可罔也。」

欺謂言者欺其心。罔謂聽者蒙其耳。逝而往救，則有其理，而在人之言可欺；陷而入井則無其理，而在我之心難蔽。逝、陷以事言；欺、罔以德言。

二十五

子曰：「君子博學於文，約之以禮，亦可以弗畔矣夫！」

文者，道之顯也。禮者，文之節也。文在事，貴於無所疎闕，故欲其博；禮在心，貴於有所要歸，故欲其約。自本體而言，則但謂之道；自工夫而言，則曰弗畔而已。詳見《說理會編》卷四。

二十六

子見南子，子路不說。夫子矢之曰：「予所否者，天厭之！天厭之！」

南子欲見孔子，乃其好賢之意，因是幾而通之，足以開明其心。蓋欲啓之以天性之愛，而使與蒯聵全母子之恩，即此是禮，何必古有見小君之禮，而後可見邪？子路之不說，謂南子淫亂之人不可親近，而急於行道，不能別嫌也，則爲不合理矣。此在隱微之處，不可以言語解，故但誓之，而以所否歸於天厭耳。

二十七

子曰：「中庸之為德也，其至矣乎！民鮮久矣。」

說見《中庸私存》。

二十八

子貢曰：「如有博施於民而能濟眾，何如？可謂仁乎？」子曰：「何事於仁，必也聖乎！堯、舜其猶病諸！夫仁者，己欲立而立人，己欲達而達人。能近取譬，可謂仁之方也已。」

〈述而〉篇孔子嘗自言：「若聖與仁，則吾豈敢？」是以仁與聖皆爲造極也，此章何事於仁，《集註》解作「何止於仁？」而聖則訓爲「造其極」之名，則仁小而聖大矣，此於義有所不安。蓋仁之及物，當以漸進，非一蹴所能也。何事者，言求仁不可以博施濟眾爲事也，而欲以博施濟眾盡仁，必聖人能之，而堯舜之聖，亦有所不足。故下文因言：仁者只從己盡其所欲，欲即前篇「吾亦欲無加諸人」之「欲」，欲以其所立者立人，欲以其所達者達人。欲，即仁者之心也。於此求仁，則仁在我，故曰能近取譬。近指己而言，取立、達以譬。人皆由於己，不可外求也。至於私欲淨盡，便謂之聖，雖博施濟眾皆由此進，此所謂求仁莫近焉。子貢志意高遠，故孔子就質至近者言之，蓋欲其求諸己也。立謂立體，達謂達用。

述而第七

一

子曰：「述而不作，信而好古，竊比於我老彭。」

述謂傳先聖之舊也，信而好古，即是所以述之意。好古與好古敏求意同。自堯舜精一執中之後，學道者皆是傳舊，若自爲一家之說，則是作矣，此爲人妄作而言也。自夏殷世教之衰，不守先聖之訓，而自以其私說立言，如老聃棄仁義、廢禮法，而以長生之術導人者，蓋已有之。老彭即彭祖，自堯時舉用，歷夏殷，封於大彭，爲賢大夫，壽八百歲，亦可謂長生者。然能信古而不爲異說以惑世，故孔子竊欲比之，以見古之養生者，惟述堯舜之舊而已。不然，則夏殷以來，好古者豈無其人，而何必獨舉老彭耶？我者，同志相親之辭。《記》曰：「作者之謂聖，述者之謂明。」豈因此章述作之文而附會其說與？抑別有意義邪？

二

子曰：「默而識之，學而不厭，誨人不倦，何有於我哉？」

默識，謂不顯之德，常存於中也。說見《說理會編》卷五。學不厭，教不倦，孔子常自言「可謂云爾」，而孟子亦引孔子之言，曰「我學不厭而教不倦也」。於此則不敢居者，蓋因默識而言也。默識者，實德也。學以脩己，推而誨人者，工夫也。工夫，孔子所能自勉，所謂「吾弗能已也」。實有默識之德，而所以脩己誨人者自不能已，此惟聖者能之，所謂「聖則吾不能也」，故曰「何有於我哉？」

三

子曰：「德之不脩，學之不講，聞義不能徙，不善不能改，是吾憂也。」

德修則本立，學講則理明，遷善改過則日新不已，其益無疆。不如是則有憂，是憂道也。

四

子之燕居，申申如也，夭夭如也。

凡此類雖善形容聖人，然卻是見於外者。須於不睹不聞處求之，乃見聖人所以能然耳。

五

子曰：「甚矣吾衰也！久矣吾不復夢見周公！」

聖人之心雖脫然無累，而亦自有勤懇惻怛不能自已處，其氣機之相感，何害其有夢邪？但其夢不若世人之擾擾耳。莊生以古之真人，其寢無夢，此遺世者之言也。

六

子曰：「志於道，據於德，依於仁，游於藝。」

四者以漸而造其極，如志學以至於從心，初無本末之分也。詳見《說理會編》卷四。

七

子曰：「自行束脩以上，吾未嘗無誨焉。」

以上謂自薄至厚也。誨，以言誨之，所以開明其心也。

八

子曰：「不憤不啟，不悱不發。舉一隅不以三隅反，則不復也。」

憤，無所得於心而憤然也。悱，有所逆於心而怫然也。不以三隅反，謂不能因言而推類也。啓其憤而有悱，然後可發；發其悱而能以三隅反，然後可復。皆相因之事。待其志應而不瀆告，此亨行之時中也。三隅反，不必盡反三隅。盡反三隅，則幾於即始見終矣。蓋反其三隅之一，即是能推類也。

九

子食於有喪者之側，未嘗飽也。子於是日哭，則不歌。

此見聖人哀戚之至情。若歌後遇當哭之事，則哀爲切，而樂可忘矣。

十

子謂顏淵曰：「用之則行，舍之則藏，唯我與爾有是夫！」子路曰：「子行三軍，則誰與？」子曰：「暴虎馮河，死而無悔者，吾不與也。必也臨事而懼，好謀而成者也。」

用之則行，時行而行；舍之則藏，時止而止。此《中庸》之不可能也。若謂他人無可行、無可藏，而孔、顏先有此具，故皆能之，則非安於所遇之意矣。謝氏之說得之。子路以行三軍爲問，蓋謂顏子爲不及己也，故曰其論益卑。好謀而成，非臨事而懼者不能，蓋勇者常疎於此，故以爲言。

十一

子曰：「富而可求也，雖執鞭之士，吾亦為之。如不可求，從吾所好。」

南軒張氏曰：「夫子謂富不可求者，正於義不可故耳。言使其於義而可，則雖執鞭之士，亦有時而可爲矣，其如義不可求何！則姑從吾所好而已。吾所謂好者，義是也，然則所安以義，而命蓋有不言者矣。」此說甚善。

十二

子之所慎：齊，戰，疾。

夫子於此三事關繫最大，尤不敢忽，故弟子記之，以見聖人之心知所重也。

十三

子在齊聞《韶》，三月不知肉味，曰：「不圖為樂之至於斯也！」

《韶》以聲音言，故曰聞。至於三月，則聞之久而慕之深矣。不圖爲樂之至於斯，非謂初本不知《韶》樂之美，今始知之而歎也。蓋指其感動人之妙，不能自舍耳。不知肉味與發憤忘食意同。《語錄》有云：「所思事大，而飲食不足以奪其心也。」聖人固亦有時如此矣。

十四

冉有曰：「夫子為衛君乎？」子貢曰：「諾。吾將問之。」入，曰：「伯夷、叔齊何人也？」曰：「古之賢人也。」曰：「怨乎？」曰：「求仁而得仁，又何怨？」出，曰：「夫子不為也。」

《集註》以怨就讓國說。竊意伯夷止是避紂，無讓國之事，叔齊亦然。果使讓國，怨何由生？則怨乎之問似不相關也。蓋二子所見與武王不合，恥食周粟而餓於首陽。及武王既得天下，人皆以爲應天順人，當此時，則恐伯夷、叔齊心已有悔，故即此而論怨耳。孔子許其求仁得仁，則固以其不欲武王伐紂爲仁也。由是知助輒拒父必非孔子之所肯爲矣。詳見《說理會編》卷六。

十五

子曰：「飯疏食，飲水，曲肱而枕之，樂亦在其中矣。不義而富且貴，於我如浮雲。」

疏食、飲水，孔子之處困也，雖困而樂亦在焉，則忘其爲困矣。曲肱而枕之，乃樂時之所適，蓋樂在疏食飲水之中，而無與於曲肱之枕也。浮雲言其有跡而薄也，富貴而以義，則亦天理所樂之安。若其不義，則如浮雲之跡在天，而天體豈爲所動哉？樂與上篇「回也不改其樂」之樂同。

十六

子曰：「加我數年，五十以學《易》，可以無大過矣。」

此孔子晚年事也。五十字當依作卒之說，但不知贊《易》的在何年耳？

十七

子所雅言，《詩》、《書》、執禮，皆雅言也。

孔子自衛反魯，即刪《詩》、《書》，定禮樂，以此為教人之常矣。

十八

葉公問孔子於子路，子路不對。子曰：「女奚不曰：『其為人也，發憤忘食，樂以忘憂，不知老之將至云爾。』」

發憤忘食，憂道而不知其他也。憂中有樂，而不為憂所苦，樂以忘憂也。不可以已得、未得分兩段事。

十九

子曰：「我非生而知之者，好古，敏以求之者也。」

好古即首章「信而好古」之意。敏求者汲汲以求其德之精一也。孔子本由學而進，故自以爲非生知。

二十

子不語怪、力、亂、神。

怪如「索隱行怪」，故與力、亂，皆爲非理之正。神，蓋神姦也。

二十一

子曰：「三人行，必有我師焉。擇其善者而從之，其不善者而改之。」

彼二人者，一善一惡，或皆善，或皆不善，無不可師，故曰必有。

二十二

子曰：「天生德於予，桓魋其如予何？」

天生德於予，謂天有意於生己也。

二十三

子曰：「二三子以我為隱乎？吾無隱乎爾，吾無行而不與二三子者，是丘也。」

吾無隱乎爾與吾無行而不與二三子者相屬。無行不與即是無隱，此蓋聖人不言之教。

〈陽貨〉篇「予欲無言」即此意也。

二十四

子以四教：文、行、忠、信。

四者只是一事，自末而反之於本也。詳見《說理會編》卷四。

二十五

子曰：「聖人，吾不得而見之矣；得見君子者，斯可矣。」子曰：「善人，吾不得而見之矣；得見有恆者，斯可矣。

亡而為有，虛而為盈，約而為泰，難乎有恆矣。」

聖人、君子、善人、有恒等第，詳見《說理會編》卷十三。張南軒謂：「聖人、君子以學言，善人、有恒者以質言」，非也。

亡，全無也。虛則有矣，而未實也。盈則實矣，而未充也。爲者，躐等而爲之之意。躐等而爲之，則無其本而不可久，故曰難乎有恒。此明有恒所以立本也。有本，則善人、君子、聖人皆由此進矣。

二十六

子釣而不綱，弋不射宿。

南軒張氏曰：「聖人之心，天地生物之心也。其親親而仁民，仁民而愛物，皆是心之發也。然於物也，有祭祀之需，有奉養賓客之用，則其取之也，有不得免焉。於是取之有時，用之有節，若夫子之不絕流、不射宿，則皆仁之至、義之盡，而天理之公也。使夫子之得邦家，則王政行焉，鳥獸魚鱉咸若矣。若夫窮口腹以暴天物者，則固人慾之私也，而異端之教遂至於禁殺茹蔬，殞身飼獸，而於其天性之親、人倫之愛，反恝然其無情也，則亦豈得爲天理之公哉？故梁武之不以血食祀宗廟，與商紂之暴殄天物，事雖不同，然其拂天理以致亂仁則一而已。」此說能發餘意。

二十七

子曰：「蓋有不知而作之者，我無是也。多聞擇其善者而從之；多見而識之；知之次也。」

當時學者率以多聞多見求知。故其學多聞則擇善而從，多見則擇善而識，此即後世即物窮理以致其知之學也。以爲不如是，則無所知而必妄作。故孔子言不知妄作者，世蓋有之，而我則無是也。但多聞擇善而從，多見而識者，在外求知，知倚於事，非本體之知，故曰知之次也。蓋聖人之知，是非之心不昧，乃良知之本體也。若專倚聞見以爲知，其何以應變無窮哉？多聞多見，解見〈爲政〉篇「子張學干祿」章。多見不言擇善，蒙上文也。詳見《說理會編》卷五。

二十八

互鄉難與言，童子見，門人惑。子曰：「與其進也，不與其退也，唯何甚？人潔己以進，與其潔也，不保其往也。」

此惟有與人爲善之心者能之，《集註》之意盡矣。

二十九

子曰：「仁遠乎哉？我欲仁，斯仁至矣。」

欲者，心也。心之爲心，仁也。

三十

陳司敗問：「昭公知禮乎？」孔子曰：「知禮。」孔子退，揖巫馬期而進之，曰：「吾聞君子不黨，君子亦黨乎？君取於吳為同姓，謂之吳孟子。君而知禮，孰不知禮？」巫馬期以告。子曰：「丘也幸，苟有過，人必知之。」

孔子稱昭公知禮，愛君之過也。使他日復遇此問，則孔子必有精義之處矣。

三十一

子與人歌而善，必使反之，而後和之。

歌而善者人也，必使反之者，使盡其情，不奪其美也。《語錄》有云：「今世間人與那人說話，那人正說得好，自家便從中截斷，云自己理會得，不消說。以此類觀看聖人，是何等氣象！」足以發明此章之意矣！

三十二

子曰：「文，莫吾猶人也。躬行君子，則吾未之有得。」

文，謂言辭有文也。躬行君子，謂實踐君子之道也。此可見力行之難矣。

三十三

子曰：「若聖與仁，則吾豈敢？抑為之不厭，誨人不倦，則可謂云爾已矣。」公西華曰：「正唯弟子不能學也。」

聖者體道之盡，而仁則道之具於心者也。道者，事物當然之理。爲之，爲此道也。誨人，亦以此教人，別無仁聖之道矣。此純亦不已之德，故公西華以爲不及。

三十四

子疾病，子路請禱。子曰：「有諸？」子路對曰：「有之。誄曰：『禱爾于上下神祇。』」子曰：「丘之禱久矣。」

禱者，欲君父之不死，而祈神之祐。有悔過遷善之辭，如孔子疾病，子路請禱是也。有求以身代之辭，如武王疾厲，而周公卜代是已。此皆臣子迫切之至情也。故爲君親而禱則可，自欲求生而禱則不可。故孔子告子路以無所事禱之意，而曰丘之禱久矣，蓋謹於素行，無善可遷，豈待今日而後禱乎？

三十五

子曰：「奢則不孫，儉則固。與其不孫也，寧固。」

孫，順也。固，陋也。奢則僭上而不順，儉則偪下而窶陋。此本晁氏註。今按：孫，謙退也。固，執滯也。蓋言奢儉之弊，即與其奢也寧儉之意。

三十六

子曰：「君子坦蕩蕩，小人長戚戚。」

作德日休，故其心常泰；作僞日拙，故其心常憂。

三十七

子溫而厲，威而不猛，恭而安。

溫、威、恭本是美德，但偏於此，亦未爲中和。故溫而能厲，威而能不猛，恭而能安，乃爲盡善也。非時中之聖，其孰能之？

泰伯第八

一

子曰：「泰伯，其可謂至德也已矣！三以天下讓，民無得而稱焉。」

泰伯，聖人也。太王豈不知也？況天與賢則與賢，天與子則與子，非容私意於其間也，豈以太王之聖，而先有立少之心乎？三以天下讓，謂以任天下重之事讓季歷爲之也。後之稱治功者歸王季，而不及泰伯，故曰無得而稱。蓋泰伯泯然不露形跡，所以爲德之至也。詳見《說理會編》卷六。

二

子曰：「恭而無禮則勞，慎而無禮則葸，勇而無禮則亂，直而無禮則絞。

慎與恭相因，柔道也。直與勇相因，剛道也。

君子篤於親，則民興於仁。故舊不遺，則民不偷。」

此篇依吳氏說，別爲一章，而以圈別之。但不必其爲曾子之言耳。

三

曾子有疾，召門弟子曰：「啟予足！啟予手！《詩》云：『戰戰兢兢，如臨深淵，如履薄冰。』而今而後，吾知免夫！小子！」

能保全其身體，以終見其平日戒懼不敢忽工夫。

四

曾子有疾，孟敬子問之。曾子言曰：「鳥之將死，其鳴也哀；人之將死，其言也善。君子所貴乎道者三：動容貌，斯遠暴慢矣；正顏色，斯近信矣；出辭氣，斯遠鄙倍矣。籩豆之事，則有司存。」

斯猶即也。容貌、辭氣，纔一發見，即能無失，此非德存於中者不能也。自大夫言，則此爲脩身之要、爲政之本，而籩豆之事則以屬之有司，見君子所重在身，不在於器數之末也。君子不可小知，而可大受，意亦如此。

五

曾子曰：「以能問於不能，以多問於寡；有若無，實若虛，犯而不校，昔者吾友嘗從事於斯矣。」

能者，知之所能也；多者，能之所積也。能則有諸己矣，則謂之有；多則充實矣，則謂之實。其心若無若虛，故能問，此言學之不自足也。犯而不校，自反而不責人也。楊氏謂：曾子三自反，不若顏子之不校。此豈知君子有終身之憂者哉？吾友，馬氏謂顏淵，厚齋馮氏以爲：「非顏子不能與此。然顏子與曾晳爲輩行，父之執友也，曾子亦可謂之吾友乎？曰：同師門則皆友也。」足以備參考。

六

曾子曰：「可以託六尺之孤，可以寄百里之命，臨大節而不可奪也，君子人與？君子人也。」

《周禮疏》云：「六尺，年十五」。《孟子》曰：「公侯，方百里」。君子，才德出眾之名。

七

曾子曰：「士不可以不弘毅，任重而道遠。仁以為己任，不亦重乎？死而後已，不亦遠乎？」

弘則寬大而承載之闊，毅則堅忍而持守之久，故毅者所以久其弘也。

八

子曰：「興於詩，立於禮，成於樂。」

孔子刪《詩》、《書》，定禮樂，以教學者，正欲其實體於身而有所得耳。興、立、成皆言所得也。

九

子曰：「民可使由之，不可使知之。」

由之，謂轍跡之可守者，此小學之教也。知之，謂德性之知發見，蓋待其自化而已。

十

子曰：「好勇疾貧，亂也。人而不仁，疾之已甚，亂也。」

疾貧，疾己之貧也；疾之已甚，疾人之不仁也。二疾字分彼此。二亂字則同，上亂字，勇者之爲亂也；下亂字，不仁者之爲亂也。皆言小人之易爲亂，而當富之、教之也。

十一

子曰：「如有周公之才之美，使驕且吝，其餘不足觀也已。」

此言才必貴於有德，驕且吝最害德之大病也。詳見《說理會編》卷七。

十二

子曰：「三年學，不至於穀，不易得也。」

慶源輔氏曰：「後世之士，求祿之志皆在為學之先，不然則不學矣。」此言最切時弊。

十三

子曰：「篤信好學，守死善道。危邦不入，亂邦不居。天下有道則見，無道則隱。邦有道，貧且賤焉，恥也；邦無道，富且貴焉，恥也。」

篤信好學，謂篤信此學而好之也。所信之學即是道，何必於篤信外更著一層好學，如此則所篤信者何事邪？篤信好學所以守死善道，守死善道即死而後已之意，言學者當如是也。○危邦不入，則已仕其國者，無可去之義矣。亂邦不居，則猶有未亂之邦可居也。若天下無道，則全無可居之邦矣，故隱其身而不見也。去就出處，合乎時宜，此惟篤信好學，守死善道能之。○邦有道無道，通乎天下之邦也，舉邦而天下可知矣。君子之學將以壯而行之，非苟圖富貴而已，故言其可恥者，以明篤信好學守死善道者之心。

十四

子曰：「不在其位，不謀其政。」

政者，君大夫所以治民之道，各有分守者也。

十五

子曰：「師摯之始，〈關雎〉之亂，洋洋乎盈耳哉！」

春秋之時，凡樂皆公淫哇成俗，無有知閨門爲王化之本者。魯太師入官之初，一見孔子語樂，遂能以〈關雎〉爲教，故孔子稱之。亂即既亂以〈武〉之亂，謂樂之急節也。《史記》以〈關雎〉之詩通爲亂辭，故曰「〈關雎〉之亂，以爲風始」。竊意樂之急節，乃在卒章，蓋只指〈關雎〉末章而言。謂作〈關雎〉之詩，至其亂時，亦洋洋盈耳。蓋太師能調音節如此，則其肅雍和鳴，而能感動人心可知矣。餘見〈孔子圖譜論〉。

十六

子曰：「狂而不直，侗而不愿，悾悾而不信，吾不知之矣。」

狂是好高大者，侗是朴野者，悾悾是無知者。侗、悾乃狂之反也，其氣質偏處，只在直、愿、信之德不中和耳。今併其所偏之德而亡之，則氣爲習所移矣。有是德，則有可知而救其偏；無是德，則所謂狂、侗、悾悾者何物邪？故曰吾弗知之，蓋謂其難於開明也。

十七

子曰：「學如不及，猶恐失之。」

學如不及，已然之辭，以工夫言也。猶恐失之，未然之辭，以心言也。謂學者常當如是也。

十八

子曰：「巍巍乎！舜、禹之有天下也，而不與焉。」

不與者，言其治天下如一點浮雲過太空，物各付物而已，何與於己？巍巍就不與上見。

十九

子曰：「大哉。堯之為君也！巍巍乎！唯天為大，唯堯則之。蕩蕩乎！民無能名焉。巍巍乎其有成功也，煥乎其有文章！」

民無能名，正見其大處。○巍巍乎，其有成功也。言其大之所成功也，喚起下句煥乎其有文章，乃是成功之大。此猶日月星辰之昭著，皆天之大者所發越也。

二十

舜有臣五人而天下治。武王曰：「予有亂臣十人。」孔子曰：「才難，不其然乎？唐、虞之際，於斯為盛。有婦人焉，九人而已。

唐、虞交會之際，當舜致治時，人才止有五人。至武王時十人，比舜爲多，夏、商皆不能及矣。故曰唐、虞之際，於斯爲盛。言至周乃盛，非謂舜五人爲盛於周也。然猶有一婦人，而但有九人耳。人才之難得如此，而可不愛乎？詳見《說理會編》卷七。

三分天下有其二，以服事殷。周之德，其可謂至德也已矣。」

此當別爲一章，而以「孔子曰」起之。孔子稱文王爲至德，是以武王爲未盡善也，故《集註》曰：「其指微矣。」〇文王三分天下有其二，先儒以爲：「天下歸文王者六州：荊、梁、雍、豫、徐、楊也，惟青、兗、冀尙屬紂耳。」此說過於分析，未必盡然。蓋伯夷隱首陽山，在今山西平陽府，乃〈禹貢〉冀州之地也。苟非文王統制之內，則伯夷之歸文王，不得爲辟紂矣。至於奄即今兗州府曲阜縣地，見《史記·

周紀·正義》，而東合淮夷，皆〈禹貢〉徐州之域也。於時尚爲紂黨，安得以冀屬紂，而以徐屬文王耶？金仁山謂文王爲西伯，以關河分東西，其說近之。但首陽在關河之東，豈伯夷初歸文王之時，尙不在首陽邪？

二十一

子曰：「禹，吾無間然矣。菲飲食，而致孝乎鬼神；惡衣服，而致美乎黻冕；卑宮室，而盡力乎溝洫。禹，吾無間然矣。」

禹之德，孔子以爲無間，即是純亦不已之意，已則有間矣。菲飲食、惡衣服、卑宮室，是匹夫時事。及既貴，而猶薄於自奉，不變塞焉，豈私於其身者哉？孝鬼神，所以報本也；美黻冕，所以章德也；力溝洫，所以勤民也。楊氏謂其有天下而不與，正指不私其身而言耳。朱子乃以或豐或儉，各適其宜言之，則常人之賢者亦所能爲，烏可遂以爲無間之德哉？

子罕第九

一

子罕言利與命與仁。

利，非財利也，若財利，奚止於罕言哉？蓋言所行皆順利也，如利用安身之利。命自流行福善者而言，如大德受命之命。仁自心德渾全，自然能惻隱、慈愛而言，如我不欲人加諸我，吾亦欲無加諸人之意。此皆成德之效驗也。學者只當於修己上用功，若言效驗，則未免有計功謀利、希高慕大之心，非入德之實也矣。

二

達巷黨人曰：「大哉孔子！博學而無所成名。」子聞之，謂門弟子曰：「吾何執？執御乎？執射乎？吾執御矣。」

博學即博學於文之意。無所成名與《易》「不成乎名」義同。此正其所謂大，非惜辭也。孔子聞之，恐學者馳心於高遠，故言我亦當執一藝以成名耳。射御之事，學者所常習，而御爲尤卑，苟能即此而執之，則亦爲學之實地也，而何必求之高遠哉？

三

子曰：「麻冕，禮也；今也純，儉。吾從眾。拜下，禮也；今拜乎上，泰也。雖違眾，吾從下。」

從眾，同俗之儉也。從下，敬君之恭也。

四

子絕四：毋意，毋必，毋固，毋我。

此四者當其天理之感，何用禁止？然既有四者之名，則恐爲所繫，故以毋言。蓋純亦不已之誠自然警省而絕去之，雖不以毋爲無可也。

五

子畏於匡，曰：「文王既沒，文不在茲乎？天之將喪斯文也，後死者不得與於斯文也；天之未喪斯文也，匡人其如予何？」

陽虎暴匡之說，辯見〈孔子圖譜論〉。○文不在茲，蒙文王而言，不必以文爲謙辭。

○此與「桓魋其如予何？」意同。

大宰問於子貢曰：「夫子聖者與？何其多能也？」子貢曰：「固天縱之將聖，又多能也。」子聞之曰：「大宰知我乎！吾少也賤，故多能鄙事。君子多乎哉？不多也！」牢曰：「子云：『吾不試，故藝。』」

太宰，吳官也。太宰以天資言，故謂孔子爲聖而多能，子貢亦以聖爲天質，但就聖之出衆者言耳。謂聖亦有不多能者，而孔子則天縱之，故比他人，對聖又多能也，蓋以多能生於縱字矣。將字只從《集註》作殆解。孔子則以聖人爲精一之名，非由天賦，乃從工夫得之。凡事皆粗跡，故曰鄙事。由少賤而多能，則歷練而成者也。故下文引子云不試故藝之言，以明之君子多乎哉？不多也。一以貫之之意，謂當專求心體之精一耳。

七

子曰：「吾有知乎哉？無知也。有鄙夫問於我，空空如也，我叩其兩端而竭焉。」

聖人自言無知，以靜虛之本體言。此心與衆人同者也，故即鄙夫之空空者明之，鄙夫問我而空空，正見其心之靜虛也。我能動其兩端，而使自竭焉，兩端謂其心是非之兩端也，是非之心，人皆有之，我亦安有他知哉？○此章之說，張子主於聖人由問而知，朱子主於聖人教人不可不盡，與此論是非之心人所同有者不同。

八

子曰：「鳳鳥不至，河不出圖，吾已矣夫！」

明王不出則無用孔子者，故曰吾已矣夫。

九

子見齊衰者、冕衣裳者與瞽者，見之，雖少必作；過之，必趨。

《語》、《孟》中重服，但言齊衰，不言斬衰。說見《說理會編》卷十一。見者，望見之辭。及既見則必作，欲相慰問也。過者，過其所止之處也。必趨者，不欲勞其起居也。

十

顏淵喟然歎曰：「仰之彌高，鑽之彌堅。瞻之在前，忽焉在後。夫子循循然善誘人，博我以文，約我以禮。欲罷不能，既竭吾才，如有所立卓爾。雖欲從之，末由也已！」

高、堅、前、後，嘆道體之無窮也。然可實下手處，只在博文約禮。文顯於事，禮隱於心。禮者，道之歸宿處，而文之所由節也。密於文而不疎，博也；要於禮而不亂，約也。聖人以此誘人，而使之漸次精進，所謂循循善誘也。顏子爲之盡力，至於欲罷不能，則既時習而悅矣，其所得者，只是此禮在心耳。所立卓爾，禮之立也。舍禮之外，何由從心？孔子從心所欲不踰矩，矩即禮也。聖人亦不能外矩以從心，而況於學者乎？詳見《說理會編》卷四。

十一

子疾病，子路使門人為臣。病間，曰：「久矣哉，由之行詐也！無臣而為有臣，吾誰欺？欺天乎？且予與其死於臣之手也，無寧死於二三子之手乎！且予縱不得大葬，予死於道路乎？」

久矣，言其常如此也。死能葬之以禮，不必有臣也，有臣亦虛文耳。

十二

子貢曰：「有美玉於斯，韞匵而藏諸？求善賈而沽諸？」子曰：「沽之哉！沽之哉！我待賈者也。」

此章之義，只在求與待而已。

十三

子欲居九夷。或曰：「陋，如之何？」子曰：「君子居之，何陋之有！」

觀此語則浮海之歎，亦非虛發者矣。

十四

子曰：「吾自衛反魯，然後樂正，〈雅〉、〈頌〉各得其所。」

〈雅〉、〈頌〉者，樂之歌也。如春秋士大夫賦詩，則歌〈雅〉；三家者徹，則歌〈雍〉，皆雅頌之不得其所也。序《詩》而各歸其所當用，則樂正矣。自衛反魯事見《孔子圖譜》。

十五

子曰：「出則事公卿，入則事父兄，喪事不敢不勉，不為酒困，何有於我哉？」

事公卿而誠信足以開其明，事父兄而孝友足以回其愛，居喪而哀戚之情雖久不怠，飲酒而恭敬之德雖醉不昏，此非天理純全而曲盡精微者不能也。豈可謂此非聖人之極致哉？何有於我，自覺其難也。

十六

子在川上，曰：「逝者如斯夫！不舍晝夜。」

水之流行不息，即是道體也。然須有誠爲之本，此與《孟子・離婁下》篇「水哉！水哉！」章義同。《集註》謂：「自此以至終篇，皆勉人進學不已之辭」，以語意求之，亦是如此。

十七

子曰：「吾未見好德如好色者也。」

此欲學者誠於好德也，未必爲衛靈公而發。

十八

子曰：「譬如為山，未成一簣，止，吾止也；譬如平地，雖覆一簣，進，吾往也。」

《集註》發得吾字精切。

十九

子曰：「語之而不惰者，其回也與！」

此顏子能請事斯語處也。

二十

子謂顏淵曰：「惜乎！吾見其進也，未見其止也。」

《集註》本前章「止，吾止；進，吾往」說，故曰方進而未已。張橫渠謂顏子未得聖人之止，則解止字與《集註》不同。

二十一

子曰：「苗而不秀者有矣夫！秀而不實者有矣夫！」

此由失於培壇、灌漑也。

二十二

子曰：「後生可畏，焉知來者之不如今也？四十、五十而無聞焉，斯亦不足畏也已！」

《集註》以今爲我之今日，本邢氏疏。無聞，先師謂不聞道，其說近實。

二十三

子曰：「法語之言，能無從乎？改之為貴。巽與之言，能無說乎？繹之為貴。說而不繹，從而不改，吾末如之何也已矣。」

法語之語，去聲，謂正以告之事也。巽與，謂婉以與之言也。能無從乎，言必從也。

能無說乎，言必說也。楊氏謂：「語之而不達，拒之而不受，猶之可也，其或喻焉，則尚庶幾其能改繹矣。」此非謂其必從、必說，與能無說意不同矣。改繹須是從說者自爲，聖人不能代之也，故曰吾末如之何也已。如之何正謂改繹。此言聞善者當實體於身，不徒不逆於耳可也。

二十四

子曰：「主忠信，毋友不如己者，過則勿憚改。」

說見〈學而〉篇。此雖去上二句，而意則盡矣。

二十五

子曰：「三軍可奪帥也，匹夫不可奪志也。」

帥必志立，然後可以不奪。爲帥者本一匹夫耳，三軍雖衆，而所以主三軍者，固此志也，匹夫之志奪，而後三軍之帥可奪矣。以見三軍之勇，所恃在人，不若匹夫之志在己也。然此借上句以明下句耳。○南軒張氏曰：「志者，中有所主也，三軍雖衆，其帥可奪者，資諸人故也。匹夫雖微，其志則不可奪者，存諸己故也。夫使志而可奪，則不得謂之志矣。雖然，此所謂志，謂守其道而不渝，如虞人非其招不往之類是也。若守認私意而不知徙義，則是失其所主，謂之任意，則不可耳，非志也。」

此發志字之義盡矣。

二十六

子曰：「衣敝縕袍，與衣孤貉者立，而不恥者，其由也與？『不忮不求，何用不臧？』」子路終身誦之。子曰：「是道也，何足以臧？」

人有恥貧之心，則見富者，必不能忘情，故強者必忮，弱者必求。不忮不求亦是道。何用不臧？言自此可以進善，非謂不忮不求，而善已足也。子路以不忮不求爲足，故曰何足以臧？

二十七

子曰：「歲寒，然後知松柏之後彫也。」

松柏後彫，當求其本。張南軒所謂所守之有素也。

二十八

子曰：「知者不惑，仁者不憂，勇者不懼。」

此論知仁、勇、之德，其無所疑惑、憂、懼如此，非謂三等人也。

二十九

子曰：「可與共學，未可與適道；可與適道，未可與立；可與立，未可與權。」

有志然後可與共學，心通然後可以適道，守定然後可與立，義精然後可與權。經權詳見《說理會編》卷一。

三十

「唐棣之華，偏其反而。豈不爾思？室是遠而。」子曰：「未之思也，夫何遠之有？」

此借《詩》言而反之，謂思在外，則室有遠；思在內，則道不遠。我欲仁，斯仁至矣！何遠之有？

鄉黨第十

一

孔子於鄉黨，恂恂如也，似不能言者。其在宗廟朝廷，便便言，唯謹爾。

便便，習熟之意。對上文「似不能言」而言。恂恂，言其無言也。便便，言其有言也。

二

朝，與下大夫言，侃侃如也；與上大夫言，誾誾如也。君在，踧踖如也，與與如也。

誾字，從言在門內，言若不出口之意。與與，有相與之情。張橫渠不忘敬君之說，得其訓矣。若威儀中適，則馬氏舊註也。

三

君召使擯，色勃如也，足躩如也。揖所與立，左右手，衣前後，襜如也。趨進，翼如也。賓退，必復命曰：「賓不顧矣。」

足躩，盤辟貌。此本包氏舊註，言兩足相盤而開闢，猶言闊步也。○孔子仕魯時，絕無諸侯來朝之事記於《春秋》，不知「使擯」何所指也？說見後「執圭」條下。

四

入公門，鞠躬如也，如不容。立不中門，行不履閾。過位，色勃如也，足躩如也，其言似不足者。攝齊升堂，鞠躬如也，屏氣似不息者。出，降一等，逞顏色，怡怡如也。沒階，趨，翼如也。復其位，踧踖如也。

出降一等，出公門也。魯公門內有應門，外有皋門，外朝在皋門之內，朝廷執政所在，故曰復其位也。

五

執圭，鞠躬如也，如不勝。上如揖，下如授。勃如戰色，足蹜蹜，如有循。享禮，有容色。私覿，愉愉如也。

享，獻也，獻於廟中也。朱子曰：「行聘禮畢，而後行享禮。聘是以命圭通信，少間仍舊退還命圭。享是獻其圭璧琮璜，非命圭也，皮幣輿馬之類，皆拜跪以獻，退而又以物獻其卿大夫，凡三四次方畢，所獻之物皆受，但少間以別物回之。」「皮幣輿馬皆陳於庭，故曰庭實。」今按諸侯命圭，乃所受於天子之封。圭，桓圭之類是也。此宜君所自執，而惟朝王則輯之，不應使大夫執此以聘鄰國也。《周禮．典瑞及王人》

註云：諸侯遣臣聘於天子，聘用圭璋，享用璧琮。諸侯自相聘亦執之。又云：凡諸侯之臣，聘不得執君桓圭之等，但以圭璋璧琮瑑爲文飾耳。此說與朱子有異，然未可以爲非是。蓋聘者，天子問諸侯之禮。而諸侯僭行之者，豈有天子亦以其所執之圭，使通信於諸侯之禮乎？〇晁氏謂：「孔子仕魯，絕無朝聘往來之事，疑使擯、執圭兩條，但孔子嘗言其禮當如此爾。」愚則直以爲雜記〈曲禮〉也。

六

君子不以紺緅飾。紅紫不以為褻服。當暑，袗絺綌，必表而出之。緇衣，羔裘；素衣，麑裘；黃衣，狐裘。褻裘長，短右袂。必有寢衣，長一身有半。狐貉之厚以居。去喪，無所不佩。非帷裳，必殺之。羔裘玄冠不以弔。吉月，必朝服而朝。

君子，以在位之君子言。羔裘，視朝之服。麑裘，視朔及聘享之服。狐裘，大蜡息民之服。古者衣裘，不欲其文之著，故加單衣以覆之，然欲其色之稱，示不相混也。《曲禮疏》：「裼所以異於襲者，凡衣近體，有袍襗之屬，其外有裘。夏月則衣葛，其上有裼衣，裼衣上有襲衣，襲衣之上有常著之服，則皮弁之屬也。掩而不開，則謂之襲，若開而袒出其裼衣，則謂之爲裼。」〇寢衣，衣之長，而其半可以覆足者，孔注以爲今之被，非也。此二語程子以爲當在「齊，必有明衣布」之下。〇此章論君子衣服之制當如此，皆富貴者之服，必非孔子事也。

七

齊，必有明衣，布。齊，必變食，居必遷坐。

此章似亦孔子之事，但與上下二章爲類，或亦雜記〈曲禮〉耳。

八

食不厭精，膾不厭細。食饐而餲，魚餒而肉敗，不食。色惡，不食。臭惡，不食。失飪，不食。不時，不食。割不正，不食。不得其醬，不食。肉雖多，不使勝食氣。惟酒無量，不及亂。沽酒市脯，不食。不撤薑食。不多食。祭於公，不宿肉。祭肉不出三日。出三日，不食之矣。

不時，鄭註以爲非朝夕、日中時，大約得之而未盡。蓋謂朝夕、日中，各有所宜食之物也。割不正，謂割肢體，而或以毛骨之不堪食者，雜於其中，以毛骨污穢者雜之，則爲不正矣。不得其醬，觀其字，則物各有所宜之醬也。故朱子曰：「醬非今所謂醬，如〈內則〉中數般醬，隨其所用而不同。」雙峰饒氏曰：「當看其字，其是指其所食物而言。醬之爲品非一，飲食各有所宜，如食魚膾宜用芥醬，食濡魚用卵醬，食麋腥、濡雞、濡鼈用醯醬，如〈內則〉所云是也。古之制飲食者，使人食其物則用某醬，必有意義，不是氣味相宜，必是相制。不得之則非特不備，食之亦必有害，故不食也。」其說尤詳。○唯酒無量，非謂放飲也，蓋據當飲時而言，或爲尊者所勸，不限於不飲也。如〈湛露〉詩所謂「淹淹夜飲，不醉無歸」，是勸飲之辭也。至於莫不令儀、莫不令德，則不及亂矣。不多食，但屬不撤薑食而言。若泛舉諸食，則上文肉不勝食，酒不及亂之類，已有不多之意，不必重複也。祭肉不出三日，明不宿肉之意。蓋頒賜所得之祭肉，不俟經宿，則次日食之而可盡，過此不食，則出三日矣。○此上當爲一章，亦論富貴者之飲食，與「飯疏食飲水」之意不同，必非孔子事也。

食不語，寢不言。

此二句似記孔子言語以時之事，或當自爲一節耳。

雖疏食菜羹，瓜祭，必齊如也。

瓜，依《魯論》作必之說。此亦記孔子事，而當自爲一節。

九

席不正，不坐。

吳氏曰：「危坐爲跪，安坐爲居，凡禮：坐皆謂跪也」。

鄉人飲酒，杖者出，斯出矣。鄉人儺，朝服而立於阼階。

朝服立階意者，古人重儺，故其禮如此，不然則近於迂矣。若謂「恐驚先祖五祀之神」，則不先告神以儺，而乃臨時使之依己，此何禮哉？

十

問人於他邦，再拜而送之。康子饋藥，拜而受之。曰：「丘未達，不敢嘗。」

此雖記孔子之誠意，而又以見往來拜使人之禮。

十一

廄焚。子退朝，曰：「傷人乎？」不問馬。

此孔子家廄也，以退朝知之。吳氏之說能發其意。

十二

君賜食，必正席先嘗之；君賜腥，必熟而薦之；君賜生，必畜之。侍食於君，君祭，先飯。疾，君視之，東首，加朝服，拖紳。君命召，不俟駕行矣。

孔子推君之禮，亦只是恭敬之心不敢忽處。

十三

入大廟，每事問。

詳見〈八佾〉篇。

十四

朋友死，無所歸，曰：「於我殯。」朋友之饋，雖車馬，非祭肉，不拜。

此見聖人之交朋友，一於道義，不以凶爲嫌，不以財爲重也。

十五

寢不尸，居不容。

厚齊馮氏曰：「寢所以休息，易於放肆也，放肆則氣散而神不聚。居所以自如，無事乎容儀也，爲容則體拘而氣不舒。蓋寢而尸則過於肆，居而容則過於拘，二者皆非養心之道。」

見齊衰者，雖狎，必變。見冕者與瞽者，雖褻，必以貌。凶服者，式之。式負版者。有盛饌，必變色而作。迅雷風烈，必變。

齊衰言狎，冕瞽言褻，蓋互文爾。

十六

升車，必正立執綏。車中，不內顧，不疾言，不親指。

執綏以初上車時言，必正立無不敬也。下言車中，則在車矣。

十七

色斯舉矣，翔而後集。

邢氏曰：「此以飛鳥喻也」。《集註》謂此上下必有闕文。竊意首句當有贊鳥之言，而以「子曰」起之。

曰：「山梁雌雉，時哉！時哉！」子路共之，三嗅而作。

雉在山梁，人所難至之地，與「止丘隅」者相類。孔子以其飲啄自適，故稱時哉。子路共之，共猶向也，以手拱向之也，非「居其所，而眾星共之」之「共」同。雉見其然而起去，亦見幾而作之意。嗅，晁氏據《石經》作戛，謂雉鳴也。於義爲長。

朱子據註疏，以嗅爲鼻歆其氣也，以共爲供具，則以子路之賢，能知孔子愛物之意，必不誤認「時哉」之言爲「時物」而供之。且山梁之雉，恐非一時所能弋致也。劉聘君據《爾雅》作臭，以爲張兩翼，意亦近之。但臭本氣倦體疲之義，恐未然耳。新安陳氏則謂：「色舉翔集，即謂雉也。夫子見雉如此，曰此山橋邊之雌雉，其見幾而舉，詳審而集。時哉！時哉！蓋謂時當飛而飛，時當下而下，皆得其時也。子路不悟以爲時物，取雉供之，夫子不食，三嗅而起。若移『山梁雌雉』一句冠於此章之首，則辭意似尤明云。」大抵此言共、嗅皆本朱子，惟欲并與色舉、翔集合爲一章，則又非朱子意也。蓋雉性剛介，起則戞然作聲，飛則決然下止，其勢甚速，其去不遠，無翔集之狀。胡氏已有辯，見於《或問》矣。故翔集但可以鳥言，與雌雉不可合而爲一也，特以雉亦有見幾之義，故以類從翔集。而曰上脫一子字，則其上又或有闕文，亦未可知也。

先進第十一

一

子曰：「先進於禮樂，野人也；後進於禮樂，君子也。如用之，則吾從先進。」

先進、後進，猶前輩、後輩。以仕而在位者言，故謂之進。禮樂就見於日用者言。在位即是君子，君子則有文采章於民上。但前輩雖進而在位，卻質朴無文，與田野未仕之民無異，故直謂之野人。若後輩則文采備矣，文采備，故直謂之君子。非以時人之言如此，而孔子述之也。用之，謂用禮樂以爲治也。蓋文采備則質朴者漓，不若先進崇本尙實，而淳風未至於斵喪也，蓋「禮與其奢也，寧儉」之意。

二

子曰：「從我於陳、蔡者，皆不及門也。」德行：顏淵、閔子騫、冉伯牛、仲弓。言語：宰我、子貢。政事：冉有、季路。文學：子游、子夏。

孔子追思從陳蔡者之不及門，蓋相從於患難，非心服孔子者不能也。故記者特舉顏淵、閔子騫、冉伯牛、仲弓、宰我、子貢、冉有、季路、子游、子夏言之，而揭德行、言語、政事、文學以名科，見其皆成德達材之士。不然安能保其當厄而不忍棄去哉？不忍棄去，然後謂之心服。孟子謂七十子之服孔子，自七十子之外，少有人焉，則心服亦難矣。○德行，以成德爲行也。言語，以說辭發揮聖人之道，次於德行者也。政事，雖所見不及言語者之精深，其才則能達於事爲者也，故又次之。文學，則才或不能有爲，但於文義中講求亦有所得，故又次之。○四科所列十人，皆從陳蔡者，非以此十人爲獨哲也。唐開元禮祀孔子，以此十人爲十哲。其後顏子升侑，而以曾子補之；曾子升侑，而以子張補之。則所謂十哲者，皆臆見也。景定之禮，以顏、曾、思、孟爲四侑，議者猶以顏路、曾晳、伯魚並列其下爲未安。金仁山乃欲據古堂事之制，如庠序之禮，先獻酬而後燕，以牲、幣、旅、陳享先聖，而南面於堂，繼以顏、曾、思、孟爲侑，用燕禮、籩豆、簠簋奠先聖，而東向於室，以顏路、曾晳七十子左右祫食，如昭穆之列。竊謂此亦未知祫食之禮非可擇賢而侑於室者也。祫食如昭穆，亦與列於兩廡何異哉？若因此而得其意，則亦不患於無處矣。

三

子曰：「回也非助我者也，於吾言無所不說。」

說，與心相契之意，即「不亦說乎」之說。非助於說見之。此二言者，雖若有憾，而實喜其能自得也。

四

子曰：「孝哉閔子騫！人不間於其父母昆弟之言。」

閔子騫處父母兄弟之變者也，故得其歡心爲尤難。父母兄弟皆化之，而稱其爲孝，人亦信之無有間言，則又有以孚於人矣。此非實德，何以能然？孔子以其人不易及，故特稱之。本文止言孝，而《集註》曰「孝友」者，爲昆弟二字而發。然孝者必友，如《書》云「孝乎」，而曰「孝友于兄弟也」，大意則包於孝字矣。〇閔子騫不宜稱字，則吳氏已嘗論之，以爲夫子於弟子未嘗稱字。此或集語者之誤。

五

南容三復白圭，孔子以其兄之子妻之。

孔子於南容嘗以君子稱之。觀其謹言在未娶之前，則容之成德，蓋亦早矣。但其德或不及冉牛，故孟子不列於德行耳。

六

季康子問：「弟子孰為好學？」孔子對曰：「有顏回者好學，不幸短命死矣！今也則亡。」

顏子好學，緊要處全在不遷怒、不貳過。詳見〈雍也〉篇「哀公問弟子」章，然不以告康子也。

七

顏淵死，顏路請子之車以為之椁。子曰：「才不才，亦各言其子也。鯉也死，有棺而無椁。吾不徒行以為之椁，以吾從大夫之後，不可徒行也。」

邢氏曰：「鯉也死時，孔子蓋年七十左右，非在大夫位。」杜預曰：「常爲大夫而去，故言後也。」

八

顏淵死。子曰：「噫！天喪予！天喪予！」

新安陳氏曰：「夫子之道賴顏子以傳者也，顏子在則道有傳，孔子他日雖死而不死；顏子死則道無傳，孔子今日雖未亡而已亡，故不謂天喪回，而曰天喪予，良可悲矣。」

雲峰胡氏曰：「夫子上接文王之傳，則曰天將喪斯文；下失顏淵之傳，則曰天喪予。

然則道統之絕續，皆天也。」二說皆足以發天喪之意。

九

顏淵死，子哭之慟。從者曰：「子慟矣。」曰：「有慟乎？非夫人之為慟而誰為！」

慟顏子而不知其過，當慟而慟者也。此與「聞《韶》不知肉味」義同，皆不可謂非性情之正。

十

顏淵死，門人欲厚葬之，子曰：「不可。」門人厚葬之。子曰：「回也視予猶父也，予不得視猶子也。非我也，夫二三子也。」

門人謂顏子之門人。門人欲厚葬之，雖以顏子為賢，而出於至愛，然無財不可為悅，中間多所強為，非心所安也，故孔子以為不可。蓋能明於死生之說，葬雖速朽，可也，而何必過於厚哉？

十一

季路問事鬼神。子曰：「未能事人，焉能事鬼？」「敢問死？」曰：「未知生，焉知死？」

既未能事人，而先欲事鬼；未能知生，而先欲知死。即此已是遠求，而《集註》以爲皆切問，恐非聖人之意也。

十二

閔子侍側，誾誾如也；子路，行行如也；冉有、子貢，侃侃如也。子樂。「若由也，不得其死然。」

樂字，如《集註》解，無不可通。但以文義求之，則以樂字作曰字者，於理不牽強也。由也不得其死，新安陳氏以爲只如平常說死非正命之謂，未說到不得死所處者，得之。

十三

魯人為長府。閔子騫曰：「仍舊貫，如之何？何必改作？」子曰：「夫人不言，言必有中。」

如之何者，有何不善之辭。不言二字，止發言字，言必有中，然後見其不妄發也。

十四

子曰：「由之瑟，奚為於丘之門？」門人不敬子路。子曰：「由也升堂矣，未入於室也。」

子路能識其大，忠信之已立，是升堂也。第於無聲無臭之地未到，是爲不入室耳。孔子謂其瑟不與己同，以不足於中和，即不入室之意。

十五

子貢問：「師與商也孰賢？」子曰：「師也過，商也不及。」曰：「然則師愈與？」子曰：「過猶不及。」

過與不及，皆氣質用事，當時以過者爲高，故子貢疑師爲愈。然《中庸》論爲道者，常以過高遠人爲戒。故孔子以爲過猶不及，則以其氣質之偏，折之於義理之中矣。

十六

季氏富於周公，而求也為之聚斂而附益之。子曰：「非吾徒也。小子鳴鼓而攻之，可也。」

此可見孔子之教，以愛民爲本。而政之所先，莫切於輕徭薄賦也。

十七

柴也愚，參也魯，師也辟，由也喭。

楊氏謂：「四者性之偏，語之使知自勵」，則聖人之意矣。曾子實用其力，故能傳道。三子工夫不及曾子精切，故只成就得性之所近耳。

十八

子曰：「回也其庶乎，屢空。賜不受命，而貨殖焉，億則屢中。」

庶乎，言其近道也。屢空，謂數至空乏，蓋何晏舊註。陶淵明「簞瓢屢空」之說亦本於此。或以虛中爲空，然謂之屢，則空常有間，非所以語顏子也，朱子《或問》蓋嘗辯之矣。子貢之貨殖，非忘義而狥利者也。只是言其欲治生不能忘其貧耳，故謂之不受命。謀道不謀食，方是能受命處。億，記億也。言其思慮記得時，屢屢能中道。蓋即日月至焉之意，亦非但謂其料事多中而已。夫人求道之心重，則求富之心輕；求富之心重，則求道之心輕，此顏回、子貢之所以不同也。然子貢特不及顏回耳，其於義利、是非之辯，則同聞聖門之教，而所務皆實學，豈欲假借富厚之力，以徼人之起敬者哉？司馬遷謂子貢既學於仲尼，退而仕於衛，鬻財於曹、魯之間，七十子之徒，賜最爲饒益。原憲不厭糟糠，匿於窮巷。子貢結駟連騎，束帛走幣，以聘享諸侯，所至國君無不分庭與之抗禮。夫使孔子名布揚於天下者，子貢後先之也，此所謂得勢而益彰者乎？此非知子貢者也。自此言一出，而世之學者遂以孔門之徒實有此事。將皆欣然求富，而忘其所守，於不能安貧之中，而又加之以驕侈，希世取榮，其害教豈不大哉？

十九

子張問善人之道。子曰：「不踐迹，亦不入於室。」

問善人而以其道，是以日用事物當然之理言也。善人固爲此道者也，但非善人，則其爲道不免於循途守轍，所謂踐跡也。善人則德性用事，不踐舊跡，而由天理以行。然必須學乃得進於君子、聖人，以入精微之奧，此謂無聲無臭之地，蓋相在爾室，尚不愧於屋漏之功也。孔子謂：「十室之邑，必有忠信如丘者焉，不如丘之好學也。」亦是此意。忠信，善人之質也。好學，則入室矣。此欲人好學以成其善耳。

二十

子曰：「論篤是與，君子者乎？色莊者乎？」

論篤，以言足恭者也。觀聖人之友君子，「輯柔爾顏，不遐有愆」，猶以其聲色在外，而必求之於「相在爾室，尚不愧於屋漏」之地，則言論之篤實，安可遂以信人乎？

二十一

子路問：「聞斯行諸？」子曰：「有父兄在，如之何其聞斯行之？」冉有問：「聞斯行諸？」子曰：「聞斯行之。」公西華曰：「由也問『聞斯行諸？』，子曰『有父兄在』；求也問『聞斯行諸？』子曰『聞斯行之』。赤也惑，敢問？」子曰：「求也退，故進之；由也兼人，故退之。」

聞，謂聞道於夫子也。有父兄在之云，非以其不稟命也。如子路之好義，豈不知稟命父兄者哉？但謂其父見在，則當謹於行事，不貽之憂辱云耳。

二十二

子畏於匡，顏淵後。子曰：「吾以女為死矣！」曰：「子在，回何敢死？」

何敢死，邢氏以爲夫子在，己不敢致死是也。謝氏謂：「敢，非不敢之敢，乃果敢之敢。」即《集註》「不赴鬥而必死」之意。恐辭氣亦太急矣。○程子搏虎之喻，發明處死之道，可謂盡矣。

二十三

季子然問：「仲由、冉求，可謂大臣與？」子曰：「吾以子為異之問，曾由與求之問。所謂大臣者，以道事君，不可則止。今由與求也，可謂具臣矣。」曰：「然則從之者與？」子曰：「弒父與君，亦不從也。」

異之問，亦就大臣言，謂或有異人也。觀弒父與君亦不從之言，可見孔門學者，其志節與人不同矣。

二十四

子路使子羔為費宰。子曰：「賊夫人之子。」子路曰：「有民人焉，有社稷焉，何必讀書，然後為學？」子曰：「是故惡夫佞者。」

子羔，本忠信之資，而偏於愚者。孔子以其學術未明，恐不足以處惡人，是害之也。子路則謂仕亦可學，學不必在讀書，如天子諸侯稚年嗣位者，亦每有之。豈皆學而後仕哉？此言未爲非是。但不知孔子所以不欲使子羔之意，乃爲陪臣受制於人，非成德達材者，未可即試。而子路專執己見，遂以口辯禦之。此孔子所以不斥其非，而但惡其佞也。

二十五

子路、曾皙、冉有、公西華侍坐。子曰：「以吾一日長乎爾，毋吾以也。居則曰：『不吾知也！』如或知爾，則何以哉？」子路率爾而對曰：「千乘之國，攝乎大國之間，加之以師旅，因之以饑饉；由也為之，比及三年，可使有勇，且知方也。」夫子哂之。「求！爾何如？」對曰：「方六七十，如五六十，求也為之，比及三年，可使足民。如其禮樂，以俟君子。」「赤！爾何如？」對曰：「非曰能之，願學焉。宗廟之事，如會同，端章甫，願為小相焉。」「點！爾何如？」鼓瑟希，鏗爾，舍瑟而作，對曰：「異乎三子者之撰。」子曰：「何傷乎？亦各言其志也。」曰：「莫春者，春服既成，冠者五六人，童子六七人，浴乎沂，風乎舞雩，詠而歸。」夫子喟然歎曰：「吾與點也！」

如或知爾，言人或知而舉之也。觀由、求、赤三子所言，皆爲人所舉而爲大夫當國之事也。子路率爾之對，亦見其勇於有爲。千乘，公侯大國，而猶曰攝乎大國之間，以春秋時，大國又有吞併附庸而加多者也。哂，微笑也，難於言而不欲示之以怒色之意。方六、七十，如五、六十，謂封國之制。伯七十里，或密爾大國，而爲其所侵，則有損十里而爲六十者矣。子、男五十里，然或兼併小國，而據其所有，則有益十里而爲六十者矣。禮樂，以化民成俗言也。公西華志於禮樂，因冉有不敢居，而以願學爲說。宗廟，諸侯之宗廟。會同，諸侯會盟之事。同，同盟也，厚齋馮氏嘗言之矣。慶源輔氏曰：「端，玄端服，古者君臣皆得服之。章甫，緇布冠，三代常服，行道之冠也。」相，贊君行禮者。言小，謙若不敢自大之辭，非謂別有一大相，而僅居其小也。公西華所言，雖若禮樂之末節，然既以禮樂爲志，必知以學道愛人爲本者矣。莫春，巴川楊氏以爲建辰之月是也。蓋周改正朔，雖子爲春始，而民俗猶用夏時也。浴，周文安公以爲沿字之誤，於理可通。三子之志，皆在於用世，子路爲之，必勇作其氣，義作其忠以治內，而足以威鄰國也。冉有爲之，必勸之農桑，教之節儉以務本，而足以厚民生也。公西華爲之，必肅其儀容，修其辭令以詔君，而足以感格神人也。雖皆實學，跡尚涉粗耳。惟曾皙則但知與弟子講學自修，對時育物，無外慕心，故孔子與之。其言語脫灑，固見狂者胸次超然，當其時，工夫亦自定靜，故氣象從容，此豈三子規規於事爲之末者可及哉？○觀冉有之志在於足民，本非欲聚斂者。及爲季氏宰，而爲之附益，則與其志大不侔矣。豈以小臣未得專行，而不能不狥季氏之欲邪？然亦可見其志之不立也。

三子者出，曾皙後。曾皙曰：「夫三子者之言何如？」子曰：「亦各言其志也已矣。」曰：「夫子何哂由也？」曰：「為國以禮，其言不讓，是故哂之。唯求則非邦也與？安見方六七十如五六十而非邦也者？唯赤則非邦也與？宗廟會同，非諸侯而何？赤也為之小，孰能為之大！」

子路爲國，勇於爲義者也。但欲使民知方，卻是欲化民成俗也，必須有謙讓實德，乃能曲盡人情，而有感動。今率爾之對，直任以爲己能，是不讓也。不讓在言上見，而以率爾發之耳。唯求、唯赤非邦二語，非曾皙問也。蓋孔子因二子言志，不露國字，而明其皆國，以見其自謙，所以發子路見哂之意也。赤也爲之小，爲之謂爲諸侯相，孔子以自謙居小，而他人爲之，必無大於赤者，故曰孰能爲之大也。○三子之志皆屬事功，能於禮樂而致中和焉，則亦天理流行，非粗跡矣。曾皙之言，使無三子之實地，則亦虛見而已。故三子能致其虛，而曾皙能就其實，乃皆合於中行耳。

顏淵第十二

一

顏淵問仁。子曰：「克己復禮為仁。一日克己復禮，天下歸仁焉。為仁由己，而由人乎哉？」

凡問仁者，皆言如何而可以謂之仁也，孔子則必以爲仁工夫告之。克己，舊說以爲勝私，恐本旨不然。克，能也。己，即爲仁由己之己。復，即不遠復之復。禮，則仁之曲盡處也，能自復禮，乃所以爲仁也，何待於外求哉？一日，就得仁之日而言。天下歸仁，謂皆歸所愛之中也，蓋「洞然八荒，皆在我闥」之意。若以人歸言效，則一日之仁，豈有天下盡歸之理？爲仁由己，正要其歸於己也。顏子志意高遠，故孔子使求於己，與子貢問博施，而告以「近取」意同。兩爲仁，上爲字虛，下爲字實。

顏淵曰：「請問其目？」子曰：「非禮勿視，非禮勿聽，非禮勿言，非禮勿動。」顏淵曰：「回雖不敏，請事斯語矣。」

顏淵一聞夫子之言，即問其目，非謂天理人欲之際已判然，而不待有所疑問也。判於天理人欲，乃是非本心，人人能覺，亦無難事，但顏子求之於己，似無實下手處，故請其條目，欲工夫有所精別耳。勿者，心所不安而不欲爲之意。聖學只以言行爲實地，視聽者，見人之行，聞人之言也，言動則言行之在己者矣，此豈假於外求哉？請事斯語，即所謂語之而不惰也，此顏子所以能至聖人處。

二

仲弓問仁。子曰：「出門如見大賓，使民如承大祭。己所不欲，勿施於人。在邦無怨，在家無怨。」仲弓曰：「雍雖不敏，請事斯語矣。」

聖人與門弟子言學，未有不使求之切近者。至於仲弓爲人簡靜，簡則常略，恐於外事有疎，故言出門、使民以推廣之。蓋接人之敬，莫大於大賓；承事之祭，莫大於大祭；出門使民如之，則在外之敬，無少忽矣。簡略者，或不能曲盡人情，故又使之盡恕，而曰己所不欲，勿施於人。至於人之有怨，亦惟簡略而忽人者招之。邦家無怨，則敬恕之效也。凡言效者，皆使以自考之辭。在邦以爲大夫言，在家以爲家臣言。○仲弓天資簡靜，雖不及顏子之剛明，然請事斯語之言，乃其能任道處，故與顏子同成德行，此顏、冉所以非諸弟子所及也。

三

司馬牛問仁。子曰：「仁者其言也訒。」曰：「其言也訒，斯謂之仁已乎？」子曰：「為之難，言之得無訒乎？」

心存即是仁。爲之難，正以私欲難去，仁不易存也。

四

司馬牛問君子。子曰：「君子不憂不懼。」曰：「不憂不懼，斯謂之君子已乎？」子曰：「內省不疚，夫何憂何懼？」

仁者不憂，勇者不懼，仁、勇即中庸之達德也。達德得於心，然後不愧屋漏，而內省不疚，此豈人可襲取哉？司馬牛蓋以強排遣者爲不憂不懼，故孔子告之以此。

五

司馬牛憂曰：「人皆有兄弟，我獨亡。」子夏曰：「商聞之矣：『死生有命，富貴在天』。君子敬而無失，與人恭而有禮。四海之內，皆兄弟也。君子何患乎無兄弟也？」

天與命一也，此以死生、富貴分言，蓋互文爾。詳見《說理會編》卷一。趙氏「安於命而不修己，是有命而無義，聽乎天而不盡于人」之說，得之。○子夏「四海皆兄弟」之言，以司馬牛憂無兄弟，只著如此說耳。爲兄弟而憂，固是至情，既無道以使之改，徒憂亦何益哉？

六

子張問明。子曰：「浸潤之譖，膚受之愬，不行焉，可謂明也已矣。浸潤之譖，膚受之愬，不行焉，可謂遠也已矣。」

人於浸潤之譖，膚受之愬，初亦未肯遽行，然心中一種此根，隨時觸發，即是行也。既行即是明不照矣，遠者，不蔽於遠，即是明字意也。

七

子貢問政。子曰：「足食，足兵，民信之矣。」

聖人所謂足食，藏富於民也；所謂足兵，寓兵於農也。《集註》以倉廩實言足食，武備脩言足兵，則與《孟子》所謂今之能臣何異哉？民信，民自相信也，亦非謂其信於我也。此蓋列三事而言耳。

子貢曰：「必不得已而去，於斯三者何先？」曰：「去兵。」子貢曰：「必不得已而去，於斯二者何先？」曰：「去食。自古皆有死，民無信不立。」

於三者之中，民力不能備兵，則且去兵。又於二者之中，民發不能備食，則且去食。

終不可去者，人心之信也。孟子所謂得人心之和，得此而已。苟失人心，則米粟之多、兵革之利，皆不足恃，而況於兵、食皆不足乎？

八

棘子成曰：「君子質而已矣，何以文為？」子貢曰：「惜乎！夫子之說君子也，駟不及舌。文猶質也，質猶文也。虎豹之鞟猶犬羊之鞟。」

子貢與棘子成論文質，蓋矯其過，未見其失本末輕重之差也。夫子成以君子所重在質而文可盡無，一質可以盡君子，是其說君子太速矣。雖駟馬不及其言之速，非謂追言之失也。及子貢以爲文質相猶，亦其語勢宜然耳，而意則於虎豹、犬羊之鞟內盡之。夫皮，質也；毛，文也。虎豹，皮之大者，則其文亦大；犬羊，皮之小者，則其文亦小。蓋小質則有小文，大質則有大文，本不相無也，但隨其小大以爲差等，則漸進之意，而本末輕重因亦寓焉。爲子成偏重於質，故不得不以文躋質，夫豈不知質爲文本者哉？舊說之誤，皆起於鞟字之訓。蓋鞟，郛郭之義，只是皮也，卻加「去毛」二字，則若專主質言矣。如此則三猶字，語意不相協，中間必須加「若盡去其文，而獨存其質」一語方可說下，失子貢立言之本意矣。

九

哀公問於有若曰：「年饑，用不足，如之何？」有若對曰：「盍徹乎？」曰：「二，吾猶不足，如之何其徹也？」對曰：「百姓足，君孰與不足？百姓不足，君孰與足？」

有若之言，與冉有爲季氏聚斂者相反。蓋孔子論爲治，只是節用愛民，舍此無安民之術矣。且哀公之問，意在加賦，故有若勸行徹法，蓋恐斂重民貧則必離散，而君不得享其富耳。此實理，非迂談也，孟子之論王道皆本於此。

十

子張問崇德、辨惑。子曰：「主忠信，徙義，崇德也。愛之欲其生，惡之欲其死。既欲其生，又欲其死，是惑也。」

孔門實學，只是立誠、改過。〈學而〉篇言「主忠信，過則勿憚改」亦是此意，不如是則德不進。惑是心之動處，惑能辨，德之所以精也。愛欲其生，惡欲其死，是爲愛惡所動也，既欲其生，又欲其死，正明愛惡欲其生死之意。○觀子張問明、問崇德辨惑兩章，可以見所學漸就實矣。

『誠不以富，亦祇以異。』

程子曰：此當在第十六篇「齊景公有馬千駟」之上。

十一

齊景公問政於孔子。孔子對曰：「君君，臣臣，父父，子子。」公曰：「善哉！信如君不君，臣不臣，父不父，子不子，雖有粟，吾得而食諸？」

君而盡君道，則臣亦臣矣；父而盡父道，則子亦子矣。重爲君、爲父而言，此孔子警齊景公之本意。

十二

子曰：「片言可以折獄者，其由也與？」子路無宿諾。

片言，言未盡也。言未盡而獄即爲其所折，子路信在言前，人信之也。胡氏曰：「折者，析而二之也。治獄之道，兩辭具備，曲直未分，混爲一區，及乎別其孰爲曲直，判然兩途，所謂折也。」其義得之。

十三

子曰：「聽訟，吾猶人也，必也使無訟乎！」

詳見〈大學私存〉。餘意楊氏能發之。

十四

子張問政。子曰：「居之無倦，行之以忠。」

忠，即所居於心之誠也。

十五

子曰：「博學於文，約之以禮，亦可以弗畔矣夫！」

已見〈雍也〉篇。但此無「君子」二字。

十六

子曰：「君子成人之美，不成人之惡。小人反是。」

君子之爲善惡，非徒好惡之而已，於成與不成，見其與人爲善之意。不成人之惡，亦使可以爲善也。

十七

季康子問政於孔子，孔子對曰：「政者，正也。子帥以正，孰敢不正？」

此見政不在於正人也。

十八

季康子患盜，問於孔子。孔子對曰：「苟子之不欲，雖賞之不竊。」

在上者不欲，則民恥於欲，而自不竊。蓋我無欲而民自正之意，欲人皆以德化民也。夫化民之本在德而不在政刑，故以不欲言之，非謂去盜，專於清靜也。

十九

季康子問政於孔子，曰：「如殺無道，以就有道，何如？」孔子對曰：「子為政，焉用殺？子欲善，而民善矣。君子之德風，小人之德草。草上之風，必偃。」

此章專爲殺字而發，欲善而民善，則民皆樂生矣。上失其道，民散久矣，而欲以殺爲治，有不忍人之心者，何忍言邪？

二十

子張問：「士何如，斯可謂之達矣？」子曰：「何哉，爾所謂達者？」子張對曰：「在邦必聞，在家必聞。」子曰：「是聞也，非達也。夫達也者，質直而好義，察言而觀色，慮以下人。在邦必達，在家必達。夫聞也者，色取仁而行違，居之不疑。在邦必聞，在家必聞。」

質直者，以直爲質也。直即忠信之德，而好義則徙義之意也。察言觀色，慮以下人，此直義見於接物者也。色取仁而行違，居之不疑，與鄉愿同。

二十一

樊遲從遊於舞雩之下，曰：「敢問崇德、脩慝、辨惑？」子曰：「善哉問！先事後得，非崇德與？攻其惡，無攻人之惡，非脩慝與？一朝之忿，忘其身，以及其親，非惑與？」

此與前章子張問崇德辨惑意同，可見孔門學者實用力處惟在於此。崇德，本也，不知治己，而惡匿於心，則德無由崇；不知懲忿，而心爲所惑，則無由知惡也。忿時常忘其身，則必致禍，禍及其親，豈可不戒？故凡言忿者，必曰懲，以忿則禍所必及也。樊遲蓋有憤世嫉邪之心，故告之如此。觀先事後得之言，則舞雩之問，當與聞先難後獲之教同時，但德謂之崇，則此問似爲稍後耳。詳見《說理會編》卷十二。

二十二

樊遲問仁。子曰：「愛人。」問知。子曰：「知人。」樊遲未達。子曰：「舉直錯諸枉，能使枉者直。」樊遲退，見子夏，曰：「鄉也吾見於夫子而問『知』，子曰：『舉直錯諸枉，能使枉者直』，何謂也？」子夏曰：「富哉言乎！舜有天下，選於衆，舉皋陶，不仁者遠矣。湯有天下，選於衆，舉伊尹，不仁者遠矣。」

當樊遲未達，乃蒙知人而發，謂有所分別，則不能兼愛也。及聞夫子之言，似無可疑，而復問於子夏者，蓋樊遲於知上起念，故曰見於夫子而問知，蓋以舉直錯枉之言，主於分別是非也。殊不知所謂直者，乃仁人也，舉直則以能愛人之人，使之感化人之不直者，其所重實在仁焉。子夏指不仁者遠矣言之，以見所舉者仁，而夫子之言不止言知矣。詳見《說理會編》卷七。○〈爲政〉篇「舉善而教不能，則勸」，與此章意亦略同。

二十三

子貢問友。子曰：「忠告而善道之，不可則止，無自辱焉。」

忠告，可謂信於己矣。忠告善道之而不可，在友猶未信也。君子雖止而不諫，亦必當反求其所以不信乎友者矣。

二十四

曾子曰：「君子以文會友，以友輔仁。」

學只從文上講求，而所講之文，則從仁體上發，故曰輔仁。

子路第十三

一

子路問政。子曰：「先之，勞之。」請益。曰：「無倦。」

先之，以身先民也。勞如勞民勸相、愛之能勿勞乎之勞，蓋無教則近於禽獸，故民亦不可使之逸居也。蘇氏謂：「凡民之行，以身勞之」，則先之之外，尚以何事勞邪？

二

仲弓為季氏宰，問政。子曰：「先有司，赦小過，舉賢才。」曰：「焉知賢才而舉之？」曰：「舉爾所知。爾所不知，人其舍諸？」

宰本未嘗從政，曰政者，主所與聞而言。言政必先於有司，事事不能皆備，則當赦其小過也。然必舉賢才以充之，不舉賢才則有司不得其人，而過大矣。此三句皆爲先有司而發，此以仲弓簡靜，恐其略於庶事，故告之以分任責成之要。〇仲弓與聖人用心之大小，詳見《說理會編》卷七。

三

子路曰：「衛君待子而為政，子將奚先？」子曰：「必也正名乎！」子路曰：「有是哉，子之迂也！奚其正？」子曰：「野哉由也！君子於其所不知，蓋闕如也。名不正，則言不順；言不順，則事不成；事不成，則禮樂不興；禮樂不興，則刑罰不中；刑罰不中，則民無所措手足。故君子名之必可言也，言之必可行也。君子於其言，無所苟而已矣。」

行能盡實，然後爲正名。禮樂不興，謂以中和之德導民，使之興起也。必可言，謂言順；必可行，謂事成，名而可成，乃爲不苟。餘義《傳習錄》論之盡矣。

四

樊遲請學稼。子曰：「吾不如老農。」請學為圃。曰：「吾不如老圃。」樊遲出，子曰：「小人哉，樊須也！上好禮，則民莫敢不敬；上好義，則民莫敢不服；上好信，則民莫敢不用情。夫如是，則四方之民襁負其子而至矣，焉用稼？」

樊遲欲養高不仕，故以稼圃爲問，非識趣卑陋者也。孔子欲其爲大人之事，故以小人稱之。詳見《說理會編》卷十二。孔子自言不如農圃，正其不可小知也。以禮信爲大人之事，此其可大受也。

五

子曰：「誦《詩》三百，授之以政，不達；使於四方，不能專對；雖多，亦奚以為？」

此見誦《詩》者非徒玩心章句，將以實得而致之用也。

六

子曰：「其身正，不令而行；其身不正，雖令不從。」

此爲當時所令反其所好者而發。

七

子曰：「魯、衛之政，兄弟也。」

大約以其衰弱不能用賢圖治而言。

八

子謂衛公子荊，「善居室。始有，曰：『苟合矣。』少有，曰：『苟完矣。』富有，曰：『苟美矣。』」

居室，作室以居也。蓋孔子在衛而歎之，以爲公子荊不以欲速盡美累其心，則天資可以進道，而衛不能用也。

九

子適衛，冉有僕。子曰：「庶矣哉！」冉有曰：「既庶矣，又何加焉？」曰：「富之。」曰：「既富矣，又何加焉？」曰：「教之。」

庶矣之嘆，見衛國之可爲也。然庶而不富，富而不教，則亂亦由此而生。

十

子曰：「苟有用我者。期月而已可也，三年有成。」

聖人之治，必先明學術、正人心。期月而可者，謂人心皆知爲善也。各充其善而行之，三年則人人皆服教化，所謂治功成也。

十一

子曰：「『善人為邦百年，亦可以勝殘去殺矣。』誠哉是言也！」

善人德性用事，故相繼百年，能勝殘去殺。然德未充盛，不及聖人之三年有成也。

十二

子曰：「如有王者，必世而後仁。」

仁以德澤言，比於三年有成者，澤又遠矣。親賢樂利各得其所而不忘前王，此必世後仁之意也。

十三

子曰：「苟正其身矣，於從政乎何有？不能正其身，如正人何？」

此爲大夫而發。

十四

冉有退朝。子曰：「何晏也？」對曰：「有政。」子曰：「其事也。如有政，雖不吾以，吾其與聞之。」

吳氏曰：政事總言之則通，別言之則大曰政，小曰事；公朝之事曰政，私家之事曰事。

十五

定公問：「一言而可以興邦，有諸？」孔子對曰：「言不可以若是其幾也。人之言曰：『為君難，為臣不易。』如知為君之難也，不幾乎一言而興邦乎？」曰：「一言而喪邦，有諸？」孔子對曰：「言不可以若是其幾也。人之言曰：『予無樂乎為君，唯其言而莫予違也。』如其善而莫之違也，不亦善乎？如不善而莫之違也，不幾乎一言而喪邦乎？」

言之善者，所以善國，故曰不亦善乎，以此起不善，蓋喪邦惟在不善而莫之違也。不幾者，疑辭。不敢決言興喪，即「言不可若是其幾」之意。聖人辭不切迫，此言之所以無罪，而聞之足以戒歟！

十六

葉公問政。子曰：「近者說，遠者來。」

葉公在楚，必有闢土服遠之意，故告之以此。王道以民心為本，即此意也。

十七

子夏為莒父宰，問政。子曰：「無欲速，無見小利。欲速則不達，見小利則大事不成。」

急近功則無悠久之器度，見小利則無博厚之規模。

十八

葉公語孔子曰：「吾黨有直躬者，其父攘羊，而子證之。」孔子曰：「吾黨之直者異於是：父為子隱，子為父隱，直在其中矣。」

直只是理之順自然而無回曲處，證父攘羊，則於理不順，其心安乎？

十九

樊遲問仁。子曰：「居處恭，執事敬，與人忠。雖之夷狄，不可棄也。」

日用工夫，惟私居、應事、接人三者而已。恭、敬、忠，皆擇善也；之夷狄，不可棄，固執也。○胡氏以樊遲問仁者三，此最先，先難次之，愛人最後。愚竊以先難爲先，而此當次之也。詳見《說理會編》卷十二。

二十

子貢問曰：「何如斯可謂之士矣？」子曰：「行己有恥，使於四方，不辱君命，可謂士矣。」曰：「敢問其次？」曰：「宗族稱孝焉，鄉黨稱弟焉。」曰：「敢問其次？」曰：「言必信，行必果，硜硜然小人哉！抑亦可以為次矣。」曰：「今之從政者何如？」子曰：「噫！斗筲之人，何足算也！」

行己有恥，而使不辱命，此才德兼全之君子也。宗族稱孝，鄉黨稱弟，此善人也，但比之父母兄弟稱閔子騫之孝，而人無間言者，尚不及耳。言行硜硜，有恒者也，皆無僞心，故謂之士。斗筲之人，謂計小利也，則不可以言士矣。此章人品次第，詳見《說理會編》卷十二。

二十一

子曰：「不得中行而與之，必也狂狷乎！狂者進取，狷者有所不為也。」

中行、狂狷，詳見《說理會編》卷十二。

二十二

子曰：「南人有言曰：『人而無恆，不可以作巫醫。』善夫！不恆其德，或承之羞。」

子曰：「不占而已矣。」

南人之言，本即巫、醫以言有恒，孔子善之，則主人當有恒而言矣。占，玩其占也，不占則不能驗之於心矣。

二十三

子曰：「君子和而不同，小人同而不和。」

厚齋馮氏曰：「和，如和羹，異味而相調爲一也；同，如雷同，隨聲而無分別也。和與同近似，而公私不同，如比、周，驕、泰之類，夫子故辨之。」其說得之矣。

二十四

子貢問曰：「鄉人皆好之，何如？」子曰：「未可也。」「鄉人皆惡之，何如？」子曰：「未可也。不如鄉人之善者好之，其不善者惡之。」

此章問答皆以求知善人言。勉齋黃氏曰：「不以鄉人皆好皆惡而定其人之賢，必取決於善者之好，不善者之惡。蓋善者循理，故所好者如己之循理者也；不善者狥欲，故所惡者必不如己之狥欲者也，此其所以爲賢也。」其說得之。

二十五

子曰：「君子易事而難說也：說之不以道，不說也；及其使人也，器之。小人難事而易說也：說之雖不以道，說也；及其使人也，求備焉。」

厚齋馮氏曰：「君子、小人，蓋指當時卿大夫之得政者而言。」餘則《集註》公恕、私刻之說盡之矣。

二十六

子曰：「君子泰而不驕，小人驕而不泰。」

驕與泰相似，皆疎散不拘之意，但君子與物同體，故其疎散爲泰；小人矜己自高，故其疎散爲驕，此以驕、泰分言。《大學》言「驕泰以失之」，以泰從驕，則泰亦驕而已矣。

二十七

子曰：「剛、毅、木、訥，近仁。」

此言其質近仁，於求仁爲易耳。若柔懦華辯之人，則用力爲難矣。

二十八

子路問曰：「何如斯可謂之士矣？」子曰：「切切、偲偲、怡怡如也，可謂士矣。朋友切切、偲偲，兄弟怡怡。」

子路剛強，未免粗暴，故告之以此。

二十九

子曰：「善人教民七年，亦可以即戎矣。」

教民者，教以孝弟忠信之行，使知親上死長之義，如此然後可以即戎。孟子言：「壯者以暇日修其孝弟忠信，入以事其父兄，出以事其長上，可使制梃以撻秦楚之堅甲利兵。」亦是此意，謂之制梃可撻，則務農講武，以習坐進退之方，亦其末耳。苟無尊上死長之心，則雖有武技，亦不效死，驅之以殉，將焉用之？善人德性用事，故其教人未能速化，必至七年之久，乃始可用，此豈以武技爲重哉？聖人於即戎每言教民，亦爲後世有以不教民戰而棄之者，故諄諄示戒也。

三十

子曰：「以不教民戰，是謂棄之。」

此與上章意同，故類記之。吳氏之說，以教民非謂教戰，得聖人之意矣。

憲問第十四

一

憲問恥。子曰：「邦有道，穀；邦無道，穀；恥也。」

此與〈泰伯〉篇：「邦有道，貧且賤焉，恥也；邦無道，富且貴焉，恥也。」意不同。蓋彼以可仕不可仕而言，此以仕食祿者而言。邦有道而食祿，則當行道濟時，邦無道而食祿，則當撥亂反正，若但知食祿，皆可恥也。見人當有經濟之略，不可安靜無爲而已。二語平出，未見其有偏重也。

二

「克、伐、怨、欲不行焉，可以為仁矣？」子曰：「可以為難矣，仁則吾不知也。」

克伐怨欲不行，義襲而有所正助也，故其工夫爲難。在初學論之，則亦先難之事也，至其久而有得，天理流行，然後可以爲仁矣。但用力於難，亦所難得，故曰：「可以爲難矣。」四者雖非拔去病根之事，然一有所覺，則本體呈露，即可以去病根也。

三

子曰：「士而懷居，不足以為士矣。」

懷居，與小人懷土相似。意溺安居則無有爲之志，故不足爲士。

四

子曰：「邦有道，危言危行；邦無道，危行言孫。」

雙峰饒氏曰：「行無時而不危，所謂國有道，不變塞焉；國無道，至死不變。言有時而或遜，所謂國有道，其言足以興；國無道，其默足以容。」引証可謂明切矣。

五

子曰：「有德者必有言，有言者不必有德；仁者必有勇，勇者不必有仁。」

有德者主於默成，不尚言辭，然未有無言之德，故曰必有言。若有言者，則不必其皆有德也。仁者主於退讓，不尚勇力，然未有無勇之仁，故曰必有勇。若有勇者，則不必其皆有仁也。當時人所尚者，惟言與勇，故發此論。○孟子言不動心，分知言、養勇爲二目，蓋本於此。

六

南宮适問於孔子曰：「羿善射，奡盪舟，俱不得其死然。禹、稷躬稼而有天下。」夫子不答。南宮适出，子曰：「君子哉若人！尚德哉若人！」

治天下之道，不外乎教民稼穡，使得以厚其生而已，此即爲政以德之首務也，故曰尚德哉若人。惟成德之君子，然後能尚德。

七

子曰：「君子而不仁者有矣，夫未有小人而仁者也！」

顏子違仁於三月之後，亦是微有不仁者間之。此章深惜小人之失其本心也。

八

子曰：「愛之，能勿勞乎？忠焉，能勿誨乎？」

能勿，猶言可不也。蓋凡人之愛子，不勞則不能使之成人；臣之忠君，不誨則不能使之成德。故以不勞、不誨爲不可也。世固有愛而不勞、忠而不誨者，故言此以明忠愛之道當然耳。

九

子曰：「為命，裨諶草創之，世叔討論之，行人子羽脩飾之，東里子產潤色之。」

厚齋馮氏謂：「子產爲政，用是三人草創討論修飾之。既成，乃從而潤色之。」通以其事歸於子產，似亦如此。鄭，小國也。當晉、楚爭奪之衝，即其辭命之善，而足以自保，見爲治之不可不用賢也。

十

或問子產。子曰：「惠人也。」問子西。曰：「彼哉！彼哉！」問管仲。曰：「人也。奪伯氏駢邑三百，飯疏食，沒齒無怨言。」

孟子謂子產惠而不知爲政，但言其不能推之政事以大其施耳，然愛民則固其本心也。○彼哉者，外之之辭，猶言非我同類也。○人也，蓋稱管仲亦是一人品，非謂此人也。奪伯氏駢邑三百而無怨言，謂討得其罪而心服也。○雙峰饒氏曰：「此篇凡說管仲，夫子每護之。孟子排管仲，皆是救時而然，夫子之時，人不知有王。仲尊王，亦是有功，夫子所以護之。孟子之時，天下之人皆知尊霸術而賤王道。孟子恐功利之說熾，故桓、文、管、晏一切抑之。」此能盡發其餘意矣。管仲、子產才德之優劣，詳見《說理會編》卷七。

十一

子曰：「貧而無怨難，富而無驕易。」

無怨是心能知足，無驕是不敢自足，貧富之勢不同，故所處有難易也。○朱子曰：「貧無怨，不及貧而樂者，又勝似無諂者。貧而無諂易，貧而無怨難，無怨則進於樂矣。」雙峰饒氏曰：「能安於義命，則能無怨。若樂，則心廣體胖，非意誠、心正、身脩者，不能及此。觀子貢以無驕對無諂，而夫子以樂對好禮，其淺深可見。」此二語足以發明此章之餘意。

十二

子曰：「孟公綽為趙、魏老則優，不可以為滕、薛大夫。」

下章孔子稱公綽爲不欲，不欲則簡而不煩，愈於有才無德者矣，故猶有可用之地。

十三

子路問成人。子曰：「若臧武仲之知，公綽之不欲，卞莊子之勇，冉求之藝，文之以禮樂，亦可以為成人矣。」曰：「今之成人者何必然？見利思義，見危授命，久要不忘平生之言，亦可以為成人矣。」

文之以禮樂，非必兼此四人之長，就使止於一人之長，而以禮樂文之，則亦爲中和之德，如伯夷、柳下惠之皆可以言聖矣。○曰今之成人以下，胡氏以爲子路之言。

是也。蓋見危授命、見利思義、久要不忘平生之言，皆子路之所已能，而自謂亦可以爲成人，是即終身誦之之意也。其下必有孔子答之之言，而今亡矣。不然則孔子不應以子路之所已能者，俯而就之也。若此言出於子路，而其志止於如此，亦豈宜無一誨辭邪？平生之言，即久要也。

十四

子問公叔文子於公明賈曰：「信乎夫子不言、不笑、不取乎？」公明賈對曰：「以告者過也。夫子時然後言，人不厭其言；樂然後笑，人不厭其笑；義然後取，人不厭其取。」子曰：「其然？豈其然乎？」

其然之其，疑辭。「豈其然乎？」猶曰：「或者其然乎？」

十五

子曰：「臧武仲以防求為後於魯，雖曰不要君，吾不信也。」

要君雖未至於叛，其實以叛挾之也。

十六

子曰：「晉文公譎而不正，齊桓公正而不譎。」

二君譎正，詳見《春秋私考·僖公二十八年》。齊桓之霸在晉文之前，此以晉先齊者，蓋晉一變而後可以至齊之意。

十七

子路曰：「桓公殺公子糾，召忽死之，管仲不死。」曰：「未仁乎？」子曰：「桓公九合諸侯，不以兵車，管仲之力也。如其仁！如其仁！」

管仲不死子糾之難，子路疑其未仁，蓋以忘君事讎爲忍心害理也。及孔子告之，曰桓公九合諸侯，不以兵車，管仲之力也。如其仁！如其仁！朱子謂其利澤及人，有仁之功，則從事功上許其仁也。聖人於仁，未嘗輕以許人，如顏子之德，但曰三月不違仁；仲弓之賢，猶曰不知其仁。皆以其心之私欲不能盡去，則全體之仁爲有間也。事功安足以語仁哉？且事功之仁，與子路所問之意主於心者不相應，註說似失旨矣。蓋原管仲不死子糾時之心，以爲子糾是桓公之弟，初但與之同奔，君臣之分未定也。及桓公入齊爲君，則當君桓公而已，乃輔子糾以爭國，是私於所事，非理之正也。棄邪反正，以立事功，豈不愈於死乎？即其悔心之萌，或者出於一念之仁，未可知也。故以九合諸侯，不以兵車，爲管仲之力，蓋即利澤及人，以見其欲立事功之初志，而於召忽之死，則比之匹夫匹婦自經溝瀆之諒，是不以管仲之不死，爲有害於心德也。然不可必以其爲仁，故謂之如、謂之其。曰如、曰其，猶或也，言或者其出於仁耳。蓋以心言，非以事功言也。九合諸侯不以兵車之說，詳見《春秋私考・莊公十四年》。

十八

子貢曰：「管仲非仁者與？桓公殺公子糾，不能死，又相之。」子曰：「管仲相桓公，霸諸侯，一匡天下，民到于今受其賜。微管仲，吾其被髮左衽矣，豈若匹夫匹婦之為諒也，自經於溝瀆而莫之知也！」

此章就相上說事功。蓋管仲能相桓公，以成霸業，非不知大義者所能爲，故以召忽斷之，以明仲不死之無害於仁也。意亦與上章同。

十九

公叔文子之臣大夫僎，與文子同升諸公。子聞之曰：「可以為文矣！」

僎，文子之家臣也。因薦爲大夫，故曰大夫僎。文是謚。雙峰饒氏曰：「今之所謂謚法未必果出周公，恐後人因經傳所有而（傳）〔附〕會之，如錫民爵位謂之文，直無意義。夫子所謂，蓋謂文子所爲如此，是亦無愧於文之謚矣，非指此爲文也。孔文子好學下問，是以謂之文，卻是正說所以爲文之義。」其意盡矣。

二十

子言衛靈公之無道也，康子曰：「夫如是，奚而不喪？」孔子曰：「仲叔圉治賓客，祝鮀治宗廟，王孫賈治軍旅。夫如是，奚其喪？」

舉三人而不及蘧伯玉，必伯玉時已不存矣。圉、鮀、賈者，孟子所謂事君人者，蓋亦能忠於所事耳。

二十一

子曰：「其言之不怍，則為之也難！」

不恥其言者，不知爲之難者也。知爲之難，則必能訒其言矣。

二十二

陳成子弑簡公。孔子沐浴而朝，告於哀公曰：「陳恆弑其君，請討之。」公曰：「告夫三子！」孔子曰：「以吾從大夫之後，不敢不告也。君曰：『告夫三子』者？」之三子告，不可。孔子曰：「以吾從大夫之後，不敢不告也。」

孔子欲討陳恒，雖欲伸天下之大義，然必度德量力而後動，魯衆齊半之說，豈可盡非哉？程子「上告天子，下告方伯」之言，近於迂，故胡氏以爲先發後聞可也。

二十三

子路問事君。子曰：「勿欺也，而犯之。」

子路雖本忠誠，然學術不精，強所不知，而陷於欺處亦或有之，如使門人爲臣，而孔子以爲欺天是也。蓋犯非子路所難，而勿欺爲難，故孔子以此告之。范氏之言得其旨矣。

二十四

子曰：「君子上達，小人下達。」

上字從天理發根，下字從人欲發根。君子小人各有所知，知之所通謂之達。

二十五

子曰：「古之學者為己，今之學者為人。」

孔子此言是以爲己爲盡己分，爲人爲求人知也。盡己分者，循天理之實也；求人知者，濟人欲之私也。只此二言，學之誠僞判矣。呂氏則謂爲己者，心存乎德行，而無意乎功名；爲人者，心存乎功名，而未及乎德行。若後世有未及乎爲人，而濟其私欲者，則又以爲人分功名、私欲二等。殊不知離於天理，即是私欲，志功名者，已屬爲利，雖未至縱欲敗度，以道德律之，亦五十步百步之間而已。朱子謂志於功名爲及物之事，其心猶愛而公，與求濟其私者不同。不可以志功名者爲爲人，則在公私之別耳。其心果公，雖失本末先後之序，庶亦可以附於爲己矣。若少有夾帶，安得謂其優於求濟私欲者哉？至程子論古今學者，亦仍孔子爲己爲人之說。然謂古之仕者爲人，今之仕者爲己，是以爲人爲利人，爲己爲利己也。人、己又各分二義。君子之仕也，行其義也，仕而利人，於義已合，是亦爲己之學也。若利己，正濟私欲者也，其學尚得不謂之爲人哉？仕與學皆以脩身，非有二道也。聖人之言學，已該體用之全，而又反其說以言仕，文義不同，徒使人難曉耳。

二十六

蘧伯玉使人於孔子。孔子與之坐而問焉。曰：「夫子何為？」對曰：「夫子欲寡其過而未能也。」使者出。子曰：「使乎！使乎！」

據此，則伯玉亦聖賢之學也。孔子所以惓惓於衛，亦有伯玉爲主耳。

二十七

子曰：「不在其位，不謀其政。」

說見〈泰伯〉篇。

二十八

曾子曰：「君子思不出其位。」

此見曾子能近思而爲爲己之學也。

二十九

子曰：「君子恥其言而過其行。」

中庸之道，無過不及，行亦非可過者，蓋謂君子恥其言之過於行耳。邢氏曰：「言過其行，謂有言而行不副，君子所恥也。」其說是也。

三十

子曰：「君子道者三，我無能焉：仁者不憂，知者不惑，勇者不懼。」子貢曰：「夫子自道也。」

說見〈子罕〉篇，此以君子之成德言。尹氏謂「成德以仁爲先，進學以知爲先」是也。自道，謂夫子自謙，非人之所稱也。

三十一

子貢方人。子曰：「賜也賢乎哉？夫我則不暇。」

以上文「君子道者三，我無能焉」觀之，則聖人之心常若不足，學如不及而猶恐失之，真無暇於他及也。

三十二

子曰：「不患人之不己知，患其不能也。」

能則人必知之，求其在我者而已。

三十三

子曰：「不逆詐，不億不信，抑亦先覺者，是賢乎！」

不逆詐，不億不信，坦懷待物也。然明不足以察理，亦有爲人所罔者，必於人之詐與不信能先覺焉，乃可爲賢。此欲人明德以燭奸，不徒不疑人之爲尚。

三十四

微生畝謂孔子曰：「丘何為是栖栖者與？無乃為佞乎？」孔子曰：「非敢為佞也，疾固也。」

當時有口才者，人皆以爲能。微生畝蓋以隱爲高，往而不反者，故謂孔子將以佞求用於世，而依依不去也。殊不知時中之道，豈可固執而不通哉？佞者屢憎於人，《集註》謂其務爲口給以悅人，恐不如此。

三十五

子曰：「驥不稱其力，稱其德也。」

馬有調良之德，即謂之驥，非別有一驥也。胡氏曰：「調者，習熟而易控制也；良者，順服而不踶齧也。」

三十六

或曰：「以德報怨，何如？」子曰：「何以報德？以直報怨，以德報德。」

此見聖人處物之精，非概施無別也。

三十七

子曰：「莫我知也夫！」子貢曰：「何為其莫知子也？」子曰：「不怨天，不尤人，下學而上達。知我者其天乎！」

聖人無心於人之不己知者也，特欲起子貢之問，以明不求人知之意，故發此嘆。子貢果以爲聖人之德，人宜有知，而不知其故，請問焉，而孔子所言皆爲己之學，非暴於外而足以致人知者。不怨天，不尤人，則不自明其所行之無失。而但下學人事，以上達天理，人事中所存即是天理。以學爲禮之卑，故曰下學；以達爲知之崇，故曰上達。下學之外，別無上達也。下學不求人知，而所達者天理，則與天合一，故曰知我者天。然則與天同德，然後能知聖人。若常人則天理已晦，所知者惟在形跡之間，而聖人獨知之天，彼何由能知哉？

三十八

公伯寮愬子路於季孫。子服景伯以告，曰：「夫子固有惑志於公伯寮，吾力猶能肆諸市朝。」子曰：「道之將行也與？命也。道之將廢也與？命也。公伯寮其如命何！」

道之將行將廢，爲子路言也。〇聖人於事之由人處，未嘗不決於命。命字義，詳見《說理會編》卷一。

三十九

子曰：「賢者辟世，其次辟地，其次辟色，其次辟言。」

賢者辟世，是天下無道則隱，別無可仕之國矣。其次辟地，是危邦不入，亂邦不居，非可容身之國矣。其次辟色，則禮貌已衰，無悅賢之意。與其君不相親狎，無行道之幾矣。其次辟言，則其君本有欲行其言之言而不行，是言相違也。所重在言，則雖禮貌未衰，而亦當去矣。此與《孟子．告子下》篇「古之君子所就三，所去三」義同。

四十

子曰：「作者七人矣。」

作者七人，蓋孔子嘆同時人也。觀其列於賢者辟世之後，晨門荷蕢之前，則知其爲起而隱去者矣。或以伏羲等七聖言作，及以儀封人等七人實之，皆鑿也。

四十一

子路宿於石門。晨門曰：「奚自？」子路曰：「自孔氏。」曰：「是知其不可而為之者與？」

南軒張氏曰：「聖人非不知道之不行，而皇皇於斯世者，天地生物之心也。晨門賢而隱於抱關，知世之不可爲而遂已，而未知道之不可以已。然玩其辭意，緩而不迫，所養有過荷蕢之果者歟？」其說得之。

四十二

子擊磬於衛。有荷蕢而過孔氏之門者，曰：「有心哉！擊磬乎！」既而曰：「鄙哉！硜硜乎！莫己知也，斯已而已矣！『深則厲，淺則揭。』」子曰：「果哉！末之難矣！」

蕢，草器，若今草把。然聖人當亂世，而所至之地，猶以禮樂教學者，志在興道也。故荷蕢知擊磬之有心，非以磬聲之節奏而知之也。

四十三

子張曰：「《書》云：『高宗諒陰，三年不言。』何謂也？」子曰：「何必高宗，古之人皆然。君薨，百官總己以聽於冢宰三年。」

云古之人皆然，則周之盛王亦必如此。故《孟子．滕文公上》篇，亦引孔子此語，以勸文公行喪禮，則爲通禮可知矣。雙峰饒氏曰：「使嗣君剛明，而冢宰有莽操之奸，則必能易而置之。如其不能，雖不總己以聽，亦何益哉？且天下之事，有常有變，聖人只論其常耳。」此說能發胡氏未盡之意。

四十四

子曰：「上好禮，則民易使也。」

厚齋馮氏曰：「聖人言使民，曰：上好禮，曰：小人學道，使之知上下之分而樂於從命，不以勢力強之也。」此說得易字之義。

四十五

子路問君子。子曰：「脩己以敬。」曰：「如斯而已乎？」曰：「脩己以安人。」曰：「如斯而已乎？」曰：「脩己以安百姓。脩己以安百姓，堯、舜其猶病諸！」

安人、安百姓，皆以敬安之。以安人、安百姓、脩己，不過脩己以敬之一言，特敬之所用漸廣耳。敬外豈有他道哉？

四十六

原壤夷俟。子曰：「幼而不孫弟，長而無述焉，老而不死，是為賊！」以杖叩其脛。

邢氏曰：「夷，踞也；俟，待也，申兩腳箕踞以待孔子也。以杖擊其脛，令不踞也」。又曰：「踞，蹲也，蹲即坐也。」　○原壤蓋爲老氏之學，而遺棄事物，放蕩於禮法之外者。雖以善攝生之故，老而不死，然幼不弟、長無述，非聖人禮法之教，則害道也，故謂之賊。

四十七

闕黨童子將命。或問之曰：「益者與？」子曰：「吾見其居於位也，見其與先生並行也。非求益者也，欲速成者也。」

童子惟謙退，不敢先人，然後能受善而有進益。若居位而並行，則其心急欲廁於成人之列，故曰欲速成者也。因上章幼不孫弟而併記之，以見聖人禮法之教如此。

衛靈公第十五

一

衛靈公問陳於孔子。孔子對曰：「俎豆之事，則嘗聞之矣；軍旅之事，未之學也。」明日遂行。在陳絕糧。從者病，莫能興。子路慍見曰：「君子亦有窮乎？」子曰：「君子固窮，小人窮斯濫矣。」

俎豆之事，謂諸侯交鄰國而燕饗交歡也。軍旅之事，謂列陳以戰，此則聖人誠有所未學焉。○在陳絕糧，即《孟子．盡心下》篇，所謂「厄於陳、蔡之間」也。○固窮，《集註》本何氏說，以文勢與上文亦有二字相應也。

二

子曰：「賜也，女以予為多學而識之者與？」對曰：「然，非與？」曰：「非也，予一以貫之。」

多學而識，識亦有得於心，但未合一，故以識而應物，則未免物物刻雕。一則隨事而應，不待議擬於外矣。詳見《說理會編》卷五。○《集註》以孔子所告曾子、子貢之一貫分知行，非精一之本旨也。辯見《說理會編》卷四。

三

子曰：「由！知德者鮮矣。」

云知德，則以實有諸己而言矣。德有諸己，則其容貌辭氣之間，自無鄙暴矣。子貢得聞一貫，蓋庶幾可進於此焉。

四

子曰：「無為而治者，其舜也與？夫何為哉？恭己正南面而已矣。」

聖人之治，皆是德盛人化。而孔子獨以無爲而治稱舜者，非謂紹堯則無事可爲，得人則有臣任職也，蓋專以其成治功而言爾。古之聖人同一化民之德，然而能致治功之成者少矣，恐人疑爲治必須有爲，故特舉舜言，以見無爲之果可以治也。

五

子張問行。子曰：「言忠信，行篤敬，雖蠻貊之邦行矣；言不忠信，行不篤敬，雖州里行乎哉？立，則見其參於前也；在輿，則見其倚於衡也。夫然後行。」子張書諸紳。

見人則起，出外則乘車，皆公其接物言也。參於前者，人；倚於衡者，身；其所見者，忠信篤敬也。能行之本在此。子張雖不能如顏、冉之請事斯語，然書紳一事，亦庶幾接目警心矣。故子張晚年工夫造於切實之地，如「士見危授命」、「執德不弘」諸章所言，則可見矣。

六

子曰：「直哉史魚！邦有道，如矢；邦無道，如矢。君子哉蘧伯玉！邦有道，則仕；邦無道，則可卷而懷之。」

史魚之直，亦出誠心，故孔子取之，但不若蘧伯玉合於君子之道耳。由此觀之，則伯玉固學聖學者也。

七

子曰：「可與言而不與之言，失人；不可與言而與之言，失言。知者不失人，亦不失言。」

此全係乎是非之心明，而有知人之鑑也。

八

子曰：「志士仁人，無求生以害仁，有殺身以成仁。」

志士雖未成德，亦求仁者也，求生害仁，是其心所不安也。程子曰：「實理得之於心，生不安於死。」其言切矣。

九

子貢問為仁。子曰：「工欲善其事，必先利其器。居是邦也，事其大夫之賢者，友其士之仁者。」

子貢嘗遊諸侯之國，恐其所至之地，悅不若己者，以親賢取友告之。而曰居是邦也，則隨所往而無不然矣。黃勉齋曰：「大夫言賢，已見於行事者也；士言仁，方見於脩身者也。」

十

顏淵問為邦。子曰：「行夏之時，乘殷之輅，服周之冕。樂則《韶》、《舞》。放鄭聲，遠佞人。鄭聲淫，佞人殆。」

行夏之時，非謂改正朔也。蓋以夏時節令，民事具焉，當實舉行之。如〈堯典〉所謂「允釐」也，即此一語，敬授民時之道盡於此矣。殷輅朴素，出則人所共見，乘此可以示朴也。冕以章德，周制尤爲華美，服之可以勸有位也。《韶》樂盡善盡美，用之可以和人心也。輅、冕、樂自虞、夏至周，必皆通行，各舉其一也。放鄭聲，恐其道淫也。遠佞人，恐其亂正也。此皆治民之切務，雖諸侯亦當如此，不必專以爲治天下之事，而爲邦之問爲謙辭也。但治民之本，則顏子已備，故舉禮樂之當見於設施者言之耳。

十一

子曰：「人無遠慮，必有近憂。」

蔡覺軒、饒雙峰皆謂蘇氏說遠、近止以地言，須兼時言，其意方足。此亦可通。

十二

子曰：「已矣乎！吾未見好德如好色者也。」

此語已見〈子罕〉篇，此加已矣乎三字，則意更切耳。蓋必顏子死後之言。

十三

子曰：「臧文仲其竊位者與？知柳下惠之賢，而不與立也。」

饒雙峰謂：「臧文仲自居上位，亦自有所長，若與柳下惠並立，便被他形出己之短，所以蔽而不進。」此言深得蔽賢者之情狀。文仲與公叔文子薦大夫僎同升諸公者不同，故孔子以爲竊位，可以見仁人惡媢嫉之本心者矣。

十四

子曰：「躬自厚而薄責於人，則遠怨矣。」

朱子曰：「『厚』是責了又責，自責不已之意。」新安陳氏曰：「非爲求遠怨而爲之，遠怨乃自然之效也。」此二說者皆得此章本旨。

十五

子曰：「不曰『如之何，如之何』者，吾末如之何也已矣。」

如之何，《集註》解爲熟思審處，猶云「繹」也。〈子罕〉篇云：「說而不繹，吾末如之何也已矣。」即此意。

十六

子曰：「羣居終日，言不及義，好行小慧，難矣哉！」

言不及義，而好行小慧，則群居之所爲，皆計較傾邪之事耳。故南軒張氏曰：「義者，天理之公；小慧，則謬巧之私而已。小慧之好，義之賊也。」

十七

子曰：「君子義以為質，禮以行之，孫以出之，信以成之，君子哉！」

此以制事言，故主於義。義者，剛決無所牽纏也。義之行處是禮，無禮則不文，而率於行。義之出處是孫，無孫則不順，而滯於出。義之成處是信，無信則不實，而苟於成。君子之制事如此，一本於天理之正而已，此其所以爲君子歟？禮、孫猶言禮樂，蓋文之以禮樂，亦可以爲成人之意。不言仁智者，義、禮、孫、信皆仁智之存於心者也，以應事言，故不及仁智耳。

十八

子曰：「君子病無能焉，不病人之不己知也。」

此與前篇「不患人之不己知，患其不能也」同意。

十九

子曰：「君子疾沒世而名不稱焉。」

稱，當讀去聲。《傳習錄》已明辯之矣。

二十

子曰：「君子求諸己，小人求諸人。」

邢氏曰：「求，責也。」

二十一

子曰：「君子矜而不爭，羣而不黨。」

南軒張氏曰：「矜莊自持，易至絕物而失於爭；群居相與，易至狥物而失於黨。君子非與人異也，處己嚴而不失於和，故矜而不爭；非不與人同也，待物平而不失於公，故群而不黨。」此說得之。

二十二

子曰：「君子不以言舉人，不以人廢言。」

新安陳氏之說可取。

二十三

子貢問曰：「有一言而可以終身行之者乎？」子曰：「其恕乎！己所不欲，勿施於人。」

此不言忠，忠在勿施上。朱子曰：「不忠不成恕，說恕時，忠在裏面了。」

二十四

子曰：「吾之於人也，誰毀誰譽？如有所譽者，其有所試矣。斯民也，三代之所以直道而行也。」

毀，害也；譽，與之也。此章《集註》極得本旨。善其善，惡其惡，二其字指善惡之本然者而言，無所私曲，是三代所行之直道也。以民心本公，故三代用之，以行直道。在位者則有賞罰，在下者則有褒貶，皆直道也。所以二字，因民字言。朱子曰：「『所以』二字本虛，然意味乃在此。」須識此意。○張南軒說：「可毀可譽在彼。」與《集註》不同，今無所取。

二十五

子曰：「吾猶及史之闕文也。有馬者借人乘之。今亡已夫！」

史闕文以待來者，不挾己見以自是也。馬借人，謂以馬之餘者借人乘車也，此齊氏說。則乘當去聲，與朱子異矣。

二十六

子曰：「巧言亂德。小不忍則亂大謀。」

巧言，自文者也。小不忍，姑息者也。巧言者無德，而足以亂人之德。小不忍者無謀，而足以亂人之大謀。不忍者，不忍人之心也。《集註》以匹夫之勇言之，於義不協。

二十七

子曰：「眾惡之，必察焉；眾好之，必察焉。」

雙峰饒氏曰：「齊人皆以仲子爲廉，孟子獨能辯其不廉，此其眾好必察處。匡章通國皆稱不孝，孟子獨不以不孝目之，此是眾惡必察處。」又曰：「眾好惡固當察，然我心無私意，方能察之。若有私意，則眾好惡之得其當者，我反以爲非矣。所以『惟仁者能好惡人也。』」此說明盡。

二十八

子曰：「人能弘道，非道弘人。」

道者，人之所以爲人也。道大則人亦大，道豈不能弘人哉？但於事上求道，則爲義襲，故不能弘耳。〇張子謂「心能盡性，人能弘道也；性不知檢其身，非道弘人也」。此言未是。蓋自心而言，則其知覺之靈即性也。故謂之人心有覺，道體無爲，則可；謂心能盡性，性不知檢其身，則不可。人心所覺，非性而何？性而不知，孰能知之？但流行而爲道，則發動之機，勢不可遏，乃入於無爲耳。若合性而言，則有爲之覺，乃在無爲之中，而可謂道別有一氣象耶？

二十九

子曰：「過而不改，是謂過矣。」

聖人汲汲欲人改過，正恐其不及改也。

三十

子曰：「吾嘗終日不食，終夜不寢，以思，無益，不如學也。」

李氏謂孔子非思而不學者也。惟張橫渠以爲煞喫辛苦來。蓋聖人當其始學亦嘗苦思，故其言如此。思是懸想，學是實踐，說見〈爲政〉篇。

三十一

子曰：「君子謀道不謀食。耕也，餒在其中矣；學也，祿在其中矣。君子憂道不憂貧。」

此章言君子專於求道，自有得祿之理，卻推君子之心不爲憂貧而學，以見其專於爲道也。

三十二

子曰：「知及之，仁不能守之，雖得之，必失之。知及之，仁能守之，不莊以涖之，則民不敬。知及之，仁能守之，莊以涖之，動之不以禮，未善也。」

此章以君德言，而推之以致其極也。知及而仁又能守，則德成矣。然未至於奏假無言之地，則莊不足以化民。莊以涖之，而動民不以禮，則處之不能曲盡，豈可以言篤恭哉？其次第如此。

三十三

子曰：「君子不可小知，而可大受也；小人不可大受，而可小知也。」

君子以德成者，用心於立大本，則不爲私欲所蔽。而虛能受人，知不必皆己出也，故曰可大受也。小人以藝成者，用其私智，但於事物上有所知識，而非用中之大智，故曰可小知也。君子不器，而「籩豆之事，則有司存」，蓋謂此耳。

三十四

子曰：「民之於仁也，甚於水火。水火，吾見蹈而死者矣，未見蹈仁而死者也。」

潛室陳氏曰：「蹈仁有益無害，人何憚而不為？此勉人為善之語。若到殺身成仁處，是時不管利害，但求一箇是而已。學者患不蹈仁爾，蹈仁則心無計較之私，若義所當死而死，雖比干不害為正命。」此說足以發未盡之意。

三十五

子曰：「當仁，不讓於師。」

朱子曰：「此與上章皆勉人為仁之辭。上章為凡民都不知仁，而憚於為之者發。此章為學者粗知仁之為美，而不知勇於有為者發。」

三十六

子曰：「君子貞而不諒。」

諒，小信也。此《孟子・離婁下》篇，所謂「不必信，惟義所在」之意。有貞字為主，方可言不諒。

三十七

子曰：「事君，敬其事而後其食。」

南軒張氏曰：「事君者，主於敬其事而已。官有尊卑，位有輕重，而敬其事之心則一也。後其食，猶後獲之意。然則爲貧而仕，則奈何？孔子嘗爲委吏矣，亦曰：會計當而已矣。嘗爲乘田矣，亦曰：牛羊茁壯長而已矣。蓋亦以敬其事爲主也。若曰：爲貧而仕，食焉而已，遑恤其事！則失其義矣。」此說能發言外之意。

三十八

子曰：「有教無類。」

南軒張氏曰：「人所稟之資雖有不同，然無有善惡之類一定而不可變者。蓋均是人也，原其降衷，何嘗不善？故聖人有教焉，所以反之於善也。教之則愚者可使之明，柔者可使之強，豈有氣質之不可變者乎？然堯舜之子不肖，則氣類又若有異，何也？蓋氣有可反之理，人有能反之道，而教有善反之功，其卒莫之能反者，則以自暴自棄而已。」此說得之。

三十九

子曰：「道不同，不相為謀。」

志同則道合，不合則言不相入，徒費辭說耳。

四十

子曰：「辭達而已矣。」

勉齋黃氏曰：「此爲學者喜於工言辭者設。然其曰達而已矣，則非通於理者，亦不能達也。聖人之言未嘗有所偏也。」此說得之。

四十一

師冕見，及階，子曰：「階也。」及席，子曰：「席也。」皆坐，子告之曰：「某在斯，某在斯。」師冕出，子張問曰：「與師言之道與？」子曰：「然。固相師之道也。」

然者，謂與師言之道如此也。下文又曰固相師之道，則指出相字而特言之，以見瞽必有相之意。

季氏第十六

一

季氏將伐顓臾。冉有、季路見於孔子曰：「季氏將有事於顓臾。」孔子曰：「求！無乃爾是過與？夫顓臾，昔者先王以為東蒙主，且在邦域之中矣，是社稷之臣也，何以伐為？」

孔子以顓臾不可伐、不必伐、不當伐，故曰何以伐爲，言伐顓臾之非義也。

冉有曰：「夫子欲之，吾二臣者皆不欲也。」孔子曰：「求！周任有言曰：『陳力就列，不能者止。』危而不持，顛而不扶，則將焉用彼相矣？且爾言過矣。虎兕出於柙，龜玉毀於櫝中，是誰之過與？」

虎、兕，二獸名。龜、玉，二寶名。此責冉有之不能救正季氏也。出柙，以喻恣惡；毀櫝，以喻敗德。

冉有曰：「今夫顓臾，固而近於費。今不取，後世必為子孫憂。」孔子曰：「求！君子疾夫舍曰『欲之』，而必為之辭。丘也聞：有國有家者，不患寡而患不均，不患貧而患不安。蓋均無貧，和無寡，安無傾。夫如是，故遠人不服，則脩文德以來之。

既來之，則安之。今由與求也，相夫子，遠人不服而不能來也，邦分崩離析而不能守也，而謀動干戈於邦內。吾恐季孫之憂，不在顓臾，而在蕭牆之內也。」

冉有憂在子孫，功利之見也；孔子憂在百姓，仁義之心也。寡者，謂民離畔而加少也，此由不均所致。不均者，民之賦役，富者得以幸免，而貧者至於重煩。及貧者不勝而併歸富者，則富者亦貧矣，此均之所以無貧也。如此而後民和，是和生於均矣。和則民皆來歸，即下文「脩文德以來之」之意也。民貧而後寡，亦何患於民之貧？但使之常和，以安於久治，則邦不至於分崩離析，何有於傾？即下文既來之則安之之意也。文德者，使民均和而不貧也，久於其道以安之而已。治遠人與治國內之民，一道也，若因其不服而輒伐之，則尚武功而非文德矣。

二

孔子曰：「天下有道，則禮樂征伐自天子出；天下無道，則禮樂征伐自諸侯出。自諸侯出，蓋十世希不失矣；自大夫出，五世希不失矣；陪臣執國命，三世希不失矣。天下有道，則政不在大夫。天下有道，則庶人不議。」

禮樂征伐自天子出者，諸侯不敢專也。希不失者，諸侯至十世爲大夫所專，大夫至五世爲陪臣所專也。此章爲大夫專權者發，故總之曰政不在大夫云。大夫則自諸侯而失矣，政在諸侯，庶人猶得議之，而況在大夫乎？

三

孔子曰：「祿之去公室，五世矣；政逮於大夫，四世矣；故夫三桓之子孫微矣。」

此爲三桓而發，發蓋上章「五世希不失」之意也。○朱子《或問》之說，能發餘意。

四

孔子曰：「益者三友，損者三友。友直、友諒、友多聞，益矣。友便辟、友善柔、友便佞，損矣。」

此爲初學而發，故分節目言之。若論學有進益者，則曰以友輔仁、曰友其士之仁者而已矣。《集註》以損者三友，分配三益，恐不免於牽強耳。

五

孔子曰：「益者三樂，損者三樂。樂節禮樂，樂道人之善，樂多賢友，益矣。樂驕樂，樂佚遊，樂宴樂，損矣。」

樂，喜好也。此必爲樂遊樂者而發，損者三樂亦不必與三益之樂相配。饒雙峰曰：「節禮樂三句都是天理一邊，驕樂三句都是人欲一邊。」如此分別，已盡大意矣。

六

孔子曰：「侍於君子有三愆：言未及之而言，謂之躁；言及之而不言，謂之隱；未見顏色而言，謂之瞽。」

此言侍於君子，言語當以時也。○勉齋黃氏曰：「言有及、未及者，或數人侍坐，長者當先言，不言則及少者。或君子先有問，則承問者當先對，不以少長拘也。既有及、未及，而又有未見顏色者。雖及之而言，亦須觀長者顏色，或意他在或有不樂，則亦未當言也。」此說能盡其意矣。

七

孔子曰：「君子有三戒：少之時，血氣未定，戒之在色；及其壯也，血氣方剛，戒之在鬬；及其老也，血氣既衰，戒之在得。」

凡人役於血氣，皆不知戒，學爲君子者，則當戒之。新安陳氏曰：「三戒皆隨時而就衆人所易犯者言也。」

八

孔子曰：「君子有三畏：畏天命，畏大人，畏聖人之言。小人不知天命而不畏也，狎大人，侮聖人之言。」

此章以畏天命爲主。大人，得天命之正者也。聖言，發天命之微者也。

九

孔子曰：「生而知之者，上也；學而知之者，次也；困而學之，又其次也。困而不學，民斯為下矣！」

此所重在學，學則下愚可至於聖也。聖人之所至，亦惟學耳。

十

孔子曰：「君子有九思：視思明，聽思聰，色思溫，貌思恭，言思忠，事思敬，疑思問，忿思難，見得思義。」

思非著意而求其通也，蓋心常存而明不蔽之意。知有所蔽，則去其蔽而已。去其蔽，則理無不得矣。思即誠之之功，故謂之思誠。〇天下之道，理一分殊，而聖人之教甚約，言近指遠，如言忠、言恕，一言以蔽之，多不及其條目。此舉九思而言，〈季氏〉、〈陽貨〉篇如此類者，蓋多有之。意聖人亦因事而發，如〈皐陶謨〉所陳九德之類，雖歷舉而不以爲煩，欲人於分殊中求理一也。九思之思，則理之所以爲一矣！

十一

孔子曰：「見善如不及，見不善如探湯。吾見其人矣，吾聞其語矣。隱居以求其志，行義以達其道。吾聞其語矣，未見其人也。」

見善如不及，見不善如探湯，此好善惡惡之有誠。成德之事，美在其中者也。功業、文章，皆從此出。自其未用而言，則爲隱居求志，故隱居求志，不在好善惡惡之外。如顏子王佐之才，其所求之志不過如此。苟有用之者，必能達其所志之道，但明王不作，義不可行，無以試其所學耳，故曰未見其人也，傷時之意深矣。

十二

齊景公有馬千駟，死之日，民無德而稱焉。伯夷、叔齊餓於首陽之下，民到于今稱之。其斯之謂與？

千駟者，千乘之馬。餓于首陽者，不食周粟也。○末句之上，當有「誠不以富，亦祇以異」八字。說見〈顏淵〉篇。

十三

陳亢問於伯魚曰：「子亦有異聞乎？」對曰：「未也。嘗獨立，鯉趨而過庭。曰：『學《詩》乎？』對曰：『未也。』『不學《詩》，無以言。』鯉退而學《詩》。他日又獨立，鯉趨而過庭。曰：『學禮乎？』對曰：『未也。』『不學禮，無以立。』鯉退而學禮。聞斯二者。」陳亢退而喜曰：「問一得三：聞《詩》，聞禮，又聞君子之遠其子也。」

《詩》、禮，本孔子之雅言，非私教伯魚者也。遠其子，猶言不昵其子。陳亢之意，亦非謂孔子故推而遠之，不以辭害意可也。

十四

邦君之妻，君稱之曰「夫人」，夫人自稱曰「小童」；邦人稱之曰「君夫人」，稱諸異邦曰「寡小君」；異邦人稱之，亦曰「君夫人」。

厚齋馮氏曰：「是時嫡妾不正，稱號不審，必夫子嘗言古禮如此，故記之。」此說本孔註。

陽貨第十七

一

陽貨欲見孔子，孔子不見，歸孔子豚。孔子時其亡也，而往拜之，遇諸塗。謂孔子曰：「來！予與爾言。」曰：「懷其寶而迷其邦，可謂仁乎？」曰：「不可。」「好從事而亟失時，可謂知乎？」曰：「不可。」「日月逝矣，歲不我與。」孔子曰：「諾。吾將仕矣。」

陽貨見孔子，說見《孔子圖譜》。《集註》謂：「必時其亡而往拜者，欲其稱也。」則聖人近於計較之私矣。蓋不欲見之故，亦時其亡耳。

二

子曰：「性相近也，習相遠也。」

性本不遠於我，故曰近，非以氣質之性，善惡不同，而其初不甚相遠也。自近對遠而言，則離道乃爲遠耳。詳見《說理會編》卷一。

三

子曰：「唯上知與下愚不移。」

不移者，《傳習錄》所謂「不肯移」也。

四

子之武城，聞弦歌之聲，夫子莞爾而笑，曰：「割雞焉用牛刀？」子游對曰：「昔者偃也聞諸夫子曰：『君子學道則愛人，小人學道則易使也。』」子曰：「二三子！偃之言是也。前言戲之耳。」

小邑可以臥治而使之足民，雖不以禮樂可也，故曰割雞焉用牛刀。道即謂禮樂也。○子游以文學名者也，觀武城之治，可以見其化民成俗之實用，非止講求文義而已。

五

公山弗擾以費畔，召，子欲往。子路不說，曰：「末之也已，何必公山氏之之也。」子曰：「夫召我者，而豈徒哉？如有用我者，吾其為東周乎！」

弗擾即不狃，依陽貨以爲亂者也。詳見《孔子圖譜》。如有用我者，重在用字。或重我者，謂不召他人而召我也，則與豈徒哉之意不協。吾其爲東周乎，謂周道興於魯，即周在東矣。或以爲當爲西方之周之世，不爲東遷之周，則太輕東周而無含蓄，不似聖人之言矣。

六

子張問仁於孔子。孔子曰：「能行五者於天下，為仁矣。」請問之。曰：「恭、寬、信、敏、惠。恭則不侮，寬則得眾，信則人任焉，敏則有功，惠則足以使人。」

五者皆仁之施，而子張之學至此必已從政，而學亦務實，故告之以此。詳見《說理會編》卷十二。

七

佛肸召，子欲往。子路曰：「昔者由也聞諸夫子曰：『親於其身為不善者，君子不入也。』佛肸以中牟畔，子之往也，如之何？」子曰：「然。有是言也。不曰堅乎，磨而不磷；不曰白乎，涅而不緇。吾豈匏瓜也哉？焉能繫而不食！」

佛肸，趙鞅之家臣。因鞅畔而亦畔，故欲召孔子也。詳見《孔子圖譜》。○孔子所謂堅白，猶曾子云「江漢以濯之，秋陽以暴之」也。濯以江漢則潔，是爲白矣；暴以秋陽則乾，是爲堅矣。白者，質素不汙之意；堅者，篤實不破之意。白而至於堅，則純而不已矣。戰國時公孫龍爲堅白同異之論，以其有形者言，不能強同，以其無形者言，何嘗有異？此雖辯士之空談，然其說實本於孔子。云不曰堅乎？磨而不磷；不曰白乎？涅而不緇，蓋已寓此意矣。天下未有磨不磷之堅，未有涅不緇之白，以形之異稟而一定不可移也。惟無形之堅，磨乃不磷；無形之白，涅乃不緇，以其理之同，而變易無方耳。其爲此言，猶曰親於其身爲不善者，君子不入，吾固有是言矣。然亦何嘗不說磨不磷之爲堅，涅不緇之爲白乎？蓋言自己不著於堅白之形，而不磷不緇也。爲子路沮赴佛肸之召，故以此諭意。至公孫龍竊其緒論，而恣爲大言，則欲合異爲同，以玄虛而齊物矣。若曾子但就孔子堅白之至者言之，而無形之妙自寓其中，此其所以爲實學也歟！然則孔子不磷不緇之言，豈下學之士所可易及哉？〇匏瓜，猶俗言死胡蘆頭也。蓋以匏瓜比髑髏耳。

八

子曰：「由也，女聞六言六蔽矣乎？」對曰：「未也。」「居！吾語女。好仁不好學，其蔽也愚；好知不好學，其蔽也蕩；好信不好學，其蔽也賊；好直不好學，其蔽也絞；好勇不好學，其蔽也亂；好剛不好學，其蔽也狂。」

孔子告子路以六言六蔽，比之其他告門弟子之說，頗若繁碎，今以其說求之，亦自有條理。蓋仁、智者，成己成物之德，合內外之道，而切於身者也，故舉以先焉。其下信、直、勇、剛，則因子路德性之所偏而告之，亦切病之要藥也。好學則理明而可以開蔽矣，狂亦有任真自肆意。

九

子曰：「小子！何莫學夫《詩》？《詩》可以興，可以觀，可以羣，可以怨；邇之事父，遠之事君。多識於鳥獸草木之名。」

多識於鳥獸草木之名，知其名亦何益於學？蓋謂於鳥獸草木之名，亦得其性情，吾心因有以多識也。此七言者，皆以詩性情得正，而足以為感發興起之端，有益於心之實學，與《周禮・太師》所言「六義」者，大不同矣。詳見《說理會編》卷之十。

十

子謂伯魚曰：「女為〈周南〉、〈召南〉矣乎？人而不為〈周南〉、〈召南〉，其猶正牆面而立也與？」

〈周南〉、〈召南〉，德之有實用處，於學為切。

十一

子曰：「禮云禮云，玉帛云乎哉？樂云樂云，鍾鼓云乎哉？」

禮之本只是敬，樂之本只是和。玉帛鍾鼓，禮樂之跡，乃其末也。言禮樂當求之於本也。○程子謂「盜賊為有禮樂」，是以跡言也。敬與和安在？而以此言禮樂乎？

十二

子曰：「色厲而內荏，譬諸小人，其猶穿窬之盜也與？」

內荏，非止謂柔弱，以柔弱必容私，故比之穿窬之盜。蓋小人中，穿窬之盜尤爲鄙細也。

十三

子曰：「鄉原，德之賊也。」

鄉愿爲人亦難看，惟孔子能知之，非孟子發明詳盡，則亦無以知害德之實也。

十四

子曰：「道聽而塗說，德之棄也。」

道，陌上之路也。塗，城中之塗也。聞善言而徒資口說，則德不畜，故謂之棄。

十五

子曰：「鄙夫可與事君也與哉？其未得之也，患得之；既得之，患失之。苟患失之，無所不至矣。」

患得患失，亦是一念富貴之心，無所不至，則不恤人言，不顧天理，而成大惡矣。此事君者所以貴於忠也，忠則敬其事而後其食，豈肯自利哉？

十六

子曰：「古者民有三疾，今也或是之亡也。古之狂也肆，今之狂也蕩；古之矜也廉，今之矜也忿戾；古之愚也直，今之愚也詐而已矣。」

矜、狂、愚正是三疾，廉、肆、直則疾之所以爲疾，以起忿戾、蕩、詐，而見其疾之亡也。孔子之時，曾點之高明，狂也；原憲之狷介，矜也；高柴之執守，愚也，故不謂之亡，而曰或是之亡也。○聖人以矜、狂、愚爲三疾，蓋有所指。矜謂持守莊嚴，即狷者也，以其有稜角處，故謂之廉，然但少樂易耳。若忿戾則克伐盡行，而人無所容矣。狂謂志意高遠，即狂者也。以其有忽略時，故謂之肆，然但少精密耳。若蕩則禮法盡廢，而已無所守矣。愚謂執滯不通，即信果之小人也，以其任性所爲，憨無顧忌，故謂之直，然恒心猶未失也。若「無而爲有，虛而爲盈，約而爲泰」，則詐矣。由是觀之，不惟狂狷不易得，而有恒者雖困於愚，亦所未有，故曰「得見有恒者斯可矣」。蓋三疾，氣質之偏也，使知好學以反之，則亦可以成德。如柳下惠之不恭似肆，伯夷之隘似廉，比干之強諫似直，惟其能以學自成，則皆入聖，不然，則亦安能免於三疾哉？

十七

子曰：「巧言令色，鮮矣仁。」

見〈學而〉篇。

十八

子曰：「惡紫之奪朱也，惡鄭聲之亂雅樂也，惡利口之覆邦家者。」

紫比朱爲深，然以之間朱，則疑於朱矣。鄭聲比雅樂爲淫，然以之間雅樂，則疑於雅矣。朱以章服，樂以察音，即《書》：「釆施五色，汝明；出納五言，汝聽」之意，皆所以正群臣之德。朱爲紫奪，雅爲鄭奪；紫疑於朱，鄭疑於雅。似是而非，孔子所以惡也。以興利口之亂信，亦似是而非者也，於此不察，則覆邦家，安得而不惡之？耳目爲聲色所眩，猶當深惡，況人心爲利口所眩乎？欲人正是非之心，辨於疑似之際也。

十九

子曰：「予欲無言！」子貢曰：「子如不言，則小子何述焉？」子曰：「天何言哉？四時行焉，百物生焉，天何言哉？」

此章之旨，《集註》得之。所引程子之言，發明尤盡。

二十

孺悲欲見孔子，孔子辭以疾。將命者出戶，取瑟而歌，使之聞之。

孔子取瑟而歌，以警孺悲，雖其不終絕人之仁，然亦見孺悲猶有可教之地也。

二十一

宰我問：「三年之喪，期已久矣！君子三年不為禮，禮必壞；三年不為樂，樂必崩。舊穀既沒，新穀既升，鑽燧改火，期可已矣。」子曰：「食夫稻，衣夫錦，於女安乎？」曰：「安！」「女安，則為之！夫君子之居喪，食旨不甘，聞樂不樂，居處不安，故不為也。今女安，則為之！」

爲之與故不爲也，指食稻、衣錦言。安字，起不忍之端。

宰我出。子曰：「予之不仁也！子生三年，然後免於父母之懷。夫三年之喪，天下之通喪也。予也有三年之愛於其父母乎？」

此以父母之恩啓宰我不安之心。

二十二

子曰：「飽食終日，無所用心，難矣哉！不有博弈者乎？為之，猶賢乎已！」

博弈猶賢乎已，如朱子所謂：「纔讀書，則心便主於讀書；纔寫字，則心便主於寫字也。」如此則心有所著，亦非心體之正。蓋人無所用心，未免入於邪僻，則不若有事，庶幾可以維持此心也。久之有所開明，則本體見矣。難矣哉者，張橫渠所謂：「放越而莫知其極，惡之所由生也。」

二十三

子路曰：「君子尚勇乎？」子曰：「君子義以為上。君子有勇而無義為亂，小人有勇而無義為盜。」

慶源輔氏曰：「尙義而勇，義理之勇也；勇而無義，血氣之勇也。爲血氣所使，而不以義理制之，故其爲害，在上則逆理而爲亂，在下則肆欲而爲盜。子路之言有自負其勇之意，若後來進德高，必不復以此爲問矣。」

二十四

子貢曰：「君子亦有惡乎？」子曰：「有惡：惡稱人之惡者，惡居下流而訕上者，惡勇而無禮者，惡果敢而窒者。」

勇，謂奮發。果敢，謂決斷。皆氣質之所爲。勇而有禮，果敢而不窒，則出於學問矣。天下可惡之事，尤有重者，而獨舉此四端，蓋爲當時學者之通病而發也。

曰：「賜也亦有惡乎？」「惡徼以為知者，惡不孫以為勇者，惡訐以為直者。」

賜也亦有惡乎？蓋孔子之問，下當有曰字，則子貢之答辭也。知、勇、直，皆達德之事；徼、不孫、訐，動於氣者也。蓋惡近似者之害德，而欲以自警也。

二十五

子曰：「唯女子與小人為難養也，近之則不孫，遠之則怨。」

《易》之〈遯〉以不惡而嚴畜臣妾，即此義也。

二十六

子曰：「年四十而見惡焉，其終也已。」

朱子曰：「見惡，謂有可惡之實，而見惡於能惡人者，非不善者惡之之謂也。」此言雖亦可通，但不若以惡讀如字乃爲易曉耳。見惡，謂惡顯於外也。

微子第十八

一

微子去之，箕子為之奴，比干諫而死。孔子曰：「殷有三仁焉。」

孟子曰：「以紂爲兄之子，而有微子啓、王子比干。」則二子者，皆紂之諸父也。《史記》誤以微子爲紂庶兄，而比干、箕子皆以爲紂親戚。然觀《商書·微子》篇，箕子稱比干爲王子，似乎異姓相稱之辭，則謂箕子爲同姓，尚可疑也。又謂「微子去，比干強諫。紂怒，剖比干，觀其心。箕子懼，乃佯狂爲奴」，敘箕子之奴於比干之後。又謂箕子懼而佯狂之說，於經無據。《易》言箕子之明夷，乃其心中有甚難處，不可以語人者，而不失其心，故以「內難而正其志」，釋艱貞之義。其實自晦其明，與「文王外柔順而內文明」意同，見其能明哲保身也，豈必謂佯狂哉？

二

柳下惠為士師，三黜。人曰：「子未可以去乎？」曰：「直道而事人，焉往而不三黜？枉道而事人，何必去父母之邦？」

觀「臧文仲知柳下惠之賢，而不與立」，則柳下惠爲士師而三黜，當在魯僖、文之際。

云枉道而事人，何必去父母之邦者，非謂道可枉也，蓋必不枉道事人，以免三黜之意。

三

齊景公待孔子，曰：「若季氏，則吾不能，以季、孟之間待之。」曰：「吾老矣，不能用也。」孔子行。

齊景公本知孔子，但無志於治，故曰吾老矣，不能用也。亦非景公欲封尼谿，而晏嬰沮之。詳見《孔子圖譜》。

四

齊人歸女樂，季桓子受之，三日不朝，孔子行。

此孔子爲魯司寇，膰肉不至，不脫冕而行之時也。觀季桓子受之，三日不朝而去，則孔子去魯，當爲十二年事矣。詳見《孔子圖譜》。

五

楚狂接輿歌而過孔子曰：「鳳兮！鳳兮！何德之衰？往者不可諫，來者猶可追。已而！已而！今之從政者殆而！」孔子下，欲與之言。趨而辟之，不得與之言。

南軒張氏曰：「接輿之意，蓋欲夫子隱居以避世耳。觀其知鳳德之衰，且辭氣舒暢不迫，其爲人天資亦高矣，故夫子意其可以告語，而欲與之言。其趨而避，蓋匿其聲跡而已。」

六

長沮、桀溺耦而耕，孔子過之，使子路問津焉。長沮曰：「夫執輿者為誰？」子路曰：「為孔丘。」曰：「是魯孔丘與？」曰：「是也。」曰：「是知津矣。」問於桀溺，桀溺曰：「子為誰？」曰：「為仲由。」曰：「是魯孔丘之徒與？」對曰：「然。」曰：「滔滔者天下皆是也，而誰以易之？且而與其從辟人之士也，豈若從辟世之士哉？」耰而不輟。子路行以告，夫子憮然曰：「鳥獸不可與同羣，吾非斯人之徒與而誰與？天下有道，丘不與易也。」

耦，並耕也。耜，廣五寸，二耜爲耦。一畝三甽，每甽廣尺深尺，兩人並耕一甽，而以土分左右起壟也。耰，覆種，則非水田也。○新安陳氏曰：「沮、溺以賢人自守之心，而量聖人濟世之心，宜其不足以知聖人也。」

七

子路從而後，遇丈人，以杖荷蓧。子路問曰：「子見夫子乎？」丈人曰：「四體不勤，五穀不分，孰為夫子！」植其杖而芸。子路拱而立。止子路宿，殺雞為黍而食之，見其二子焉。明日，子路行以告。子曰：「隱者也。」使子路反見之。至，則行矣。子路曰：「不仕無義。長幼之節，不可廢也；君臣之義，如之何其廢之？欲潔其身，而亂大倫。君子之仕也，行其義也。道之不行，已知之矣。」

植其杖而芸，謂立而以足芸也。蓧，竹器，蓋芸時所用，若以手芸則用蓧。義可仕而不仕，謂之不仕無義。君子之仕，行其義也，正是君臣之義不可廢處。義字，即應不仕無義。○楚狂、沮溺、丈人，皆楚之隱士，孔子在葉時事。詳見《孔子圖譜》。《語錄》云：「問『楚狂、接輿等，伊川謂荷蓧稍高。』朱子曰：『以其尚可告語，若接輿則全不可曉。』問：『當亂世，必如孔子之才，可以救世，而後可以出，其他亦何必出？』曰：『亦不必如此執定。君子之仕，行其義也，亦不可一向滅跡山林。然仕而道不行，則當去耳。』」

八

逸民：伯夷、叔齊、虞仲、夷逸、朱張、柳下惠、少連。子曰：「不降其志，不辱其身，伯夷叔齊與！」謂：「柳下惠、少連，降志辱身矣。言中倫，行中慮，其斯而已矣。」謂：「虞仲、夷逸隱居放言，身中清，廢中權。」

降志，即辱身矣。新安陳氏以伯夷之事分而爲二，非也。柳下惠、少連，降志辱身，而言行能中，即其由由然不自失處。其斯而已，斯指言行，言和之所以可取者，惟在言行之中也。雙峰饒氏之說得之。虞仲、夷逸隱居獨善，即伯夷之清。放言而自示其不可用，則言不合於先王之法者多矣。然自廢以成其清，清而得中者也，故曰中清，而又曰中權。六人之外，尚有朱、張而不及其事者，闕文耳。

「我則異於是，無可無不可。」

諸逸民之事，皆自以爲可者也，有可則有不可，雖皆造乎聖人，而未至於不可知之神也。若孔子則無可無不可，而神化不測矣。尹氏之說得之。○南軒張氏謂：「夷、齊爲有不可，下惠、少連爲有可。」致堂胡氏謂：「聖人無可而無不可，爲非固；無不可而無可，爲非流。」則皆以可、不可分二事也，恐非本旨。

九

大師摯適齊，亞飯干適楚，三飯繚適蔡，四飯缺適秦，鼓方叔入於河，播鼗武入於漢，少師陽、擊磬襄入於海。

太師摯、亞飯干、三飯繚、四飯缺、鼓方叔、播鼗武、少師陽、擊磬襄，皆賢人也，連茹並用，必在孔子爲魯司寇時。及其同時去位，亦必因孔子不用，而知魯日弱，非可仕之國也。摯、干、繚、缺，猶爲貧而仕，故皆適諸侯之國。是時齊景公、楚昭王皆強政治，蔡昭侯復讐自立，秦惠公閉關自守，皆可託者也，故四賢往依焉，或亦從其所便歟。方叔、武、陽、襄入河、入漢、入海者，則往而不返矣。詳見《孔孟圖譜》。

十

周公謂魯公曰：「君子不施其親，不使大臣怨乎不以。故舊無大故，則不棄也。無求備於一人。」

雙峰饒氏曰：「前章逾河蹈海，是魯末世事。此章是魯初立國時，其待親賢也如此忠厚，末後卻使樂工不能安其身，豈不可嘆！」○記者敘此於樂工之後，蓋有意矣。

十一

周有八士：伯達、伯适、仲突、仲忽、叔夜、叔夏、季隨、季騧。

雙峰饒氏曰：「四乳皆雙生，固爲異事；八子皆賢，尤異事也。故孔子稱之，可見周時氣數之盛。」○鄭玄以爲成王時人，理或然也。觀記者敘於周公命魯公之後，意可知矣。命魯之辭，立國忠厚，則周公相成王時，天下皆有忠厚之風，而和氣所鍾，宜天生賢才之眾多也歟？

子張第十九

一

子張曰：「士見危致命，見得思義，祭思敬，喪思哀，其可已矣。」

思與九思之思同。四者立身大節，最人所難。子張之學，時已就實，故以此爲可。已矣二字，終語之辭，非以爲可已也。

二

子張曰：「執德不弘，信道不篤，焉能為有？焉能為亡？」

執德弘，言弘也。信道篤，言毅也。焉能爲有亡，言此人有之不足以爲重，亡之不足以爲輕，蓋雖亡之可也。

三

子夏之門人問交於子張。子張曰：「子夏云何？」對曰：「子夏曰：『可者與之，其不可者拒之。』」子張曰：「異乎吾所聞：『君子尊賢而容眾，嘉善而矜不能。』我之大賢與，於人何所不容。我之不賢與，人將拒我，如之何其拒人也？」

《傳習錄》謂子夏論交，是初學之事。子張論交，是成德之事。此固然矣。但子張本旨專爲拒字而發，謂於不可者不當有拒耳。不可者不拒，即泛愛衆之意也。可者與之，即親仁之意也」。豈可盡以子張爲過高哉？

四

子夏曰：「雖小道，必有可觀者焉；致遠恐泥，是以君子不為也。」

學貴於立大本，舍大本而求精於一事一物，雖亦足以成一藝之名，然不能通天下之志，非所以達於大道也。故曰致遠恐泥，君子不爲。蓋君子之所爲者，立大本而已矣，此與「小知大受」意亦同。

五

子夏曰：「日知其所亡，月無忘其所能，可謂好學也已矣。」

溫故而知新，日知其所亡也。得一善，則拳拳服膺而勿失，月無忘其所能也。其工夫只在時習，時習不已，所以爲好學。汪氏謂從事於子夏之言，而加以時習之功。其意亦重在時習，但意圓而語滯耳。

六

子夏曰：「博學而篤志，切問而近思，仁在其中矣。」

此即《中庸》學問思辨工夫。博學而加以篤志，則其學以誠矣。切問即審問也，近思即慎思也，思即所以辨，故不必復言明辨也。此即求仁工夫，但仁之本體乃心德也，不可以工夫言，故曰仁在其中。《集註》以四者之事未及乎力行而爲仁。蓋朱子本分知行爲二，故其說如此。殊不知所謂行者，只是學問思辨之功不息而已。詳見《中庸私存》。

七

子夏曰：「百工居肆以成其事，君子學以致其道。」

致道是爲學主意，故學必欲致其道。言人不可不學也，不致其道，便是不學矣。

八

子夏曰：「小人之過也必文。」

文則藏僞，是自欺也。

九

子夏曰：「君子有三變：望之儼然，即之也溫，聽其言也厲。」

厲者，斷然不遷就也」。變者，隨時中節之和也。非立大本者，不能如是。

十

子夏曰：「君子信而後勞其民；未信，則以為厲己也。信而後諫；未信，則以為謗己也。」

此君子爲從政者而言，欲人必先誠意也。

十一

子夏曰：「大德不踰閑，小德出入可也。」

《集註》以「小節雖或未盡合理，亦無害」解小德出入可也，信有弊矣。但子夏所謂小德者，對大德而言，乃全體之分也。出入，猶言往來。事來則爲出，事往則爲入。蓋大德不踰閑，則大本立矣。大本既立，則泛應曲當，隨其事之往來，皆不失條理之宜，故以小德出入爲可。否則此篇所記子夏之言，皆有深造自得之實，豈不知不矜細行，終累大德，而爲此姑息之論乎？不惟子夏不當爲此言，而門人亦不得記，以惑後學也。

十二

子游曰：「子夏之門人小子，當洒掃、應對、進退，則可矣。抑末也，本之則無，如之何？」子夏聞之，曰：「噫！言游過矣！君子之道，孰先傳焉？孰後倦焉？譬諸草木，區以別矣。君子之道，焉可誣也？有始有卒者，其惟聖人乎！」

子夏以灑掃應對進退教人，非離本也。只在事上立誠，未見其本之能爲主，則尙覺所務在末耳，故子游譏之。子夏聞之，遂發其意。以爲我不以末爲先而傳之，不以本爲後而倦教，特以其時門人小子未可以語上耳，故曰譬諸草木，區以別矣。君子之道，焉可誣也？孔門學者於恕上求忠，即是此意。若聖人則全體渾然，一有感觸，無所不通。如舜聞一善言，見一善行，若決江河，沛然莫之能禦也。感觸者，機之始發，即末而言也；無所不通者，全體畢見，即本而言也。此一以貫之之道，故曰有始有卒者，其惟聖人乎！觀子夏之言，似以末爲小者、近者，本爲大者、遠者，若先後然。然亦據其所見之小大者而言耳，其實當論末時，即有末中之本；當論本時，即有本中之末，非兩段事也。詳見《說理會編》卷四。

十三

子夏曰：「仕而優則學，學而優則仕。」

此爲已仕者而發。仕而優者，謂其才有餘裕，足以任事也，然必資學以廣才。學者，考之古訓，質之先覺以精於事理也，如此則人不可不學矣。故遂推言仕所以優者，實本於學，學而優然後可仕也。二語雖平，所重在學。新安陳氏之說大略得之。○仕而優與〈學而〉篇「行有餘力」不同。蓋彼以日之暇言，此以才之裕言。

十四

子游曰：「喪致乎哀而止。」

而止，因過毀者而言，非謂略禮文也。南軒張氏曰：「喪主乎哀，致者自盡之意。若毀生滅性，則是過乎哀者也。」此言得之。

十五

子游曰：「吾友張也，為難能也，然而未仁。」

此即下章「堂堂」之意。觀子游譏子張之言，則子游時已近裏著己，而子張謂「士以見危授命，見得思義，祭思敬，喪思哀」爲可。及謂「執德不弘，信道不篤，爲焉能有亡？」則後於子游而始不外馳矣。○此篇所記，多子張、子夏、子游之言，皆見三子之能務本實也。然而《孟子．滕文公上》篇載孔子沒，而三子欲以所事夫子事有若，則以有若之智足以知聖人之汙，而己之高明未及耳。及曾子以爲不可，則謂聖人之學，不必於言語上求之，欲其於所已能者，充實以有光輝而已矣。

十六

曾子曰：「堂堂乎張也，難與並為仁矣。」

此言與之爲仁則無益而有損，所重在於取友輔仁，未必便謂子張不足爲仁也。

十七

曾子曰：「吾聞諸夫子：『人未有自致者也，必也親喪乎！』」

胡氏曰：「父母之喪，哀痛慘怛，蓋真情之不能自已者，聖人指以示人，使之自識其良心，非專爲喪禮發也。」

十八

曾子曰：「吾聞諸夫子：『孟莊子之孝也，其他可能也；其不改父之臣與父之政，是難能也。』」

莊子父獻子，魯賢臣也。其臣必賢，其政必善。獻子既沒，莊子得以自專，苟非欲繼父志而爲善，則其臣與事必有與己相拂者，焉能不改？於此不改，則志在立身行道，乃孝之大者。其他喪禮之事，人所易能，不足以爲難也。此與〈學而〉篇「三年無改父道」者不同。蓋三年無改，本其不忍之心。言三年之後，有可改者，猶必改之。此章所言，則因父之賢，而終身無改之事也。

十九

孟氏使陽膚為士師，問於曾子。曾子曰：「上失其道，民散久矣。如得其情，則哀矜而勿喜。」

南軒張氏曰：「先王之於民，所以養之、教之者，無所不用其極，故民心親附其上，服習而不違。如是而猶有不率焉，而後刑罰加之，蓋未嘗不致哀矜惻怛也。若夫後世禮義衰微，所以養之、教之者，皆蕩而不存矣。上之人未嘗心乎民也，故民心亦渙散而不相屬，以陷於罪戾，而蹈於刑戮，此所謂『上失其道，民散久矣！』方是時，任士師之職者，獄訟之際，其可以得情爲喜乎？蓋當深省所以使民至於此極者，以極其哀矜之意焉，可也。能存此心，則有以仁乎斯民矣。」此說最善。

二十

子貢曰：「紂之不善，不如是之甚也。是以君子惡居下流，天下之惡皆歸焉。」

居下流則日趨於惡，故曰天下之惡皆歸焉。○南軒張氏曰：「紂不道，極矣！其始亦未至若是之甚，惟其爲不善，而天下之惡皆歸之，日累月成，以至貫盈，豈不猶川澤居下，而眾水歸之乎？」此說得之。

二十一

子貢曰：「君子之過也，如日月之食焉：過也，人皆見之；更也，人皆仰之。」

此誘人改過之言也。○南軒張氏曰：「人皆見之者，君子不文飾掩蔽其過。日月之食，旋而復矣，無損其明也，故君子改過不吝，而德愈光焉。」此說得之。

二十二

衛公孫朝問於子貢曰：「仲尼焉學？」子貢曰：「文、武之道，未墜於地，在人。賢者識其大者，不賢者識其小者，莫不有文、武之道焉。夫子焉不學，而亦何常師之有？」

文武之道，未墜於地，謂猶有聞而知之。大，謂大德，性命之徵是也；小，謂小德，事物之理是也。賢謂德已成者，不賢謂德未及於已成者。識，知也。焉不學，謂隨其賢者、不賢者而學之，則其師亦無常矣。新安陳氏曰：「焉學，問何所從學；焉不學，言何所不從學？」

二十三

叔孫武叔語大夫於朝曰：「子貢賢於仲尼。」子服景伯以告子貢。子貢曰：「譬之宮牆：賜之牆也及肩，窺見室家之好。夫子之牆數仞，不得其門而入，不見宗廟之美、百官之富。得其門者或寡矣。夫子之云，不亦宜乎？」

小而發露則易窺，大而含蓄則難見，此子貢以牆室取譬之意也。子貢文章外見，而孔子道德闇然，故武叔以子貢爲賢於仲尼。入門之說，雙峰饒氏以爲：「聖人之道，雖曰難入，然其入亦自有方。且如仰彌高、鑽彌堅，此是數仞難入處。夫子循循善誘，博我以文，約我以禮，這便是從入之門。學者須從此門路入，方有所見。」可謂詳盡矣。

二十四

叔孫武叔毀仲尼。子貢曰：「無以為也，仲尼不可毀也。他人之賢者，丘陵也，猶可踰也；仲尼，日月也，無得而踰焉。人雖欲自絕，其何傷於日月乎？多見其不知量也！」

丘陵，有跡之物而凝於下，故可踰。日月，圓明之體而運於上，故不可踰。此以高言，謂孔子乃至高之明也。何傷於日月，謂無損於明，此則以明言，而非謂其高矣。

南軒張氏曰：「泰山雖高，然猶有可踰之理，至於日月之行天，則孰得而踰之哉？人之議日月者，初何損於日月之明，徒爲自絕於日月而已矣。」此說得之。○觀子貢及下章「陳子禽」皆謂孔子爲仲尼，則可見古者以字爲通稱矣。

二十五

陳子禽謂子貢曰：「子為恭也，仲尼豈賢於子乎？」子貢曰：「君子一言以為知，一言以為不知，言不可不慎也。夫子之不可及也，猶天之不可階而升也。夫子之得邦家者，所謂立之斯立，道之斯行，綏之斯來，動之斯和。其生也榮，其死也哀。如之何其可及也？」

由工夫進者，自士而賢，自賢而聖，此階級也。聖而既至，則非階級可升矣。○立之斯立，猶欲立而立人；道之斯行，猶欲達而達人也。立、達說見〈雍也〉篇。來，以化行言；和，以化成言。子貢晚年見用於魯，每以言語說鄰國有功，魯人賢之，故叔孫武叔以爲賢於仲尼。子禽推尊子貢，亦武叔之見也。故以夫子得邦家之功化曉之，不然，則如他日論溫良恭儉讓之德斯已矣。

堯曰第二十

一

堯曰：「咨！爾舜！天之曆數在爾躬，允執其中。四海困窮，天祿永終。」舜亦以命禹。

此堯、舜、禹得天下之事也。堯之命舜，言天命歸於有德。中者，德之無過不及也，故使之信執其中。常存而不失謂之執，執豈塊然執著一物哉？

曰：「予小子履，敢用玄牡，敢昭告于皇皇后帝：有罪不敢赦。帝臣不蔽，簡在帝心。朕躬有罪，無以萬方；萬方有罪，罪在朕躬。」

此成湯得天下之事也。言夏桀有罪而不敢赦，帝臣有德而不敢蔽，即《易》所謂「遏惡揚善，順天休命」，故曰簡在帝心。此自述其初請命伐桀之辭，以告諸侯也。故其告諸侯之辭，則曰：天之立君，使居民上，欲其脩己以化民也。凡民有未善，皆君之罪，而不敢以責民。亦順天命之意。

周有大賚，善人是富。「雖有周親，不如仁人；百姓有過，在予一人。」謹權量，審法度，修廢官，四方之政行焉。興滅國，繼絕世，舉逸民，天下之民歸心焉。所重：民、食、喪、祭。

此武王得天下之事也。大賚，謂天下之有德者，皆使之居位而食祿，此即善人是富也。雖有周親，不如仁人，見所以富善人之意。南軒張氏曰：「如周公雖至親，亦以尊賢之義爲重也。」此說微與《集註》不同，然有意味。所以然者，君道主於化民，欲以用賢圖治。民有不善，其過在君，亦猶成湯所謂「萬方有罪，罪在朕躬」也。蔡氏《書傳》以過訓責，各爲一義耳。權量曰謹，使得其平也。法度曰審，使得其當也。廢官，謂雖有其官，而徒擁虛名者，則使之實修其職也。此政行於國中，而因以及四方，如此則民得息爭矣。滅國者，先王封國，上世皆有功德，而爲人所滅，故復繼之。絕世，國雖未滅，而其世絕者，亦幾乎滅矣，則求其人而爲之立後。逸民，如箕子、商容之類，此民心之所欲，而足以樹風聲者也。食、喪、祭重之，則養生喪死可以無憾也。既以此得民心，則王道行，而教化洽矣。○雙峰饒氏曰：「『周有大賚』以下，夫子零碎收拾，或舉其辭，或述其事，湊成武王一段事實。」

寬則得衆，信則民任焉，敏則有功，公則說。」

上敘四聖人之事，以明聖學之所傳有自，此則泛言帝王之治道也。○朱子曰：「此聖人誦述前聖之言，弟子類記於此。」又曰：「此篇多闕文，當各本其所出而解之，有不可通者，闕之可也。」

二

子張問於孔子曰：「何如斯可以從政矣？」子曰：「尊五美，屏四惡，斯可以從政矣。」子張曰：「何謂五美？」子曰：「君子惠而不費，勞而不怨，欲而不貪，泰而不驕，威而不猛。」子張曰：「何謂惠而不費？」子曰：「因民之所利而利之，斯不亦惠而不費乎？擇可勞而勞之，又誰怨？欲仁而得仁，又焉貪？君子無衆寡，無小大，無敢慢，斯不亦泰而不驕乎？君子正其衣冠，尊其瞻視，儼然人望而畏之，斯不亦威而不猛乎？」子張曰：「何謂四惡？」子曰：「不教而殺謂之虐；不戒視成謂之暴；慢令致期謂之賊；猶之與人也，出納之吝，謂之有司。」

惠、勞、欲、泰、威，非不費、不怨、不貪、不驕、不猛，不可以爲美。利因乎民，故惠不爲費；勞擇其可，故勞不致怨；仁非私己，故欲不爲貪；忘物而不慢於心，故泰不爲驕；肅容而不作於色，故威不爲猛。惠以民財言，勞以民力言。不費民財，不勞民力，非仁不能也，故繼之以仁。由是而臨民，又當安舒莊敬，則傲慢粗暴之氣不形，故又繼之以泰、威之美。此五美所列之序也。○不教而殺，以民言；不戒視成，以事言。此二者皆苛急之惡也。慢令致期，謂令不嚴，而事不能應期也；出納之吝，謂出納之際，如有司之守財，吝而不發也。如此則遲疑不決，致失事機矣，此二者皆怠緩之惡也。〇子張至此，必學已就實，故孔子因其問從政，而歷數其事以告之。比於問行、問達、問政之時，專使反求於內者，漸擴充矣。

三

子曰：「不知命，無以為君子也。不知禮，無以立也。不知言，無以知人也。」

知命，猶〈爲政〉篇「五十而知天命」也。君子，成德之名，知天命而後謂之成德。立，猶三十而立也。立必於禮，故不知禮則無以立。知言，猶《孟子．公孫丑上》篇所謂「知言」也。知言則心不蔽，而人道明矣。故不知言則不能知人，知言先明諸心也。知言而后可以立，立而後可以知天命。此推言進德之序，以明學必自知言始也。〇此篇文闕誤，其序此以終篇者，不必強求義矣。

孟子私存

卷一　梁惠王上

一

孟子見梁惠王。

聖賢之心本欲行道，故常周流列國，擇其可與有爲者而見之，但不肯不待其招而往耳。或未至其國，而遠以幣交；或已至其國，而先來加禮，則可見矣。梁惠王卑禮厚幣以招賢者，此孟子所以至梁也。

王曰：「叟，不遠千里而來，亦將有以利吾國乎？」

孟子見惠王時，蓋年六十餘矣，故以叟稱之。

孟子對曰：「王何必曰利？亦有仁義而已矣。

孟子謂惠王爲王，是面稱之辭。東陽許氏以爲著書時追書，非也。利心難去，非心存仁義，安能拔本塞源？人君躬行仁義，則其下皆化而懷仁義，利在其中矣。而已矣者，言別無他道也。○仁義本諸心而言，皆謂之德，故周子曰：「德，愛曰仁，宜曰義。」非愛不可以見仁，非宜不可以見義。愛之理即是心之德，事之宜即是心之制。分言仁義，則各爲一義。單言仁，則義在其中；單言義，則仁在其中；未有無仁之義，無義之仁也。仁中之義，即仁之體也；義中之仁，即義之用也。自仁之觸處貫通無所遺漏而言，則謂之禮，故禮者，仁之著也；自義之隨時分別無所混雜而言，則謂之智，故智者，義之藏也。言仁義，則禮智在其中矣。仁義禮智，詳見《說理會編》卷三。

王曰『何以利吾國』？大夫曰『何以利吾家』？士庶人曰『何以利吾身』？上下交征利而國危矣。萬乘之國，弒其君者，必千乘之家；千乘之國，弒其君者，必百乘之家。萬取千焉，千取百焉，不為不多矣。苟為後義而先利，不奪不饜。

王欲利國，是人君以利率人也。大夫士庶人皆欲自利，則其下化之，而征利於上矣。千乘之家於萬中取千，百乘之家於千中取百，此指當國大臣而言。詳見《讀禮疑圖》卷三。苟爲後義而先利，此從下化上說。

未有仁而遺其親者也，未有義而後其君者也。

此言仁義，亦從下化上說，與上「後義先利」一句相應。不遺其親，不後其君，即是在下仁義效見處，所以驗人君之能行仁義也。義只是仁之裁制，無二德也。但自其所發有愛而言，則仁爲真，故以屬親；自其所施有分別而言，則義爲切，故以屬君，豈斷然爲二物哉？

王亦曰仁義而已矣，何必曰利？」

亦曰猶言亦有。孟子爲惠王言何必曰利，是就富國強兵上說，蓋因惠王有利國之問也。若欲拔本塞源，則利豈止謂貪財？凡欲順己意討便宜處，即是利心。心既爲利，則不管害人，所以生怨。若推其極，爲學而有所正助，其功欲速，亦計利也。此等處不掃除廓清，終不能擴然大公，與物同體，安保其無欲害人之心哉？無欲害人之心，利人也。利人則可，利己則不可。

二

孟子見梁惠王，王立於沼上，顧鴻鴈麋鹿，曰：「賢者亦樂此乎？」

沼上之問，必以賢君無臺池鳥獸之樂，故其問辭甚遜，若有慚焉。

孟子對曰：「賢者而後樂此，不賢者雖有此不樂也。」

孟子答以賢者而後樂，此蓋因其所好以開其良心也。下句不賢者雖有此不樂，所以覆說其意也。

《詩》云：『經始靈臺，經之營之。庶民攻之，不日成之。經始勿亟，庶民子來。王在靈囿，麀鹿攸伏。麀鹿濯濯，白鳥鶴鶴。王在靈沼，於牣魚躍。』文王以民力為臺為沼，而民歡樂之，謂其臺曰靈臺，謂其沼曰靈沼，樂其有麋鹿魚鼈。古之人與民偕樂，故能樂也。〈湯誓〉曰：『時日害喪？予及女偕亡。』民欲與之偕亡，雖有臺池鳥獸，豈能獨樂哉？」

經始勿亟，謂經始之時，量工命日，有寬緩不迫之意，非戒其勿亟也。久役踰時而無節制，豈政之善哉？謂其臺沼曰靈，見民忘其勞，一時而集也。古之人，就文王說。蓋其平時推己欲樂之心以及於人，而行仁政，使人各得其所，謂之與民偕樂。

三

梁惠王曰：「寡人之於國也，盡心焉耳矣。河內凶，則移其民於河東，移其粟於河內。河東凶亦然。察鄰國之政，無如寡人之用心者。鄰國之民不加少，寡人之民不加多，何也？」

惠王自以移民、移粟爲盡心，而疑其不能王。民不加多，謂民不棄彼而歸此也，不就歲凶民死說。蓋移民、移粟，則梁之比他國死必差少矣。

孟子對曰：「王好戰，請以戰喻。填然鼓之，兵刃既接，棄甲曳兵而走。或百步而後止，或五十步而後止。以五十步笑百步，則何如？」曰：「不可。直不百步耳，是亦走也。」曰：「王如知此，則無望民之多於鄰國也。

民心之歸乃在王道，非小惠所能襲取，故曰無望民之多於鄰國也。

不違農時，穀不可勝食也；數罟不入洿池，魚鱉不可勝食也；斧斤以時入山林，材木不可勝用也。穀與魚鱉不可勝食，材木不可勝用，是使民養生喪死無憾也。養生喪死無憾，王道之始也。

此言治民者當先足其食用，使有養生喪死之資，而法制則以漸而立，不汲汲於整齊也。以施爲之序論之，則行王道者當自此始。雖堯、舜之時，敷治之初，亦只如此。及命九官，各專禮樂刑政之職，然後王道大行矣。人無所恨，乃可謂之得民心，天下之治未有不得民心而可成者，故曰王道以得民心爲本。

五畝之宅，樹之以桑，五十者可以衣帛矣。雞豚狗彘之畜，無失其時，七十者可以食肉矣。百畝之田，勿奪其時，數口之家可以無飢矣。謹庠序之教，申之以孝悌之義，頒白者不負戴於道路矣。七十者衣帛食肉，黎民不飢不寒，然而不王者，未之有也。

五畝之宅，制其里也。樹之以桑，教民種桑，以供蠶事也，此欲老者皆得衣帛也。豚，豕之小者；彘，豕之大者。蓋二種。雞豚狗彘，物之可常畜者，謂五母雞、二母彘也。無失其時，教之畜也，此欲老者皆得食肉也。百畝之田，制其田也。勿奪其時，謂省刑薄歛，使得盡力於農畝也，此欲數口無饑也。庠序是設學校，教只是孝悌，申孝悌之義，即是謹。衣煖食足而後可教以禮義。既知禮義，則人人皆知養老恤幼，是以老少各得其所，故總之曰七十者衣帛食肉，黎民不饑不寒，而不必言教矣。萬物曲成，仁覆天下，天下之民安有不歸者哉？民歸然後可以言王也。王者能行王道，則謂之王，其讀平聲；行王道而致民歸往，則謂之王，其讀去聲；然而不王之王，去聲也。後準此例。○勿奪其時，即後章「彼奪其民時」之意，與上文「不違農時」同一時也。但自民不得休息，各欲歸農者而言，則當順其所欲，而曰不違；自民已有常產，各欲盡力者而言，則當違其所惡，而曰勿奪。畜言無失其時，此則畜養之時，以人當順棲食之時言，非謂孕子之時也。蓋孕子之時，不足以盡畜字之意。

狗彘食人食而不知檢，塗有餓莩而不知發；人死，則曰：『非我也，歲也。』是何異於刺人而殺之，曰：『非我也，兵也。』王無罪歲，斯天下之民至焉。」

狗彘食人食，即庖有肥肉也，塗餓莩，即民飢以死也。蓋厚歛於民，養禽獸以自奉，與下章意同。天下之民至焉，所謂王也，此與「無望民之多於鄰國」相反。〇此章之論非迂談也，良以厚歛自私，民饑以死，不知發廩以賑之，而民間菽粟不如水火，無相濟之仁，移民移粟，所救幾何？

四

梁惠王曰：「寡人願安承教。」

上章之言深中惠王之病，實已啓其良心矣，故欲安意受教。惟其有受教之心，故下文直指其虐政殺民之事以箴之。不然，非所謂定其交而後求也。

孟子對曰：「殺人以梃與刃，有以異乎？」曰：「無以異也。」「以刃與政，有以異乎？」曰：「無以異也。」曰：「庖有肥肉，廄有肥馬，民有飢色，野有餓莩，此率獸而食人也。獸相食，且人惡之。為民父母，行政不免於率獸而食人。惡在其為民父母也？

率獸食人正是以政殺人處，父母之心豈忍置其子於死地？故名之爲父母，以開其不忍之心也。

仲尼曰：『始作俑者，其無後乎！』為其象人而用之也。如之何其使斯民飢而死也？」

俑，從葬木偶人也。木人設機而能踊跳，故名曰俑。古之葬者爲明器，乃事死如生之禮，雖有芻靈，止是束草爲人，略似人形，外爲從衛而已，實不用也。故《禮記》云：「備物而不用，用之則幾於殉矣。」若俑則有面目機發，悉類生人，或因死者所愛之人而刻木象之，以使殉葬，即如以生人致死地也。此必始自夏殷之衰，故曰中古易芻靈以俑，以其無慘然惻怛之心，故孔子惡其不仁，而謂其當無後也。凡人心刻薄者，其氣脈不長，蓋實理如此。

五

梁惠王曰：「晉國，天下莫強焉，叟之所知也。及寡人之身，東敗於齊，長子死焉；西喪地於秦七百里；南辱於楚。寡人恥之，願比死者一洒之，如之何則可？」

惠王聞孟子爲民父母之說，豈不感動？但尚有報怨之心耳。《集註》以魏與楚將昭陽戰敗，亡其七邑，爲南辱於楚，非也。辯見《孟子事蹟圖譜》。

孟子對曰：「地方百里而可以王。

百里可王，況魏以大國乎？然謂之可，則亦非易致也。克行仁政乃爲得道多助，多助則王矣。

王如施仁政於民，省刑罰，薄稅斂，深耕易耨。壯者以暇日修其孝悌忠信，入以事其父兄，出以事其長上，可使制梃以撻秦、楚之堅甲利兵矣。

仁政本制民常產，說民無常產，則下多犯罪而刑罰不得省，上多橫征而稅斂不得薄。民之所以陷溺者，惟此二者而已。無此二者之害，則民得盡力於農畝。蓋耕淺則苗根不固，故欲其深；耘失則莠長難除，故欲其易。教民之道只有孝弟，孝弟外無忠信，忠信是孝悌之實處。《大學》曰：「孝者，所以事君；弟者，所以事長。」出事長上之道，即入事父兄之道，不過一孝弟而已。如此則既富而教，人□尊君親上，樂於效死，故秦楚之堅甲利兵可制梃而撻也。言秦楚而不言齊，齊強不及秦楚，省文以見之耳。

彼奪其民時，使不得耕耨以養其父母，父母凍餓，兄弟妻子離散。彼陷溺其民，王往而征之，夫誰與王敵？

奪民時，使不得耕耨，則非省刑罰、薄稅斂、深耕易耨者矣。父母凍餒，兄弟妻子離散，雖欲入以事其父兄，出以事其長上，安可得乎？此所謂陷溺其民也。往征無敵，此所以制梃可撻也。

故曰：『仁者無敵。』王請勿疑！」

由仁者無敵觀之，則百里可王之言，非迂闊也。〇慶源輔氏謂：「怨有當報不當報者。」其論惠王之怨為不當報，亦未盡然。竊謂其怨若果出於自取，則當反求諸己，不報可也。若果當報之怨，苟動於氣，亦是忿懥所為，況地醜德齊，以暴易暴，人亦有辭於我矣。必須脩德息民，與眾同惡，無容私焉，然後謂之仁義之師，可以不戰而勝也。

六

孟子見梁襄王。出，語人曰：「望之不似人君，就之而不見所畏焉。卒然問曰：『天下惡乎定？』吾對曰：『定于一。』『孰能一之？』對曰：『不嗜殺人者能一之。』『孰能與之？』對曰：『天下莫不與也。王知夫苗乎？七、八月之間旱，則苗槁矣。天油然作雲，沛然下雨，則苗浡然興之矣。其如是，孰能禦之？今夫天下之人牧，未有不嗜殺人者也。如有不嗜殺人者，則天下之民皆引領而望之矣。誠如是也，民歸之，由水之就下，沛然誰能禦之？』」

襄王者，惠王之子。蓋初立而孟子見之，其容貌辭氣如此，不足以有為可知。此孟子所以去魏也。出語之人，是孟子同志隨行者，在人則不可以語此矣。定于一，是以德服人，中心悅而誠服也。襄王乃謂孰能一之，則□列國分爭而言。不嗜殺人，此人君好生之德也。襄王初立，而孟子勸以不嗜殺人，即范仲淹不可使人主手滑之意。蓋人主初立□□□其不忍人之心也。□□本爲一天下而發，要之天地之德，惟此而已。孔子告季康子以焉用殺，亦是此意。天不嗜殺人，以德行仁也，使人心服，心服而後可以謂之一。蘇子謂漢高祖、光武、唐太宗、宋太祖四君，爲不嗜殺人而能一天下，是未知所謂一也。以力服人者，非心服也，力不贍也，四君之謂歟？四君比之他君，雖殺人差少，然非誠心不好殺也，不過假仁而已，惡足以語一哉？襄王又謂孰能與之，則以列國各專其民，非殺不肯相下，此其欲殺之本心也。啓之以不嗜殺人之說，非端本之論乎？只此一念，自足以定天下。慶源輔氏乃謂此非一天下之具，則似一猶有待於政刑者，失孟子之意矣。

七

齊宣王問曰：「齊桓、晉文之事可得聞乎？」孟子對曰：「仲尼之徒無道桓、文之事者，是以後世無傳焉。臣未之聞也。無以，則王乎？」曰：「德何如，則可以王矣？」曰：「保民而王，莫之能禦也。」

保民而王是一章之大指。合言之，保民是愛護斯民之德，王則民在所保之中，而歸心焉；單言之，保民即所以王，王即能保民矣。孔門之學只是誠心愛民，若齊桓、晉文之事，專用詐謀，其功雖高，而壞人心術，孔門之所以羞稱也。

曰：「若寡人者，可以保民乎哉？」曰：「可。」曰：「何由知吾可也？」曰：「臣聞之胡齕曰，王坐於堂上，有牽牛而過堂下者，王見之，曰：『牛何之？』對曰：『將以釁鐘。』王曰：『舍之！吾不忍其觳觫，若無罪而就死地。』對曰：『然則廢釁鐘與？』曰：『何可廢也？以羊易之。』不識有諸？」曰：「有之。」曰：「是心足以王矣。百姓皆以王為愛也，臣固知王之不忍也。」王曰：「然。誠有百姓者。齊國雖褊小，吾何愛一牛？即不忍其觳觫，若無罪而就死地，故以羊易之也。」曰：「王無異於百姓之以王為愛也。以小易大，彼惡知之？王若隱其無罪而就死地，則牛羊何擇焉？」王笑曰：「是誠何心哉？我非愛其財而易之以羊也，宜乎百姓之謂我愛也。」曰：「無傷也，是乃仁術也，見牛未見羊也。君子之於禽獸也，見其生，不忍見其死；聞其聲，不忍食其肉。是以君子遠庖廚也。」

宣王見觳觫之牛而不忍殺，此惻隱之心，仁之端也，所以能致王者，惟在此心而已，故曰是心足以王矣。以下皆是反覆開明宣王之有此心也。○云隱其無罪，則前言若無罪者，乃謂牛無可殺之罪也。○以小易大之迹，疑於愛財，故以牛羊何擇詰之。

而宣王不知學問，不能自解。及下文以殺羊爲無傷，而謂之仁術，然後宣王不忍殺牛之心白矣。此孟子最善點化處，宣王安得而不感動哉？

王說，曰：「《詩》云：『他人有心，予忖度之。』夫子之謂也。夫我乃行之，反而求之，不得吾心。夫子言之，於我心有戚戚焉。此心之所以合於王者，何也？」曰：「有復於王者曰：『吾力足以舉百鈞，而不足以舉一羽；明足以察秋毫之末，而不見輿薪。』則王許之乎？」曰：「否。」「今恩足以及禽獸，而功不至於百姓者，獨何與？然則一羽之不舉，為不用力焉；輿薪之不見，為不用明焉；百姓之不見保，為不用恩焉。故王之不王，不為也，非不能也。」曰：「不為者與不能者之形何以異？」曰：「挾太山以超北海，語人曰『我不能』，是誠不能也。為長者折枝，語人曰『我不能』，是不為也，非不能也。故王之不王，非挾太山以超北海之類也；王之不王，是折枝之類也。老吾老，以及人之老；幼吾幼，以及人之幼。天下可運於掌。《詩》云：『刑于寡妻，至于兄弟，以御于家邦。』言舉斯心加諸彼而已。故推恩足以保四海，不推恩無以保妻子。古之人所以大過人者，無他焉，善推其所為而已矣。今恩足以及禽獸，而功不至於百姓者，獨何與？權，然後知輕重；度，然後知長短。物皆然，心為甚。王請度之！抑王興甲兵，危士臣，構怨於諸侯，然後快於心與？」

此言保民致王之易，而宣王不能推恩，故詰其病根之所在也。〇愛之因於心者謂之恩，即不忍之心也。此心不從外得，用之以保百姓，一推行之間耳。故恩之不用乃不爲也，非不能也。非不能，蓋言其易。若挾太山以超北海，則人所不能，乃始是難。挾謂挾其勢以超躍，非謂以腋持物也。爲長者折枝，正以形容保民之易。○恩推於吾之老幼以及於人，蓋擴充此心，無不周徧之意。本爲保民而發，亦以見吾之老幼皆民也，但在其所當推而推之耳。天下可運於掌，言其易也。恩出於心，即此而推，所謂舉斯心加諸彼而已，何難之有？善推所爲，只本上文推恩足以保四海說，以保民爲重，義不係於物也。恩及於民乃爲善推，蓋愛物之心，吾心之有所不忍者也，推此心以達於所忍，是謂擴充，不能擴充以及於民，則所厚者薄，豈得謂之善哉？故不必以施恩有序爲善推。古之人大過人，是言能王天下也。善推所爲而已者，謂保民之外，無他道也。此再詰宣王之不能保民，以申上文之意。○興甲兵以構怨，必危士臣，此殃民之事，功之不至於百姓者也。快於心則忍於民矣，不忍於殺牛而忍於殺民，此輕重長短之當度者也。反而求之本心，宣王當亦不能隱其病根之所在矣。

王曰：「否。吾何快於是？將以求吾所大欲也。」曰：「王之所大欲可得聞與？」王笑而不言。曰：「為肥甘不足於口與？輕煖不足於體與？抑為采色不足視於目與？聲音不足聽於耳與？便嬖不足使令於前與？王之諸臣，皆足以供之，而王豈為是哉？」曰：「否。吾不為是也。」曰：「然則王之所大欲可知已。欲辟土地，朝秦、楚，莅中國而撫四夷也。以若所為，求若所欲，猶緣木而求魚也。」王曰：「若是其甚與？」曰：「殆有甚焉。緣木求魚，雖不得魚，無後災。以若所為，求若所欲，盡心力而為之，後必有災。」曰：「可得聞與？」曰：「鄒人與楚人戰，則王以為孰勝？」曰：「楚人勝。」曰：「然則小固不可以敵大，寡固不可以敵眾，弱固不可以敵彊。海內之地方千里者九，齊集有其一，以一服八，何以異於鄒敵楚哉？蓋亦反其本矣。今王發政施仁，使天下仕者皆欲立於王之朝，耕者皆欲耕於王之野，商賈皆欲藏於王之市，行旅皆欲出於王之塗，天下之欲疾其君者皆欲赴愬於王。其若是，孰能禦之？」

不快於興兵以危士臣者，不忍之本心也。但非此不足以得大欲，而將驅其民以求之，故功不至於百姓耳。○孟子既探宣王欲之所在，因極言欲之不可得，而啓其反本以行仁政也。○辟土地則強大，而秦楚畏之故來朝，秦楚既朝，則能盡臨中國而四夷可撫矣。其語意如此。緣木，謂攀緣而升木也。○以一服八，是欲以力服人也，蓋言力求所欲之難。反本謂愛民之本心，即下文所謂行仁政也。○發政施仁，即保民也。仕農商旅皆欲歸焉，即前章所謂引領而望也。孰能禦，正是保民而王，莫之能禦意。此言以德服人之易。蓋力求則大欲反不可得，反本則大欲不求而自至，其難易之幾如此。然則保民而王之如折枝，豈不信哉？

王曰：「吾惛，不能進於是矣。願夫子輔吾志，明以教我。我雖不敏，請嘗試之。」曰：「無恆產而有恆心者，惟士為能。若民，則無恆產，因無恆心。苟無恆心，放辟邪侈，無不為已。及陷於罪，然後從而刑之，是罔民也。焉有仁人在位，罔民而可為也？是故明君制民之產，必使仰足以事父母，俯足以畜妻子，樂歲終身飽，凶年免於死亡。然後驅而之善，故民之從之也輕。今也制民之產，仰不足以事父母，俯不足以畜妻子，樂歲終身苦，凶年不免於死亡。此惟救死而恐不贍，奚暇治禮義哉？王欲行之，則盍反其本矣。五畝之宅，樹之以桑，五十者可以衣帛矣。雞豚狗彘之畜，無失其時，七十者可以食肉矣。百畝之田，勿奪其時，八口之家可以無飢矣。謹庠序之教，申之以孝悌之義，頒白者不負戴於道路矣。老者衣帛食肉，黎民不飢不寒，然而不王者，未之有也。」

宣王陷溺於大欲，自知惛不能進，故願孟子輔志而教之。蓋欲聞發政施仁之實也。只此一念，便見宣王天資過人，此孟子所以謂其足用爲善，而不忍舍也。〇此後皆孟子申言發政施仁之意。〇無恒產而有恒心，惟士爲能，說見〈滕文公上〉篇。人君爲治，本欲化民成俗，使不陷於刑辟，方可謂之保民。上文所謂老老幼幼，即《大學》孝弟慈之教，故引《詩》以「刑于寡妻」爲證，至此乃盡發其意。然非制民常產，則教無由施，故特舉制民之產以爲首務。明君，明德之君，即上文仁人也。○今也制民之產，而使之救死不贍，則經界不正、貧富不均，非五畝之宅、百畝之田之制也。蓋因其所占之田，而立爲厚斂之法耳。○王欲行之本，請嘗試之，而言反本，與前言反本一意相應。《集註》上言「王天下之本」，此言「發政施仁之本」，則本有二矣。○制田里、教樹畜，使老幼皆得其養，此常生之業也。然後可使之興起於孝弟，而老安少懷，各得其所，此發政施仁之實事也。王道備而人心歸，所謂保民而王者如此。

卷二　梁惠王下

一

莊暴見孟子，曰：「暴見於王，王語暴以好樂，暴未有以對也。」曰：「好樂何如？」

孟子曰：「王之好樂甚，則齊國其庶幾乎！」

宣王好世俗之樂，莊暴疑其不正，故未有以對。甚，謂好樂之至而無所累也。苟有一毫利己之私嬰其心，則雖好而不能脫然矣。庶，近也。幾，亦取不遠之義。

他日，見於王曰：「王嘗語莊子以好樂，有諸？」王變乎色，曰：「寡人非能好先王之樂也，直好世俗之樂耳。」曰：「王之好樂甚，則齊其庶幾乎！今之樂猶古之樂也。」

古樂和聲正德，今樂導欲宣淫，實不同也。孟子不詆宣王好今樂之非，蓋欲探其本心而開導之，乃循循善誘之意。不然則畏心生，而親賢之意遏矣。況爲治之初，法制未備，未可遽以禮樂正天下，且當以得民心爲本，故即今樂以發之。

曰：「可得聞與？」曰：「獨樂樂，與人樂樂，孰樂？」曰：「不若與人。」曰：「與少樂樂，與眾樂樂，孰樂？」曰：「不若與眾。」

宣王知獨樂不若與人，與少不若與眾，乃其與民同樂之良心。與人樂，與眾而樂，乃是甚處。滿堂歡笑而向隅有悲，則不能安其樂矣，惡得爲甚乎？

「臣請為王言樂：

樂者，樂也。只要推好樂之心，與民同樂。宣王既知此意，故可以言樂。

今王鼓樂於此，百姓聞王鐘鼓之聲、管籥之音，舉疾首蹙頞而相告曰：『吾王之好鼓樂，夫何使我至於此極也？父子不相見，兄弟妻子離散。』今王田獵於此，百姓聞王車馬之音，見羽旄之美，舉疾首蹙頞而相告曰：『吾王之好田獵，夫何使我至於此極也？父子不相見，兄弟妻子離散。』此無他，不與民同樂也。

鼓樂一段，本因宣王好世俗之樂而發，所謂推好樂之心者，推此而已。因宣王亦好田獵，故并及之田獵。雖非聲樂之樂，卻是歡樂之樂，樂與人同，而民歡樂之，乃樂之所以爲樂也。此先反說不與民同樂，以起下文同樂之意。

今王鼓樂於此，百姓聞王鐘鼓之聲、管籥之音，舉欣欣然有喜色而相告曰：『吾王庶幾無疾病與？何以能鼓樂也？』今王田獵於此，百姓聞王車馬之音，見羽旄之美，舉欣欣然有喜色而相告曰：『吾王庶幾無疾病與？何以能田獵也？』此無他，與民同樂也。

上言疾首蹙頞而相告，是民間疾怨之辭；此節欣欣然有喜色而相告，是民間慶幸之辭。

今王與百姓同樂，則王矣。」

與百姓同樂義，與前告梁惠王「古之人與民偕樂」同。蓋使民皆相安於常生之業，而無困窮之憂，此治幾之所在，而王之本也。

二

齊宣王問曰：「文王之囿方七十里，有諸？」孟子對曰：「於傳有之。」曰：「若是其大乎？」曰：「民猶以為小也。」曰：「寡人之囿方四十里，民猶以為大，何也？」曰：「文王之囿方七十里，芻蕘者往焉，雉兔者往焉，與民同之。民以為小，不亦宜乎？臣始至於境，問國之大禁，然後敢入。臣聞郊關之內，有囿方四十里，殺其麋鹿者如殺人之罪。則是方四十里，為阱於國中。民以為大，不亦宜乎？」

民以爲小，爲義不爲利也。自文王不得享利而言，則民以爲小，此愛君之意也；自宣王專享其利而言，則民以爲大，此懟君之意也。○爲阱是就禁上說，謂設穽以待民之陷，見民不敢往也。

三

齊宣王問曰：「交鄰國有道乎？」孟子對曰：「有。惟仁者為能以大事小，是故湯事葛，文王事昆夷；惟智者為能以小事大，故大王事獯鬻，句踐事吳。以大事小者，樂天者也；以小事大者，畏天者也。樂天者保天下，畏天者保其國。《詩》云：『畏天之威，于時保之。』」

仁智即是道，本無二理，但自其理之生於心者而言，則謂之仁；自其理之燭於物者而言，則謂之智。仁者心體寬大，不較短論長，在人者雖有不盡，皆在所愛之中，此事之由乎我者也，故以大事小，所重在仁；智者心體精明，能審時識勢，在我者苟有不盡，必取見陵之辱，此事之由乎人者也，故以小事大，所重在智。仁智皆天理也。仁者自然合理，則曰樂天；智者不敢違理，則曰畏天。事小者，本大國而樂天，所包者大，則保天下之氣象也，故能保天下；事大者，本小國而畏天，所守者小，則保一國之規模也，故能保其國。仁智豈有大小優劣哉？但因所遇之勢用各不同耳。句踐之德，雖不及太王，姑取以明智也。○引《詩》不及樂天，蓋能畏天，然後能樂天，未有不能畏天，而能樂天者也。畏天者，宣王之所急，故即詩辭以明切要之處。欲其知保天下，必自保國始也。

王曰：「大哉言矣！寡人有疾，寡人好勇。」對曰：「王請無好小勇。夫撫劍疾視曰：『彼惡敢當我哉』！此匹夫之勇，敵一人者也。王請大之！《詩》云：『王赫斯怒，爰整其旅，以遏徂莒，以篤周祜，以對於天下。』此文王之勇也。文王一怒而安天下之民。《書》曰：『天降下民，作之君，作之師。惟曰其助上帝，寵之四方。有罪無罪，惟我在，天下曷敢有越厥志？』一人衡行於天下，武王恥之。此武王之勇也。而武王亦一怒而安天下之民。今王亦一怒而安天下之民，民惟恐王之不好勇也。」

勇從仁義上發，方是天理；若從血氣上發，即是人欲。○何叔京有湯文征葛伐昆夷，太王句踐興王刷恥之說，即是義理之勇。此亦字，小事大者之不可無也。

四

齊宣王見孟子於雪宮。王曰：「賢者亦有此樂乎？」孟子對曰：「有。人不得，則非其上矣。不得而非其上者，非也；為民上而不與民同樂者，亦非也。樂民之樂者，民亦樂其樂；憂民之憂者，民亦憂其憂。樂以天下，憂以天下，然而不王者，未之有也。

宣王稱孟子爲賢，而言其有此樂，近於驕矣。故朱子謂雪宮之問其辭夸，而孟子答之曰有，直謂己有此樂耳。慶源輔氏以人皆有此樂釋之，非也。人不得，則非其上，是起爲人上而不與民同樂之非，蓋以不與民同樂爲重。故下文遂及與民同憂樂，而足以致王之意。○飽煖安逸，民之樂也；臺池鳥獸，君之樂也。貧窮困苦，民之憂也；疾病兵喪，君之憂也。樂則免憂，憂則失樂，憂樂本一事而相反。故因論與民同樂，而并及其所憂以見之。輔氏曰：「君以民之樂爲樂，則民亦以君之樂爲樂，如是則君以民爲體，民以君爲心」，「天下之民，其將何往？」此說得之。若朱子《集註》則南軒張氏說同。蓋言樂民之樂，亦民之所樂乎其樂者也；憂民之憂，亦民之所憂乎其憂者也。憂樂不以己而以天下。蓋解二以字，謂以天下之憂樂爲憂樂也，於本文亦字亦費力矣。不若輔氏之言，則君之憂樂能動天下之憂樂，而於王字意較切耳。

昔者齊景公問於晏子曰：『吾欲觀於轉附、朝儛，遵海而南，放于琅邪。吾何脩而可以比於先王觀也？』晏子對曰：『善哉問也！天子適諸侯曰巡狩，巡狩者，巡所守也。諸侯朝於天子曰述職，述職者，述所職也。無非事者。春省耕而補不足，秋省斂而助不給。夏諺曰：「吾王不遊，吾何以休？吾王不豫，吾何以助？一遊一豫，為諸侯度。」今也不然：師行而糧食，飢者弗食，勞者弗息。睊睊胥讒，民乃作慝。方命虐民，飲食若流。流連荒亡，為諸侯憂。從流下而忘反謂之流，從流上而忘反謂之連，從獸無厭謂之荒，樂酒無厭謂之亡。先王無流連之樂，荒亡之行。惟君所行也。』景公說，大戒於國，出舍於郊。於是始興發補不足。召太師曰：『為我作君臣相說之樂！』蓋〈徵招〉、〈角招〉是也。其詩曰：『畜君何尤？』畜君者，好君也。」

景公，齊先君之賢者，故孟子舉其故事以告宣王，欲使知景公能受晏子之畜言也。○景公之問，欲比先王之觀。而自朝儛以至琅邪，皆齊境內之地，故晏子告之以王者遊觀之事。在境內，則省耕省斂爲急，而以天子巡狩之事起之。謂天子五載一巡狩，而諸侯各來述職，乃欲考正其德，以觀其所取法焉。蓋天子率諸侯本意如此，豈可自爲非事之行哉？故曰無非事者，而春秋之省耕省斂必有補助於民，此正所以爲諸侯法也。故巡狩之原，入其疆，土地闢，田野治，而不用小人掊尅，所重者民事而已。觀夏諺以休豫歸於吾王，可見省耕省斂專以天子言也。《集註》以巡狩述職，總於皆字，而於春秋循行郊野，粘連又字，則似天子、諸侯並爲兩事，失立言之本意矣。遊，巡遊也；豫，逸樂也。巡遊即所以爲樂，蓋互文耳。○師行，謂其所行人眾。苦於民者，止是供饋糧食，故下文終之以飲食若流，以明虐民之事。飢者弗食二句，指煩勞不給者而言。命令不順民情，則方而不行，故曰方命。《集註》謂「逆王命」，非也。又以諸侯爲附庸之國，縣邑之長，殊不知附庸邑長，豈可謂之諸侯？竊意此爲衰世之王者言耳。從流上、從流下，須看忘反二字；從獸、樂酒，須看無厭二字。流連是巡遊無度，荒亡是田飲無度。此四者正是虐民之事，與先王遊豫而休助於民者不同矣。○惟君所行，直謂先王無流連之樂、荒亡之行，此景公所當法，非謂審度於二者之間也。○景公說晏子之言，便是君臣相悅，非必君悅臣，臣悅君，然後爲相悅也。戒國出郊，興發補不足，是法先王也。即夏諺所謂諸侯取法於王者意。〈徵招〉、〈角招〉，是言起調。當時《韶》樂有傳於齊，故因其調而作此樂。齊樂而以《韶》，文德也。晏子舉先王之法以畜，是責難於君之恭，而所畜於君之欲，即流連荒亡之事，其心有何過哉？故曰畜君何尤。孟子釋畜君爲好君，景公不以爲尤，而以爲悅，意全在此。孟子蓋欲以此感動宣王也。

五

齊宣王問曰：「人皆謂我毀明堂。毀諸？已乎？」孟子對曰：「夫明堂者，王者之堂也。王欲行王政，則勿毀之矣。」

齊之明堂在太山下，周天子巡狩以臨諸侯之處。朱子有明堂說本於〈月令〉，胡致堂嘗有辯矣。蓋古者只是南面而治，不因月而異向也。

王曰：「王政可得聞與？」對曰：「昔者文王之治岐也，耕者九一，仕者世祿，關市譏而不征，澤梁無禁，罪人不孥。老而無妻曰鰥，老而無夫曰寡，老而無子曰獨，幼而無父曰孤。此四者，天下之窮民而無告者。文王發政施仁，必先斯四者。《詩》云：『哿矣富人，哀此煢獨。』」

文王治岐之時，尚當遵殷制七十而助。《集註》謂每夫授田百畝，豈偶不及致詳邪？

○仕者，子孫待以世祿，亦當以孫爲節，否則勢有所不贍矣。○文王之囿，芻蕘者往焉，雉兔者往焉，亦是澤梁無禁意。○先斯四者，非別有一事以先之，蓋加意於窮民之無告者，欲使親戚相賙，鄰里相卹耳。若家賜而人與之，則勢亦有所不能徧也。

王曰：「善哉言乎！」曰：「王如善之，則何為不行？」王曰：「寡人有疾，寡人好貨。」對曰：「昔者公劉好貨。《詩》云：『乃積乃倉，乃裹餱糧，于橐于囊。思戢用光。弓矢斯張，干戈戚揚，爰方啟行。』故居者有積倉，行者有裹糧也，然後可以爰方啟行。王如好貨，與百姓同之，於王何有？」王曰：「寡人有疾，寡人好色。」對曰：「昔者大王好色，愛厥妃。《詩》云：『古公亶甫，來朝走馬，率西水滸，至于岐下。爰及姜女，聿來胥宇。』當是時也，內無怨女，外無曠夫。王如好色，與百姓同之，於王何有？」

乃積乃倉，乃裹餱糧，于橐于囊三句，是言民富。就此見得公劉推好貨之心，以及於民，與百姓同之，則能行王政，而非專利於己也。爰及姜女一句，是言太王好色。就此推出，內無怨女，外無曠夫，見太王推好色之心以行王政，而人人遂室家之願矣。若狥好色之欲，而妄費民財，則百姓苦之，豈所謂與民同欲哉？推好貨之心，是就不專利於己說；推好色之心，是就不妄費民財說。皆所以厚民之生也。

六

孟子謂齊宣王曰：「王之臣有託其妻子於其友，而之楚遊者。比其反也，則凍餒其妻子，則如之何？」王曰：「棄之。」曰：「士師不能治士，則如之何？」王曰：「已之。」曰：「四境之內不治，則如之何？」王顧左右而言他。

托妻子於友以出遊，而歸則凍餒其妻子，不能自養，此以不理家事言也。棄，謂絕之而不用也。士師不能治其屬，此以不理官事言也。已，謂已用而罷其職也。四境之內不治，此以不理國事言也。如此則王者巡狩之時，當有讓矣。王顧左右而言他，得非難於自言乎？

七

孟子見齊宣王曰：「所謂故國者，非謂有喬木之謂也，有世臣之謂也。王無親臣矣，昔者所進，今日不知其亡也。」

云見齊宣王，蓋特見而告之也。此言國之所重在世臣，宣王無親臣矣，安得有世臣哉？故下文俱就無親臣上發。不知二字，猶言不理。亡當讀如無，蓋指宣王輕棄大臣而言，方與下文相關。《集註》解作亡去之亡，則意不相協矣。

王曰：「吾何以識其不才而舍之？」曰：「國君進賢，如不得已，將使卑踰尊，疏踰戚，可不慎與？左右皆曰賢，未可也；諸大夫皆曰賢，未可也；國人皆曰賢，然後察之；見賢焉，然後用之。左右皆曰不可，勿聽；諸大夫皆曰不可，勿聽；國人皆曰不可，然後察之；見不可焉，然後去之。左右皆曰可殺，勿聽；諸大夫皆曰可殺，勿聽；國人皆曰可殺，然後察之；見可殺焉，然後殺之。故曰，國人殺之也。

如不得已，是不敢輕率之辭，即慎字意。謂國君欲用此人，不敢輕用，必國人同好而後用之；欲去此人，不敢輕去，必國人同惡而後去之。如人心未迫切，猶可已也。蓋人心以尊者、親者爲不可，卑者、疏者爲賢，非我所得專也。故不得不去尊者、親者，而用卑者、疏者，以順人心，將使卑踰尊、疏踰戚，是言崇重親密之位，非疏遠者所易任也。此是當慎意，惟進賢不慎於初，所以昔者進，而今日不知其亡也。〇見賢用之，謂卑者、疏者。見不可去之，謂尊者、親者。所用之賢與所去之不肖非是兩事，即是一時去尊親之不肖，而用卑、疏之賢，正見不得不以卑踰尊，疏踰戚之意。故《集註》總之曰「所謂國君進賢如不得已如此」。〇可殺之人與上文不可之人，皆不賢者也，故併言之。但可殺者有罪，不止於去耳。宣王蓋視臣如草芥者，故孟子發此論。《集註》言「非獨以此進退人才，至於用刑亦以此道」，則不知所謂王無親臣者，蓋兼殺而言矣。

如此，然後可以為民父母。」

如此，本上文國人殺之而言，所重在國人，而舉殺以見用舍也。蓋好惡以國人之公爲公，國人皆以爲然，而猶曰然後察之，正欲得其至公之實也。親見其實，則有合於國人之公矣，此所以不得不去不肖而用賢也。不因國人皆曰不可而輕去之，不因國人皆曰可殺而輕殺之，此之謂不知其亡。以私意行政，豈爲民父母之心哉？

八

齊宣王問曰：「湯放桀，武王伐紂，有諸？」孟子對曰：「於傳有之。」曰：「臣弒其君，可乎？」曰：「賊仁者謂之賊，賊義者謂之殘，殘賊之人謂之一夫。聞誅一夫紂矣，未聞弒君也。」

臣弒其君可乎？就武王身上發問，故下文以誅一夫紂爲言。蓋湯之於桀，止於放，未嘗殺也。《集註》以桀、紂天子，湯、武諸侯兼言，則似謂湯亦弒君，失之矣。○仁，就心之全德而言。義，就事之條理而言。賊則害其本體，殘則傷其一支。賊義便是賊仁，但分而言之，則如此耳。

九

孟子見齊宣王曰：「為巨室，則必使工師求大木。工師得大木，則王喜，以為能勝其任也。匠人斲而小之，則王怒，以為不勝其任矣。夫人幼而學之，壯而欲行之。王曰『姑舍女所學而從我』，則何如？今有璞玉於此，雖萬鎰，必使玉人彫琢之。至於治國家，則曰『姑舍女所學而從我』，則何以異於教玉人彫琢玉哉？」

此亦特見宣王而告之也，兩節文勢自相唱和。上節以大木發問小用賢者之意，姑舍女所學而從我，乃宣王好臣所教之本，正是小之。教，謂教導之使從己所為，不從賢者所學也。一章大指，全以姑舍女所學而從我一句發教字。下節乃以愛國不如愛玉者應之，見宣王好臣所教，是不愛國也。萬鎰之玉，價之重者也。璞玉之重，王知愛之，而專委能者；國家之重，王不知愛，而欲自用。是愛國不如愛玉也。使玉人彫琢是專任之，非教也。教玉人彫琢玉，則狥己見矣。人君欲賢者從己之欲，何以異此？

十

齊人伐燕，勝之。宣王問曰：「或謂寡人勿取，或謂寡人取之。以萬乘之國伐萬乘之國，五旬而舉之，人力不至於此。不取，必有天殃。取之，何如？」孟子對曰：「取之而燕民悅，則取之。古之人有行之者，武王是也。取之而燕民不悅，則勿取。

古之人有行之者，文王是也。以萬乘之國伐萬乘之國，簞食壺漿，以迎王師，豈有他哉？避水火也。如水益深，如火益熱，亦運而已矣。」

燕人惡其君之暴虐，無尊上死長之心。故齊師之至燕，士卒不戰，城門不閉而出迎。齊實無德以致其心服也。蓋宣王本非天吏，伐國而以利燕爲心，天殃豈在不取哉？特託天以遂其私耳。孟子則以取不取係於民之悅否，決天命於人心，何所私焉？如水益深，如火益熱，是以暴易暴，失人心也。下章諸侯將謀救，正以燕人不悅而望救於他人也。燕人之畔，蓋原於此矣。

十一

齊人伐燕，取之。諸侯將謀救燕。宣王曰：「諸侯多謀伐寡人者，何以待之？」孟子對曰：「臣聞七十里為政於天下者，湯是也。未聞以千里畏人者也。

新安陳氏曰：「七十里爲政，千里畏人，立兩節爲柱，下文分應之。」

《書》曰：『湯一征，自葛始。』天下信之。『東面而征，西夷怨；南面而征，北狄怨。曰：奚為後我？』民望之，若大旱之望雲霓也。歸市者不止，耕者不變。誅其君而弔其民，若時雨降，民大悅。《書》曰：『徯我后，后來其蘇。』

民望之，若大旱之望雲霓，是未至而民望之切。歸市至民大悅，是既至而慰民之望，此皆孟子解《書》意也。徯我后二句，又是引《書》語以證之。此言湯之所以七十里而爲政於天下也。

今燕虐其民，王往而征之，民以為將拯己於水火之中也，簞食壺漿，以迎王師。若殺其父兄，係累其子弟，毀其宗廟，遷其重器，如之何其可也？天下固畏齊之彊也。今又倍地而不行仁政，是動天下之兵也。

殺其父兄四句，是如水益深，如火益熱，此齊之所以千里而畏人也。

王速出令，反其旄倪，止其重器，謀於燕眾，置君而後去之，則猶可及止也。」

孟子此策乃實理當如此，非迂闊之談也。

十二

鄒與魯鬨。穆公問曰：「吾有司死者三十三人，而民莫之死也。誅之，則不可勝誅；不誅，則疾視其長上之死而不救，如之何則可也？」孟子對曰：「凶年饑歲，君之民老弱轉乎溝壑，壯者散而之四方者，幾千人矣；而君之倉廩實，府庫充，有司莫以告，是上慢而殘下也。曾子曰：『戒之戒之！出乎爾者，反乎爾者也。』夫民今而後得反之也。君無尤焉！君行仁政，斯民親其上、死其長矣。」

凶年，以歲歉言。飢歲，以民飢言。章內長上俱指有司說。蓋疾視其長上，謂有司也，上慢之上，當亦如之。《集註》以上慢之上，爲君及有司，則文義不相協矣，若君則因有司而見之耳。

十三

滕文公問曰：「滕，小國也，間於齊、楚。事齊乎？事楚乎？」孟子對曰：「是謀非吾所能及也。無已，則有一焉：鑿斯池也，築斯城也，與民守之，效死而民弗去，則是可為也。」

效死，是守義。民弗去，非愛民者不能也。可爲，謂盡愛民之心，以效死國之義，大要歸於得民心而已。

十四

滕文公問曰：「齊人將築薛，吾甚恐。如之何則可？」孟子對曰：「昔者大王居邠，狄人侵之，去之岐山之下居焉。非擇而取之，不得已也。苟為善，後世子孫必有王者矣。君子創業垂統，為可繼也。若夫成功，則天也。君如彼何哉？彊為善而已矣。」

此章因文公畏齊之逼而有遷國之心，故即太王遷國之事以告之，亦一策也。爲善，是遷國所行之仁政，以肇基王迹者也。可繼者，即善也。成功則天，謂子孫或不能王也，蓋遷國亦不可保其成功，惟有一爲善而已。不爲善而欲圖僥倖，不可得矣。

十五

滕文公問曰：「滕，小國也。竭力以事大國，則不得免焉。如之何則可？」孟子對曰：「昔者大王居邠，狄人侵之。事之以皮幣，不得免焉；事之以犬馬，不得免焉；事之以珠玉，不得免焉。乃屬其耆老而告之曰：『狄人之所欲者，吾土地也。吾聞之也：君子不以其所以養人者害人。二三子何患乎無君？我將去之。』去邠，踰梁山，邑于岐山之下居焉。邠人曰：『仁人也，不可失也。』從之者如歸市。或曰：『世守也，非身之所能為也。效死勿去。』君請擇於斯二者。」

皮幣、犬馬、珠玉，以漸而加重者也。事大國而不得免，則所欲在土地，其勢不得不遷矣，故告之以遷國之事。蓋太王遷國，本爲民圖存，別爲一邑以君之。國存則君固在也，若不遷則君或不能保，乃無君矣。能保其君，故告其耆老曰：「何患乎無君？」邠人曰：「仁人也，不可失也。」謂相失在後，則不能從之以往，欲求仁人爲君不可得也。此君民相顧之情，豈棄民而去，任民之從狄者哉？此說本於《蒙引》，得太王之意矣。《莊子・讓王》篇亦載此事。乃云：「子皆勉居，爲吾臣與爲狄人臣，奚以異？」因杖策而去之，則棄民遺世，以私見罔聖人者也。然遷國肇基，惟盛德者能之，意文公力量或不能及也，故復以世守之義告之。請擇二者，重在審己量力，見文公但可效死以守也。○此上三章，皆孟子至滕，與文公面論之語。然文公聽於孟子，以事大恤民，卒能自守，得免於遷，此可以見用賢爲國之效矣。

十六

魯平公將出。嬖人臧倉者請曰：「他日君出，則必命有司所之。今乘輿已駕矣，有司未知所之。敢請。」公曰：「將見孟子。」曰：「何哉？君所為輕身以先於匹夫者，以為賢乎？禮義由賢者出，而孟子之後喪踰前喪。君無見焉！」公曰：「諾。」樂正子入見，曰：「君奚為不見孟軻也？」曰：「或告寡人曰：『孟子之後喪踰前喪』，是以不往見也。」曰：「何哉？君所謂踰者？前以士，後以大夫；前以三鼎，而後以五鼎與？」曰：「否。謂棺椁衣衾之美也。」曰：「非所謂踰也，貧富不同也。」

臧倉謂孟子後喪踰前喪，言其治母喪過厚，不與父同，爲私於母，似非賢者所爲也。及平公自解其意，則謂三鼎、五鼎，禮有定分，不得爲踰。惟棺槨衣衾，以母踰父，則於禮有所不安耳。

樂正子見孟子，曰：「克告於君，君為來見也。嬖人有臧倉者沮君，君是以不果來也。」曰：「行或使之，止或尼之。行止非人所能也。吾之不遇魯侯，天也。臧氏之子焉能使予不遇哉？」

行是道之行，止是道之廢。平公欲見孟子，而臧倉尼之，使不得行，乃平公之天幾未動，所謂天未欲平治天下也。此天命之所常安，於倉何尤哉？

卷三　公孫丑上

一

公孫丑問曰：「夫子當路於齊，管仲、晏子之功，可復許乎？」孟子曰：「子誠齊人也，知管仲、晏子而已矣。或問乎曾西曰：『吾子與子路孰賢？』曾西蹵然曰：『吾先子之所畏也。』曰：『然則吾子與管仲孰賢？』曾西艴然不悅，曰：『爾何曾比予於管仲？管仲得君，如彼其專也；行乎國政，如彼其久也；功烈，如彼其卑也。爾何曾比予於是？』」曰：「管仲，曾西之所不為也，而子為我願之乎？」

曾子敬畏子路，以其勇於爲義，於天理上事能直截擔當，孔門最難得者。曾西不爲管仲，乃學術之不同也。霸者主於功利，而王道則本於仁義，故曾西有不爲，亦羞稱之意也。云「管仲，曾西之所不爲」，蓋言曾西本聖賢之徒，非抑辭也。孟子因曾西專說管仲，故特舉之，非以晏子爲劣而不足言也。

曰：「管仲以其君霸，晏子以其君顯。管仲、晏子猶不足為與？」曰：「以齊王，由反手也。」

此言王天下之易，以見霸功不足尙也。

曰：「若是，則弟子之惑滋甚。且以文王之德，百年而後崩，猶未洽於天下；武王、周公繼之，然後大行。今言王若易然，則文王不足法與？」曰：「文王何可當也？由湯至於武丁，賢聖之君六七作，天下歸殷久矣，久則難變也。武丁朝諸侯、有天下，猶運之掌也。紂之去武丁未久也，其故家遺俗，流風善政，猶有存者；又有微子、微仲、王子比干、箕子、膠鬲，皆賢人也，相與輔相之，故久而後失之也。尺地莫非其有也，一民莫非其臣也，然而文王猶方百里起，是以難也。

公孫丑因孟子言齊王之易，而以文王之難王者折之。王以人心之歸言，但文王之時猶未得天下，故曰武王、周公繼之，然後大行，以見其難。〇自由湯至運之掌也，是言商家德澤入人之深。自紂之去武丁至相與輔相之，是言紂之身可以亡國，而其時猶有維持王化者，故久而後失之，此以上言時之難。自尺地莫非其有至文王猶方百里起，是言勢之難。

齊人有言曰：『雖有智慧，不如乘勢；雖有鎡基，不如待時。』今時則易然也。夏后、殷、周之盛，地未有過千里者也，而齊有其地矣；雞鳴狗吠相聞，而達乎四境，而齊有其民矣。地不改辟矣，民不改聚矣，行仁政而王，莫之能禦也。且王者之不作，未有疏於此時者也；民之憔悴於虐政，未有甚於此時者也。飢者易為食，渴者易為飲。

鎡基具則勢有可用，故假借以明勢，而知慧即其德也。德以勢行，勢以時行，時言今則勢在其中矣。此發易王之意，故言時勢之易，以見齊王之所以反掌也。○雞鳴犬吠相聞，而達乎四境，亦本夏后、殷、周之盛說。

孔子曰：『德之流行，速於置郵而傳命。』當今之時，萬乘之國行仁政，民之悅之，猶解倒懸也。故事半古之人，功必倍之，惟此時為然。」

此又引孔子之言，以申上文之意。蓋德行之所以速者，正爲時勢之易也，苟時勢不易，則雖文王之德，亦豈能速行哉？

二

公孫丑問曰：「夫子加齊之卿相，得行道焉，雖由此霸王，不異矣。如此，則動心否乎？」孟子曰：「否。我四十不動心。」

觀丑此問地位已高，與初問管仲、晏子，識見大不同矣。動心是就心體上說，恐其因大行而有欣心也。蓋丑從得行道上發問，故不動心乃大行不加之意，《集註》以恐懼疑惑說則太粗矣。否字正言不動心，我四十是指其時也。

曰：「若是，則夫子過孟賁遠矣。」曰：「是不難。告子先我不動心。」

孟賁是能硬把捉此心以爲勇者，公孫丑引之，則謂孟賁之勇如此，亦難保其心之不能不動。而孟子能不動心，則孟賁之所難也，故曰過孟賁遠矣。是不難，是孟子自言己之不難。告子先我不動心，先字是形容不難意，未便抑告子也。告子心上做工夫，可以言不動心；孟賁是氣上硬把捉，不可以言不動心也。《集註》錯認孟賁與告子人品，謂其工夫同一把捉，故其發言之初，便以未爲知道抑告子耳。

曰：「不動心有道乎？」曰：「有。」北宮黝之養勇也，不膚撓，不目逃，思以一毫挫於人，若撻之於市朝。不受於褐寬博，亦不受於萬乘之君。視刺萬乘之君，若刺褐夫。無嚴諸侯。惡聲至，必反之。孟施舍之所養勇也，曰：『視不勝猶勝也。量敵而後進，慮勝而後會，是畏三軍者也。舍豈能為必勝哉？能無懼而已矣。』孟施舍似曾子，北宮黝似子夏。夫二子之勇，未知其孰賢，然而孟施舍守約也。昔者曾子謂子襄曰：『子好勇乎？吾嘗聞大勇於夫子矣：自反而不縮，雖褐寬博，吾不惴焉；自反而縮，雖千萬人，吾往矣。』孟施舍之守氣，又不如曾子之守約也。」

有，謂有不動心之道。天理之正也，蓋已爲曾子所聞，自反而縮一言張本矣。程子謂心有主則能不動。主字易於錯認，蓋道爲之主可也。若主於道，即有所執著，是爲義襲。義襲則心已爲道所動，況主於氣乎？此心有所著，即已隨之而去。虛靈之體已失，不可以爲不動矣。詳見下文。〇北宮黝不受挫於人，是必報之主意；惡聲至，必反之，正必報也。視刺萬乘之君，若刺褐夫，目中無天子也；無嚴諸侯，目中無諸侯也。必報以求必勝，則必無懼，故并言不膚撓、目逃，以及於輕視天子、諸侯，但所重在必勝耳。此以氣爲主，不可以爲不動心也。孟施舍之言，皆自述其所能，故孟子言其所養之勇。若黝則方爲必勝之事，未謂其能勝也，故止以養勇言之。舍不取必於勝人，而惟以自盡其無懼之意，故比黝爲得要，但亦以氣爲主，不可以爲不動心也。○子夏是欲速見小利，求勝人者，非爲篤信聖人也。篤信聖人與必勝意不相合，因欲引入曾子事，故述子夏以方之。子夏，仲尼之徒也。雖其務外好高，或不免於義襲，比舍則爲知道，不可以其與黝同等，而遂謂其不如舍也，姑以明敵人守己之別耳。○孟施舍以無懼爲主，只主無懼而已。若以義理爲主，則內省不疚，然後可以無懼，若於己有歉，則當退自剋責，安得無懼？故曰自反而不縮，雖褐寬博，吾不惴焉。吾不惴焉，猶言吾不畏人乎？此曾子所以與舍不同也。曾子之勇，只在縮字，後言直養之直，從此字發端。曾子之義理爲主，當懼則猶有懼，不專主於無懼，故其守爲約，此正見不動心有道處。孟子欲人知孟賁之主於氣，故即黝、舍之勇，品其優劣以明之。黝、舍皆孟賁之流，亦主於氣者也，才主於氣，便是硬把捉，與義襲同一病根，而以氣把捉甚於以義把捉耳。故黝、舍可以言有主，不可以言不動心，惟告子無所把捉可以言不動心，不可以言有道。然則以有主訓有道，將有毫釐千里之謬矣。

曰：「敢問夫子之不動心，與告子之不動心，可得聞與？」「告子曰：『不得於言，勿求於心；不得於心，勿求於氣。』不得於心，勿求於氣可；不得於言，勿求於心不可。夫志，氣之帥也；氣，體之充也。夫志至焉，氣次焉。故曰：『持其志，無暴其氣。』」

丑以孟子之不動心與告子之不動心並問，未明其有優劣也。但四十與先字遲速不同，欲兩問之，孟子專就告子一邊論斷，而優劣始見矣。〇不得於心者，念慮差失，心不安也。心有病則精神不相管攝，而百體皆不從，今氣皆亂矣。此由心不爲主起，但須心上理會，原不必於氣上求也。氣上求之，事事欲其得宜，便是作意求合於外，乃義襲矣，故孟子直斷勿求於氣爲可，正欲求之於心耳。若言語有失，而心體有不通達，此病本起於心，豈可不於心上求之？故孟子直斷之曰不可，言氣可以不求，心不可以不求也。夫志以下六句，正是心不可以不求之意。持志工夫只在事物上精察，鼓舞精神而百體從令。志至而氣即次之，次者，次止之義，猶歇泊也，此非本於心能爲主乎？故持志即所以無暴氣也。恐其離事而言志，故兼及於氣，以明持志之實地。至下文言氣合道義，正發此意耳。持志之持，即帥字意。蓋謂提醒不忘，非把持也，心之所謂有主者如此。○告子之病只不求二字。不求者，遺棄事物，不以累心，欲使澄然無事也。澄然無事者，自然之宗旨。從其本體，自應不著分毫氣力，乃其所謂仁內，正爲其不於義上精察也，豈可以強制其心目之？朱子謂告子專以強制其心一句爲主，所以錯認其有正助，全非告子不求之學矣。○《集註》謂「可者，僅可而有所未盡之辭」，而以不求氣爲猶之可也。殊不知下文以不求心爲不可，故以此爲可意，蓋因所重以見所輕焉。今不從不可上論持志爲重，卻從可上說又當致養其氣。即一又字，則養氣別有一工夫，乃爲正助而蹈義襲之病矣。豈非告子所不足於當世之學者邪？○或謂告子不但勿求於心、勿求於氣之見爲非，只不得於言、不得於心即其所未當矣，此說亦太高矣。蓋人非至聖，幾微上難保無差，惟求之於心，方是切實工夫。不得二字，乃其言語不通而有覺，念慮有失而不安，此正天理萌動之機，可以下手用功之處，但告子以爲（磨）（魔）障，一切不求，只欲此心澄然無事，所以雖能不動，而與孟子之學相反耳。

「既曰『志至焉，氣次焉』，又曰『持其志，無暴其氣』者，何也？」曰：「志壹則動氣，氣壹則動志也。今夫蹶者趨者，是氣也，而反動其心。」

此節從無暴其氣上說來，重在論氣。志壹則動氣一句是起氣壹則動志也。氣壹、志壹，壹字雖同，而所向不同。壹在志，則志形而上者也，所壹爲理，所謂心之官則思者也；壹在氣，則氣形而下者也，所壹不可以理言，所謂耳目之官不思，而蔽於物者也。官即其壹處。志壹，志爲主也，志上著不得把捉，才著把捉，便是氣爲主矣。志壹動氣，則百體從令，理之正也。氣壹則志不爲主，而反爲氣動，此所以當以志帥氣也。蓋持志工夫不外事物，此合內外之道，恐人持志而遺事物，故以氣幫補言之，其實所重在志也。○志動氣者什九，氣動志者什一，程子此言似亦有病，蓋志氣相勝，分數因之。志爲主則動氣，雖有不存焉者寡矣！志不爲主，則反爲氣動，雖有存焉者寡矣，豈可斷以志居分數之多，而氣居分數之少邪？

「敢問夫子惡乎長？」曰：「我知言，我善養吾浩然之氣。」

丑以上二節所言，乃是告子之短，故此直問孟子之所長也。○言者，吾心之理宣於聲者也。《集註》指爲天下之言，則說從外去，與前「不得於言，不求於心」者不相應矣。知言，謂心之本體能明，而擇善之精也。言發於心，乃其事理動處，即氣之可見者也。氣本吾心流行之用，與言同出而異名，但其分析處在言，而其推行處在氣耳。浩然者，氣體盛大流行而不可遏之勢也。養氣工夫只在道義，道義即心之爲主者也，故道義之精，即是知言，孟子因告子有不得於言，勿求於心；不得於心，勿求於氣之說，故以言與氣分別言之。其實知言所精之道義，即其養氣之道義也。特在積集有常，乃爲養氣耳。至於充滿以復其浩然之體，豈外於吾心道義之知哉？故知言者，求之於心也；養氣者，亦求之於心也。舍心別無養氣之法矣。凡言養者皆滋培本根，不遏生意之名，心外又復求助於氣，此即義襲，而正助以遏生意，豈得爲善養乎？故以道義之在心者知言、養氣，此知行合一之道也。○《集註》以無疑、無懼言不動心，而以疑屬知言，懼屬養氣，此亦過於分別。蓋自其不合一者而言，則有心體上明理，而力不足以任之者，以擴充之功不繼也；有力足以任事，而心體上不精者。此氣質之蔽不開也，無怪其以疑、懼分爲兩截也。自其合一者而言，則知言即心之體，養氣即心之用，體用一源，無疑即是無懼矣，何知與養之可分哉？

「敢問何謂浩然之氣？」

丑以浩然之氣爲異聞，而又未知有道義之說，則氣之所謂浩然者，不詳所指，故先問之。夫浩然之氣，自然流行，乃天命於穆之不已，程子所謂「人生而靜以上不容說」者也。故孟子以爲難言，所可言者，惟道義乃工夫可以下手之處，即所謂「凡人說性，只是繼之者善也」之意，否則既曰難言，何以復有言邪？

曰：「難言也。其為氣也，至大至剛，以直養而無害，則塞于天地之閒。其為氣也，配義與道；無是，餒也。是集義所生者，非義襲而取之也。行有不慊於心，則餒矣。我故曰，告子未嘗知義，以其外之也。必有事焉而勿正，心勿忘，勿助長也。無若宋人然。宋人有閔其苗之不長而揠之者，芒芒然歸。謂其人曰：『今日病矣，予助苗長矣。』其子趨而往視之，苗則槁矣。天下之不助苗長者寡矣。以為無益而舍之者，不耘苗者也；助之長者，揠苗者也。非徒無益，而又害之。」

此一段言氣以善養而復浩然之體也。〇大是剛之盡處，剛是德之健處，此氣之本體也。剛之發用爲大，至大處茫茫無可下手，惟剛爲有依據。剛則不屈於欲，故以直養之，順而無害。無害者，自反常縮，而無所作爲以求助於氣也。如此則私欲不存，能復本體之剛，以盡其大，而贊化育、參天地，充塞無間矣。大而莫禦，所以爲浩然也。《易》曰：「夫乾，其靜也專，其動也直，是以大生焉」，孟子之言蓋本於此。〇道者，性所謂之路也；義者，道所適之宜也。譬之行舟，道如乘風自然而不可遏，義如把捉介然而不敢差。故道爲天理之自然，義爲人心之裁制。道以出義，則義有根；義以制道，則道有節。非各爲一物也。此言氣以道義而充，以明上文直養之意。一於道義而工夫有常，則無害在其中矣。蓋養氣工夫惟在於直，所以直者，道義而已。道義者，生理之本直也。道義在心，心勿忘處便是持志，持志即所以養氣，舍道義別無養氣之功矣，故曰其爲氣也，配義與道，言與道義合一也。無是道義則氣餒，氣餒者，塞于天地之反也，此豈道義之有餒哉？《集註》以「合而有助」訓配字，有助謂以氣助道義，即求助於氣之宗旨也，殊不知氣無助道義之理，其能助者亦必道義養成，與氣合一而左右逢源耳。苟求助於氣，則私意牽纏，烏得爲直邪？○上文言配義與道，已盡養氣工夫之要矣，故又承上言義本在心，而非求之於外者，以明無害之意。集義者，求之於心者也；義襲者，求之於氣者也。集則工夫無間斷，而事事合宜，生意從心而出。襲如裼襲之襲，衣之在外加上者也。自根本所發，則曰生；自外面得來，則曰取。生與取亦內外之分也。《集註》以襲如掩襲之襲，是偶以一事之義，出其不意而取之，但未事事合宜耳。蓋朱子本意以上文爲養成之氣，此爲養之之始，故以集爲積漸。而義襲者，固不謂其工夫在外而爲正助也。殊不知此節之意專恐作爲以害之，故工夫雖當積集不已，而大要則欲見義之在心，而不可作爲於外也。○上言告子以義爲義襲，故又專論助長之害，以明非義襲之意。必有事焉，謂於義不忘其所有事，所謂集也。必云者，非有意之必，蓋其心惺惺，不得不有事也，如此則不動而敬，不言而信，事從心出，非因事而正也。因事而正，則心上原無有事工夫，事至始起一念以把捉耳。惟心體虛靈，可以言正，《大學》正心是也。蓋行所無事，正之無著者也，若於事上把捉以求其正，便有預期之意，此非助長而何？勿是人心不安之幾，非禁止辭也。心勿忘只是申言必有事焉；勿助長只是申言勿正。非有兩層工夫也。有事勿忘屬心，即是志壹；正助屬事，即是氣壹。孟子欲明養氣之害，故歸重於助長，以見不可取正於事以遏絶心之生意也。觀其以無若宋人然喻，則所重在助長可知矣。當時學者率於事上求正，皆義襲也，故曰天下之不助苗長者寡矣。若告子之心澄然無事，真能不掛一絲頭，以此爲助長，則天下固不多得也。以爲無益而舍之與助之長者二句，是主氣說；不耘苗與揠苗二句，是以苗明之；非徒無益，而又害之，亦是說氣。《集註》皆以說苗，如《詩》之比，則於文義反晦矣。以爲無益而舍之者，是勿求於氣之事，以其未有作爲之害，孟子所謂可者也。若助之長者，則作意爲之，以求事之必正，是義自外襲者也。如此則胸中有物隔礙本根，遏絶天理發生之機，非害而何？此卻是不求於心之故，故心不可以不求也，求心之要，集義而已矣。○助長之說，本爲告子不求助於氣而發，告子以義爲外而不爲，然於天理萌動之機未嘗遏絶，但可謂之不耘而已，何害之有？既不求助於氣，朱子乃謂其有正助之病，則以其不得於心，勿求於氣爲強制其心也。夫強制其心者，氣之合也；求助於氣者，氣之分也。雖內外異形，而病根同一把捉，則均之爲有事而正，豈可謂正助有不屬於氣者哉？原告子之心只是義上不精，然其廓然無礙卻是仁體，故其自言曰仁內義外。仁體自然，故可謂之不動心；若心有強制，已是氣上正助，惡得云不動邪？蓋心之所以不動者，以有道義爲主耳。道義本合一之理，《中庸》言脩道以仁，則道即仁之全體也。仁者，心之生理，自然流行而不可遏；其斷然制宜而不可雜者，即義矣。故工夫惟義爲切，以義爲歸根復命之處也。孟子論仁義必歸重於義，而惓惓於羞惡之心，以恥爲大，蓋恐離義而言仁，則或流而爲欲耳。及論養氣亦歸於集義，其曰行有不慊於心，乃羞惡之心有所不能自安，豈待作爲以襲取於外哉？而告子認義爲外之失見焉。故求義於心，則爲持志，而氣以無暴致充；求義於氣，則是著意，而志爲正助所動。拔本根、害生意，則反不若不求於氣者之但失於無益而已。謂志之外別有一工夫求氣，則正告子之所不爲，而可以此病之乎！

「何謂知言？」曰：「詖辭知其所蔽，淫辭知其所陷，邪辭知其所離，遁辭知其所窮。生於其心，害於其政；發於其政，害於其事。聖人復起，必從吾言矣。」

丑蓋不知言即吾心道義之所發，而知則精擇乎此也，故以爲問，而孟子告之如此。言有詖、淫、邪、遁之病，相因而深，心有蔽、陷、離、窮之偏，相因而甚。言出乎身、加乎民，即是事也，本於吾心，而由氣以動。詖淫邪遁之言生於心，即私意之爲心害也，義襲之根亦在於此，其害必及於政事焉。蓋言之爲用，與氣爲一，而政事之害，即是氣不充矣，故養氣必自知言始。知言則去己私之蔽心者，而一於道義之精，其心無所不安矣，氣焉有不得所養乎？集義不忘而自反常直，亦惟養此道義之知而已。知言屬知，養氣屬行。行以養知，而至於充，本無二也，但於義不精，則所養者無所依據。云必從吾言者，謂必以知言爲先也。○政謂大體，是用之及人處，如行之於父子、行之於兄弟皆政也。事謂條目，即政之所爲也。生於其心，病在心也，有此心必發於政，發於政則加於民矣。故政之所爲，事事皆爲民害，害事正害政之實也。〈滕文公下〉篇「好辯」章亦有「作於其心」數句，語意大略相同。但謂之作，則已發於行事矣。蓋自學問之正己以正人者而言，則先言政而後言事；自邪說之害己以害人者而言，則先言事而後言政。自傳道者而言，則曰必從吾言；自治亂者而言，則曰不易吾言。義各有所在也。

「宰我、子貢善為說辭，冉牛、閔子、顏淵善言德行。孔子兼之，曰：『我於辭命，則不能也。』然則夫子既聖矣乎？」曰：「惡！是何言也？昔者子貢問於孔子曰：『夫子聖矣乎！』孔子曰：『聖則吾不能，我學不厭而教不倦也。』子貢曰：『學不厭，智也；教不倦，仁也。仁且智，夫子既聖矣。』夫聖，孔子不居，是何言也？」

善爲說辭，謂能發揮此學以開明人心，亦言之親切而有味者也。善言德行，則以德爲行，心體上有得，默而成之，時然後言者也。宰我、子貢，氣魄頗大，不止如子夏、子游、子張之僅有一體，但心上工夫未曾切實，故不能兼德行也。冉牛、閔子、顏淵，心上工夫已有實得，但言語發揮處未若宰我、子貢之能鼓舞人耳。蓋用猶未廣，即具體而微之意，故不能兼說辭也。善言德行，言必當理，即是知言也；善爲說辭，言不畏怯，即是養氣也。夫子兼之，則理明氣充，而實德之發揮，足以感動人者也。然謂不能辭命者，以感通人處甚難。蓋言而民莫不信，惟溥博淵泉，以時出者能之，故自歉實德之未至耳，豈謂辭命不如宰我、子貢哉？宰我、子貢之於辭命，僅能於發用處用功耳，雖亦主於德，而不能合一也。《論語》以顏淵、閔子先冉牛，此以冉牛、閔子先顏淵者，彼以德行之高下爲差，此以成德之先後爲差也。○求道義於心，養氣之要旨也。以此爲學，便是知言。以此學及人，便是氣之充廣處。凡與人交，而有以接引開導之，即是教也。不厭不倦，雖聖人工夫如此，然皆本於純亦不已之德，所以謂之仁智。自其存諸心而言則曰智，自其發於愛而言則曰仁，此合內外之道也。聖人全體此德，而不自知其爲聖，故於辭命不居。丑乃以孟子爲既聖，似爲其大言而發，故兩言是何言也以斥之。

「昔者竊聞之：子夏、子游、子張皆有聖人之一體，冉牛、閔子、顏淵則具體而微。敢問所安？」曰：「姑舍是。」

子夏、子游、子張皆有聖人之一體，曰有，見其文章有可觀也。冉牛、顏淵具體而微，曰微，見其聲色之不顯也。一體者，能成就其德性之偏，即韓子所謂學焉而得其性之所近也。意其氣魄亦不甚大，總使造極，亦不過如伯夷、伊尹之爲一偏之聖耳，即其今日所就，止是達材，未可以爲成德也。具體者，全體聖人，已能成德矣，但未能如孔子之充盛耳，及其充盛而至於化，則亦孔子也。丑問所安者，非指子夏、子游、子張也，蓋以歸重於冉牛、閔子、顏淵矣。孟子言姑舍是，亦豈輕冉牛、閔子、顏淵哉？以其未至於聖人，心之所安不在是耳。

曰：「伯夷、伊尹何如？」曰：「不同道。非其君不事，非其民不使，治則進，亂則退，伯夷也。何事非君，何使非民，治亦進，亂亦進，伊尹也。可以仕則仕，可以止則止，可以久則久，可以速則速，孔子也。皆古聖人也。吾未能有行焉，乃所願，則學孔子也。」「伯夷、伊尹於孔子，若是班乎？」曰：「否。自有生民以來，未有孔子也。」

伯夷、伊尹與孔子不同道，道豈有不同哉？但自聖人之於天道而言，則有至不至焉。使伯夷、伊尹學聖工夫不厭，則亦至於天道，與孔子同也。然既謂之聖，必能全仁智之德，但孔子則於仁智造至其極，能集大成。蓋仕、止、久、速，各當其可，所謂聖之時也。此非德之造極而何？若伯夷、伊尹雖已入聖，而智之圓融，未能如孔子之極精耳。〇丑問若是班乎，因上文皆古聖人一語而發。云自生民以來，未有孔子，本其時中之德，造於至極而言，即所謂不同道也。

曰：「然則有同與？」曰：「有。得百里之地而君之，皆能以朝諸侯、有天下。行一不義、殺一不辜而得天下，皆不為也。是則同。」

百里可王，此是德足以感人心處，所謂以德行仁者王也。然其根本上，非有無爲其所不爲，無欲其所不欲之心，則不能也。人有所不爲而後可以有爲，此非虛語。故行一不義、殺一不辜而得天下不爲，此是聖人於義利上最分明處，學者於此其可忽乎？

曰：「敢問其所以異？」曰：「宰我、子貢、有若，智足以知聖人。汙不至阿其所好。宰我曰：『以予觀於夫子，賢於堯、舜遠矣。』子貢曰：『見其禮而知其政，聞其樂而知其德。由百世之後，等百世之王，莫之能違也。自生民以來，未有夫子也。』有若曰：『豈惟民哉？麒麟之於走獸，鳳凰之於飛鳥，太山之於丘垤，河海之於行潦，類也。聖人之於民，亦類也。出於其類，拔乎其萃，自生民以來，未有盛於孔子也。』」

智足以知聖人汙，蘇氏以汙字屬上句，蓋指聖人深曲難知之處也。不阿所好，明可信也。孟子欲引三子之言爲證，故先稱其智明而言實如此。○宰我謂夫子賢於堯、舜，本時中之德言，謂其德之極於精練，非語事功也。詳見《説理會編》卷十一。○子貢所言禮樂，謂前王之禮樂也。政謂見於事者，德謂存諸心者，前代之王無可考，惟有所存之禮樂，可以知其德政耳。此本爲等百世之王而發，所等百世之王，即是生民以來之聖，而見其皆不如孔子也。○有若言豈惟民哉，指凡民之相同者而言。觀麒麟、鳳凰、太山、河海之於走獸、飛鳥、丘垤、行潦爲同類，則聖人於民亦只是同類，但聖人出類拔萃而異於衆人耳。萃，即類之聚處，非有二也。此見聖人皆是德盛，然孔子則德極其至，所以比之自古聖人之德爲尤盛也。

三

孟子曰：「以力假仁者霸，霸必有大國，以德行仁者王，王不待大。湯以七十里，文王以百里。以力服人者，非心服也，力不贍也；以德服人者，中心悅而誠服也，如七十子之服孔子也。《詩》云：『自西自東，自南自北，無思不服。』此之謂也。」

此因上章公孫丑有霸王不異之言，乃世俗大則以王，小則以霸之見，故復以此繼之。仁著一假便是僞也；德著一行便是誠也。王霸只在誠僞之間，此記者辨心術之深意也。蓋心術是僞，則人心不服，必假於力，故曰霸必有大國；心術是誠，則人心悅服，不假於力，故曰王不待大。○以力而霸，以德而王，則服人在其中矣。故遂即人服之誠僞，以見王霸之所以分。服人者就得人之服上說，非謂以此德力服人也。無思不服，思者本其心而言，雖並論王霸，而實以霸起之，歸重於王也。王霸另有辯，見《說理會編》卷十三。七十子服孔子有說，見《說理會編》卷十二。

四

孟子曰：「仁則榮，不仁則辱。今惡辱而居不仁，是猶惡溼而居下也。如惡之，莫如貴德而尊士，賢者在位，能者在職。國家閒暇，及是時明其政刑。雖大國，必畏之矣。《詩》云：『迨天之未陰雨，徹彼桑土，綢繆牖戶。今此下民，或敢侮予？』孔子曰：『為此詩者，其知道乎！能治其國家，誰敢侮之？』今國家閒暇，及是時般樂怠敖，是自求禍也。禍福無不自己求之者。《詩》云：『永言配命，自求多福。』〈太甲〉曰：『天作孽，猶可違；自作孽，不可活。』此之謂也。」

仁則榮，不仁則辱，是一章之大指，蓋爲當時諸侯不爲仁者而發。○賢者在位，能者在職，賢能雖分言職位，而實歸重於德。蓋古人用才，必先論其有德。然後不至僨事，才足以任大事，則授大職、居大位；才足以任小事，則授小職、居小位，皆賢者也。故下章以尊賢使能，總言俊傑在位，饒雙峰之說得之。國家閒暇，謂無敵國外患之加也。政刑，謂政可以爲法守者。此言仁則榮也。○般樂，般於樂；怠敖，怠於敖，此言不仁則辱也。○由外至者，爲天作孽；由己所爲者，爲自作孽。欲人求仁於己也。

五

孟子曰：「尊賢使能，俊傑在位，則天下之士皆悅而願立於其朝矣。市廛而不征，法而不廛，則天下之商皆悅而願藏於其市矣。關譏而不征，則天下之旅皆悅而願出於其路矣。耕者助而不稅，則天下之農皆悅而願耕於其野矣。廛無夫里之布，則天下之民皆悅而願為之氓矣。信能行此五者，則鄰國之民仰之若父母矣。率其子弟，攻其父母，自生民以來，未有能濟者也。如此，則無敵於天下。無敵於天下者，天吏也。然而不王者，未之有也。」

此章爲當時諸侯不行王政而發。所尊之賢，隨其德之大小，即是所使之能，總言之，皆俊傑也。市關耕廛之法，註家皆誤，詳見《讀禮疑圖》第一、第二。人備戰國之時，賦取於民者，已多所增益。然孟子之論王政，但本文王之制，未嘗遷就衰世之事，可見古人不與民爭利之心也。然則《周禮》之廛市山澤之利，纖悉不遺，蓋本衰世之法，而非周公之舊矣。

六

孟子曰：「人皆有不忍人之心。先王有不忍人之心，斯有不忍人之政矣。以不忍人之心，行不忍人之政，治天下可運之掌上。

不忍可言於人，而不可言於己。於己爲私則當忍；而於人爲公則當不忍也。蓋天地生物之心，人所同得，故皆有所不忍。孟子提此一句爲綱，以見其不從外得也。先王全體此心，不能自已，故有此心，斯有此政。斯有者，即有也，以其無物欲之害，故能隨感而應耳。政不必其行於國與天下，但推恩以及于家，刑于寡妻，至于兄弟，如《論語》所謂「施于有政」，皆推廣此心以爲政也。行不忍人之政，即是治天下，由近及遠，故此心加諸彼而已，故曰可運之掌上。此言先王能推不忍人之心，欲人之擴充也。

所以謂人皆有不忍人之心者，今人乍見孺子將入於井，皆有怵惕惻隱之心，非所以內交於孺子之父母也，非所以要譽於鄉黨朋友也，非惡其聲而然也。由是觀之，無惻隱之心，非人也；無羞惡之心，非人也；無辭讓之心，非人也；無是非之心，非人也。惻隱之心，仁之端也；羞惡之心，義之端也；辭讓之心，禮之端也；是非之心，智之端也。人之有是四端也，猶其有四體也。有是四端而自謂不能者，自賊者也；謂其君不能者，賊其君者也。

怵惕，是心神自然驚動處；惻，反惻不安也；隱，痛之藏於內者也。當孺子入井時，忽然見之，何暇有所思慮？而此心即露，蓋自源頭不雜於欲處流出，豈能遏截得住？乃是人之真心如此。納交，是欲人親厚；要譽，是欲人稱善；惡聲，是不欲人加以不仁之名。本亦不是爲惡，但從軀殼上起念，則已雜於人欲之私，不得爲真心矣。卒然之間，此心隨感而應，不必聖人爲然，所以爲人皆有也。凡言心者，皆就其得正時說，故曰滿腔子是惻隱之心，一脫此腔，便是踰矩，心已失矣，烏得有心之名哉？〇由是觀之，本乍見孺子入井時之真心而言惻隱之心，卒然驚動，此正天地生物之心不能自已者也。天地之心只有一箇生物，此心恥未合宜，便能羞惡，不欲自失，即惻隱中之斷也。懼有過分，便能辭讓，不敢自居，即惻隱中之敬也。虛靈不昧，分別是非，毫髮不爽，即惻隱中之別也。羞惡、辭讓、是非皆自生物之心發端，故曰仁者善之長也。因論惻隱而併及之，以見其合一也。若不本其合一處言，而以惡爲憎人不善，讓爲推以與人，是非爲知人善惡，逐條說出外去，則已著於聲色見聞，未免有分別較量之私，不從善端發見之初語惻隱矣，豈聖賢論真心之本旨哉？人之所以異於禽獸者，以其有此心耳，苟無此心，人與禽獸何異！故曰非人，此以明人之必有也。〇惻隱、羞惡、辭讓、是非，是情狀之條件，心則虛靈主宰者也。人固有遇所不當傷痛而傷痛，亦有所當傷痛而傷痛之過者，皆是心失其正，可謂之惻隱而不可謂之心。羞惡、辭讓、是非亦然。謂之心，則就主宰虛靈之體未嘗昏雜處言也。以其幾從惻隱處發，則曰仁之端；從羞惡處發，則曰義之端；從辭讓處發，則曰禮之端；從是非處發，則曰智之端。心之爲體本是仁義禮智合一處，能愛、能斷、能敬、能別者也，即此便是虛靈之主，故心之統乎情者即性也，而又何必言心統性哉？但性須從發見處見之，故仁義禮智因發見而有象者也。非有惻隱、羞惡、辭讓、是非之心，仁義禮智之名亦何從而立耶？惟仁義禮智爲心所固有，故四端爲人所必有，此推原所以必有之意，猶其有四體，正以明其必有也。〇自賊即自棄，惟自棄故謂其君不能。此言四端人所必有，而爲物欲所蔽，故不能導其君行不忍人之政也。

凡有四端於我者，知皆擴而充之矣，若火之始然，泉之始達。苟能充之，足以保四海；苟不充之，不足以事父母。」

知皆擴充，知即能也，非謂知而後擴。苟能充之，即疊擴而充之說下，非有二層也。然，是火焰已炎上，其勢如何滅得？達，是泉流已放下，其勢如何壅得？足以保四海，即治天下可運之掌上也。此言四端之易充，欲人之不自賊，而引君當道也。

七

孟子曰：「矢人豈不仁於函人哉？矢人唯恐不傷人，函人唯恐傷人。巫、匠亦然。故術不可不慎也。孔子曰：『里仁為美。擇不處仁，焉得智？』夫仁，天之尊爵也，人之安宅也。莫之禦而不仁，是不智也。不仁、不智、無禮、無義，人役也。人役而耻為役，由弓人而耻為弓，矢人而耻為矢也。如耻之，莫如為仁。仁者如射，射者正己而後發。發而不中，不怨勝己者，反求諸己而已矣。」

此章爲當時諸侯不仁之辱者而發。○既爲矢人，則惟恐不傷人；既爲函人，則惟恐傷人。其始只以爲矢人、函人之故。巫欲人之生，匠欲人之死，其術亦與矢人、函人同，言當慎於擇術之初也。蓋泛言擇術，以起下文擇仁之意。○里仁爲美，而欲人擇仁不必擇里也，此與《論語》義同，但解者互異耳。以里仁爲仁厚之俗，則言仁太粗淺矣。仁義禮智皆良貴，而仁統四德，故曰尊爵。所居有天理自然之安，而無私欲之累，故曰安宅。尊爵言其體，安宅言其用也。不仁即不智矣，而禮義何由立乎？弓人恥爲弓，矢人恥爲矢，蓋指其羞惡之本心而言。謂雖惟恐不傷人，而其良心固不自安也，如此則莫若不爲弓人、矢人矣。以見爲人役者，莫若反求諸己，不爲不仁也。仁者如射，是以射明爲仁由己，而人當反求之意。

孟子曰：「子路，人告之以有過，則喜。禹聞善言，則拜。大舜有大焉，善與人同。舍己從人，樂取於人以為善。自耕、稼、陶、漁，以至為帝，無非取於人者。取諸人以為善，是與人為善者也。故君子莫大乎與人為善。」

子路不能無過，禹不待有過，此在聖賢雖有優劣，然所重不在此。蓋即二人之事，以起舜耳。子路聞過則喜，禹聞善言則拜，皆欲得人之善以資於己，是猶私於成己也。在舜則與物同體，而盡能忘己矣。○大舜有大焉，與下文君子莫大乎與人爲善大字相應。《集註》謂大於禹與子路，則語意微異矣。善與人同，言與人同爲善，即下文與人爲善也。舍己從人，所以發樂取於人以爲善，非兩事並言，而爲善與人同之目也。故下文只承取諸人以爲善言之，云舍己從人者，謂不私於己以從人之爲善，而其自爲善則但樂取於人耳。樂取於人，只是見人之善，便有欣慕愛樂之意。蓋舜之爲善，真是與人同也，非謂己未善而舍之以從人，亦非謂樂取人善以資於己也。若如其說，則禹與子路，豈不能舍己而樂取於人者哉？而舜不可以言大矣。蓋善與人同，則與天同大，非禹所能及，而況於子路乎？

九

孟子曰：「伯夷，非其君不事，非其友不友。不立於惡人之朝，不與惡人言。立於惡人之朝，與惡人言，如以朝衣朝冠坐於塗炭。推惡惡之心，思與鄉人立，其冠不正，望望然去之，若將浼焉。是故諸侯雖有善其辭命而至者，不受也。不受也者，是亦不屑就已。柳下惠，不羞汙君，不卑小官。進不隱賢，必以其道。遺佚而不怨，阨窮而不憫。故曰：『爾為爾，我為我，雖袒裼裸裎於我側，爾焉能浼我哉？』故由由然與之偕而不自失焉，援而止之而止。援而止之而止者，是亦不屑去已。」孟子曰：「伯夷隘，柳下惠不恭。隘與不恭，君子不由也。」

伯夷不立於惡人之朝，申說非其君不事。不與惡人言，申說非其友不友，此皆指紂時言也。孟子又推其心之惡惡，則不但以此待惡人而已。鄉人之冠不正，未爲大愆，但以其不能嚴於治己而有肆心，則亦爲惡之本根也，故亦不與同群，以起不受諸侯辭命之善。夫諸侯辭命之善，乃其好賢之誠，當紂時無此人也，必指武王時之諸侯矣。亦以志與武王不合，恥食周粟，故不屑受，所謂不以賢事不肖也。蓋其惡惡，惟恐人之浼己，非深絕惡人而使無改過之地也，實能不念舊惡，故得稱仁，而其清爲聖焉。○柳下惠不羞汙君，不卑小官，不論治亂崇卑而皆進也。隱賢，猶言沉晦。必以道，直道而事人也。遺佚，言不見用也；阨窮，言不用而貧困也。皆廢棄之意也。雖廢亦所不計，其要歸於不能浼己而已。蓋其處眾混世俗而不汙，非好而不知其惡者也，故得稱仁，而其和爲聖焉。○伯夷之隘，非其心有所自私也，特待人嚴而太不洪耳；柳下惠之不恭，非其心有所自肆也，特與人群而太無制耳。一則曰若將浼焉；一則曰焉能浼我。此其心本皆潔也，而偏亦即此而在，非謂流弊至於如此。君子不由，蓋願學孔子之意。夷、惠雖各有所偏，然謂之聖，則皆中和之德也。伯夷之清、柳下惠之和，已從大本流出，無所勉強，其德不可不謂之中和。但中在清、和，各專一德，其神化不及孔子之盛。惟孔子集大成，則謂之時中，此中和之所以貴於致歟？中和之致，無時可息，聖之所以益聖也。

卷四　公孫丑下

一

孟子曰：「天時不如地利，地利不如人和。三里之城，七里之郭，環而攻之而不勝。夫環而攻之，必有得天時者矣，然而不勝者，是天時不如地利也。城非不高也，池非不深也，兵革非不堅利也，米粟非不多也，委而去之，是地利不如人和也。故曰：域民不以封疆之界，固國不以山谿之險，威天下不以兵革之利。得道者多助，失道者寡助，寡助之至，親戚畔之；多助之至，天下順之。以天下之所順，攻親戚之所畔，故君子有不戰，戰必勝矣。」

天時、地利、人和皆兵家之要事，但當時用兵者，惟知有天時、地利，而不知以人和爲本，故孟子第其輕重而言之。○時日支干、孤虛王相之法，乃戰國時遊士惑人之術。於實用不切，恃此則百戰百敗，非兵家所尙也，故孫、吳兵法皆無此論。蓋孟子所謂天時，乃指陰陽、風雨、晦明而言耳。出於不意，掩人不備，與凡利己誤人之事，假此以爲用，故有冬夏不興師者，有乘風縱火者、有雪夜擒人者，皆此道也。○兵革、米粟皆屬地利。上文兵革，兼言堅利，而下文兵革之利，則略堅不言，所重在兵，故舉重以包之也。○故曰以下，極言地利不如人和之意，而推人和之本，在於得道也。得道者，仁政是也，此是一章最要處，故上言人和，而此則言其得人心之和也。○有不戰，戰必勝矣，重在不戰上。言仁者無敵，有所不戰。假使有戰，必勝無疑，非以戰爲重也。此見人和之能域民、固國、威天下也。

二

孟子將朝王，王使人來曰：「寡人如就見者也，有寒疾，不可以風。朝將視朝，不識可使寡人得見乎？」對曰：「不幸而有疾，不能造朝。」明日，出弔於東郭氏。公孫丑曰：「昔者辭以病，今日弔，或者不可乎？」曰：「昔者疾，今日愈，如之何不弔？」

孟子將朝王，是於崇見宣王後事。蓋欲開導王心，敬君之禮也。但宣王不知，而託疾來召，則非有謀就見之誠矣。孟子窺見其無大有爲之志，故亦託疾而不往。通章是召字上發。如就見之如，往也。將朝王與託疾是同一日事。

王使人問疾，醫來。孟仲子對曰：「昔者有王命，有采薪之憂，不能造朝。今病小愈，趨造於朝，我不識能至否乎？」使數人要於路，曰：「請必無歸，而造於朝！」不得已而之景丑氏宿焉。景子曰：「內則父子，外則君臣，人之大倫也。父子主恩，君臣主敬。丑見王之敬子也，未見所以敬王也。」曰：「惡！是何言也！齊人無以仁義與王言者，豈以仁義為不美也？其心曰『是何足與言仁義也』云爾，則不敬莫大乎是。我非堯、舜之道，不敢以陳於王前，故齊人莫如我敬王也。」

孟子託疾以辭宣王，本非欲其稱也，蓋將因此以警王，使知不可召耳，故出弔於東郭氏，欲使王知其非疾也。及問疾、醫來，孟仲子正可乘此機達意，而識見狃於世情，乃權辭以對，因遂要之造朝。如此彌縫，則孟子微意終不得達於宣王矣，此不得已之故也。不欲造朝，故之景丑氏宿焉，將使達意於宣王也。○仁義即堯、舜之道，孟子以堯、舜之道陳於王，陳善閉邪之敬也。齊人謂王不足以言仁義，吾君不能之賊也。

景子曰：「否，非此之謂也。《禮》曰：『父召，無諾。君命召，不俟駕。』固將朝也，聞王命而遂不果，宜與夫禮若不相似然。」曰：「豈謂是與？曾子曰：『晉、楚之富，不可及也。彼以其富，我以吾仁；彼以其爵，我以吾義。吾何慊乎哉？』夫豈不義而曾子言之？是或一道也。天下有達尊三：爵一，齒一，德一。朝廷莫如爵，鄉黨莫如齒，輔世長民莫如德。惡得有其一以慢其二哉？

父召，君命召，本上文君臣、父子爲大倫。而景子之說，正從召字上起見。○聞召即赴，此人臣事君之常禮，非所以待齒德皆尊之人。蓋孟子處賓師之位，仕不受祿，非若有官職者之可召，故曰豈謂是哉？言我前所言，別有指也。○達尊，謂人人之所同尊。自在下者而言，則當貴爵，不可以齒德而傲之；自在上者而言，則當敬老尊賢，不可以貴而慢之。此明宣王當以不召之禮待己也，有一慢二，只重不當召，非以一二論多寡也。

故將大有為之君，必有所不召之臣。欲有謀焉，則就之。其尊德樂道，不如是不足與有為也。故湯之於伊尹，學焉而後臣之，故不勞而王；桓公之於管仲，學焉而後臣之，故不勞而霸。今天下地醜德齊，莫能相尚，無他，好臣其所教，而不好臣其所受教。湯之於伊尹，桓公之於管仲，則不敢召。管仲且猶不可召，而況不為管仲者乎？」

所不召之臣，言此臣是大有爲之君所不召之臣，即與欲有謀焉一句相屬，重君不召說。德是道之得於心，道是德之見於事。蓋人君所重於賢人者在道德，故尊之、樂之，以致不召之敬，否則不足與有爲，而賢人不得亟見矣。此起下文學焉而後臣之之意。〇學焉者，謂有謀則就以講明治體，不敢以臣禮待之也。臣之，謂任之以行其道也。成湯、桓公、伊尹、管仲所講明之學，舉而措之，同德一心，故不勞而成王霸之業，乃是大有爲處。〇好臣其所教，只是欲人舍所學而從我，不肯從人學，與學焉而後臣之者不同。臣其所受教，此則學焉而後臣之者也，意重在學。〇管仲且猶不可召，謂桓公不敢召管仲也。管仲而召之，則不可以成霸業矣。不爲管仲，是孟子以王業自期也。○孟子在齊已嘗爲卿矣，當時所謂客卿也，客卿雖無專職，亦必有祿。及宣王屢聞孟子之言，有所感動，則謂其當有學焉而後臣之之志，不當煩以官職，故以賓師之禮自居，非初不可召，而後復爲卿也。其不受祿者，以有去志故也。臣所受教之意，則自不受祿後乃始發之，而孟子去齊之本，蓋在此矣。

三

陳臻問曰：「前日於齊，王餽兼金一百而不受；於宋，餽七十鎰而受；於薛，餽五十鎰而受。前日之不受是，則今日之受非也；今日之受是，則前日之不受非也。夫子必居一於此矣。」孟子曰：「皆是也。當在宋也，予將有遠行。行者必以贐，辭曰：『餽贐。』予何為不受？當在薛也，予有戒心。辭曰：『聞戒。』故為兵餽之，予何為不受？若於齊，則未有處也。無處而餽之，是貨之也。焉有君子而可以貨取乎？」

齊、宋、薛兼金之餽，或辭或受，陳臻以爲必有一非，而孟子以爲皆是。觀下文所條言，見其義各有所當也。○凡以禮交，皆起於一念敬賢之心，所謂交以道也，而又以遠行聞戒爲辭，使賢者有可受之節，所謂接以禮也。宋、薛以禮處孟子，則道在其中矣。齊不以禮處孟子，則以貨鉤致之，而非道矣。齊餽在宋、薛之前。詳見《孟子事蹟圖譜》。

四

孟子之平陸。謂其大夫曰：「子之持戟之士，一日而三失伍，則去之否乎？」曰：「不待三。」「然則子之失伍也亦多矣。凶年饑歲，子之民，老羸轉於溝壑，壯者散而之四方者，幾千人矣。」曰：「此非距心之所得為也。」曰：「今有受人之牛羊而為之牧之者，則必為之求牧與芻矣。求牧與芻而不得，則反諸其人乎？抑亦立而視其死與？」曰：「此則距心之罪也。」他日，見於王曰：「王之為都者，臣知五人焉。知其罪者，惟孔距心。為王誦之。」王曰：「此則寡人之罪也。」

孟子借失伍以責平陸大夫之失職。求牧與芻，諭勸其君行仁政也。爲王誦所問答之言，而宣王引以爲己罪，蓋亦自知其不能行仁政矣。

五

孟子謂蚳鼃曰：「子之辭靈丘而請士師，似也，為其可以言也。今既數月矣，未可以言與？」蚳鼃諫於王而不用，致為臣而去。齊人曰：「所以為蚳鼃，則善矣；所以自為，則吾不知也。」公都子以告。曰：「吾聞之也：有官守者，不得其職則去；有言責者，不得其言則去。我無官守，我無言責也，則吾進退，豈不綽綽然有餘裕哉？」

官守、言責，職本相因，蚳鼃有士師之官守，則有士師之言責，故近君者皆得以其職言。致，謂還之也。○孟子以賓師自處，本欲從容格君心之非，今又不受齊祿，無官守言責之拘，故進退得以寬裕，必至終不可爲而後去。當其受祿時，則有客卿之事，即是官守，而格君心之言亦其責矣，蓋以嘉謨嘉猷而入告，陳善閉邪而責難，皆是也。故異姓之卿，君有過則諫，反覆之而不聽則去，豈得優優竊祿哉？

六

孟子為卿於齊，出弔於滕，王使蓋大夫王驩為輔行。王驩朝暮見，反齊、滕之路，未嘗與之言行事也。公孫丑曰：「齊卿之位，不為小矣；齊、滕之路，不為近矣。反之而未嘗與言行事，何也？」曰：「夫既或治之，予何言哉？」

此滕文公之喪也。詳見《孟子事蹟圖譜》。○夫既或治之，夫猶彼也，指王驩而言。王驩喜於有爲者，攝卿奉使，其於所行之事，悉能辦集，故言彼既能治，則我何必強聒哉？如此則得免於爭論矣。此可以爲處同事者之法也。或者，忽然之辭。言其忽然去治一事，即此亦可以見小人之情狀矣。

七

孟子自齊葬於魯，反於齊，止於嬴。充虞請曰：「前日不知虞之不肖，使虞敦匠事。嚴，虞不敢請。今願竊有請也，木若以美然。」曰：「古者棺槨無度，中古棺七寸，

椁稱之。自天子達於庶人。非直為觀美也，然後盡於人心。不得，不可以為悅；無財，不可以為悅。得之為有財，古之人皆用之，吾何為獨不然？且比化者，無使土親膚，於人心獨無恔乎？

孟子葬母於魯，而反於齊，見其居喪之日在齊也。○先王棺槨之制，本以盡於人心，以解充虞以美之疑。○悅，即盡於人心之謂。古之人，指中古以來，自天子以至於庶人也。人人皆得用之以爲悅，而吾何爲獨不然乎？此言己得以盡於人心也。○比，及也。形盡曰化，及未化之膚而不使土親之，亦事死如生之至情也，形化則無及矣。蓋人皆欲自盡此心，而吾又獨不以此爲恔乎？對人而言，故曰獨，與上吾何爲獨不然相應，此即發明盡於人心之意。且，發語辭，非別起一意也。

吾聞之：君子不以天下儉其親。」

此言送終之禮當厚，以結上文之意。○《集註》言：「不爲天下愛惜此物，而薄於吾親」，是私於己親之說也。天下之物當爲天下惜之，豈可拂民情而私其親乎？孟子之意，蓋言天下之大，豈無可儉之處，而獨於親儉之，則所厚者薄，非所以盡於人心矣。

沈同以其私問曰：「燕可伐與？」孟子曰：「可。子噲不得與人燕，子之不得受燕於子噲。有仕於此，而子悅之，不告於王而私與之吾子之祿爵。夫士也，亦無王命而私受之於子，則可乎？何以異於是？」齊人伐燕。或問曰：「勸齊伐燕，有諸？」曰：「未也。沈同問『燕可伐與』，吾應之曰『可』，彼然而伐之也。彼如曰『孰可以伐之』，則將應之曰『為天吏，則可以伐之』。今有殺人者，或問之曰『人可殺與』，則將應之曰『可』。彼如曰『孰可以殺之』，則將應之曰『為士師，則可以殺之。』今以燕伐燕，何為勸之哉？」

何以異於是者，指爵祿私授受而言。彼然而伐之彼者，指齊人而言。蓋聞孟子答沈同之言而然之也。

九

燕人畔。王曰：「吾甚慚於孟子。」陳賈曰：「王無患焉。王自以為與周公孰仁且智？」王曰：「惡！是何言也？」曰：「周公使管叔監殷，管叔以殷畔。知而使之，是不仁也；不知而使之，是不智也。仁、智，周公未之盡也，而況於王乎？賈請見而解之。」見孟子，問曰：「周公何人也？」曰：「古聖人也。」曰：「使管叔監殷，管叔以殷畔也，有諸？」曰：「然。」曰：「周公知其將畔而使之與？」曰：「不知也。」「然則聖人且有過與？」曰：「周公，弟也；管叔，兄也。周公之過，不亦宜乎？且古之君子，過則改之；今之君子，過則順之。古之君子，其過也，如日月之食，民皆見之；及其更也，民皆仰之。今之君子，豈徒順之，又從為之辭。」

燕人之畔當在宣王問諸侯將謀救燕之後，宣王不聽孟子之言，故燕人畔也。〇陳賈以周公不知管叔之將畔，爲有不知之過，殊不知周公過於愛兄，故不知其畔，其過有所不免，故曰不亦宜乎。非謂其當理也，若當理則不可謂之過矣。〇古之君子，暗指周公。周公不能無過，過則能改，使更遇此事，處之必精，不復蹈前失矣。今之君子，暗指宣王。順之謂遂非；爲之辭謂文過。就有過者而言，陳賈正教宣王如此。

十

孟子致為臣而歸。王就見孟子，曰：「前日願見而不可得，得侍同朝，甚喜。今又棄寡人而歸，不識可以繼此而得見乎？」對曰：「不敢請耳，固所願也。」

孟子本爲客卿，雖不受祿，未得請時，猶齊臣也，故言致爲臣。〇就見者，蓋因孟子欲去，而追念可召之言也。此亦見宣王猶足用爲善矣。前日願見而不可得，本孟子居喪時言也。得侍同朝，言得孟子侍側而同一朝也。甚喜者，王自喜也。孟子言本欲繼此而見，但恐王心不欲，請必來就，而後可見也。

他日，王謂時子曰：「我欲中國而授孟子室，養弟子以萬鍾，使諸大夫國人皆有所矜式。子盍為我言之？」

他日王謂時子，孟子既去，而宣王有此言，可見宣王於孟子亦未忘情也。

時子因陳子而以告孟子，陳子以時子之言告孟子。孟子曰：「然。夫時子惡知其不可也？如使予欲富，辭十萬而受萬，是為欲富乎？

宣王於孟子諫不行、言不聽，不能學焉而後臣之，是道不行也。乃欲以萬鍾養弟子，而留之講學，亦虛文耳。因萬鍾而留，是有欲富之心也，故言辭十萬而受萬之非欲富。以見己之願見乃爲行道也，道既不行，豈可復留？其斷利根而一於仁義如此。

季孫曰：『異哉子叔疑！使己為政，不用，則亦已矣，又使其子弟為卿。人亦孰不欲富貴？而獨於富貴之中，有私龍斷焉。』古之為市也，以其所有，易其所無者，有司者治之耳。有賤丈夫焉，必求龍斷而登之，以左右望而罔市利。人皆以為賤，故從而征之。征商，自此賤丈夫始矣。」

宣王既不用孟子，而復受萬鍾，即是不得於此，而求得於彼，此與子叔疑何異？季孫所謂龍斷者也。故引以明之，而又釋龍斷之義。蓋爲利之人，心上有所粘帶，便不能斷根耳。○宣王欲留孟子，而養弟子以萬鍾，此豈尋常人所能爲？假使爲貧而仕者得此，初見世主時遇此，乃是人君盛節，豈可不受？但孟子與宣王論王道久矣，略無有爲之志，及致爲臣而歸，乃欲以此留孟子。雖亦是敬賢之心，欲其安享萬鍾之餽，未必出於利誘。然其本意，止欲舍所學而從我，此孟子所以斷然不受，不爲利動也。

十一

孟子去齊，宿於晝。有欲為王留行者，坐而言。不應，隱几而臥。

爲王留行者坐而言，不爲其坐，乃因其非宣王所使，而自留孟子。不知繆公安子思之意，故孟子不應而絕之。

客不悅，曰：「弟子齊宿而後敢言，夫子臥而不聽，請勿復敢見矣。」曰：「坐！我明語子。昔者魯繆公無人乎子思之側，則不能安子思；泄柳、申詳，無人乎繆公之側，則不能安其身。子為長者慮，而不及子思，子絕長者乎？長者絕子乎？」

此重子思，必及泄柳、申詳者，謂君側如無子思之賢，則如泄柳、申詳者，亦不安矣。此尊禮子思所以爲急也。〇子絕長者乎？是實說，非疑辭也，《集註》得之矣。

十二

孟子去齊。尹士語人曰：「不識王之不可以為湯、武，則是不明也；識其不可，然且至，則是干澤也。千里而見王，不遇故去。三宿而後出晝，是何濡滯也？士則茲不悅。」

孟子欲宣王爲湯武，是望其誅暴救民也，而尹士不知，謂其干澤。濡滯之疑，亦爲干澤發也。千里見王，本其自鄒至齊而言，孟子在齊喪母，歸葬於魯，而復反於齊，及服除而於崇得見王也。

高子以告。曰：「夫尹士惡知予哉？千里而見王，是予所欲也。不遇故去，豈予所欲哉？予不得已也。予三宿而出晝，於予心猶以為速。王庶幾改之。王如改諸，則必反予。夫出晝而王不予追也，予然後浩然有歸志。予雖然，豈舍王哉？王由足用為善。王如用予，則豈徒齊民安，天下之民舉安。王庶幾改之，予日望之。予豈若是小丈夫然哉？諫於其君而不受，則怒，悻悻然見於其面，去則窮日之力而後宿哉？」

予不得已，謂本欲行道，不得已而去，以解見王非干澤。下文皆就濡滯上明不得已之意。庶幾改之，不必指一事，但變其強霸之心，而欲興王業，即是改也。王猶足用爲善，即是湯武之資，改之則爲湯武矣，此解不明之譏。豈徒齊民安，天下之民舉安，志於行道也，此解干澤之譏。於予心猶以爲速，此解濡滯之譏。大意止是惓惓於宣王之興王業耳。

尹士聞之曰：「士誠小人也。」

尹士是拘形迹者，亦知孟子爲賢，但於形迹上不能無疑，故曰士則茲不悅。及聞孟子之言，而自謂小人，亦可見其本心之良矣。

十三

孟子去齊。充虞路問曰：「夫子若有不豫色然。前日虞聞諸夫子曰：『君子不怨天，不尤人。』」曰：「彼一時，此一時也。

彼一時，講學之時也；此一時，去齊之時也。論講學，則終身不怨不尤；論民窮，則今日不得不怨不尤。怨天尤人，詳《中庸》十四章。

五百年必有王者興，其間必有名世者。由周而來，七百有餘歲矣。以其數則過矣，以其時考之則可矣。

五百年有王者作，而名世之臣爲之輔佐，此必然之定理也。今過五百年，數窮理極矣，而王者不作，名世之具在我，而不得有爲以安天下。仁人切於救世，安能無不豫哉？此今日之怨尤，以王者之不作，憂民故也。

夫天未欲平治天下也。如欲平治天下，當今之世，舍我其誰也？吾何為不豫哉？」

天不生王者，其心未欲平治天下也。然天與我以名世之具，未嘗不厚，天心未定，我何與焉？此平日講學爲己之功，樂天知命，所以終身不怨不尤者也。故曰吾何爲不豫哉？謂之吾，則見在我者本豫，而其憂爲民，亦其情之所不能已耳。若佛老之學，則以憂民之情爲障矣。

十四

孟子去齊，居休。公孫丑問曰：「仕而不受祿，古之道乎？」曰：「非也。於崇，吾得見王。退而有去志，不欲變，故不受也。繼而有師命，不可以請。久於齊，非我志也。」

孟子爲卿於齊，本有常祿，其後居母喪三年，見王日少，而功利之臣蠱惑王心，無罪殺士，無罪戮民之事，蓋多有之。及服除，見王於崇，無復大有爲之志，故退有去志，而辭祿不受。所辭之祿即爲卿時常祿，前章與時子言辭十萬者是也。命當是伐燕、燕畔之時。仕齊本末詳見《孟子事蹟圖譜》。

卷五　滕文公上

一

滕文公為世子，將之楚，過宋而見孟子。

此滕事楚時也。自滕適楚，道不由宋，時孟子在宋，故滕世子就見之，亦可見其仰慕之誠矣。

孟子道性善，言必稱堯、舜。

性善以其發於情者見之，如惻隱、羞惡、辭讓、是非之心，自然真切，何嘗有惡？本其固有者而言，故以善歸於性耳。必稱堯、舜者，謂人必當學堯、舜也，以性善與堯、舜同，故斷其爲可學焉。○孔子言性不可得而聞，謂人心不易了悟耳，非全然不說性也。繼之者善，成之者性，性即性善，蓋亦言之矣，故論學必須自性善始。

世子自楚反，復見孟子。孟子曰：「世子疑吾言乎？夫道一而已矣。成覸謂齊景公曰：『彼丈夫也，我丈夫也，吾何畏彼哉？』顏淵曰：『舜何人也？予何人也？有為者亦若是。』公明儀曰：『文王我師也。周公豈欺我哉？』

夫道，猶言此道，謂性之善也。一，精一之謂也。恐世子狃於舊習，疑堯、舜非常人可學，故以一言，欲其篤信無二心也。○成覸、顏淵、公明儀之言，皆有必爲聖人之志，故孟子引之。欲世子必爲堯、舜，以明上文一而已矣之意。《集註》以古今聖愚本同一性，與道無二致言一，則意不緊切矣。

今滕，絕長補短，將五十里也，猶可以為善國。《書》曰：『若藥不瞑眩，厥疾不瘳。』」

此欲世子自克，而不狃於舊習也。猶可以爲善國，與「亦以新子之國」語意略同。瞑眩，是攻其惡意；不瞑眩，則惡藏於中而爲慝矣。此言欲爲堯、舜者，當先去病根也。

二

滕定公薨。世子謂然友曰：「昔者孟子嘗與我言於宋，於心終不忘。今也不幸至於大故，吾欲使子問於孟子，然後行事。」然友之鄒，問於孟子。孟子曰：「不亦善乎！親喪固所自盡也。曾子曰：『生，事之以禮；死，葬之以禮，祭之以禮，可謂孝矣。』諸侯之禮，吾未之學也；雖然，吾嘗聞之矣。三年之喪，齊疏之服，飦粥之食，自天子達於庶人，三代共之。」然友反命，定為三年之喪。父兄百官皆不欲，曰：「吾宗國魯先君莫之行，吾先君亦莫之行也，至於子之身而反之，不可。且《志》曰：『喪祭從先祖。』」曰：「吾有所受之也。」謂然友曰：「吾他日未

嘗學問，好馳馬試劍。今也父兄百官不我足也，恐其不能盡於大事，子為我問孟子。」然友復之鄒，問孟子。孟子曰：「然。不可以他求者也。孔子曰：『君薨，聽於冢宰。歠粥，面深墨。即位而哭，百官有司，莫敢不哀，先之也。』上有好者，下必有甚焉者矣。『君子之德，風也；小人之德，草也。草尚之風必偃。』是在世子。」然友反命。世子曰：「然。是誠在我。」五月居廬，未有命戒。百官族人，可謂曰知。及至葬，四方來觀之，顏色之戚，哭泣之哀，弔者大悅。

諸侯之禮未之學，就禮文隆殺上說，是分殊處。三年之喪自天子達，是理一處，所謂親喪固所自盡者，盡此理一者而已。衣錦有所不安，故服齊疏；食稻有所不安，故食飦粥。此正三年哀戚之心，所當自盡者也。○父兄百官皆謂不行，喪禮爲先祖所當從之制，則正指後世失禮之甚者而言矣。○不可他求，正親喪固所自盡之意。自盡而人化之，然後皆以三年之喪爲是也，此豈可以他求哉？弔者大悅，謂悅服也。

三

滕文公問為國。孟子曰：「民事不可緩也。《詩》云：『晝爾于茅，宵爾索綯。亟其乘屋，其始播百穀。』民之為道也，有恆產者有恆心，無恆產者無恆心。苟無恆心，放辟邪侈，無不為已。及陷乎罪，然後從而刑之，是罔民也。焉有仁人在位，罔民而可為也？是故賢君必恭儉禮下，取於民有制。陽虎曰：『為富不仁矣，為仁不富矣。』

〈七月〉之詩，言民恐遲播穀之事，而急急於治屋，故人君於民事不可緩也。民事不可緩，可使無常生之業乎？故下文遂言制民常產之意。○無恒產而有恒心，惟士爲能。此謂廢棄歸休之士，如所謂惟士無田者也，其未仕而無養者亦在其中，若太學所養之士，則不得爲無恒產矣。放，肆也。辟，偏也。邪以辟言，侈以放言，肆於偏則其邪侈矣。恭則有養士大夫及庶人在官者之禮，故不得不取於民；儉則有節愛民財之心，故取之不可無制，此制民恒產所以必以什一也。引陽虎之言，本明上文仁人之意。富者專利於己也，不能制民常產，則但知私己而不與人同利，豈仁人所爲哉？陽虎雖非有德之言，豈皆盡不合道？而謂其恐爲仁之害富，則太過矣。

夏后氏五十而貢，殷人七十而助，周人百畝而徹，其實皆什一也。徹者，徹也；助者，藉也。龍子曰：『治地莫善於助，莫不善於貢。』貢者，校數歲之中以為常。樂歲，粒米狼戾，多取之而不為虐，則寡取之；凶年，糞其田而不足，則必取盈焉。為民父母，使民盻盻然，將終歲勤動，不得以養其父母，又稱貸而益之，使老稚轉乎溝壑，惡在其為民父母也？夫世祿，滕固行之矣。《詩》云：『雨我公田，遂及我私。』惟助為有公田。由此觀之，雖周亦助也。

此言什一之法，雖以三代並言，而孟子本意惟在欲行助法，故以貢起之。徹即是助，但以徹字發明通力之義耳。《集註》惑於鄉遂用貢法，都鄙用助法之說，乃以貢、助分兩柱，而徹法兼之，失本意矣，故其說多牽強。孟子每論王道，專言助而不稅，何嘗兼貢法邪？○引龍子以明改貢為助之意，見所重在助也。○世祿當因卿、大夫、士而有差，今不可考矣。當時井田之法不行，滕之世祿亦必給與所入之租耳。言此以引起下文周亦用助意，見其初本未嘗用貢，欲文公之行助法也。

設為庠序學校以教之。庠者，養也；校者，教也；序者，射也。夏曰校，殷曰序，周曰庠，學則三代共之，皆所以明人倫也。人倫明於上，小民親於下。

承上言富而後教，以明有恒產者有恒心之意。人倫明於上，教以人倫也；小民親於下，百姓興於仁也。○朱子謂鄉學是農隙而學，此特可以言十六歸農者耳。童子及升於國學者，固有常時，豈待於農隙哉？若統而論之，則士大夫仕優而學，亦有養老習射之禮，皆教之所在也。然則庠序學校之設，乃通乎上下之教也。

有王者起，必來取法，是為王者師也。《詩》云：『周雖舊邦，其命惟新。』文王之謂也。子力行之，亦以新子之國。」

言滕國褊小，難於為政，必為王者師也。若能力行仁政，亦可自興王業，其機惟在力行而已。

使畢戰問井地。孟子曰：「子之君將行仁政，選擇而使子，子必勉之！夫仁政，必自經界始。經界不正，井地不鈞，穀祿不平。是故暴君汙吏必慢其經界。經界既正，分田制祿可坐而定也。

此以下專就問井地上發，故其要自經界始，可見孟子之意，專在助法也。仁政即井田之政也。使子，謂使主為井田之事，而問孟子。孟子或尚在滕，不必謂其來滕不久而即去也。勉之，使畢戰自勉也。分田而於中制祿，此什一之賦也。祿不止君子所食，凡庶人在官者之養，皆在其中矣。井地不均，穀祿不平，此是廢井田而專行貢法事。春秋衰世，大抵皆行貢法，以濟其貪欲之私，安得不慢經界哉？

夫滕，壤地褊小，將為君子焉，將為野人焉。無君子莫治野人，無野人莫養君子。請野九一而助，國中什一使自賦。卿以下必有圭田，圭田五十畝。餘夫二十五畝。死徙無出鄉，鄉田同井。出入相友，守望相助，疾病相扶持，則百姓親睦。方里而井，井九百畝，其中為公田。八家皆私百畝，同養公田。公事畢，然後敢治私事，所以別野人也。

先言君子野人之相資，以見滕當分田制祿之意。野，野人所居；國中，君子所居。

以分田言，則曰九一；以制祿言，則曰什一。助，謂野人出力以助耕公田，不勞官也。自賦，謂君子就田以自取公稅，不勞民也。本因井地而別言之，非以貢、助分二法也。圭田，言卿以下，則士大夫皆有之，通授田五十畝。蓋其官既死，已收田祿，而使其子孫以此田奉祭也。不然，則宜有差等矣。餘夫，謂在八口之外，百畝之田所不能給者也，則令以附於不及八口之家，於其百畝之中，分受田二十五畝耳。此爲滕處分田制祿之術。○死徙無出鄉，同鄉而居也。鄉田同井，同井而耕也。友助扶持，而百姓無不親睦，皆從無出鄉，同井而生。此言助法之善，以終上文仁政之意。○上言民俗之善，因遂詳言井田公私之制。而私田皆先奉公以自別，又以見民皆有忠愛之心，而惟恐公田之不善也。井田行而風俗厚，豈非教化及民，而上下相安之所致哉？○此章所論貢、助、圭田、餘夫田等法，並詳見《讀禮疑圖》卷一。

此其大略也。若夫潤澤之，則在君與子矣。」

潤澤謂助法之行，處之曲當，不拂人情，使有沒世不忘之澤，非謂可貢則貢，可助則助也。

四

有為神農之言者許行，自楚之滕，踵門而告文公曰：「遠方之人聞君行仁政，願受一廛而為氓。」文公與之處，其徒數十人，皆衣褐，捆屨、織席以為食。陳良之徒陳相與其弟辛，負耒耜而自宋之滕，曰：「聞君行聖人之政，是亦聖人也，願為聖人氓。」陳相見許行而大悅，盡棄其學而學焉。

神農，上古時中之聖也。當其時，事簡民淳，法制未備，君民一體，苦樂同之。君民者忘其尊貴，以身親民事，宜或有之，但不至漫無君子小人之別耳。許行本墨子尚同之學，主於節儉，而惟恐傷民之財，欲泊然無爲以忘物我，遂以並耕齊物之說，自附於神農，此豈理一分殊之道哉？賣屨席以供食，蓋農人不耕則爲工，亦可見其治生之必有業矣。○陳良聞周公、仲尼之道，時中之學也。而其徒陳相、陳辛輒爲許行所移，則墨氏之說能惑世也久矣。

陳相見孟子，道許行之言曰：「滕君，則誠賢君也。雖然，未聞道也。賢者與民並耕而食，饔飧而治。今也滕有倉廩府庫，則是厲民而以自養也，惡得賢？」孟子曰：「許子必種粟而後食乎？」曰：「然。」「許子必織布而後衣乎？」曰：「否。許子衣褐。」「許子冠乎？」曰：「冠。」曰：「奚冠？」曰：「冠素。」曰：「自織之與？」曰：「否。以粟易之。」曰：「許子奚為不自織？」曰：「害於耕。」曰：「許子以釜甑爨，以鐵耕乎？」曰：「然。」「自為之與？」曰：「否。以粟易之。」「以粟易械器者，不為厲陶冶。陶冶亦以其械器易粟者，豈為厲農夫哉？且許子何不為陶冶，舍皆取諸其宮中而用之？何為紛紛然與百工交易？何許子之不憚煩？」曰：「百工之事，固不可耕且為也。」

□□□□□□抵見農不可以兼工，褐與素皆不自織，而以粟易，以其害於耕也。而釜甑與鐵皆農夫之所必有事者，亦不自爲。蓋因上文厲民，而即農不厲工，以發不厲農之意，其下則申言農不可以兼工也。

「然則治天下獨可耕且為與？有大人之事，有小人之事。且一人之身，而百工之所為備，如必自為而後用之，是率天下而路也。故曰：或勞心，或勞力。勞心者治人，勞力者治於人。治於人者食人，治人者食於人。天下之通義也。

上言不可耕且爲也，爲字是指爲工；下言獨可耕且爲與？爲字是指治天下，以見不可並耕。而□□□□人之身，而百工之所爲備云。百工則衣冠之□□□，其中不止言釜甑與鐵而已。既言大人小人各有所事，則耕非大人所可爲，故借其農之不可兼工者，以轉入治天下不可兼耕之意。治人而人爲所治，治主於君子，即大人勞心之事也；養人而人爲所養，養主於野人，即小人勞力之事也。彼此相通，故曰通義，此正相濟，而非可厲。治人豈必與民並耕哉？

當堯之時，天下猶未平，洪水橫流，氾濫於天下。草木暢茂，禽獸繁殖，五穀不登，禽獸偪人。獸蹄鳥迹之道，交於中國。堯獨憂之，舉舜而敷治焉。舜使益掌火，益烈山澤而焚之，禽獸逃匿。禹疏九河，瀹濟、漯，而注諸海；決汝、漢，排淮、泗，而注之江，然後中國可得而食也。當是時也，禹八年於外，三過其門而不入，雖欲耕，得乎？后稷教民稼穡。樹藝五穀，五穀熟而民人育。人之有道也，飽食、煖衣、逸居而無教，則近於禽獸。聖人有憂之，使契為司徒，教以人倫：父子有親，君臣有義，夫婦有別，長幼有序，朋友有信。放勳曰：『勞之來之，匡之直之，輔之翼之，使自得之，又從而振德之。』聖人之憂民如此，而暇耕乎？堯以不得舜為己憂，舜以不得禹、皐陶為己憂。夫以百畝之不易為己憂者，農夫也。分人以財謂之惠，教人以善謂之忠，為天下得人者謂之仁。是故以天下與人易，為天下得人難。孔子曰：『大哉堯之為君！惟天為大，惟堯則之，蕩蕩乎民無能名焉！君哉舜也！巍巍乎有天下而不與焉！』堯、舜之治天下，豈無所用其心哉？亦不用於耕耳。

此因上文有大人之事，而言聖人憂民之大也。○天下未平，謂洪水之害尚未平治也。草木暢茂，故禽獸繁殖；禽獸繁殖，故無以施治水之功，而五穀不登。此禽獸偪人，獸蹄鳥迹交於中國，最爲治水之要害也，故施功自烈山澤、驅鳥獸始。此言生民之害未除，而不得耕之意。疏、瀹、決、排，義各不同，詳見《說理會編》卷八。○

上言洪水未平，聖人憂之，憂民之不得養也；下言民人飽煖逸居，而聖人憂之，憂民之無教也。聖人俱就堯言，有親、有義、有序、有別、有信，即是人所有之道。堯之教民以勞來爲先，勞者勤之，使矯其逸也；來者綏之，使忘其勞也。民之易導者，則匡直之，使自協其中；其未齊者，則輔翼之，使各得其願；恐其怠者，則振作之，使勿壞其成。其敷教之寬如此。不暇耕，言聖人憂民之心，惟在於得人也。上言不得耕，土未平也；下言不暇耕，勢難及也。○堯，君也。聖人有憂之，亦是堯獨憂也。堯既得舜，則舜又以堯之憂爲己憂矣，故以堯、舜並言，以不得舜、禹、皋陶爲己憂，大人之事也；以百畝爲己憂，小人之事也。唐、虞諸臣之德，禹與皋陶爲優，而禹治水，以開養民之功；皋陶明刑，以成弼教之化。管乎治之始終，故舉重言之。此言其不必耕也。○以天下與人，謂與人共治也，如堯與舜，舜與禹、皋陶皆是，若爲天下得此，則聖人憂民之所以爲大也。○大哉，就天德上說；君哉，就君德上說。觀孔子之言，則「蕩蕩乎民無能名，巍巍乎有天下而不與」，尚近於上古無爲之治，有似乎無所用心者。然其用心大處，乃在憂不得人，故不見其憂民之迹，非若農夫之以百畝不易爲□□□，故曰亦不用於耕耳。聖人之憂民，其大如此，所謂有大人之事也。

吾聞用夏變夷者，未聞變於夷者也。陳良，楚產也。悅周公、仲尼之道，北學於中國。北方之學者，未能或之先也。彼所謂豪傑之士也。子之兄弟事之數十年，師死而遂倍之。昔者孔子沒，三年之外，門人治任將歸，入揖於子貢，相相而哭，皆失聲，然後歸。子貢反，築室於場，獨居三年，然後歸。他日，子夏、子張、子游以有若似聖人，欲以所事孔子事之，彊曾子。曾子曰：『不可。江、漢以濯之，秋陽以暴之，皜皜乎不可尚已。』今也南蠻鴃舌之人，非先王之道，子倍子之師而學之，亦異於曾子矣。吾聞出於幽谷遷于喬木者，未聞下喬木而入於幽谷者。〈魯頌〉曰：『戎狄是膺，荊、舒是懲。』周公方且膺之，子是之學，亦為不善變矣。」

夷狄無禮義而上下亂，故可以上古同物之治治之，中國本有禮義，則當因時損益，處得其宜，乃爲經世之學。陳良，楚產，謂其生於夷地也。周公、仲尼之道，本堯、舜精一執中之傳，中國禮義之教也。而陳良得之，則爲用夏變夷，陳相倍之，則變於夷矣。事之數十年而又變，則其平日所聞，必非語上之教，及見許行，得無自厭其觀理之煩，而以脫略爲樂邪？此先言其學術，以責其倍師也。〇皜皜，潔白。本於濯字，濯以浣帛者爲喻，所以求潔也。江漢水清，故以江漢言濯則潔矣，潔則必白，故云潔白也。既濯而又暴以秋陽，則其潔白者實，而塵垢不能汙矣。此言孔子道德之至精，而不可加也。蓋子夏、子張、子游之欲事有若者，文章之著也；曾子之尊孔子者，道德之微也。蓋欲就其所學於孔子之實德而學之，不必他求，亦可謂知聖人之真而篤信者矣。詳見《論語・子張篇》。孔子沒而門人皆服喪三年，乃始治任而歸，必子夏、子張、子游皆在其中也。子貢意尤真切，反而獨居三年。於時三子則欲改事有若，以曾子爲後輩而強之，雖不知孔子之深，而其所學不失爲先王之道也，曾子猶以爲不可。則其舉曾子而言不倍師者，蓋以真知聖人之道許之，而陳相豈可以語此哉？故曰亦異於曾子矣。〇遷於喬木，遷於善也。入於幽谷，入於不善也。子是之學，是指許行。此言其不善變，以終上文變於夷之意。〇膺戎狄，本周公之事，故孟子兩言及之，皆直指周公所膺。說者以爲僖公之事而借言周公，則誤矣。詳見說《說理會編》卷十。

「從許子之道，則市賈不貳，國中無偽。雖使五尺之童適市，莫之或欺。布帛長短同，則賈相若；麻縷絲絮輕重同，則賈相若；五穀多寡同，則賈相若；屨大小同，則賈相若。」曰：「夫物之不齊，物之情也；或相倍蓰，或相什伯，或相千萬。子比而同之，是亂天下也。巨屨、小屨同賈，人豈為之哉？從許子之道，相率而為偽者也，惡能治國家？」

節儉、尙同，墨子之學。許行欲同市賈，亦恐人作淫巧以靡人財，尙同之中有節儉意，此與老氏剖斗折衡之說又略不同。蓋民之所以爲生者，農工而已，五穀，農之事；布帛絲絮及屨，工之事。皆於市貿易，故併及之。○上言屨大小同，則賈相若，是精粗同賈；下言巨屨、小屨同賈，是大小同賈。蓋借大小以明精粗也。上古之時，太朴未斲，天下大同，與者不欺。以粗取者，不利其精，有大不同，無我之心，故同物之說，可以通行。後世風氣日薄，民僞日滋，則狡詐生，而物不可同矣。故聖人之治，必以禮義辨上下、定民志，一其心而已矣。若不一其心，而徒欲同物，則相率而爲僞耳。

五

墨者夷之，因徐辟而求見孟子。孟子曰：「吾固願見，今吾尚病，病愈，我且往見。」夷子不來。他日又求見孟子。孟子曰：「吾今則可以見矣。不直，則道不見，我且直之。吾聞夷子墨者，墨之治喪也，以薄為其道也。夷子思以易天下，豈以為非是而不貴也？然而夷子葬其親厚，則是以所賤事親也。」

孟子初欲觀夷子之誠否，故託疾辭之。夷子不來，紀事之辭也。及再求見，而孟子猶因徐子致意，則欲先開其良心，以觀其信否耳，非絕之而不見也。厚葬其親，是一章之要幾。○以薄治喪，是墨者節儉不欲傷財之意。然於親無真切之愛，即是視

其親如路人也，所以爲兼愛。而夷子葬其親獨厚，蓋其良心真切不安於墨氏之教也，
故孟子即此而開明之，如下文所云。

徐子以告夷子。夷子曰：「儒者之道，古之人『若保赤子』，此言何謂也？之則以為愛無差等，施由親始。」徐子以告孟子。孟子曰：「夫夷子信以為人之親其兄之子，為若親其鄰之赤子乎？彼有取爾也。赤子匍匐將入井，非赤子之罪也。且天之生物也，使之一本，而夷子二本故也。蓋上世嘗有不葬其親者。其親死，則舉而委之於壑。他日過之，狐狸食之，蠅蚋姑嘬之。其顙有泚，睨而不視。夫泚也，非為人泚，中心達於面目。蓋歸反虆梩而掩之。掩之誠是也，則孝子仁人之掩其親，亦必有道矣。」

夷子本誤解若保赤子爲親其兄之子，若親其鄰之赤子，即愛無差等之意也。但施由親始之一言，則其良心之不能自己者，非兼愛之宗旨矣。蓋以明厚葬其親之意也。愛親一念乃是本之一處，若視父母如路人，則有不愛其親而愛他人者，本從別處發根矣，故兼愛則爲二本也。《集註》言「人物之生，必各本於父母而無二，乃自然之理，若天使之然也」，此語亦似未瑩。若就生之謂性而言，則此乃氣之自然，不可言理；若本天命之性而言，則禽獸亦本父母而生，何嘗有二？夷子雖人，其由父母以生，與禽獸同也，如此將謂禽獸亦有一本邪？竊謂一本當就人心上說，止是本源發

端，於愛親爲切。蓋上天生物之心，仁也，何嘗不本於此？此禽獸所不能同也。故本不一，則入於禽獸矣，夫愛無父，是禽獸也，此不可以明一本之義乎？〇非爲人泚，非爲他人見之而可羞也。爲他人見之而羞，則爲要譽、惡聲之私矣。中心達於面目，乃其至情之不能自已處。此以葬埋明一本之意。

徐子以告夷子。夷子憮然為間，曰：「命之矣。」

夷子本有愛親之一念，故易於開發也。

卷六　滕文公下

一

陳代曰：「不見諸侯，宜若小然；今一見之，大則以王，小則以霸。且《志》曰：『枉尺而直尋』，宜若可為也。」

此云王霸，以天子方伯言。戰國以前論王霸者多如此，至孟子始自其心之誠僞而斷之。

孟子曰：「昔齊景公田，招虞人以旌，不至，將殺之。『志士不忘在溝壑，勇士不忘喪其元』，孔子奚取焉？取非其招不往也。如不待其招而往，何哉？

虞人即《周禮》山虞、澤虞之官，以中士、下士爲之。齊景公待以大夫之禮，故以旌招，虞人以爲非分而不敢往，正也。景公惡其拂意，而欲殺之，則虞人可謂能守死者矣。不忘者，謂雖死而不忘義理之正，非謂念念期於必死也。引此以明君子守死而不失己之義。

且夫枉尺而直尋者，以利言也。如以利，則枉尋直尺而利，亦可為與？昔者趙簡子使王良與嬖奚乘，終日而不獲一禽。嬖奚反命曰：『天下之賤工也。』或以告王良。良曰：『請復之。』彊而後可，一朝而獲十禽。嬖奚反命曰：『天下之良工也。』簡子曰：『我使掌與女乘。』謂王良。良不可，曰：『吾為之範我馳驅，終日不獲一；為之詭遇，一朝而獲十。《詩》云：「不失其馳，舍矢如破。」我不貫與小人乘，請辭。』御者且羞與射者比。比而得禽獸，雖若丘陵，弗為也。如枉道而從彼，何也？

枉尺，猶言枉己。枉尋，猶言辱己。此以下言不可計利而枉己也。〇王良若從簡子之命，而與嬖奚乘，則當合其馳法，而狥嬖奚所爲，豈復能正之，使與己同德哉？此王良所以請辭也。御者不失其馳，是防傾覆之患，此非迂闊也，詭遇則行險以僥倖矣。

且子過矣，枉己者，未有能直人者也。」

正己然後能正人，故仕必由道，然後民信而化之。若先枉己，何以令人邪？此明正人非詭遇所能致，以見己之決不可枉也。

二

景春曰：「公孫衍、張儀豈不誠大丈夫哉？一怒而諸侯懼，安居而天下熄。」

公孫衍、張儀主於連衡，止是挾秦威以恐動諸侯。雖諸侯不服，不免於攻伐，然其意亦以天下合一，可免於息爭休兵也。一怒而諸侯懼，則非得志與民由之者矣；安居而天下熄，則非不得志而獨行其道者矣。

孟子曰：「是焉得為大丈夫乎？子未學禮乎？丈夫之冠也，父命之。女子之嫁也，母命之，往送之門，戒之曰：『往之女家，必敬必戒，無違夫子！』以順為正者，妾婦之道也。居天下之廣居，立天下之正位，行天下之大道。得志與民由之，不得志獨行其道。富貴不能淫，貧賤不能移，威武不能屈。此之謂大丈夫。」

丈夫之冠也，父命之，命之以成人之道，如所謂仁義禮，乃欲其自立也。仁義禮者，丈夫之事。但廣居、正位、大道，皆以天下言，則盡得心體之大，而爲大丈夫耳。

三

周霄問曰：「古之君子仕乎？」孟子曰：「仕。傳曰：『孔子三月無君，則皇皇如也，出疆必載質。』公明儀曰：『古之人，三月無君則弔。』

周霄意古人窮居獨善若將終身，必無欲仕之心，故以爲問。蓋爲君子之難仕者發耳，而孟子告之以仕，則見古人不以隱爲高也。

「三月無君則弔，不以急乎？」曰：「士之失位也，猶諸侯之失國家也。《禮》曰：『諸侯耕助，以供粢盛。夫人蠶繅，以為衣服。犧牲不成，粢盛不潔，衣服不備，不敢以祭。惟士無田，則亦不祭。』牲殺、器皿、衣服不備，不敢以祭，則不敢以宴，亦不足弔乎？」

諸侯耕助至則亦不祭，約禮成文也。牲殺器皿以下，是孟子承惟士無田而言。士之無田者謂絀士也。禮物備則可以祭，不備則不敢侈，然言祭但薦而已。宴，安也。蓋仕本爲行道，然亦資其祿以養，每三月有一時祭，無君則祿不足以備祭，故不敢宴。不敢宴者，「不得於君則熱中」之意，即「皇皇」也。

「出疆必載質，何也？」曰：「士之仕也，猶農夫之耕也。農夫豈為出疆舍其耒耜哉？」

出疆不舍耒耜，猶陳相負耒耜而自宋之滕也。蓋農夫適他國，未有能舍耕而不食者，士載質以出疆，亦猶是也。

曰：「晉國亦仕國也，未嘗聞仕如此其急。仕如此其急也，君子之難仕，何也？」曰：「丈夫生而願為之有室，女子生而願為之有家。父母之心，人皆有之。不待父母之命、媒妁之言，鑽穴隙相窺，踰牆相從，則父母、國人皆賤之。古之人未嘗不欲仕也，又惡不由其道。不由其道而往者，與鑽穴隙之類也。」

此言古人欲仕雖急，而進必由道，不敢苟也。雖出疆載質，亦是人君先來召禮，然後可以見之。先來召禮者，非必以幣聘，凡際可、公養，但有招賢之路可由，則是入仕之道也。或爲卿相，或爲小官，則隨其所遇耳。

四

彭更問曰：「後車數十乘，從者數百人，以傳食於諸侯，不以泰乎？」孟子曰：「非其道，則一簞食不可受於人；如其道，則舜受堯之天下，不以為泰，子以為泰乎？」曰：「否。士無事而食，不可也。」曰：「子不通功易事，以羨補不足，則農有餘粟，女有餘布；子如通之，則梓匠輪輿皆得食於子。於此有人焉，入則孝，出則悌，守先王之道，以待後之學者，而不得食於子。子何尊梓匠輪輿而輕為仁義者哉？」

彭更言否，是不以舜爲泰也。云無事而食不可，乃以孟子爲泰矣，而孟子答之，則謂士本有功而當食也。先王之道即是孝弟。親親、仁民皆此孝弟之所擴充，孝弟之外，豈有他道哉？

曰：「梓匠輪輿，其志將以求食也。君子之為道也，其志亦將以求食與？」曰：「子何以其志為哉？其有功於子，可食而食之矣。且子食志乎？食功乎？」曰：「食志。」曰：「有人於此，毀瓦畫墁，其志將以求食也，則子食之乎？」曰：「否。」曰：「然則子非食志也，食功也。」

此下問答皆反覆辯論有功當食之意。自彼而言，則志在謀道者爲君子，志在謀食者爲小人；自我而言，則當視功而食之人，知尊梓匠、輪輿而輕爲仁義，是不以仁義爲有功也，其無意於天下後世可知矣。

五

萬章問曰：「宋，小國也，今將行王政，齊、楚惡而伐之，則如之何？」孟子曰：「湯居亳，與葛為鄰，葛伯放而不祀。湯使人問之曰：『何為不祀？』曰：『無以供犧牲也。』湯使遺之牛羊。葛伯食之，又不以祀。湯又使人問之曰：『何為不祀？』曰：『無以供粢盛也。』湯使亳眾往為之耕，老弱饋食。葛伯率其民，要其有酒食黍稻者奪之，不授者殺之。有童子以黍肉餉，殺而奪之。《書》曰：『葛伯仇餉。』此之謂也。為其殺是童子而征之，四海之內皆曰：『非富天下也，為匹夫匹婦復讎也。』『湯始征，自葛載』，十一征而無敵於天下。東面而征，西夷怨；南面而征，北狄怨，曰：『奚為後我？』民之望之，若大旱之望雨也。歸市者弗止，芸者不變。誅其君，弔其民，如時雨降。民大悅。《書》曰：『徯我后，后來其無罰。』『有攸不惟臣，東征，綏厥士女，匪厥玄黃，紹我周王見休，惟臣附于大邑周。』其君子實玄黃于匪以迎其君子，其小人簞食壺漿以迎其小人。救民於水火之中，取其殘而已矣。〈太誓〉曰：『我武惟揚，侵于之疆，則取于殘，殺伐用張，于湯有光。』不行王政云爾；苟行王政，四海之內皆舉首而望之，欲以為君。齊、楚雖大，何畏焉？」

成湯之於葛伯，但言其放而不祀。蓋葛伯暴虐處尚多，而不祀先祖，乃其本根，故成湯先開明其孝親之本心，遺之牛羊，而又爲耕。初無計較之心，所謂仁者以大事小也。及其殺饋餉之童子，則葛伯終不可化矣，故湯爲是而征之。〇武王之伐殷也，殷人匪厥玄黃，則小人之簞食壺漿者在其中矣。實，實之篚也。見休之休，即救民於水火之中，取其殘也。〇在成湯則曰誅其君，在武王則曰取其殘，皆以弔民，非爲暴虐，故謂之王政。但放伐自湯始，又有慚德，而彰信兆民之功，非武王繼之，則未有以見其爲有光也。《集註》謂「比於湯之伐桀，又有光焉」，則似武王之光過於湯者，此豈知湯之德本優於武王者哉？〇宋王偃當先君剔成之時，孟子嘗至其國，蓋嘗聞王道之說矣，故欲行王政。觀孟子告萬章之言，亦不謂其不能行王政也，但其志不篤，力小謀大，則足以取敗耳。然豈若《史記》所謂（傑）〔桀〕宋者哉？

六

孟子謂戴不勝曰：「子欲子之王之善與？我明告子。有楚大夫於此，欲其子之齊語也，則使齊人傅諸？使楚人傅諸？」曰：「使齊人傅之。」曰：「一齊人傅之，眾楚人咻之，雖日撻而求其齊也，不可得矣；引而置之莊嶽之間數年，雖日撻而求其楚，亦不可得矣。子謂薛居州，善士也，使之居於王所。在於王所者，長幼卑尊，皆薛居州也，王誰與為不善？在王所者，長幼卑尊，皆非薛居州也，王誰與為善？一薛居州，獨如宋王何？」

王誰與爲不善一段是設言；王誰與爲善是正言。故以一薛居州，獨如宋王何屬之。

七

公孫丑問曰：「不見諸侯，何義？」孟子曰：「古者不為臣不見。段干木踰垣而辟之，泄柳閉門而不內，是皆已甚。迫，斯可以見矣。陽貨欲見孔子而惡無禮，大夫有賜於士，不得受於其家，則往拜其門。陽貨矙孔子之亡也，而饋孔子蒸豚；孔子亦矙其亡也，而往拜之。當是時，陽貨先，豈得不見？

此即庶人不傳贄爲臣，不敢見於諸侯也。

魏文侯求見段干木，魯繆公求見泄柳，誠意懇切，二子辟之，則爲太過。此明諸侯有可見之節，須待其先來召禮也。故陽貨之於孔子，雖誠意不及文侯、繆公，而能先來召禮，則孔子亦見之，不必拒也。以見所謂不見諸侯者，非不見也，不先見耳。○陽貨饋孔子蒸豚，亦其一念敬賢之心，庶乎交以道也。又恐孔子惡其無禮，而以大夫賜士之禮處之，亦庶乎接以禮也。但陽貨非真能尊孔子者，孔子不逆其反正之幾，欲示之以不疑之迹，故往見之，此待惡人之道也。其以瞯亡報陽貨也，非欲其稱，蓋其人難與言善，不敢驟親耳。

曾子曰：『脅肩諂笑，病於夏畦。』子路曰：『未同而言，觀其色赧赧然，非由之所知也。』由是觀之，則君子之所養可知已矣。」

此言不俟其禮而往見者之非義，以見君子所以不見諸侯者，本其羞惡之心也。所重在於不枉己矣。

八

戴盈之曰：「什一，去關市之征，今茲未能。請輕之，以待來年，然後已，何如？」孟子曰：「今有人日攘其鄰之雞者，或告之曰：『是非君子之道。』曰：『請損之，月攘一雞，以待來年，然後已。』如知其非義，斯速已矣，何待來年？」

攘者，取非己有也。與篡弒奪攘、其父攘羊之攘同，不必別起物自來而取之之意。○如知其非義，本什一、去關市之征而言，即此可見孟子當戰國之世，其志惟欲行文王之政，無所遷就也。

九

公都子曰：「外人皆稱夫子好辯，敢問何也？」孟子曰：「予豈好辯哉？予不得已也。天下之生久矣，一治一亂。

治亂本因人事得失，而《集註》必先言氣化盛衰者，以其相因也。蓋氣化盛則人事得，氣化衰則人事失。氣化因人事而見之。如堯之時，鯀堙洪水九載，績用弗成，亂猶未已，亦豈非人事之失，氣化之衰邪？及禹治之，則氣化盛而人事得矣。○好辯專爲楊、墨而發，大意以人類化爲禽獸爲重。蓋人不爲生民主，則禽獸食人矣，此孟子闢楊、墨之本意。如下文序禹、周公之功，皆舉禽獸之害言之，而孔子作《春秋》，懼臣子之弒君父，亦以其爲禽獸之行也，而楊、墨之所爲不容不辯者，意可見矣。

當堯之時，水逆行，氾濫於中國，蛇龍居之，民無所定。下者為巢，上者為營窟。《書》曰：『洚水警余。』洚水者，洪水也。使禹治之。禹掘地而注之海，驅蛇龍而放之菹。水由地中行，江、淮、河、漢是也。險阻既遠，鳥獸之害人者消，然後人得平土而居之。

下者爲巢，上者爲營窟，則所居者非平土矣。蛇龍居於中國，此鳥獸之所以爲害也。○禹抑洪水以爲一治，言其遠鳥獸之害而已。

堯、舜既沒，聖人之道衰。暴君代作，壞宮室以為汙池，民無所安息；棄田以為園囿，使民不得衣食。邪說暴行又作，園囿、汙池、沛澤多而禽獸至。及紂之身，天下又大亂。周公相武王，誅紂伐奄，三年討其君，驅飛廉於海隅而戮之，滅國者五十，驅虎、豹、犀、象而遠之。天下大悅。《書》曰：『丕顯哉，文王謨！丕承哉，武王烈！佑啓我後人，咸以正無缺。』

邪說，謂無公論。暴行，謂人得肆行。此紂所以無所忌憚而爲惡也。園囿爲沛，汙池爲澤，此禽獸之所以藏也。桀之惡不在紂下，而及紂之身，方言大亂者，以禽獸之害，紂時爲甚也。○奄、飛廉皆東夷之國，五十國皆習於夷狄之行者，助紂爲虐，無意於治，則禽獸至矣。誅紂而伐奄、驅飛廉，滅國五十，此所謂兼夷狄也。然後園囿、汙池復爲民業，而禽獸無所容，故能驅虎豹犀象而遠之。文王之謨即仁政也，以其爲顯明之大德，故曰丕顯。周公相武王，不過丕承乎此而有功耳。不正則有缺，故周公相而正之。此雖武王之事，然時已老矣，故事皆託於周公，而歸重於周公也。此周公之一治，亦以能遠禽獸之害而已。

世衰道微，邪說暴行有作，臣弒其君者有之，子弒其父者有之。孔子懼，作《春秋》。《春秋》，天子之事也。是故孔子曰：『知我者其惟《春秋》乎！罪我者其惟《春秋》乎！』

世衰即氣化衰，而聖王不作也。聖王不作則道微，道微則無公論，邪說由是無所忌憚而暴行作，至於臣弒君，子弒父，亦不以爲非焉，蓋既成無父無君之俗，而人類皆化爲禽獸也。如此，孔子懼而作《春秋》，嚴亂臣賊子之誅，以明天子之法於後世。惟君子爲能知其憂世之心，而小人則多所忌矣。詳見〈春秋私考序〉，此言孔子之一治，亦以遠禽獸之害也。

聖王不作，諸侯放恣，處士橫議，楊朱、墨翟之言盈天下。天下之言，不歸楊，則歸墨。楊氏為我，是無君也；墨氏兼愛，是無父也。無父無君，是禽獸也。公明儀曰：『庖有肥肉，廄有肥馬，民有飢色，野有餓莩，此率獸而食人也。』楊、墨之道不息，孔子之道不著，是邪說誣民，充塞仁義也。仁義充塞，則率獸食人，人將相食。吾為此懼，閑先聖之道，距楊、墨，放淫辭，邪說者不得作。作於其心，害於其事；作於其事，害於其政。聖人復起，不易吾言矣。

聖王不作，亦是道微也；諸侯放恣，亦是暴行也。所以學術不明，而天下皆爲楊、墨之說矣。處士，是爲楊、墨之學者。橫議，謂不正之議，蓋併聖學而非之矣。楊、墨無父、無君，非謂其末流如此也。楊子爲我，意不在君；墨子兼愛，意不在父。無君之心，是謂寡恩；無父之心，是謂二本。寡恩則失於忍，故善人被患，雖天下墊於危亡而不知救；二本則失於縱，故惡人肆暴，雖至親遭其殺戮而不知哀。而禽獸之行已發端於此矣。至其末也，楊氏之教，不但習爲陳仲子之絕親而已，其流入於刑名而慘刻益深；墨氏之教，不但習爲許行之同物而已，其流入於縱橫而廉恥盡喪，則人皆禽獸矣。夫仁義本一心也，自其生意之不可遏者而言謂之仁，自其裁斷之不可亂者而言謂之義，心未有無義之仁、無仁之義，故仁中有義，義中有仁，本心之正也。兼愛之疑於仁，仁而無義，非仁之仁也；爲我之疑於義，義而無仁，非義之義也。知仁義之本，則知楊、墨之差矣。楊、墨之言，即是邪說；孔子之道，即是仁義，邪說不息，仁義豈能著哉？率獸食人，謂楊、墨生亂而害人也。人將相食，謂人人化於楊、墨，盡爲禽獸矣。○先聖之道，謂孔子之道。淫辭，謂邪說之放蕩橫流者。此以闢楊、墨爲主。放淫辭，正所以使邪說不得作也。作者，起而行之之意。起而行之，則由心以達於政事矣。作於其心，謂害心術也。害於政事則害及人矣。不易吾言，謂後世聖人之治，必以闢邪說爲急也。聖人以此爲急，則見孟子之當辯矣。心、政、事之說，詳見〈公孫丑上〉篇。此孟子之一治，亦以遠禽獸之害，故附於三聖之後。

昔者禹抑洪水而天下平，周公兼夷狄、驅猛獸而百姓寧，孔子成《春秋》而亂臣賊子懼。《詩》云：『戎狄是膺，荊、舒是懲，則莫我敢承。』無父無君，是周公所

膺也。我亦欲正人心，息邪說，距詖行，放淫辭，以承三聖者。豈好辯哉？予不得已也。

此結三聖之事及引周公之詩，以起下文。〇禹抑洪水、消鳥獸也；周公兼夷狄、驅猛獸也；孔子成《春秋》、絕禽獸之行也。皆重於去禽獸之害。「戎狄是膺」之詩，因周公兼夷狄而言也。蓋指奄及飛廉五十國，荆舒不在其內，故但言周公所膺，舉兼夷狄，以見其能驅猛獸之意。無父無君，指楊、墨而言也。承，繼也。以起下文承三聖之承。詩人所以誦僖公者，爲其能承周公也。《集註》訓承爲當，則與下文不相應矣。〇自其行之偏而言，則曰詖行；自其辭之蕩而言，則曰淫辭，皆邪說。正人心本前生於其心而言。一章之意，歸束於此。蓋邪說橫流，以無人身任其責，而孔子之道不著，故不得已而有辯，非好也。

能言距楊、墨者，聖人之徒也。」

此節正見孟子任道之重，以明上文不得已之意。當時天下之言皆歸楊、墨，以無復有敢爲距楊、墨之說者，則以無聖人之志故耳，有能公言闢之，非聖人之徒不能也。蓋以明聖人之道自任，故不得已而距楊、墨也。說者以此遵聖人闢楊、墨意，則迂緩而不切矣。〇楊朱、墨翟之說已起於孔子之時，其時猶未盛行，至孟子時，而其害甚矣，故始闢之。

十

匡章曰：「陳仲子豈不誠廉士哉？居於陵，三日不食，耳無聞，目無見也。井上有李，螬食實者過半矣，匍匐往將食之，三咽，然後耳有聞，目有見。」孟子曰：「於齊國之士，吾必以仲子為巨擘焉。雖然，仲子惡能廉？充仲子之操，則蚓而後可者也。夫蚓，上食槁壤，下飲黃泉。仲子所居之室，伯夷之所築與？抑亦盜跖之所築與？所食之粟，伯夷之所樹與？抑亦盜跖之所樹與？是未可知也。」

惡能廉，非謂仲子不廉也，謂不能充其廉也。○室與粟若問所從來，不知其發端處，安能必其爲伯夷所築、所樹？仲子既不能如蚓之無求，則於此亦不免於含糊矣。

曰：「是何傷哉？彼身織屨，妻辟纑，以易之也。」曰：「仲子，齊之世家也。兄戴，蓋祿萬鍾。以兄之祿為不義之祿而不食也，以兄之室為不義之室而不居也，辟兄離母，處於於陵。他日歸，則有饋其兄生鵝者，己頻顣曰：『惡用是鶃鶃者為哉？』他日，其母殺是鵝也，與之食之。其兄自外至，曰：『是鶃鶃之肉也。』出而哇之。以母則不食，以妻則食之；以兄之室則弗居，以於陵則居之。是尚為能充其類也乎？若仲子者，蚓而後充其操者也。」

易之，兼室與粟，本趙岐註。或賃或買，皆易也。○室與粟皆屨纑之所易也，但對母而言則曰妻，對兄而言則不曰妻耳。然大意則謂仲子不能不食不居也，而於母兄之情則恝然矣。○廉是有分辨而不苟取之名，即是義之裁制處也。苟交不以道，接不以禮，與凡欲強求者，此其本心必有不安也。心所不安而取之，則不得爲廉，故以不取爲廉。若人以禮交而非所強者，此是人情不可恝然處，心所安也，故卻之則爲不恭。母與兄，人倫之當厚者也，以母不食，以兄不居，是將絕父母兄弟之親矣，而一概計所從來，執以爲廉，可乎？況舍此不能無食無居，則無以知其所從來之必義，其說亦有不可行者，故仲子之廉，非所當廉者也。人莫大於無人倫，奚可以小者信其大哉？

卷七　離婁上

一

孟子曰：「離婁之明，公輸子之巧，不以規矩，不能成方員；師曠之聰，不以六律，不能正五音；堯、舜之道，不以仁政，不能平治天下。今有仁心仁聞而民不被其澤，不可法於後世者，不行先王之道也。故曰，徒善不足以為政，徒法不能以自行。

明也、巧也、聰也、道也，皆是聖人精一之德，必須致之於用，則所及者廣耳。規矩也、六律也、仁政也，皆所以爲用，而仁政則道之推以及人者也。道欲及人，非仁政不可，故以規矩、六律發之。仁聞只在仁心內，非有二也。○先王之道，即指上文堯、舜之道，本其誠心愛民者而言。仁政於行字見之。《集註》以先王之道爲仁政，則道與政無別矣。以仁政爲法度而澤被天下，則可爲法於後世，非爲欲後世取法而立此制也。○道者，仁心所發之路，乃善端也，故謂之善。以此道推及於人，則謂之政。政之有制，則謂之法。道發於心，政達於事，法立於政，同一仁也。但不能達此道以立法於政，則謂之不行先王之道，而道不可以言政矣，故曰徒善不足以爲政。而以徒法不能以自行足之，明政由善出，而先王之法所當行也。自離婁之明至此，皆言治天下不可無法度之意。

《詩》云：『不愆不忘，率由舊章。』遵先王之法而過者，未之有也。聖人既竭目力焉，繼之以規矩準繩，以為方員平直，不可勝用也；既竭耳力焉，繼之以六律，正五音，不可勝用也；既竭心思焉，繼之以不忍人之政，而仁覆天下矣。故曰：為高必因丘陵，為下必因川澤。為政不因先王之道，可謂智乎？

先王之法傳之後世，即舊章也。不愆，無過差也；不忘，無遺漏也。總謂之過，民不被其澤是已。此承上文，言先王之法，人所當遵，以起下文也。〇竭耳目心思之力，是精誠專一，無一毫人欲之私以雜之也。繼之以者，是聖人推此心以爲用而繼續不已也。用，是耳目心思之用。直、音、政爲句，皆聖人心思之所竭，即道也。以仁政繼之，如欲保妻子，則推恩以刑寡妻；欲保四海，則推恩以御家邦。行遠自邇，登高自卑，皆因此道而積，以徧及於天下耳。因者，因之爲實地而推廣也。先王之道，乃所以爲政法由□出，見其非用智之術矣。□《詩》云不愆不忘至此，皆言先王法本於善，以明其所以當遵之意。

是以惟仁者宜在高位。不仁而在高位，是播其惡於眾也。上無道揆也，下無法守也，朝不信道，工不信度，君子犯義，小人犯刑，國之所存者幸也。故曰：城郭不完，兵甲不多，非國之災也；田野不辟，貨財不聚，非國之害也。上無禮，下無學，賊民興，喪無日矣。

不行先王之道，是無道揆也。無道揆本不仁在高位言。由上無道揆，則下無法守，法守之所在，道之所在也。惟無法守，則朝不信道，而工不信度。朝、工，所立之朝，工謂百官，即君子也。工不信度，故君子犯義。君子犯義，則小人犯刑，皆本於上無道揆也。○上無禮，謂無道揆。下無學，謂無法守。賊民興，謂小人犯刑。喪無日，言禍不在於兵之不強、國之不富，而在於不行仁政也。自是以惟仁者至此，所以責其君。

《詩》曰：『天之方蹶，無然泄泄。』泄泄，猶沓沓也。事君無義，進退無禮，言則非先王之道者，猶沓沓也。故曰：責難於君謂之恭，陳善閉邪謂之敬，吾君不能謂之賊。」

事君而不以仁政勸之，是無義也。道不行則當退，不以苟進爲恥，是無禮也。非先王之道，即自暴者也。○恭者，擎拳不安之貌；敬者，懼戒不忽之心。仁心在人，舉此加彼，何難之有？惟蔽於私欲，故有以爲難者。開陳善道以禁閉其邪心，所以責難也。此以仁義格君心之非也，非其心兢兢而不敢忽者不能，故謂之敬，惟敬然後可以爲恭，不然，則恭爲虛文矣。吾君不能即謂其君不能者，賊其君者也，正所謂沓沓者如此。自《詩》云天之方蹶至此，所以責其臣。

二

孟子曰：「規矩，方員之至也；聖人，人倫之至也。欲為君盡君道，欲為臣盡臣道，二者皆法堯、舜而已矣。不以舜之所以事堯事君，不敬其君者也；不以堯之所以治民治民，賊其民者也。

至謂規矩。聖人之能盡其理，故方圓從規矩出，人倫從聖人出，豈待加毫末哉？○舜之事堯，堯之治民，皆指仁政而言。不敬其君，即所謂賊其君者也。賊其民，即所謂自賊者也。

孔子曰：『道二：仁與不仁而已矣。』暴其民甚，則身弒國亡；不甚，則身危國削。名之曰『幽』、『厲』，雖孝子慈孫，百世不能改也。《詩》云『殷鑒不遠，在夏后之世』，此之謂也。」

道一而已，仁之外無他道也。不仁而後道斯有二矣。○名之曰幽厲，本甚、不甚言。蓋幽王亦是被弑者，厲王尚未見弑，輕重就中可見矣。

三

孟子曰：「三代之得天下也以仁，其失天下也以不仁。國之所以廢興存亡者亦然。

此言人君之安危，繫於仁不仁也。

天子不仁，不保四海；諸侯不仁，不保社稷；卿大夫不仁，不保宗廟；士庶人不仁，不保四體。

此言不仁之必死亡也。

今惡死亡而樂不仁，是猶惡醉而強酒。」

此言欲免死亡，莫若爲仁也。

四

孟子曰：「愛人不親，反其仁；治人不治，反其智；禮人不答，反其敬。行有不得者，皆反求諸己，其身正而天下歸之。《詩》云：『永言配命，自求多福。』」

其身正，則仁、智而有禮矣。天下歸之，則親、治而答矣。仁、智、有禮，是合乎天命也。我親、我治、我答，是自求多福也。○此章爲當時諸侯而發，與下篇「以仁存心、以禮存心」章意同。

五

孟子曰：「人有恆言，皆曰『天下國家』。天下之本在國，國之本在家，家之本在身。」

此章言本止爲身而發。本，一也，在天下、在國、在家，其地雖異，舍身無所謂本矣，故推其本而歸之於身。《集註》推言天下國家之序，而曰又以家本乎身，則本分兩截矣。

六

孟子曰：「為政不難，不得罪於巨室。巨室之所慕，一國慕之；一國之所慕，天下慕之，故沛然德教溢乎四海。」

爲政，是欲行仁政也。愛人不親反其仁，治人不治反其智，禮人不答反其敬，然後其身正，而能不得罪於巨室。巨室有所阻撓，則仁政有所不行矣。沛然德教溢乎四海，本天下慕之而言，如此則仁政之所及者廣矣。〇不得罪於巨室，是爲政最緊要實下手處。孟子論爲政則曰不得罪於巨室；論交鄰則曰以大事小，以小事大，可以見其施爲之實用，而胸中素定之略，非迂儒曲學之所能知矣。

七

孟子曰：「天下有道，小德役大德，小賢役大賢。天下無道，小役大，弱役強。斯二者天也，順天者存，逆天者亡。

此以尙德、尙力開兩端，所以起下文以德屈群力之意。役者，見役於人也。賢，謂德之見於政事者。強弱，以大小之勢言。

齊景公曰：『既不能令，又不受命，是絕物也。』涕出而女於吳。今也小國師大國而恥受命焉，是猶弟子而恥受命於先師也。如恥之，莫若師文王。師文王，大國五年，小國七年，必為政於天下矣。

惟有大德，然後能出令以使人。絕物，猶言絕人逃世，引齊景公言「小役大，弱役強」之事，以起下文。〇師文王，謂行仁政也。

《詩》云：『商之孫子，其麗不億。上帝既命，侯于周服。侯服于周，天命靡常。殷士膚敏，祼將于京。』孔子曰：『仁不可為衆也。夫國君好仁，天下無敵。』今也欲無敵於天下而不以仁，是猶執熱而不以濯也。《詩》云：『誰能執熱，逝不以濯？』」

引文王之詩，以明文王爲政於天下，欲無敵於天下，是大國與之爲敵也，故曰執熱。〇聽天所命，則小役大，弱役強也。天命在我，則大小強弱非所論，而小德役大德，小賢役大賢矣。此欲人脩德以屈群力也。

八

孟子曰：「不仁者可與言哉？安其危而利其菑，樂其所以亡者。不仁而可與言，則何亡國敗家之有？

此言不仁者之無可救正也。危與菑，一也。以事迫言，謂之危；以害至言，謂之菑，即亡國敗家之意。

有孺子歌曰：『滄浪之水清兮，可以濯我纓；滄浪之水濁兮，可以濯我足。』孔子曰：『小子聽之！清斯濯纓，濁斯濯足矣，自取之也。』夫人必自侮，然後人侮之；家必自毀，而後人毀之；國必自伐，而後人伐之。〈太甲〉曰：『天作孽，猶可違；自作孽，不可活。』此之謂也。」

引孺子之歌及孔子之言，以發自取之意。不仁而致危亡者，皆自取也。○國被伐，亡國也；家被毀，敗家也。皆人自爲，故以人侮先之。○自作孽，本上自侮、自毀、自伐而言，即樂其所以亡者也。

九

孟子曰：「桀、紂之失天下也，失其民也；失其民者，失其心也。得天下有道，得其民，斯得天下矣；得其民有道，得其心，斯得民矣；得其心有道，所欲與之聚之，所惡勿施爾也。

此言王道以得民心爲本也。所欲與聚，即民之所好好之也；所惡勿施，即民之所惡惡之也。此之謂仁。

民之歸仁也，猶水之就下、獸之走壙也。故為淵敺魚者，獺也；為叢敺爵者，鸇也；為湯、武敺民者，桀與紂也。

就下、走壙，言其性本然也。湯、武，仁者也，民之所欲也；桀、紂，不仁者也，民之所畏也。桀、紂爲湯、武敺民，正言民心歸仁、去不仁，以見桀、紂所以失天下之意。

今天下之君有好仁者，則諸侯皆為之敺矣。雖欲無王，不可得已。今之欲王者，猶七年之病求三年之艾也。苟為不畜，終身不得。苟不志於仁，終身憂辱，以陷於死亡。《詩》云：『其何能淑，載胥及溺。』此之謂也。」

君有好仁，則諸侯皆爲之敺，言仁之可爲，而欲當時國君之行仁政也。因言今之爲仁者雖晚，而猶可及，欲其急於爲仁也。苟爲不畜，終身不得，是以艾言而起不志於仁也。復引〈桑柔〉之詩，明終身憂辱以陷於死亡之意，以見人君不可不及早而爲仁也。

十

孟子曰：「自暴者，不可與有言也；自棄者，不可與有為也。言非禮義，謂之自暴也；吾身不能居仁由義，謂之自棄也。

自暴者不知禮義之爲美，而非毀之，放辟邪侈，無所不爲，以自暴其身，此不但自棄而已。自棄則猶知仁義之爲美，但自謂不能耳。禮以義裁，義以禮辨，禮義在事，道之條理也。自暴則暴於事爲，故以禮義言；仁以義斷，義以仁行，仁義在心，道之統宗也。自棄則棄其心體，故以仁義言。居仁由義，說見〈盡心上〉篇。

仁，人之安宅也；義，人之正路也。曠安宅而弗居，舍正路而不由，哀哉！」

仁義，本自棄者不能居仁由義而言。蓋自暴者已不可與有言，雖自棄者無有爲之志，猶可言也，故以此開示之，使自棄者能奮然有爲，則自暴者庶可望其感悟耳。此孟子立言之本意也。

十一

孟子曰：「道在爾而求諸遠，事在易而求諸難。人人親其親、長其長而天下平。」

此與《中庸》「道不遠人，人之爲道而遠人」意同。道者，孝弟而已。孝弟在心，不從外得，故於人爲邇。達之於用，不假強爲，故於事爲易。求之於遠且難，遠人也，如治國者求之於條教號令，而不本於躬行孝弟，則遠且難矣。殊不知孝弟之風行，人人化於親親長長，則天下自平，而此外尚奚有他事哉？

十二

孟子曰：「居下位而不獲於上，民不可得而治也。獲於上有道，不信於友，弗獲於上矣；信於友有道，事親弗悅，弗信於友矣；悅親有道，反身不誠，不悅於親矣；誠身有道，不明乎善，不誠其身矣。是故誠者，天之道也；思誠者，人之道也。

此皆《中庸》之言。悅親即《中庸》「順親」，孟子恐人不知也，故以悅易順。推誠身本於明善，大意重在「思誠者，人之道也」。先言天道，欲人知天道爲人道之本，而思誠以天道爲極致耳。思誠即《中庸》「誠之」，孟子欲人知「誠之」之爲思，故言思以括之，而明善在誠身之中矣。

至誠而不動者，未之有也；不誠，未有能動者也。」

誠之者，人道也。誠而曰至，則天道也。此覆說上文之意，以見人不可不誠也。

十三

孟子曰：「伯夷辟紂，居北海之濱，聞文王作，興曰：『盍歸乎來！吾聞西伯善養老者。』太公辟紂，居東海之濱，聞文王作，興曰：『盍歸乎來！吾聞西伯善養老者。』二老者，天下之大老也，而歸之，是天下之父歸之也。天下之父歸之，其子焉往？

文王作，謂起而行仁政也。盍歸乎來，正民之歸仁意。蓋所欲在此，而就其養也。西伯善養老之政，詳見〈盡心上〉篇。伯夷、太公齒德皆尊，能繫人望，如家之有父，而子必隨其所往，若他人所往，人心不信從也。

諸侯有行文王之政者，七年之內，必為政於天下矣。」

言當先得賢人之歸。

十四

孟子曰：「求也為季氏宰，無能改於其德，而賦粟倍他日。孔子曰：『求非我徒也，小子鳴鼓而攻之可也。』由此觀之，君不行仁政而富之，皆棄於孔子者也。況於為之強戰？爭地以戰，殺人盈野；爭城以戰，殺人盈城。此所謂率土地而食人肉，罪不容於死。故善戰者服上刑，連諸侯者次之，辟草萊、任土地者次之。」

此言善戰者之罪甚於專利而富其君者也，大意重善戰者服上刑一句。連諸侯，所以講和好，其事主於連橫，與合從不同。合從者，欲合諸侯併力以抗秦，是戰爭之計也；連橫則欲諸侯與秦爲一，其意在息爭休兵，與宋牼說秦楚罷兵事同，乃爲利國耳。辟草萊、任土地，所以聚財賦，亦利國也。利國則志不在於利民，故曰次之，以見善戰之罪爲尤重，而不容於死也。此與〈告子下〉篇「魯欲使慎子爲將軍」、〈盡心下〉篇「我善爲陳，我善爲戰」章意同。

十五

孟子曰：「存乎人者，莫良於眸子。眸子不能掩其惡。胸中正，則眸子瞭焉；胸中不正，則眸子眊焉。聽其言也，觀其眸子，人焉廋哉？」

言存乎人，見眸子之神常存也。蓋眸子乃天明之聚處，莫能掩其惡，所以爲良也。胸中，指心而言，胸中正而瞭，不正而眊，此其惡之不能掩也。○此章本以觀眸子爲重，但言亦心之所□，故併此聽之，以觀其眸子，而人之邪正不可匿也。不可匿，乃於眸子見之。

十六

孟子曰：「恭者不侮人，儉者不奪人。侮奪人之君，惟恐不順焉，惡得為恭儉？恭儉豈可以聲音笑貌為哉？」

凡人恭者，但能致敬於上，至於下人，則侮之矣。凡人儉者，止是不施於人，至於取人之際，則奪之矣。故不侮人，然後爲恭；不奪人，然後爲儉。恭即不敢慢於小國之君意；儉即不忍傷民之貯意。如此方是實德。

十七

淳于髡曰：「男女授受不親，禮與？」孟子曰：「禮也。」曰：「嫂溺，則援之以手乎？」曰：「嫂溺不援，是豺狼也。男女授受不親，禮也；嫂溺，援之以手者，權也。」曰：「今天下溺矣，夫子之不援，何也？」曰：「天下溺，援之以道；嫂溺，援之以手。子欲手援天下乎？」

君子道合則從，不俟其禮之至而輕身以救之，則枉道矣。枉己者其能正人乎？此與嫂溺援之以手者不同也。蓋權乃禮之變通處，在道之內。髡欲以手援天下，則越常道以濟事功，而權在道之外矣。○經權別有論，在《說理會編》卷一。

十八

公孫丑曰：「君子之不教子，何也？」孟子曰：「勢不行也。教者必以正；以正不行，繼之以怒；繼之以怒，則反夷矣。『夫子教我以正，夫子未出於正也。』則是父子相夷也。父子相夷，則惡矣。古者易子而教之。

此言君子所以爲親教子之故。

父子之間不責善。責善則離，離則不祥莫大焉。」

離，謂父子不相親也。不祥，謂相夷而惡也。此申上文之意。○此爲不肖之子而發。蓋父能責善，乃賢父也。但恐不量其子而過求之，則至傷恩，故發此論。

十九

孟子曰：「事孰為大？事親為大；守孰為大？守身為大。不失其身而能事其親者，吾聞之矣；失其身而能事其親者，吾未之聞也。孰不為事？事親，事之本也；孰不為守？守身，守之本也。

此承上章不肖之子不可教而言，以明能順親者，然後爲孝也。○不失其身，謂能明善誠身也。悅親有道，反身不誠，不悅乎親矣，即是此意。云事之本、守之本，見事親、守身所以爲大也。

曾子養曾晳，必有酒肉。將徹，必請所與。問有餘，必曰『有』。曾晳死，曾元養曾子，必有酒肉。將徹，不請所與。問有餘，曰『亡矣』。將以復進也。此所謂養口體者也。若曾子，則可謂養志也。事親若曾子者，可也。」

曾子能養志，此有誠意而能守身者，若曾元但養口體，不可以爲有誠意矣。兼言曾元事，以見曾子之能事親也。曾元亦是能養親者，但不能養志耳。蓋其心只欲足父母飲食，不能多備。問有餘，本無也，故應之曰無。《集註》言「雖有言無」，曾元恐不至此，但孔子所教子游能養而不敬者，曾元不能免耳。○可也，是斷曾子事當其可，非謂僅可也。程子謂「子所能爲，無過分之事，故曰可」，可以爲人子事親之法，而於孟子論曾子之意則似過求矣。

二十

孟子曰：「人不足與適也，政不足間也。惟大人為能格君心之非。君仁莫不仁，君義莫不義，君正莫不正。一正君而國定矣。」

陳善閉邪，敬君之大者也。用人之非，行政之失，大臣非不諫也，但在幾上轉移，不在事上救正。孟子三見齊王而不言事，正指此耳。幾者，君心覺悟之端也。此幾一回，方不費力，故人不足適，政不足諫，要在格君心之非耳。格者，心在腔子裏之名，然非至誠感孚，則君未易格也，故惟大人能之。君心之非，不仁不義之邪心也，君心歸於仁義則正矣。正則用人行政之善皆在其中，非心外別有用人行政之事也。莫不仁義者，以人化言。人化於正，則爲國治而定於一矣。

二十一

孟子曰：「有不虞之譽，有求全之毀。」

此似專爲觀人者而發，眾好惡之，猶必察焉，況出於不虞、求全，尤其無實者乎？

二十二

孟子曰：「人之易其言也，無責耳矣。」

此欲人之謹言也。

二十三

孟子曰：「人之患在好為人師。」

此戒人之自足也。

二十四

樂正子從於子敖之齊。樂正子見孟子。孟子曰：「子亦來見我乎？」曰：「先生何為出此言也？」曰：「子來幾日矣？」曰：「昔者。」曰：「昔者，則我出此言也，不亦宜乎？」曰：「舍館未定。」曰：「子聞之也，舍館定，然後求見長者乎？」曰：「克有罪。」

記事者先揭從子敖之齊一句，最是緊關綱領。當時舍館定，求見長者，則不足責。今從子敖之齊，則以其爲子敖所纏，而不即來見己耳。昔者，但訓昨日亦無害。蓋孟子責樂正子之意，不爲其遲也。《集註》以爲前日，與〈公孫丑下〉篇「昔者疾」之註不同矣。○克有罪，是自知從子敖爲失身也。

二十五

孟子謂樂正子曰：「子之從於子敖來，徒餔啜也。我不意子學古之道，而以餔啜也。」

樂正子非求食者也。蓋子敖飲食供給之美，虛文亦足以動人也。朱子以爲（籍）（藉）其資糧，即求食之意，亦小視樂正子矣。

二十六

孟子曰：「不孝有三，無後為大。

趙岐謂禮有不孝者三事，雙峰饒氏發其意最爲明盡。蓋此三事皆從賢者言之，所以明義理精微之極也。若自不肖者言，則世俗所謂不孝者五之外，尚有犯上作亂與弒逆之事，豈岐所言之三事哉？

舜不告而娶，為無後也，君子以為猶告也。」

猶告，是委曲以成父之德，就孝親之本心而言。此與〈萬章上〉篇「舜告則不得娶」章互相發明。

二十七

孟子曰：「仁之實，事親是也；義之實，從兄是也。

孝弟本皆是仁，但兄弟是同輩人，易失於無序，故凡爲弟者之良心，必以敬兄爲安。此就分別得宜上言之，故於仁中別出義字，然皆孝弟真切之心也。此章專重實字。孝弟謂之實者，以其心之真切而實理所存也。若其發用之處，文采可觀，則其華矣。學不可以華上求，故以實言。

智之實，知斯二者弗去是也；禮之實，節文斯二者是也；樂之實，樂斯二者，樂則生矣；生則惡可已也？惡可已，則不知足之蹈之、手之舞之。」

智者，歛藏之意。既歛藏，則弗去已在知內，《易》所謂「貞固」也。貞固者，貞其固，非分兩截也。禮者，節文而已。節文者，節其過而使之有文，《易》所謂「嘉會」是也。樂德與仁義禮智同，猶《中庸》「中和」之和也。只以一樂用解樂字盡之矣。自生至手舞足蹈皆是樂字意，無有階級。手舞足蹈言其動容也，非作意而爲之，故曰不知。所謂動容周旋中禮，四體不言而喻也。○此章論仁義智禮樂之德，其精切處惟在孝弟，故以孝弟爲仁義之實，智禮樂不過知此、節此、樂此而已。《集註》言「必知之明而守之固，然後節之密而樂之深」，是就智禮樂次序上推出此意，非其論實德之本旨也。

二十八

孟子曰：「天下大悅而將歸己。視天下悅而歸己猶草芥也，惟舜為然。不得乎親，不可以為人；不順乎親，不可以為子。

此與「富貴不足以解憂，惟順於父母可以解憂」同意。○得親，謂調停之使不失其心，此亦淺事耳。在常人如此亦可，故以人言之。若順親則諭之於道，父母我愛而能悅矣。諭之於道謂感格其心，與己相孚，非責善也。此已深得其心，必如此方盡子道，故以子言之。

舜盡事親之道而瞽瞍厎豫，瞽瞍厎豫而天下化，瞽瞍厎豫而天下之為父子者定，此之謂大孝。」

厎，致也。致其豫於我也。豫，悅也，即上文順字之意。此以子孝推及父慈，大抵重在舜盡事親之道。謂之盡，則無所不用其極，而化在其中矣，故謂之大孝。

卷八　離婁下

一

孟子曰：「舜生於諸馮，遷於負夏，卒於鳴條，東夷之人也。文王生於岐周，卒於畢郢，西夷之人也。地之相去也，千有餘里；世之相後也，千有餘歲。得志行乎中國，若合符節。先聖後聖，其揆一也。」

諸馮、負夏、鳴條皆冀州之地，鄭康成謂負夏爲衛地，非也。詳見〈舜居辯〉。岐周、畢郢在雍州之地，雍、冀皆中國也。夷猶鄙也，東夷、西夷猶言東鄙、西鄙，非夷狄之夷也。○得志行乎中國，指行事之實言。如制田里、教樹畜、設學校、明禮義，皆道之見於行事之實者。但舜以天子、文王以方伯而行之，則若君臣合信以布於天下者，故曰若合符節，非以得行爲重也。蓋孟子之意本爲論道，雖大行何足有加哉？舜、文，聖之至者也，又皆起於人臣，而得行其道，其德之盛不可復加，故特舉而言之，以見聖人之可學也。○先聖、後聖，即指舜、文。揆，度也，猶言裁制也。○一，即精一之一。言舜、文之道，所以同者，以其心之揆度處精一耳。慶源輔氏之說大略得之。《集註》以「度之而其道無不同」爲說，則所謂揆者，由我揆之，非聖人之所自揆；而「無不同」云者，則凡聖人皆在其內，非專指舜、文矣。此豈明心之要旨哉？

二

子產聽鄭國之政，以其乘輿濟人於溱、洧。

聽政，謂與聞國政，非執政也。乘輿，謂大夫所畜馬乘之餘車。黃東發專指相國之乘輿，則不免費詞說矣。溱、洧二水相近，而淺可以車渡，冬月水寒，故於此濟人焉。

孟子曰：「惠而不知為政。

此一章之大指。子產暴其小惠，欲使恩自己出，此正是違道以干百姓之譽之病根，此孟子所以深辯之也。

歲十一月徒杠成，十二月輿梁成，民未病涉也。君子平其政，行辟人可也，焉得人人而濟之？故為政者，每人而悅之，日亦不足矣。」

此下言當行仁政，而不當行小惠之意。○橋梁只是王政之一事，然惟行王政者能及之，言平其政則概舉王政，而橋梁之脩亦在其中，如此則行辟人可也，而人人濟之，亦有所不及矣，何必行小惠哉？

三

孟子告齊宣王曰：「君之視臣如手足，則臣視君如腹心；君之視臣如犬馬，則臣視君如國人；君之視臣如土芥，則臣視君如寇讎。」

此言君之待臣，不但在位時當有禮，雖有故而去，亦不可薄。蓋兼去留而言之也。

王曰：「禮，為舊君有服，何如斯可為服矣？」曰：「諫行言聽，膏澤下於民；有故而去，則君使人導之出疆，又先於其所往；去三年不反，然後收其田里。此之謂三有禮焉。如此，則為之服矣。今也為臣，諫則不行，言則不聽，膏澤不下於民；有故而去，則君搏執之，又極之於其所往；去之日，遂收其田里。此之謂寇讎。寇讎何服之有？」

諫行言聽，膏澤已下於民。又云有故而去者，如齊宣王之於孟子，禮文未嘗不備，言亦多所聽從。然中有小人離間之幾，而實無興道致治之意。則君子不可以虛拘，此孟子之所以去也。〇三有禮，亦有手足一體之義，故於義未絕而爲之服。收其田里之說，詳見《讀禮疑圖》卷一。〇潘氏謂孟子告齊宣王之言有迹，不若孔子對定公之言渾然，此亦過於分別矣。蓋孔子與孟子發言之意本自不同。孟子爲宣王言，所重在君；孔子對定公「君使臣、臣事君」之問，本無重輕。故宜平論，非必以此爲聖賢之別也。○楊氏論君子自處，豈處其薄，而解之者多以孟子三宿出晝之事爲證。殊不知齊宣王之於孟子，本有恩禮者也，但道有不合而去耳。其曰庶幾改之，乃情之所不能已，如此則義固未可絕也，豈有視如土芥，於義已絕？此「明夷于飛，垂其翼」之時也。君子尙可隱忍而不早見幾乎？雖不敢顯言其過，而是非之心未嘗無也。若謂「文王自言臣罪當誅，天王聖明」，則但可謂不得已而爲遜言耳。蓋君臣之義無所逃於天地之間，此文王之所以甘拘繫而無悔也。若時可以絕，則文王亦與紂絕矣，奚必爲迂闊之談哉？

四

孟子曰：「無罪而殺士，則大夫可以去；無罪而戮民，則士可以徙。」

此章附於「視臣如土芥」之後。可見齊宣王當時已嘗無故殺臣，故孟子有上章之說。

五

孟子曰：「君仁莫不仁，君義莫不義。」

君仁、君義，其心正也；莫不仁、莫不義，民皆化而歸正也。此與前篇「格君心」章義同，但此只就君身言耳。

六

孟子曰：「非禮之禮，非義之義，大人弗為。」

禮者，恭敬之心而已矣。義者，羞惡之心而已矣。有此心以處物，則能通達萬變，心無所膠，此所以爲大人也。若泥於禮義之迹，則其所爲非無可觀，然硜硜小人，非所謂立乎其大者也。

七

孟子曰：「中也養不中，才也養不才，故人樂有賢父兄也。如中也棄不中，才也棄不才，則賢不肖之相去，其間不能以寸。」

中者，德之體。才者，德之用。父兄欲成子弟之德，全係乎養。《集註》以「涵育熏陶」訓養，得其意矣。涵如水之浸物，熏如火之蒸物。涵以育之，熏以陶之，則其善端安得而不長哉？若棄之，則絕其爲善之心矣。

八

孟子曰：「人有不為也，而後可以有為。」

人不爲不善，乃其羞惡之心，主於爲善，故可以有爲。詳見〈公孫丑上〉篇「行一不義，殺一不辜」條下。

九

孟子曰：「言人之不善，當如後患何？」

言人不善，是無忠厚愛人之心，即是稱人之惡者。以言得罪，如國武子見殺者甚多，此蓋欲學者言之寡尤也。

十

孟子曰：「仲尼不為已甚者。」

常人欲爲皎皎之行，故有已甚之事。仲尼惟盡常道而已，何已甚之有？蓋聖人之道，衆人之所能知能行，欲人知其易學也。

十一

孟子曰：「大人者，言不必信，行不必果，惟義所在。」

言行不必於信果，非謂可以不信果也，謂不先期於信果耳。惟當言行之時，以義爲主，則信果從義出矣。

十二

孟子曰：「大人者，不失其赤子之心者也。」

《集註》以「無所不知，無所不能，通達萬變」爲大人，此固其本體盡處，但事物之來，雖聖人亦有所不知不能，不可以盡知盡能爲大也。故孟子論大人，惟曰不失赤子之心，以見聖人之易學也。赤子之心，只就初生時，情欲未動，源頭不雜者而言，此乃萬化本根，所以爲大。饑則啼，喜則笑，皆其真情所發，何嘗雜於一毫之欲哉？若稍有知覺，情以欲流，雖其勢自然，已從氣動，不可以爲赤子之心矣。

十三

孟子曰：「養生者不足以當大事，惟送死可以當大事。」

當，承當也。

十四

孟子曰：「君子深造之以道，欲其自得之也。自得之，則居之安；居之安，則資之深；資之深，則取之左右逢其原，故君子欲其自得之也。」

深造者，工夫造其極也。道者，率性之謂，以此爲之不厭，乃深造也。章內九之字皆指道言。自得之，言得此道於己，所謂德也。古人爲學惟是爲己，凡言自者，皆此意也。德既在我，則所以居此道者安，是德中有安處也。居之既安，則所以資此道者深，是德中有深處也，此言本之在我者也。由是以取此道而用之，則應事之際，左右逢原，其用不窮矣。此見本於自己，不待他求矣。《集註》以道爲進爲之方，自得爲自然而得，恐未緊切耳。

十五

孟子曰：「博學而詳說之，將以反說約也。」

詳說猶言審問，是精察所學也。說約之說，本詳說之說，學之歸一處，即約也。此與「博學於文，約之以禮」及「學問之道無他，求其放心」意並同。《集註》以此爲承上章之意而言，是以道爲學，深造爲既博而又詳說，自得爲反說約也。蓋主程子「積累多後自脫然有貫通處」之說，而以楊子雲所謂「多聞守之以約」者，則謂其非。夫子雲之意果謂多聞而又以約守之，則信乎多著一層矣。若即多聞中而守約焉，似亦無害，但多聞不可以言博學耳。至於程子以積累多爲博，貫通處爲約，雖約在貫通中爲一，而與博亦分兩截矣。又以「誇多鬪靡」發說約之義，則其意本以此主知言也。此外又當別有力行工夫，知行又分兩事矣。既以學分知行爲兩事，又以知分博約爲兩截，豈不支離之甚哉？

十六

孟子曰：「以善服人者，未有能服人者也；以善養人，然後能服天下。天下不心服而王者，未之有也。」

此明學術之意。以善服人，亦是霸者伎倆，但霸者假仁，則從心術上差起，以其不誠，而人心不服，必待以力服之。此言以善服人，則所謂善者，猶是己有，但以其有上人之心，入於功利之習，故言此以斷人功利之根耳。慶源輔氏謂「孟子之言，至此愈密」，得其意矣。

十七

孟子曰：「言無實不祥。不祥之實，蔽賢者當之。」

蔽賢則必病國，爲害最大，故惟此爲實不祥之言。〈秦誓〉以娼嫉爲殆，孔子以臧文仲爲竊位，皆此意也。若其他言，不至於病國者，未可以爲不祥之實也。如此則二實字歸一意矣。

十八

徐子曰：「仲尼亟稱於水，曰：『水哉，水哉！』何取於水也？」孟子曰：「原泉混混，不舍晝夜，盈科而後進，放乎四海。有本者如是，是之取爾。苟為無本，七八月之間雨集，溝澮皆盈；其涸也，可立而待也。故聲聞過情，君子耻之。」

此章之意專重有本，與孔子川上之歎同，非謂自徐子之所急者言也。川上之歎，主於純亦不已而已。純亦不已，誠也。

十九

孟子曰：「人之所以異於禽於獸者幾希，庶民去之，君子存之。

希，間闊之意。幾希，言所間者不多也。人與物氣同而理異，理之異者，即天理之正，物不得而同者也。下文所謂仁義是也。去，猶離也，言離道之遠也。存者，操而不放之意，天命常存，即憂勤惕厲之心也。聖人之所以爲聖人，唯此爲能不同於物耳。君子存之，以常存者言，蓋指聖人也。

舜明於庶物，察於人倫，由仁義行，非行仁義也。」

庶物指動容周旋，細微曲折處而言，故曰明。人倫則指接物處處之各當者而言，故曰察。庶物、人倫之理，即仁義也。自其散見於事而言，則爲庶物、人倫；自其統會於心而言，則曰仁義。存乎人者，本有仁義之心。有此心而自然達於應事接物之際，是由仁義行也，所謂君子存之者如此。有不存，則行仁義。行仁義雖亦求存之功，然不及君子之常存也。言此見舜之存，無一時之不存也。《集註》以明察與行分知行，又以舜爲存者，君子爲存之者，則既非知行合一之本旨，亦安知仁義之心本以不放爲存，而聖人之學非曠然不操者哉？由仁義行與行仁義之說，詳見《說理會編》卷十三。

二十

孟子曰：「禹惡旨酒而好善言。湯執中，立賢無方。文王視民如傷，望道而未之見。武王不泄邇，不忘遠。周公思兼三王，以施四事，其有不合者，仰而思之，夜以繼日，幸而得之，坐以待旦。」

此因上文君子存之而言，以見四聖人之治，皆其憂勤惕厲之心也。○禹惡旨酒，恐其亂德也。○湯執中與子莫異者，蓋中本天下大本，權事物而得中之名。子莫無權，則中非大本之中矣。○文王視民如傷，親民也；望道未見，明德也。○武王不遺小物，不忽遠圖，見其德盛而功密也。泄是狎習之意。猶玩人、玩物之玩。○思兼三王，猶言思學聖人，非集大成之謂也。上四條之事，皆其心德見於行事之實者。

施，謂亦欲如聖人之所行，非泥於四事之迹而行之也。不合，《集註》以爲「時異勢殊，其事有所不合」，此泥於迹矣。蓋四聖人事本以精心，乃萬世不易之常道，有何不合之有？所不合，是人心與古異，未相孚處。如堯、舜之民能以堯、舜爲心，而禹之民不能以禹之心爲心也。仰而思之，是反其仁、反其禮、反其智也。心誠求之，而極其精，則足以盡民情之曲折矣。坐以待旦，急於行而不敢自寧也。

二十一

孟子曰：「王者之迹熄而《詩》亡，《詩》亡然後《春秋》作。晉之《乘》，楚之《檮杌》，魯之《春秋》，一也。其事則齊桓、晉文，其文則史。孔子曰：『其義則丘竊取之矣。』」

天子巡狩、采詩以觀民風，而賞罰行焉，此王者之迹也。賞罰不行，則人無公論，而詩之美刺，得是非之公者，皆不見采，故謂之詩亡。非謂「〈黍離〉降爲〈國風〉，而〈雅〉亡」也。惟無公論，則臣弑君、子弑父者，亦不以爲非，故孔子懼而作《春秋》。年有四時，古者順時爲治，賞以春夏，罰以秋冬，故錯舉春秋二時以名書，其意專在於明賞罰也。此則孔子之深意，非因舊而脩之者也，故謂之作。《左氏》謂《春秋》爲《周禮》之舊，則失之矣。晉《乘》、楚《檮杌》皆賢者所爲，以其不失是非之公，而引以證《春秋》，以見《春秋》所以作之本意，不然，則列國亦皆有史，何獨舉晉《乘》、楚《檮杌》以爲例哉？〇春秋之事不皆齊桓、晉文所爲，但謂齊桓、晉文能爲耳。《春秋》之文不皆史官所撰，但謂史官能撰耳。至於《春秋》之義取於賞罰，則非孔子不能知也，故曰其義則丘竊取之矣。詳見〈春秋私考序〉。

二十二

孟子曰：「君子之澤，五世而斬。小人之澤，五世而斬。予未得為孔子徒也，予私淑諸人也。」

君子、小人以位言。澤謂德澤。孟子言此，以見聖人之德澤尚存，而己得聞聖人之道也。私淑說見〈盡心上〉篇。言己未足以受教，而人私開導之，使歸於善也。人即《史記》所謂子思之門人也。

二十三

孟子曰：「可以取，可以無取，取傷廉；可以與，可以無與，與傷惠；可以死，可以無死，死傷勇。」

此章三節平論取、與、死生，皆當審於義而不可苟也。可以無取而不取，則一介不以取人之意也。可以無與而不與，則一介不以與人之意也。可以無死而不死，則守死善道之意也。傷廉似近利，傷惠似市恩，傷勇似爲名。〇取本屬貪，與與之爲惠、死之爲勇，一也。但本文於取言傷廉，故《集註》抑揚其辭，而《或問》又詳辯其意。殊不知傷貪不可以爲訓，故以廉易之。一字之間，何必爲此紛紛之論哉？

二十四

逢蒙學射於羿，盡羿之道，思天下惟羿為愈己，於是殺羿。孟子曰：「是亦羿有罪焉。公明儀曰：『宜若無罪焉？曰薄乎云爾，惡得無罪？』鄭人使子濯孺子侵衛，衛使庾公之斯追之。子濯孺子曰：『今日我疾作，不可以執弓，吾死矣夫！』問其僕曰：『追我者誰也？』其僕曰：『庾公之斯也。』曰：『吾生矣。』其僕曰：『庾公之斯，衛之善射者也，夫子曰吾生，何謂也？』曰：『庾公之斯學射於尹公之他，尹公之他學射於我。夫尹公之他，端人也，其取友必端矣。』庾公之斯至，曰：『夫子何為不執弓？』曰：『今日我疾作，不可以執弓。』曰：『小人學射於尹公之他，尹公之他學射於夫子。我不忍以夫子之道反害夫子。雖然，今日之事，君事也，我不敢廢。』抽矢扣輪，去其金，發乘矢而後反。」

此章大旨言爲師者當教人以正意。〇公明儀，孟子之前輩。宜若無罪焉三句是公明儀自相問答之言，而孟子引之，以明羿之有罪也。〇取友之取，猶言不棄也。尹公之他以端人而肯教庾公之斯以射，是有取於庾公之斯也，蓋即以正相與矣。○子濯孺子侵衛，而衛人追之，逐之出境，斯已矣，則於子濯孺子可以無殺者也。然庾公之斯必去金發矢而反者，不惟恐傷孺子，亦以明己之善射，以存國體，於義似亦兩全也，此孟子之本旨。《集註》謂「庾斯雖全私恩，亦廢公義」，蓋本程子之意。則虛發四矢是罔衆以欺君也，不惟與不敢廢君事之言自相悖，而庾斯亦不得爲端人矣。

二十五

孟子曰：「西子蒙不潔，則人皆掩鼻而過之。雖有惡人，齊戒沐浴，則可以祀上帝。」

西子，美婦人。以比人之本善，若自汙而喪其美，則反爲人所棄矣。惡人，醜貌者。以比人之本惡，若自新而洗其惡，則爲天所歆矣。

二十六

孟子曰：「天下之言性也，則故而已矣。故者以利為本。所惡於智者，為其鑿也。如智者若禹之行水也，則無惡於智矣。禹之行水也，行其所無事也。如智者亦行其所無事，則智亦大矣。天之高也，星辰之遠也，苟求其故，千歲之日至，可坐而致也。」

《集註》以性爲「人物所得以生之理」，是就在物爲理而言，故又總之曰事物之理。應物則謂之事，其條理分明則謂之智。智者順事物之理而應之，則謂之利，是以利言順也。即朱子所言如此，似亦知理之本順，但所謂故者言其已然之迹，則因迹而見理也。性本天命，人生而靜以上不容說者，而惻隱、羞惡、辭讓、是非之情，乃其本體發用之自然，又安有迹？以迹言性，則理在迹不在心，而性在物，不在我矣。智用於迹，則以比擬較量而得正者爲順物，理隨物性之所已成而成之，是因事而正，非靜以上不容說者之所發也。其本根非即利心乎？利之害性，宜塞其源。當時天下皆不知性之本然，率以故言，孟子所以深辯其非，蓋即《莊子》去故、去智之意也。且其言曰：天下之言性，則故而已，正與「天下之不助苗長者」語意相同，殆非教學者之辭也。朱子乃反有取於故，而欲天下皆以此言性，則不惟未離義襲之見，而論性亦豈宜泛及天下哉？〇所惡於智，謂智之所惡也，以鑿爲害智，故惡之。求理於迹，則作意而爲鑿，猶言物物刻而雕之也，若由吾性順事而處之，無所鑿焉，即發而中節之和矣。蓋原於未發之中，大本立而達道行，是爲行所無事，其智然後爲大。此與朱子異者，惟就天命之性言智而不以迹耳。〇天與星辰言故，明謂迹爲在彼，非吾心之本然也。於其迹上求之，亦能測度深微，及於高遠，雖後來千歲日至，亦可逆知，然非本體感應之自然，不足以盡變，何益於學？以見本然之性不容有所作爲也。〇此與〈告子下〉篇論「義外」章當互看。

二十七

公行子有子之喪。右師往弔，入門，有進而與右師言者，有就右師之位而與右師言者。孟子不與右師言，右師不悅，曰：「諸君子皆與驩言，孟子獨不與驩言，是簡驩也。」孟子聞之，曰：「禮，朝廷不歷位而相與言，不踰階而相揖也。我欲行禮，子敖以我為簡，不亦異乎？」

子之喪，喪其父也。〇位自其同等者而言，階自其異等者而言。歷位而與王驩言，以其爲權臣而媚之也，自是禮不當然，非謂王驩不足與言也。〇觀孟子解王驩之言，恐人不知義理之正，故以此喻傳言之人。若與王驩面言，則似乎露圭角矣。

二十八

孟子曰：「君子所以異於人者，以其存心也。君子以仁存心，以禮存心。

君子以仁、禮存心，乃一章之大指。

仁者愛人，有禮者敬人。愛人者人恆愛之，敬人者人恆敬之。

此發上文之意，以起下文。

有人於此，其待我以橫逆，則君子必自反也：我必不仁也，必無禮也，此物奚宜至哉？其自反而仁矣，自反而有禮矣，其橫逆由是也，君子必自反也：我必不忠。自反而忠矣，其橫逆由是也，君子曰：『此亦妄人也已矣。如此，則與禽獸奚擇哉？於禽獸又何難焉？』

禽獸又何難焉，言不以其難處爲患也，此「顏子犯而不校」意同。其不校也，非絕之於禽獸也，亦惟三自反以待其自化耳。人之所以入於禽獸者，以其心不開明耳，仁、禮常存，豈無感動之日哉？

是故君子有終身之憂，無一朝之患也。乃若所憂則有之：舜人也，我亦人也。舜為法於天下，可傳於後世，我由未免為鄉人也，是則可憂也。憂之如何？如舜而已矣。若夫君子所患則亡矣。非仁無為也，非禮無行也。如有一朝之患，則君子不患矣。」

此申明上文之意也。○吾身不能盡仁、禮者爲憂，橫逆自外至而難處者爲患。君子以仁、禮存心而未嘗忘，故曰有終身之憂。一朝，謂終晨之期，猶云暫時也。一朝之患未嘗無，但君子不以外至者爲患，故曰無一朝之患也。此二句以起下文，自乃若所憂則有之至如舜而已矣，言其有終身之憂也；自君子所患則亡矣至君子不患矣，言其無一朝之患也。舜處瞽叟與家真有終身之憂，何嘗以其頑傲爲患哉？故能爲法於天下，可傳於後世。人之所憂所以當如舜也，其身正而天下歸之。曰所患，則方在君子，則惟自盡其仁、禮，雖有患而不以爲患矣，所謂以仁、禮存心者如此。

二十九

禹、稷當平世，三過其門而不入，孔子賢之。顏子當亂世，居於陋巷。一簞食，一瓢飲，人不堪其憂，顏子不改其樂，孔子賢之。

聖王作而用賢圖治，謂之平世；聖王不作而棄賢廢治，謂之亂世。黃氏紹曰：「稷與禹未始相離也，禹過門不入，稷獨得從容暇逸乎？雖謂稷亦過門不暇入可也。」詳見〈滕文公上〉篇「禹稷教民稼穡」條下。

孟子曰：「禹、稷、顏回同道。禹思天下有溺者，由己溺之也；稷思天下有飢者，由己飢之也，是以如是其急也。禹、稷、顏子，易地則皆然。

禹、稷、顏子之學皆脩己救民之道，故曰同道。〇禹、稷當憂民之地，故急民之急，苟如顏子居不用之地，則亦能獨善其身矣。顏子若遇時當救民，亦能爲禹稷之事，故曰易地則皆然，此正見其道之所以同也。

今有同室之人鬬者，救之，雖被髮纓冠而救之，可也。鄉鄰有鬬者，被髮纓冠而往救之，則惑也，雖閉戶可也。」

此喻事之各當其可也。

三十

公都子曰：「匡章，通國皆稱不孝焉。夫子與之遊，又從而禮貌之，敢問何也？」

孟子曰：「世俗所謂不孝者五：惰其四支，不顧父母之養，一不孝也；博弈好飲酒，不顧父母之養，二不孝也；好貨財，私妻子，不顧父母之養，三不孝也；從耳目之欲，以為父母戮，四不孝也；好勇鬬很，以危父母，五不孝也。章子有一於是乎？

此言章子無可絕之狀。

夫章子，子父責善而不相遇也。責善，朋友之道也；父子責善，賊恩之大者。

此言章子所以得罪之由。

夫章子，豈不欲有夫妻子母之屬哉？為得罪於父，不得近，出妻屏子，終身不養焉。其設心以為不若是，是則罪之大者，是則章子已矣。」

此言章子有可矜之情。蓋章子本欲其父之爲善，但失幾諫之道耳，而又能痛自克責，則其情又將感悟父心矣。此其愛親之良心有可以進於善者，安得以不孝目之哉？

三十一

曾子居武城，有越寇。或曰：「寇至，盍去諸？」曰：「無寓人於我室，毀傷其薪木。」寇退，則曰：「修我牆屋，我將反。」寇退，曾子反。左右曰：「待先生如此其忠且敬也，寇至則先去以為民望，寇退則反，殆於不可。」沈猶行曰：「是非汝所知也。昔沈猶有負芻之禍，從先生者七十人，未有與焉。」子思居於衛，有齊寇。或曰：「寇至，盍去諸？」子思曰：「如伋去，君誰與守？」

曾子之去，左右以爲不可。蓋與門人私議之言，非面告曾子者也。

孟子曰：「曾子、子思同道。曾子，師也，父兄也；子思，臣也，微也。曾子、子思易地則皆然。」

師有父兄之尊；臣則微賤之職。

三十二

儲子曰：「王使人瞯夫子，果有以異於人乎？」孟子曰：「何以異於人哉？堯、舜與人同耳。」

瞯，就可見者言。如容貌辭氣是也。容貌辭氣，德之符也。皆由性出，性無不同，故曰堯、舜與人同耳。

三十三

齊人有一妻一妾而處室者，其良人出，則必饜酒肉而後反。其妻問所與飲食者，則盡富貴也。其妻告其妾曰：「良人出，則必饜酒肉而後反；問其與飲食者，盡富貴也，而未嘗有顯者來，吾將瞷良人之所之也。」蚤起，施從良人之所之，徧國中無與立談者。卒之東郭墦間，之祭者，乞其餘；不足，又顧而之他，此其為饜足之道也。其妻歸，告其妾曰：「良人者，所仰望而終身也。今若此。」與其妾訕其良人，而相泣於中庭。而良人未之知也，施施從外來，驕其妻妾。由君子觀之，則人之所以求富貴利達者，其妻妾不羞也，而不相泣者，幾希矣。

此言求富貴利達者欺其妻妾之不知耳。使或知之，則未有不羞者也。〇嘗見吳、越間有乞人備妻妾，而以其餘貸人者，則齊人一妻一妾不可以爲誣也。

卷九　萬章上

一

萬章問曰：「舜往于田，號泣于旻天，何為其號泣也？」孟子曰：「怨慕也。」

人子於親所以有怨者，皆生於不得其親，如〈小弁〉之怨，親親也，乃人子之至情，天理之所不能無者。但其怨謂之慕，慕是愛親之心真切處，念念不忘，惟恐失其懽心也。失懽心則有怨，而必欲得之，故慕字正以明其所以爲怨也。凡言怨者皆是冤抑不得伸之意，才怨則便有憂。然怨慕之怨與怨天之怨不同。蓋天無私惡，不可以怨言；怨天則必尤人，是責人而不責己者也；怨慕是以不得乎親爲己憂，而專責之己以求親心之順也。故以慕言怨，而怨得其正矣。

萬章曰：「父母愛之，喜而不忘；父母惡之，勞而不怨。然則舜怨乎？」曰：「長息問於公明高曰：『舜往于田，則吾既得聞命矣；號泣于旻天，于父母，則吾不知也。』公明高曰：『是非爾所知也。』夫公明高以孝子之心，為不若是恝，我竭力耕田，共為子職而已矣，父母之不我愛，於我何哉？

萬章以人子不當有怨，故問舜怨乎？而孟子答之，亦未嘗以舜爲不怨，但欲發慕字之意，故引公明高之言明之。〇舜往于田，則吾既得聞命，即是竭力耕田，供爲子職意。若只以竭力耕田，供爲子職，爲盡道而無所怨，便是恝於父母處。父母之不我愛，於我何哉？是必欲求父母之愛，所謂慕也，此所以不能無怨也。怨本是怨親之不愛，怨而曰慕，則自責以求親之我愛，而豈諉其咎於父母哉？

帝使其子九男二女，百官牛羊倉廩備，以事舜於畎畝之中。天下之士多就之者，帝將胥天下而遷之焉。為不順於父母，如窮人無所歸。天下之士悅之，人之所欲也，而不足以解憂；好色，人之所欲，妻帝之二女，而不足以解憂；富，人之所欲，富有天下，而不足以解憂；貴，人之所欲，貴為天子，而不足以解憂。人悅之、好色、富貴，無足以解憂者，惟順於父母，可以解憂。

此言舜以不得乎親爲己憂，而推其欲得乎親之心，以起下文「終身慕父母」之意。九男二女，是使之取法者。百官，備使令者。牛羊倉廩，備食用者。此將試舜而用之也。天下之士多就之者，是言天與人歸也。胥天下而遷之，則所謂富有天下，貴爲天子者在此矣。如窮人無所歸，正見怨慕處，即其所不可解之憂也。〇當時帝堯忘勢，而委曲以處舜父子兄弟之間，不以威嚴恐之，故瞽叟猶有所不順而惡舜也，然亦可見瞽叟之至惡矣。

人少，則慕父母；知好色，則慕少艾；有妻子，則慕妻子；仕則慕君，不得於君則熱中。大孝終身慕父母。五十而慕者，予於大舜見之矣。」

大孝終身慕父母，是言舜之慕父母，不因物而遷也。人悅之、好色、富貴，指舜攝政將胥天下而遷之之時，故據五十爲說。不得於君則熱中，亦足以見人臣於君怨慕之情。〇此章大指全在慕字，慕與怨本不相離，言慕則怨在其中矣。新安陳氏以謂「惟順於父母，可以解憂，以上言怨也；人少則慕父母，以下言慕」，失於分析矣。

二

萬章問曰：「《詩》云：『娶妻如之何？必告父母。』信斯言也，宜莫如舜。舜之不告而娶，何也？」孟子曰：「告則不得娶。男女居室，人之大倫也。如告，則廢人之大倫，以懟父母，是以不告也。」萬章曰：「舜之不告而娶，則吾既得聞命矣。帝之妻舜而不告，何也？」曰：「帝亦知告焉則不得妻也。」

懟父母，或作「見懟於父母」說，此護舜太過矣。廢大倫亦是親之過大，安得不怨？但《集註》加一「讎」字，失之矣。〇帝之妻舜而不告，是委曲調停之意，未必以官府之法治之也。蓋萬章問帝之妻舜而不告，正欲官法治之之意，以爲雖告亦不患其不從也。而孟子謂帝亦知告焉則不得妻，是言舜不敢從帝之命而欲順親之心，必至辭婚而不得妻，故不得不爲委曲調停之說耳。然舜於此亦以有可娶之幾，故遂不告。若勢不可爲，則以順親爲重。雖終身不養，是或一道也。

萬章曰：「父母使舜完廩，捐階，瞽瞍焚廩。使浚井，出，從而揜之。象曰：『謨蓋都君咸我績。牛羊，父母；倉廩，父母。干戈，朕；琴，朕；弤，朕；二嫂，使治朕棲。』象往入舜宮，舜在牀琴。象曰：『鬱陶思君爾。』忸怩。舜曰：『惟茲臣庶，汝其于予治。』不識舜不知象之將殺己與？」曰：「奚而不知也？象憂亦憂，象喜亦喜。」曰：「然則舜偽喜者與？」曰：「否。昔者有饋生魚於鄭子產，子產使校人畜之池。校人烹之，反命曰：『始舍之，圉圉焉，少則洋洋焉，攸然而逝。』子產曰：『得其所哉！得其所哉！』校人出，曰：『孰謂子產智？予既烹而食之，曰：得其所哉！得其所哉！』故君子可欺以其方，難罔以非其道。彼以愛兄之道來，故誠信而喜之，奚偽焉？」

焚廩浚井之事，或以爲無。觀舜與象問答之言，則似實有其事者，而孟子所重，惟在舜之愛弟，故不之辯。詳見《說理會編》卷九。舜使象治臣庶，真是聖人至愛之情。治不是授之以治理之責，但偶使省視耳。象憂亦憂，不必謂其憂殺舜也。蓋泛指憂形於外者，言以見其與弟同憂樂耳。即與下章「不藏怒焉，不宿怨焉，親愛之而已矣」意同。〇上言不告而娶，是處父子之變；下言不宿弟怨，是處兄弟之變。

三

萬章問曰：「象日以殺舜為事。立為天子，則放之，何也？」孟子曰：「封之也，或曰放焉。」萬章曰：「舜流共工于幽州，放驩兜于崇山，殺三苗于三危，殛鯀于羽山，四罪而天下咸服，誅不仁也。象至不仁，封之有庳。有庳之人奚罪焉？仁人固如是乎？在他人則誅之，在弟則封之。」曰：「仁人之於弟也，不藏怒焉，不宿怨焉，親愛之而已矣。親之欲其貴也，愛之欲其富也。封之有庳，富貴之也。身為天子，弟為匹夫，可謂親愛之乎？」

流放殺殛，詳見《說理會編》卷第十。蓋四凶得罪於天下，罪不可赦，故誅之；象則猶有可處之道，故封之。觀象卒底於化，此舜所以不盡絕而有以全其恩也。此節是論封之之意。

「敢問或曰放者，何謂也？」曰：「象不得有為於其國，天子使吏治其國，而納其貢稅焉，故謂之放。豈得暴彼民哉？雖然，欲常常而見之，故源源而來。『不及貢以政，接於有庳』，此之謂也。」

不得暴彼民，即是象不得有爲於其國，此以上皆言有似於放意。不待貢期報政，而常接有庳，則不時而相見矣，此明舜之於象，本是親愛而無所疑，非放之也。當朝貢之期，而諸侯述職以報政，此天子見諸侯之禮也。不及貢，而接見不以政事，此親親之仁也。或以爲政接有庫，雖不及朝貢之期，猶必以政接，無非事者，則失之矣。蓋天子於諸侯猶必待朝貢，而後考其政，況親親之恩，豈可常以政事煩之乎？且吏治其國，則政事之責又不在象矣。

四

咸丘蒙問曰：「語云：『盛德之士，君不得而臣，父不得而子。』舜南面而立，堯帥諸侯北面而朝之，瞽瞍亦北面而朝之。舜見瞽瞍，其容有蹙。孔子曰：『於斯時也，天下殆哉，岌岌乎！』不識此語誠然乎哉？」　孟子曰：「否。此非君子之言，齊東野人之語也。堯老而舜攝也。〈堯典〉曰：『二十有八載，放勳乃徂落，百姓如喪考妣三年，四海遏密八音。』孔子曰：『天無二日，民無二王。』舜既為天子矣，又帥天下諸侯以為堯三年喪，是二天子矣。」

堯帥諸侯北面而朝之，是言君不得而臣也；瞽瞍亦北面而朝之，是言父不得而子也。此咸丘蒙引古語之意。齊之東野，萊夷所居之地也。　○堯老而舜攝至二天子一段，是言舜未嘗爲天子，而堯無北面事舜之事。百姓如喪考妣三年當爲句。四海遏密八音蒙上句說，見天下諸侯皆爲堯三年喪也。蔡氏《書傳》曰：「《儀禮》：『圻內之民，爲天子齊衰三月；圻外之民無服』」。今應服三月者，如喪考妣；應無服者，遏密八音。則與孟子之言不合矣。豈《儀禮》所載，亦衰世短喪之制歟？

咸丘蒙曰：「舜之不臣堯，則吾既得聞命矣。《詩》云：『普天之下，莫非王土；率土之濱，莫非王臣。』而舜既為天子矣，敢問瞽瞍之非臣，如何？」曰：「是詩也，非是之謂也。勞於王事，而不得養父母也。曰：『此莫非王事，我獨賢勞也。』故說詩者，不以文害辭，不以辭害志。以意逆志，是為得之。如以辭而已矣，〈雲漢〉之詩曰：『周餘黎民，靡有孑遺。』信斯言也，是周無遺民也。孝子之至，莫大乎尊親；尊親之至，莫大乎以天下養。為天子父，尊之至也；以天下養，養之至也。《詩》曰：『永言孝思，孝思維則。』此之謂也。《書》曰：『祇載見瞽瞍，夔夔齊栗，瞽瞍亦允若。』是為父不得而子也。」

上言不可泥《詩》辭，以執子臣父之說；下則正言天子以尊親爲孝，無臣父之理。尊親雖與天下養對舉，然所以爲尊親者，正謂以天下養也。蓋孝始於養親，由此不已，則德日進，而位日隆，由一身之養以至於天下之養，則養之至矣。養盡天下之大，然後謂之尊親，此非永言孝思者不能也。永者，不忘之意，孝思不忘，然後能至於大。孝至於大，所以感格瞽瞍者在是，而可爲法於天下，即所謂瞽瞍底豫，而天下之爲父子者定也。故曰孝思維則。又引《書》言以明父不得而子之正意。祇載見瞽瞍而至於允若，正見孝思維則意。

五

萬章曰：「堯以天下與舜，有諸？」孟子曰：「否。天子不能以天下與人。」

此一章之大指。

「然則舜有天下也，孰與之？」曰：「天與之。」「天與之者，諄諄然命之乎？」曰：「否。天不言，以行與事示之而已矣。」曰：「以行與事示之者，如之何？」曰：「天子能薦人於天，不能使天與之天下；諸侯能薦人於天子，不能使天子與之諸侯；大夫能薦人於諸侯，不能使諸侯與之大夫。昔者堯薦舜於天而天受之，暴之於民而民受之，故曰：『天不言，以行與事示之而已矣。』」曰：「敢問薦之於天而天受之，暴之於民而民受之，如何？」曰：「使之主祭而百神享之，是天受之；使之主事而事治，百姓安之，是民受之也。天與之，人與之，故曰：天子不能以天下與人。

行與事雖分爲二，然措之天下者，即其行之於身者也。以其出乎身者加乎民，蓋言其設施矣。舜之德所以感格人心者在此。凡言天與，皆就人心歸向上說。人心皆合，是天示與之之意也。暴之於民，正是行與事之顯著處，乃其所設施也。上文本只言天，與此卻云暴之於民而民受之一句，蓋非民受無以見天與也。故下文主祭、主事雖平說，然非治而百姓安之，則神亦不享也，大抵因人歸以明天與耳。

舜相堯二十有八載，非人之所能為也，天也。堯崩，三年之喪畢，舜避堯之子於南河之南。天下諸侯朝覲者，不之堯之子而之舜；訟獄者，不之堯之子而之舜；謳歌者，不謳歌堯之子而謳歌舜，故曰：天也。夫然後之中國，踐天子位焉。而居堯之宮，逼堯之子，是簒也，非天與也。〈太誓〉曰『天視自我民視，天聽自我民聽』，此之謂也。」

言此以明上文天與之意。二十有八載內見行與事入人之深，就有得民心意，此豈人之所能爲哉？使有意於得天下，則人爲矣。堯崩以下正言舜無意於得天下，而人自歸之，以見其爲天與也。居宮逼子，是簒，乃人爲也。高聲曰謳；永言曰歌。○引〈太誓〉之言，則天命係於人心可知矣。

六

萬章問曰：「人有言：『至於禹而德衰，不傳於賢而傳於子。』有諸？」孟子曰：「否，不然也。天與賢，則與賢；天與子，則與子。

凡言否者，皆言無此事也；言不然者，皆言非如此說也。與賢、與子皆由於天，此一章之大指。

昔者舜薦禹於天，十有七年，舜崩。三年之喪畢，禹避舜之子於陽城。天下之民從之，若堯崩之後，不從堯之子而從舜也。禹薦益於天，七年，禹崩。三年之喪畢，益避禹之子於箕山之陰。朝覲訟獄者不之益而之啟，曰：『吾君之子也。』謳歌者不謳歌益而謳歌啟，曰：『吾君之子也。』丹朱之不肖，舜之子亦不肖。舜之相堯、禹之相舜也，歷年多，施澤於民久。啟賢，能敬承繼禹之道。益之相禹也，歷年少，施澤於民未久。舜、禹、益，相去久遠。其子之賢不肖，皆天也，非人之所能為也。莫之為而為者，天也；莫之致而至者，命也。

此章本因「禹不傳賢」之疑而發。故此節先述堯、舜、禹之事，以見三聖皆欲與賢。但堯、舜與賢而民從之，禹亦與賢而民不從耳，以見禹未嘗欲與子也。〇上言民從舜、禹，而不從益之事，而因推其出於天也。天命只從民心上見，堯、舜之子皆不肖，則失人心矣，舜、禹之爲相久，則得人心矣。禹之子賢，則得人心矣，益相不久，則失人心矣。得人心所以有天下，失人心者所以不有天下，此豈人所能與其私意哉？故與賢與子，皆謂之天。莫之爲、莫之致正言非人所能爲也。理之動者謂之天，天之付於我者，謂之命。天與命詳見《說理會編》卷第一。

匹夫而有天下者，德必若舜、禹而又有天子薦之者，故仲尼不有天下。繼世以有天下，天之所廢，必若桀、紂者也，故益、伊尹、周公不有天下。

仲尼不有天下，以不薦故也。因舜禹而言，故以匹夫發之。益、伊尹、周公不有天下，以嗣子賢故也。因益而言，故以繼世發之。

伊尹相湯以王於天下。湯崩，太丁未立，外丙二年，仲壬四年。太甲顛覆湯之典刑，伊尹放之於桐。三年，太甲悔過，自怨自艾，於桐處仁遷義。三年，以聽伊尹之訓己也，復歸於亳。周公之不有天下，猶益之於夏，伊尹之於殷也。

此言伊尹周公不有天下之事，以見其與益同也。○相湯以王於天下，見伊尹之德足以有天下者也。太丁未立，外丙二年，仲壬四年，見其攝政之久。天下之所孚，及太甲又覆典刑，國內無主，可以有天下者。而伊尹專以教訓太甲，使復於正，人心歸之，此可見上天與子之心，而伊尹無所私也。周公時，成王賢，故天亦與子。○蘇子由以舜、禹之爲相，攝行天子之事已久，不當避位，及益避位而人心不歸之說，已辨其非。詳見《說理會編》卷第九。

七

孔子曰：『唐虞禪，夏后、殷、周繼，其義一也。』

其義一者，言皆由於天也。禪必起自唐虞，唐虞之前似未有禪。

萬章問曰：「人有言『伊尹以割烹要湯』，有諸？」孟子曰：「否，不然。伊尹耕於有莘之野，而樂堯、舜之道焉。非其義也，非其道也，祿之以天下，弗顧也；繫馬千駟，弗視也。非其義也，非其道也，一介不以與人，一介不以取諸人。

道義即是堯、舜之道，樂與古之賢士樂其道之樂同，謂心與堯、舜之道爲一也。但志在兼善天下，故以堯、舜言耳。若謂誦其詩，讀其書，而欣慕愛樂之，則是玩物矣。繫，養馬之處也。祿以天下，言爲天子也；繫馬千駟，言爲諸侯也。此即其窮居之所守，以見其無割烹要湯之事也。

湯使人以幣聘之，囂囂然曰：『我何以湯之聘幣為哉？我豈若處畎畝之中，由是以樂堯、舜之道哉？』湯三使往聘之，既而幡然改曰：『與我處畎畝之中，由是以樂堯、舜之道，吾豈若使是君為堯、舜之君哉？吾豈若使是民為堯、舜之民哉？吾豈若於吾身親見之哉？

伊尹樂堯、舜之道，本是任天下之重，但湯使人初聘之時，猶未知其意之誠否，故辭不出，不因其聘幣而輕信之也。此所謂達可行於天下，而後行之；若度其不可行，則不行矣。猶是有可不可處。故伊尹出處之跡，雖合乎道，而終是任的意思在也。

天之生此民也，使先知覺後知，使先覺覺後覺也。予，天民之先覺者也，予將以斯道覺斯民也。非予覺之而誰也？』

上節堯、舜君民，是伊尹欲從湯之言；此節是伊尹欲從湯之意，皆一時之言也。覺謂以道義覺人，以君民爲堯、舜，即是覺斯民也。知者，覺之本體，覺即知之開悟處。知體而覺用，其實一也，豈可以所當然、所以然分淺深耶？

思天下之民匹夫匹婦有不被堯、舜之澤者，若己推而內之溝中。其自任以天下之重如此，故就湯而說之以伐夏救民。

此因上二條之言，而推其意，以見伊尹從湯，是自任天下之重也。堯、舜之澤，以開明人心言。就湯本爲救民，非爲伐桀也。桀惡未悛，而伊尹說湯以伐之耳。

吾未聞枉己而正人者也，況辱己以正天下者乎？聖人之行不同也，或遠或近，或去或不去，歸潔其身而已矣。吾聞其以堯、舜之道要湯，未聞以割烹也。

此節斷其無割烹要湯之事也。使天下被堯、舜之澤，此是正人、正天下處。不待其招而往，謂之枉己；若割烹要湯，則辱己矣；以堯、舜之道要湯，然後爲潔己。

〈伊訓〉曰：『天誅造攻自牧宮，朕載自亳。』」

誅曰天誅，則奉行天討矣。自古無征誅之事，說湯伐桀，自伊尹始，故言朕載自亳，可見其任道之重也。此從湯聘後說，故引以證伐夏救民，本無私意，豈枉己以狥人者哉？〇自湯使人以幣聘之至此，是舉伊尹由莘野起而從湯，本爲行堯、舜之道，以深明其無割烹要湯之事也。

八

萬章問曰：「或謂孔子於衛主癰疽，於齊主侍人瘠環，有諸乎？」孟子曰：「否，不然也。好事者為之也。於衛主顏讎由。彌子之妻與子路之妻，兄弟也。彌子謂子路曰：『孔子主我，衛卿可得也。』子路以告。孔子曰：『有命。』孔子進以禮，退以義，得之不得曰『有命』。而主癰疽與侍人瘠環，是無義無命也。孔子不悅於魯、衛。遭宋桓司馬將要而殺之，微服而過宋。是時孔子當阨，主司城貞子，為陳侯周臣。

上文即居衛之事而辨其不苟主，蓋守禮義之正也。下文即過宋之事以明不苟主，不以顛沛而或違也。蓋居衛乃處常，而過宋則處變也。處變猶然，況處常乎？無義言其不知退也。義乃天命之當然，無義則無命矣。主司城貞子事，詳見《孔子圖譜》。

吾聞觀近臣，以其所為主；觀遠臣，以其所主。若孔子主癰疽與侍人瘠環，何以為孔子？」

此節言人之賢否，係於所主，以見無主癰疽與侍人瘠環之事。蓋孔子之所主者，於衛則顏讎由，於陳則司城貞子也。由孔子言，乃遠臣也，其言近臣所爲主，以起下句耳。

九

萬章問曰：「或曰：『百里奚自鬻於秦養牲者，五羊之皮，食牛，以要秦穆公。』信乎？」孟子曰：「否，不然。好事者為之也。百里奚，虞人也。晉人以垂棘之璧與屈產之乘，假道於虞以伐虢，宮之奇諫，百里奚不諫。知虞公之不可諫而去，之秦，年已七十矣，曾不知以食牛干秦穆公之為汙也，可謂智乎？不可諫而不諫，可謂不智乎？知虞公之將亡而先去之，不可謂不智也。時舉於秦，知穆公之可與有行也而相之，可謂不智乎？相秦而顯其君於天下，可傳於後世，不賢而能之乎？自鬻以成其君，鄉黨自好者不為，而謂賢者為之乎？」

宮之奇諫而不聽，則諫必不行矣。此百里奚之不諫，所以爲知其不可而爲智也。故發智字，以明其無飯牛干主之事。四智字，首一句是正言飯牛干主之爲不智，下三智字是明其非不智之人也。下文又發一賢字，以明賢者必不自鬻以成其君也。成其君即是顯其君於天下，可傳於後世，但自鬻則失身耳，故自愛其身者，有所不爲，見自鬻者必不能成其君也。知治亂之勢爲智，能反亂爲治爲賢。〇觀百里奚知虞公之不可諫，而先去之秦，則《史記》所謂「虞亡而奚走楚」之說非矣。

卷十　萬章下

一

孟子曰：「伯夷，目不視惡色，耳不聽惡聲。非其君不事，非其民不使。治則進，亂則退。橫政之所出，橫民之所止，不忍居也。思與鄉人處，如以朝衣朝冠坐於塗炭也。當紂之時，居北海之濱，以待天下之清也。故聞伯夷之風者，頑夫廉，懦夫有立志。

惡色，非禮之色也；惡聲，非禮之聲也。非其君即橫政所出，非其民即橫民所止。鄉人是染紂汙俗者，即橫民也，其惡不但冠之不正而已。此論伯夷以避紂言，蓋恐爲汙俗之所染也。其風能使人興起，所以爲聖人之清。

伊尹曰：『何事非君？何使非民？』治亦進，亂亦進。曰：『天之生斯民也，使先知覺後知，使先覺覺後覺。予，天民之先覺者也，予將以此道覺此民也。』思天下之民匹夫匹婦有不與被堯、舜之澤者，若己推而內之溝中，其自任以天下之重也。

何事非君，何使非民二句，是伊尹平時之言。天之生斯民也五句是幡然於湯聘時之言；中間治亦進，亂亦進二句，及思天下之民以下，是敘事之言。伊尹欲使天下被堯、舜之澤，所以為聖人之任。

柳下惠，不羞汙君，不辭小官。進不隱賢，必以其道。遺佚而不怨，阨窮而不憫。與鄉人處，由由然不忍去也。『爾為爾，我為我，雖袒裼裸裎於我側，爾焉能浼我哉？』故聞柳下惠之風者，鄙夫寬，薄夫敦。

柳下惠之風，能使人興起，所以為聖人之和。

孔子之去齊，接淅而行；去魯，曰：『遲遲吾行也，去父母國之道也。』可以速而速，可以久而久，可以處而處，可以仕而仕，孔子也。」

速者，去也。久者，留也。處者，隱也。仕者，顯也。隨所遇而各當其可，則無可無不可矣。此孔子所以為聖人之時也。○楊氏以不稅冕而行言「豈得為遲？」是未知所以不稅冕之意。詳見〈告子下〉篇引「孔子為魯司寇」事下。

孟子曰：「伯夷，聖之清者也；伊尹，聖之任者也；柳下惠，聖之和者也；孔子，聖之時者也。

此章是論聖人，故以聖之清、任、和與時者別言之，其意歸重於孔子也。○三子所以不及孔子者，以其有可耳。然其德則渾然純體，無所勉強，故謂之聖。朱子謂三子既偏，則不得謂之中，安有心體不中，而可以為聖乎？「大人者，不失赤子之心者也」，即如其說，則赤子之心亦不得謂之中矣。詳見《中庸私存》首章。

孔子之謂集大成。集大成也者，金聲而玉振之也。金聲也者，始條理也；玉振之也者，終條理也。始條理者，智之事也；終條理者，聖之事也。

此言孔子聖智兼全，以見其聖之時也。孔子之聖在智上見，其時孔子之智昭明洞達，畢照無遺，已能盡心體之明，而其爲聖不過心體之一耳。然聖之所以時，乃在智之無不通也，故金聲玉振意亦如之。金之所聲圓融而有餘韻，作樂以此始之，則音韻悠揚，而眾音皆爲其混合，不見其有跡也。及其既終，則擊玉磬而詘然止矣，又安見其有長短不齊哉？若三子之聖，其智非不明也。但從清上精者，惟見其一於清；從任上精者，惟見其一於任；從和上精者，惟見其一於和。故雖同入聖域，而卻只從智之偏處有成也。如作樂者，各奏一音，而無金聲玉振，但見一音自爲始終耳，未見其合條理而一之也。朱子以金聲爲清濁萬殊，玉聲爲清越如一，則金玉亦各自爲一聲，而何有眾音合一之妙哉？蓋聖猶言誠也，智猶言至誠也，誠則入聖，而至誠則聖而不可知矣。聖不可知，惟孔子能之，故曰集大成也。

智，譬則巧也；聖，譬則力也。由射於百步之外也，其至，爾力也；其中，非爾力也。」

聖、智二字是本上文孔子聖、智言，而以巧力發明其義也。〇《書》曰：「知之非艱，行之惟艱。」謂行難於知也。此以智譬巧，聖譬力，則又以爲知難於行者，何歟？蓋自入德而言，則知之所發端，以踐實而始固，行所以守其知也，故行難於知。自成德而言，則行之所造極，以致虛而益精，知所以妙其行也，故知難於行。德之終始，通貫於知，其進之漸，則以行爲主。而聖不可知之神，乃其本體自然，亦非行之所能與其力矣！

二

北宮錡問曰：「周室班爵祿也，如之何？」孟子曰：「其詳不可得聞也。諸侯惡其害己也，而皆去其籍。然而軻也，嘗聞其略也。

以祿言則多所兼併；以爵言則多所僭竊，故諸侯惡周制之害己所爲。

天子一位，公一位，侯一位，伯一位，子、男同一位，凡五等也。君一位，卿一位，大夫一位，上士一位，中士一位，下士一位，凡六等。

此言班爵之制。通於天下者有五等，施於天子、諸侯之國中者，各有六等。〇下士謂已仕者，故與三士各列一位。

天子之制，地方千里，公、侯皆方百里，伯七十里，子、男五十里，凡四等。不能五十里，不達於天子，附於諸侯，曰附庸。天子之卿受地視侯，大夫受地視伯，元士受地視子、男。大國地方百里，君十卿祿，卿祿四大夫，大夫倍上士，上士倍中士，中士倍下士，下士與庶人在官者同祿，祿足以代其耕也。次國地方七十里，君十卿祿，卿祿三大夫，大夫倍上士，上士倍中士，中士倍下士，下士與庶人在官者同祿，祿足以代其耕也。小國地方五十里，君十卿祿，卿祿二大夫，大夫倍上士，上士倍中士，中士倍下士，下士與庶人在官者同祿，祿足以代其耕也。耕者之所獲，一夫百畝。百畝之糞，上農夫食九人，上次食八人，中食七人，中次食六人，下食五人。庶人在官者，其祿以是為差。」

此言班祿之制。天子諸侯受地，四等之制，本班爵五等，通於天下而言。天子之卿、大夫、士受地，及公侯伯子男之卿、大夫、士受祿，本班爵六等，施於國中而言。大國、次國、小國雖皆言君十卿祿，然所重在臣，以公侯伯子男之班祿已見於前四等之中矣。○天子之卿受地視侯，謂視其君田三萬二千畝，非受百里之封也。大夫受地視伯，謂視其君田二萬四千畝，非受七十里之封也。元士受地視子、男，謂視其君田一萬六千畝，非受五十里之封也。蓋助法公田乃卿大夫、士之采地，足以養之，斯已矣，豈必盡與以一國之地哉？○祿足以代其耕也。止謂庶人在官者之祿。

庶人在官者之祿，使得與下士同，然其等有差，不皆如下士之食九人也。蓋府史胥徒之中有責任繁者、有責任簡者，視其功力而養之，亦有食九人至五人，五等之別，耕者所獲亦有五等，故以是爲差，此明祿足以代其耕之意。○班祿之制，即分田制祿之法也。詳見《讀禮疑圖》一卷及第二卷。

三

萬章問曰：「敢問友。」孟子曰：「不挾長，不挾貴，不挾兄弟而友。友也者，友其德也，不可以有挾也。

敢問友，問與人友之道也。友者，友人之德。當忘己之勢，故不可以有挾。有挾則不能屈己以下賢矣。

孟獻子，百乘之家也，有友五人焉：樂正裘、牧仲，其三人，則予忘之矣。獻子之與此五人者友也，無獻子之家者也。此五人者，亦有獻子之家，則不與之友矣。

五人無獻子之家，則見其有德矣。獻子正欲友其德，故能忘勢而無挾。三人忘之者，以其皆匹夫而名不顯也。

非惟百乘之家為然也，雖小國之君亦有之。費惠公曰：『吾於子思，則師之矣；吾於顏般，則友之矣；王順、長息則事我者也。』

事我，謂其不若己而聽命者，非不善之類也。

非惟小國之君為然也，雖大國之君亦有之。晉平公之於亥唐也，入云則入，坐云則坐，食云則食。雖疏食菜羹，未嘗不飽，蓋不敢不飽也。然終於此而已矣，弗與共天位也，弗與治天職也，弗與食天祿也，士之尊賢者也，非王公之尊賢也。

士無進賢之責，故能敬禮之，斯已矣。若王公則能進賢共治，不但當敬禮之而已。王謂天子，公謂諸侯之匡王室者。○自孟獻子推至於此，皆能屈己下賢而無挾者。

舜尚見帝，帝館甥于貳室，亦饗舜，迭為賓主，是天子而友匹夫也。

饗舜，受舜之饗也。迭爲賓主，非互相上下，而無尊卑也。蓋宴饗時有賓主之禮，堯之館舜，本堯爲主；及就饗舜食，則舜爲主，而堯爲賓矣。此節本意只在無所挾上，故曰天子而友匹夫也。但堯之所以友舜者，本欲與之共治，實爲王公之尊賢矣。

用下敬上，謂之貴貴；用上敬下，謂之尊賢。貴貴、尊賢，其義一也。」

此結上文之意。貴貴、尊賢雖對舉，然所重惟在尊賢，特以貴貴起之，以見尊賢者，當忘其貴也。

四

萬章問曰：「敢問交際何心也？」孟子曰：「恭也。」曰：「卻之。」「卻之為不恭，何哉？」曰：「尊者賜之，曰：『其所取之者，義乎？不義乎？』而後受之，以是為不恭，故弗卻也。」曰：「請無以辭卻之，以心卻之，曰『其取諸民之不義也』，而以他辭無受，不可乎？」曰：「其交也以道，其接也以禮，斯孔子受之矣。」

上以交際爲恭，是就人以禮物來饋言。次以卻之爲不恭，是就不受者言。曰卻之爲句。恭也之下當闕「萬章問人之交際，或有不恭，可以卻乎」一語，故孟子答曰卻之。萬章本以卻者爲恭，而人有以卻爲不恭者，故又問之。孟子則謂尊者之賜，但當誠心感其禮意之慇懃，若竊計其所從來之非義以卻之，則是逆詐億不信，不得爲恭矣。尊者，謂諸侯。○萬章之意，終以不問所從來而受之爲不可。然他辭無受之言，本非誠心直道，何必然？交以道是恭敬賢人之誠，接以禮是表見誠心之節，即上文交際之恭也。雖如陽貨欲見孔子而饋蒸豚，亦是一念之誠，其饋時辭命之節，則所謂禮也。孔子受之，乃其誠心直道。蓋不追既往，不逆將來，苟以是心至，斯受之之意。

萬章曰：「今有禦人於國門之外者，其交也以道，其饋也以禮，斯可受禦與？」曰：「不可。〈康誥〉曰：『殺越人于貨，閔不畏死，凡民罔不譈。』是不待教而誅者也。殷受夏，周受殷，所不辭也。於今為烈，如之何其受之？」曰：「今之諸侯取之於民也，猶禦也。苟善其禮際矣，斯君子受之，敢問何說也？」曰：「子以為有王者作，將比今之諸侯而誅之乎？其教之不改而後誅之乎？夫謂非其有而取之者盜也，充類至義之盡也。孔子之仕於魯也，魯人獵較，孔子亦獵較。獵較猶可，而況受其賜乎？」

商受至爲烈十四字，舊說以爲或有斷簡闕文。竊意所不辭也，辭字當是赦字之誤。云不赦，則理自可通矣。夫禦人之盜，其罪不赦，與諸侯取民非義者不同。教之不改而誅，與不待教而誅者，輕重懸絕，但自其發端處辨義利之分，則取非所有者，雖有似於盜，而實非真盜，安知其無改悔之心乎？故當時諸侯之饋，雖其所從來或有不義，不可推求太深也。獵較者，孔子爲小官，如委吏乘田時事也。蓋當祭時，欲得所當供祭之物，而使孔子較獵之所獲。前此魯人之掌此事者莫不皆然，豈謂田獵相較，而奪禽獸哉？獵較賤事，是以常人待孔子，不以賢者之禮也。猶可者，謂其可仕也，而況諸侯以禮交際，乃待之以賢者，而安可以不受乎？此以上言交際有可受之理。

曰：「然則孔子之仕也，非事道與？」曰：「事道也。」「事道奚獵較也？」曰：「孔子先簿正祭器，不以四方之食供簿正。」曰：「奚不去也？」曰：「為之兆也。兆足以行矣，而不行，而後去，是以未嘗有所終三年淹也。

此因獵較而言孔子仕本行道之意。獵較，禮之不可廢者也。云不以四方之食供簿正，正謂魯國所有之物，理宜取足，故不得不獵較耳。若四方難繼之物，人人所不能求，豈待孔子方立此簿正哉？爲之兆者，謂因此可以感孚人心，則人信用而道行，非謂正祭器而廢獵較爲兆也。兆足以行而不行，而後去，則孔子意本欲仕，因兆而行，其去乃不得已也。淹言三年，見其去非窮日之力，謂久而知其終不用，然後去耳。

孔子有見行可之仕，有際可之仕，有公養之仕。於季桓子，見行可之仕也；於衛靈公，際可之仕也；於衛孝公，公養之仕也。」

見行可，本上文兆足以行言。際可，即上文交際之恭，未至於見行可也。公養，謂其國有周卹之常禮，如「亟問、亟饋鼎肉」之類，未至於際可也。與〈告子下〉篇「所就三」義同。此因獵較爲兆，而歷言孔子之仕有此三者，以明交際之可受也。蓋聖人所以不卻交際問饋者，亦寓行道之兆，所重在仕。苟乘時君之交際而開其良心，則因此可以行道，何必絕類離群，而爲於陵陳仲子之行乎？

五

孟子曰：「仕非為貧也，而有時乎為貧；娶妻非為養也，而有時乎為養。」

因爲貧而言爲養，以爲養喻爲貧也。蓋本上文「獵較事道」之意而言。○仕本爲行道，如徵聘之賢、素養之士，此求賢之正途也。若爲貧者，既不與教養之列，又不遇徵聘之勤，將何以致用邪？蓋雖出疆必載質，而亦未有不由其道者。意當時人君別有進取之途，如後世吏道雜科之類，皆有招致之禮，而又得主以薦引之，此所以可就而執質以見之也。雖曰爲貧，而行道之兆實在於此。故非有行道之志者，不可以語爲貧；無可行之道而欲爲貧，則是貪位慕祿而已。

為貧者，辭尊居卑，辭富居貧。辭尊居卑，辭富居貧，惡乎宜乎？抱關擊柝。孔子嘗為委吏矣，曰『會計當而已矣』。嘗為乘田矣，曰『牛羊茁壯，長而已矣』。

此言爲貧者，當擇所處而居易稱之職也，如委吏、乘田皆卑職也。而孟子獨舉抱關擊柝者，即其尤卑者以見例耳。然抱關擊柝亦有譏察非常之常職，如委吏則曰會計；當乘田則曰牛羊茁壯。皆職之易稱者也。孔子猶屑爲之，可見聖人不以不仕爲高也。

而已矣者，以其無行道之責，但供一職則爲盡分矣。○朱子謂「孟子必得賓師之位，方能行道，此便是他能大而不能小處，惟是聖人則大小方圓無所不可」，此拘於形跡之論也。殊不知孟子與孔子異者，時不同也。孔子時權臣執政，莫能尊賢，則不卑小官以爲之兆；至孟子時，人君招賢，處以賓師之位，則當以行道之重自任，又不可降而自卑矣。然則爲貧之仕，其亦因時不遇而不得已焉耳。

位卑而言高，罪也；立乎人之本朝，而道不行，耻也。」

此言爲貧者所以當擇處卑職也。○位卑者本無行道之責，故高者可以不言。苟遇其君有求賢之心，使立乎本朝即高位矣，安可以不言高？至其職之所當言者，雖非高位，亦不可不言，如牴鼃以士師而諫刑罰之不中者，則言其職也。蓋小臣主於奉法，其職乃法之在我者，不可以不守故也。其有權不由乎我者，而強其必行，則爲言高之罪矣。

六

萬章曰：「士之不託諸侯，何也？」孟子曰：「不敢也。諸侯失國，而後託於諸侯，禮也；士之託於諸侯，非禮也。」

諸侯失國，謂其或爲大國侵陵，或爲強臣迫逐，則依鄰國爲援以圖復國，而食其餼，諸侯之常祿，故有託於諸侯之禮。若士則未仕者也，未仕而託於諸侯，則無功而食常祿，君子恥之，故不敢犯此禮也。本爲問士而發，特以諸侯之可以託諸侯者起之耳。

萬章曰：「君餽之粟，則受之乎？」曰：「受之。」「受之何義也？」曰：「君之於氓也，固周之。」曰：「周之則受，賜之則不受，何也？」曰：「不敢也。」曰：「敢問其不敢何也？」曰：「抱關擊柝者，皆有常職以食於上。無常職而賜於上者，以為不恭也。」

餽者，周卹之意，施於無職之民者也。君之餽民，亦非無因而泛施，乃養賢之禮也，故可受。若賜，則與之以祿矣。士無常職，而託於諸侯，以食常祿，則爲君者本以臣畜之，而士亦不以賢者自處，喪其羞惡之心而無義矣。無義則非禮，故曰不恭。

曰：「君餽之則受之，不識可常繼乎？」曰：「繆公之於子思也，亟問，亟餽鼎肉。子思不悅。於卒也，摽使者出諸大門之外，北面稽首再拜而不受。曰：『今而後知君之犬馬畜伋。』蓋自是臺無餽也。悅賢不能舉，又不能養也，可謂悅賢乎？」曰：「敢問國君欲養君子，如何斯可謂養矣？」曰：「以君命將之，再拜稽首而受。

其後廩人繼粟，庖人繼肉，不以君命將之。子思以為鼎肉使己僕僕爾亟拜也，非養君子之道也。

萬章以餽非常祿，故問可以常繼否，孟子告以餽亦可常，但不當常以君命勞賢者耳。不以君命將之，不使有亟拜之勞，所以安賢者也。上文言繆公以君命勞子思，非所以養賢，而下文則告以養賢之道也。○餽粟以周賢者，均之爲養賢也，但有大小之不同耳。恥其饑餓於土地而周之者，餽之小者也；繆公之養子思，餽之大者也。自其未有常職而言，則謂之養耳。因論周之，而及餽可常繼，則〈告子下〉篇所謂「周之可受免死而已」者，其亦可以常繼矣。

堯之於舜也，使其子九男事之，二女女焉，百官牛羊倉廩備，以養舜於畎畝之中，後舉而加諸上位，故曰：「王公之尊賢者也。」

言百官，則給使令者備其人；言牛羊倉廩，則充廩庖者備其物。皆所以養也，此亦餽之大者。以其在畎畝而無常職，故不謂之賜，而曰尊賢。○此章之義，大抵謂爲士者無受祿之禮，而爲君者當盡養賢之誠。

七

萬章曰：「敢問不見諸侯，何義也？」孟子曰：「在國曰市井之臣，在野曰草莽之臣，皆謂庶人。庶人不傳質為臣，不敢見於諸侯，禮也。」

庶人以不見諸侯爲義，禮以義起，不敢見者，恐犯此禮也。此已發義路禮門之意。

萬章曰：「庶人，召之役，則往役；君欲見之，召之，則不往見之，何也？」曰：「往役，義也；往見，不義也。且君之欲見之也，何為也哉？」曰：「為其多聞也，為其賢也。」曰：「為其多聞也，則天子不召師，而況諸侯乎？為其賢也，則吾未聞欲見賢而召之也。繆公亟見於子思，曰：『古千乘之國以友士，何如？』子思不悅，曰：『古之人有言：曰事之云乎，豈曰友之云乎？』子思之不悅也，豈不曰：『以位，則子君也；我臣也，何敢與君友也？以德，則子事我者也，奚可以與我友？』千乘之君，求與之友而不可得也，而況可召與？

此言賢人不肯枉己，而人君不當召之使見也。○庶人召之役，以位言也；君欲見之，以德言也。既欲見之，則已知其爲賢矣，故遂從欲見上發賢人不可召之義。多聞，是賢人中之博學者，以其爲君所受教，故曰師。繆公以古人之友士爲賢，而子思則以古人惟言事師，未嘗言與士爲友也。「何敢與君友」，是召之役則往役之意。「何可與我友」，是召之則不往見之之意。

齊景公田，招虞人以旌，不至，將殺之。志士不忘在溝壑，勇士不忘喪其元。孔子奚取焉？取非其招不往也。」曰：「敢問招虞人何以？」曰：「以皮冠。庶人以旃，士以旂，大夫以旌。以大夫之招招虞人，虞人死不敢往。以士之招招庶人，庶人豈敢往哉。況乎以不賢人之招招賢人乎？欲見賢人而不以其道，猶欲其入而閉之門也。夫義，路也；禮，門也。惟君子能由是路，出入是門也。《詩》云：『周道如底，其直如矢。君子所履，小人所視。』」

此因虞人死不敢往之事，而言賢人不肯從召之意。○士以旂之士，謂已仕爲三士，而以其官召見，則以旂也。庶人以旃，正以召之役也。旂所以招士，而以之招庶人，則加一等矣，亦猶齊景公招虞官之加一等，而以大夫之旌也。此二句爲庶人言，見其不敢往，以引起不賢人之招招賢人也。賢人即庶人中之賢者，以賢人別庶人，因上文爲其賢也、爲其多聞也而言，以明不可召之意。見賢人以道，是屈己下賢也，屈己下賢，乃賢人之招。君子指賢人也。出入是門，未有不由路者，故引《詩》言君子履周道，而門不必言矣。上文或言禮也，或言義也，禮必有義。言禮則義在其中，言義則禮在其中矣。

萬章曰：「孔子，君命召，不俟駕而行。然則孔子非與？」曰：「孔子當仕有官職，而以其官召之也。」

此言從召，是已傳質爲臣者之禮也。〇不見諸侯之義，已見〈滕文公下〉篇答「陳代公孫丑」之問，大要歸於「不枉己」而已。

八

孟子謂萬章曰：「一鄉之善士，斯友一鄉之善士；一國之善士，斯友一國之善士；天下之善士，斯友天下之善士。以友天下之善士為未足，又尚論古之人。頌其詩，讀其書，不知其人，可乎？是以論其世也，是尚友也。」

友一鄉、一國、天下之善士，謂其人之善，蓋於一鄉、一國、天下，非以眾言也。友之，但以見己爲天下之善士，而後能與天下之善士爲友，非謂盡友其人也。蓋己之善不及其人，則當師之，而不得與爲友矣。此章之義欲學者追配古人也，雖友天下之善士，然猶一世之士也，必推至其極而尚友古人，然後爲百世之士。古人行事之實不可見，而《詩》、《書》所載，則尚可以論古人之世。論其世所謂尚論也，此亦言必稱堯、舜之意。

九

齊宣王問卿。孟子曰：「王何卿之問也？」王曰：「卿不同乎？」曰：「不同。有貴戚之卿，有異姓之卿。」王曰：「請問貴戚之卿。」曰：「君有大過則諫，反覆之而不聽，則易位。」王勃然變乎色。曰：「王勿異也。王問臣，臣不敢不以正對。」王色定，然後請問異姓之卿。曰：「君有過則諫，反覆之而不聽，則去。」

此章言貴戚之卿所係甚重，所以警宣王也。異姓之卿，道合則從，明己有可去之義也。詳見《孟子事蹟圖譜》。

卷十一　告子上

一

告子曰：「性，猶杞柳也；義，猶桮棬也。以人性為仁義，猶以杞柳為桮棬。」

告子此問，與荀子性惡之說不同。荀子言性惡，大抵欲人勉強爲善而言之，矯枉過直耳，告子則以勉強爲不順自然矣。蓋告子本謂性是蠢然無知識者，甘食悅色，一順情欲之自然，但看禽獸饑則食，飽則棄，略無計較，未嘗以爲美而爲之，亦未嘗以爲不美而不爲。此乃告子初時識見，但以性無善無不善，故即杞柳爲喻，謂杞柳枝幹直達，何嘗有桮棬？爲桮棬者，是人爲之也。人性亦然，一有仁義之名，便生許多知識計較，有所揀擇而爲之，則所不爲者，便謂之惡矣。當其不爲仁義時，無善可名，則亦無惡也。告子見世人多是有意爲仁義者，故將惡一邊不論耳，其實非謂性惡也。告子此時不但以義爲外，雖仁亦以爲外而強爲也。蓋告子之見，只從氣上說性。孟子都從理上說性，而告子初時未曉，自聞孟子之言，漸漸知向理上說去。至謂仁內時，已在理上起見，但義未精耳。他日公都子述告子之言，曰「性無善無不善」也，當是據其初見而言，故以杞柳之喻爲性，無善無不善之宗旨也。至謂仁內時，則見性已如明鏡，隨物自來自去，順性自然，無所作意，已無不善爲障矣。安可謂其終身止於性無善無不善之見哉？

孟子曰：「子能順杞柳之性而以為桮棬乎？將戕賊杞柳而後以為桮棬也？如將戕賊杞柳而以為桮棬，則亦將戕賊人以為仁義與？率天下之人而禍仁義者，必子之言夫！」

順杞柳之性，是以生意不息言，謂循其性之自然也。戕賊杞柳，是以斬伐根本言。桮棬則必斬伐杞柳根本而爲之，若人則不可斬伐之而爲仁義也，既以仁義比桮棬，則仁義非性中所有，而爲之者皆是矯情飾智，必將廢禮法矣。棄仁義而不爲，即是仁義之禍，非謂害性也。不爲仁義之人，豈管害性哉？

二

告子曰：「性猶湍水也，決諸東方則東流，決諸西方則西流。人性之無分於善不善也，猶水之無分於東西也。」

無分者，不定之意。上章言性無善惡，而此則以性爲有善惡矣，但本自然而隨人所牽引耳。此性可以爲善，可以爲不善之宗旨也。

孟子曰：「水信無分於東西，無分於上下乎？人性之善也，猶水之就下也。人無有不善，水無有不下。今夫水，搏而躍之，可使過顙；激而行之，可使在山。是豈水之性哉？其勢則然也。人之可使為不善，其性亦猶是也。」

此言性之本體惟有一善，逆之而後爲惡，可見性之本善也。勢是人爲所使之勢。

三

告子曰：「生之謂性。」

告子因孟子人無有不善之說，已知性是生意之自然處。若以理言，則人生而靜以上不容說處，乃性之源頭也，而告子之意本以形而下者言氣耳。如程子說：「凡人說性只是說繼之者善，便已不是性也。」繼之者善，豈非性善？止緣就動處說，即已屬生，非靜之本矣。故不可以言性，況直以生言性乎！〇《集註》以知覺運動言生，蓋就形而下者言也。性，形而上者，本能知覺。但就主宰言，則知覺屬理；就運動言，則知覺屬氣。所分毫釐之間耳。告子以生言性，其心已少悟矣，然未離乎有性善有性不善之宗旨也。

孟子曰：「生之謂性也，猶白之謂白與？」曰：「然。」「白羽之白也，猶白雪之白；白雪之白，猶白玉之白與？」曰：「然。」「然則犬之性猶牛之性，牛之性猶人之性與？」

告子以生爲性，則天理便有不明處，如佛氏作用是性，其廣大無我處皆仁體也。而一本萬殊處卻甚未精，故孟子以白羽、白雪、白玉爲喻以詰之。性本不擾，與白之不汙同，故以白喻性。然物之異情，宜有分別。如羽與雪、雪與玉之類，其質本異，則其用亦殊，而告子比而同之，概以爲白。故孟子復以犬牛與人之性詰之，欲使於源頭上識性，則知人之性豈蠢然無別者哉？而告子不復致辨，必亦自疑其說之爲非，認仁爲內之機，由此而觸矣。○朱子論佛氏言作用是性，而持刀胡亂殺人亦不可爲性。竊謂佛氏之說亦是。仁固不是持刀殺人者，然見人持刀殺人，儘有放過處，只是義不精也。告子之見，雖與佛氏同，然佛氏是墨子之學，告子是楊朱之學。詳見下章。

四

告子曰：「食色，性也。仁，內也，非外也；義，外也，非內也。」

告子因孟子上章之詰，乃知性是天理，故有仁內之說。其以仁內爲性，已不是離人絕物者，與初時以人性爲仁義之見不同矣。飲食男女，人之大欲存焉，故以食色言性，則形色天性，即此是仁。仁是愛之理，就使以愛言仁，是亦因用以明體也，亦何害哉？但以義爲外，則所謂仁者，乃無義之仁，於源頭上不精，猶未離乎謂生爲性之見也。

孟子曰：「何以謂仁內義外也？」曰：「彼長而我長之，非有長於我也，猶彼白而我白之，從其白於外也，故謂之外也。」

告子本以性中無義，義在事中，凡爲義者皆在外制宜，心著於物者也。故言長在彼，無與於我，則隨其長而長之，不必有所分別，而加一長之之意。如白在彼，無與於我，則隨其白而白之，未嘗有所分別，而加一白之之意。此即莊子齊物之論，而物之條理不以經心矣。因上章「白之謂白」，而遂以白爲況也。

曰：「異於白馬之白也，無以異於白人之白也。不識長馬之長也，無以異於長人之長與？且謂長者義乎？長之者義乎？」

白馬、白人不異，是以色之在外者言，可以隨物鑑形而無所分別者也。若長馬與長人不同，則以心之在內者言，乃其權輕重而制宜之義也。義即仁之精處，緣告子惟以無累於心爲仁體。如鏡之照物，任其自來自去，一身之外，漠然無情。故於事上求合宜者，便謂強爲，則以義爲在外矣。○愚嘗爲龍鏡之書，以別古今言心者之異，蓋本於此。夫鏡空而不靈，照因於物，即長者義乎之意也；龍健而有覺，變主於心，即長之者義乎之意也。故《大易》言龍，而佛氏言鏡，學術邪正於此辨焉。

曰：「吾弟則愛之，秦人之弟則不愛也，是以我為悅者也，故謂之內。長楚人之長，亦長吾之長，是以長為悅者也，故謂之外也。」

人之感物，有自內發端，而此心藹然真切，不因他人有遷者。所謂吾弟則愛之，秦人之弟則不愛也。有因物至，隨所遇而應之，無所分別，非有常定之形者，所謂長楚人之長，亦長吾之長也。告子之意，蓋以愛爲有情，故所發惟切於吾弟；長爲無情，故所施不專於吾長。對長而言，故以愛屬弟，以我爲悅，悅出於心；以長爲悅，悅逐於長，此內外之所以分也。然愛吾弟而不愛秦人之弟，則見其爲楊朱之學，而非兼愛者矣。

曰：「耆秦人之炙，無以異於耆吾炙。夫物則亦有然者也，然則耆炙亦有外與？」

耆猶愛也，甘悅之意。告子本以甘食爲仁內，故因其所明，而以耆炙語之。蓋本秦人之弟則不愛而言，謂弟在秦人則不愛，炙在秦人則愛之，是在外者亦著得愛字，可見長長之義即是愛，不可外仁而言義也。此與下章當互看。○告子用心於內者也。觀其四問，漸次深密，雖不能如夷子之憮然，安知其不自此而入道乎？朱子乃謂「卒於鹵莽，不得其正」，則過矣。詳見《說理會編》卷十四。

五

孟季子問公都子曰：「何以謂義內也？」曰：「行吾敬，故謂之內也。」

敬是愛之不可忽處，敬在心而達之於事，所謂行吾敬也。曰吾敬，則敬非在外而強爲矣。前章告子但言長而不言敬，正以義爲在外，不可著一敬也。而公都子則因孟子以長之爲義而發出敬字，其實謂敬從愛出，而爲真切之心也。孟子既嘗以親親言仁，敬長言義，不過舉其所重耳，亦豈判然可分二用哉？

「鄉人長於伯兄一歲，則誰敬？」曰：「敬兄。」「酌則誰先？」曰：「先酌鄉人。」「所敬在此，所長在彼，果在外，非由內也。」

所敬在此，指敬兄而言。及先酌鄉人，則所長在彼。因鄉人而敬行於彼，則敬兄之敬可移於鄉人，與愛弟之愛，不因秦人而遷者不同，見敬之因外起念也。

公都子不能答，以告孟子。孟子曰：「敬叔父乎？敬弟乎？彼將曰『敬叔父』。曰：『弟為尸，則誰敬？』彼將曰『敬弟。』子曰：『惡在其敬叔父也？』彼將曰『在位故也。』子亦曰：『在位故也。庸敬在兄，斯須之敬在鄉人。』」

孟子因孟季子以長論敬，故言敬不因長而有。雖弟亦有時而敬也，重在時上，以見制宜之爲義焉。蓋因告子以吾弟則愛，而言弟不必專於愛，則兄不必專於長矣。

季子聞之曰：「敬叔父則敬，敬弟則敬，果在外，非由內也。」公都子曰：「冬日則飲湯，夏日則飲水，然則飲食亦在外也？」

因叔父而有此敬，因弟而有此敬，終以敬生於彼，而不生於我，爲義之在外，其謂敬爲著物，而強加亦可見焉。冬日飲湯，則夏日不飲矣；夏日飲水，則冬日不飲矣。蓋因時制宜之意，豈可以不飲湯水之時，爲不愛而以爲外哉？飲食，人所甘悅，非漠然無情者，故以明之，亦耆炙之意也。

六

公都子曰：「告子曰：『性無善無不善也。』或曰：『性可以為善，可以為不善；是故文、武興，則民好善；幽、厲興，則民好暴。』或曰：『有性善，有性不善。是故以堯為君而有象；以瞽瞍為父而有舜；以紂為兄之子且以為君，而有微子啟、王子比干。』今曰『性善』，然則彼皆非與？」

公都子所引論性三說，詳見前章。

孟子曰：「乃若其情，則可以為善矣，乃所謂善也。若夫為不善，非才之罪也。

情者，性之所感而爲惻隱、羞惡、恭敬、是非者。乃所謂善，謂性善。才是性之運用乎。情者，即良能，情之外無才也，此覆說上文之意。

惻隱之心，人皆有之；羞惡之心，人皆有之；恭敬之心，人皆有之；是非之心，人皆有之。惻隱之心，仁也；羞惡之心，義也；恭敬之心，禮也；是非之心，智也。仁義禮智，非由外鑠我也，我固有之也，弗思耳矣。故曰：『求則得之，舍則失之。』或相倍蓰而無算者，不能盡其才者也。

此申言性之必善，以明不善非才之罪也。○恭是心之謙卑，敬是心之嚴畏。《集註》以恭爲發於外，是主容而言也。不可以爲恭敬之心，恭敬之心即是辭讓之心，自其不敢忽而言，則曰恭敬；自其不自安而言，則曰辭讓。皆心之主乎內者也。餘見〈公孫丑下〉篇。但前篇因人見孺子入井，皆有怵惕惻隱之心而言，故曰端，欲人因此而擴充之也。此論性善則因情以明之，故直指其本體而曰仁義禮智也。仁義禮智非由外鑠二句，是承上文而發弗思之意，求即是思也，工夫之要惟在於此。

《詩》曰：『天生蒸民，有物有則。民之秉夷，好是懿德。』孔子曰：『為此詩者，其知道乎！故有物必有則，民之秉夷也，故好是懿德。』

此明上文之意。有物必有則，言性之必善也。好是懿德，即「乃若其情則可以爲善」

也。○此章之義，詳見《說理會編》卷一。

七

孟子曰：「富歲，子弟多賴；凶歲，子弟多暴。非天之降才爾殊也，其所以陷溺其心者然也。今夫麰麥，播種而耰之，其地同，樹之時又同，浡然而生，至於日至之時，皆熟矣。雖有不同，則地有肥磽，雨露之養，人事之不齊也。

富歲子弟多賴是起下句，蓋本意專重凶歲子弟多暴也。降才之才與上章「非才之罪」才字同。○播種，下子也。耰，覆種也。地同、時同而熟同，可見性之同也。地有肥磽，喻人資稟有淺深。雨露之養，喻人遭遇有甘苦。人事不齊，喻人功力有勤惰，大抵欲人自盡其才之意。

故凡同類者，舉相似也，何獨至於人而疑之？聖人與我同類者。

凡同類所指甚闊，由麰麥一類觀之，則物類皆同。如麒麟之於走獸，鳳凰之於飛鳥，泰山之於丘垤，河海之於行潦，皆類也。聖人與人同類，則同一性善可知。此句是一章之大指，見降才之不殊也

故龍子曰：『不知足而為屨，我知其不為蕢也。』屨之相似，天下之足同也。

引龍子之言而申言之。蓋以足之同耆，起下文耳目口鼻之同，而歸其所耆得正者於心焉。蓋以形體耆慾之同，推說到人性之同也。

口之於味，有同耆也。易牙先得我口之所耆者也。如使口之於味也，其性與人殊，若犬馬之與我不同類也，則天下何耆皆從易牙之於味也？至於味，天下期於易牙，是天下之口相似也。惟耳亦然。至於聲，天下期於師曠，是天下之耳相似也。惟目亦然。至於子都，天下莫不知其姣也。不知子都之姣者，無目者也。

亦然二字，通括前段口之於味至天下何耆皆從易牙之於味也六句。

故曰：口之於味也，有同耆焉；耳之於聲也，有同聽焉；目之於色也，有同美焉。至於心，獨無所同然乎？心之所同然者何也？謂理也，義也。聖人先得我心之所同然耳。故理義之悅我心，猶芻豢之悅我口。」

口同耆、耳同聽、目同美，未皆得正處，心之所同然，方是得正也。然即好是懿德之意。以義理爲心，則不動於耳目口之欲矣。芻豢之悅我口，本上文口同耆而言，以耆味明人心無不悅理義也。心之條理謂之理，心之裁制謂之義。義所制之宜即理也，程子謂「處物爲義」，得之矣。但曰「在物爲理」，則理在物而不在心，尚未離乎「長者義乎」之見也。○此章大意與上章同。

八

孟子曰：「牛山之木嘗美矣，以其郊於大國也，斧斤伐之，可以為美乎？是其日夜之所息，雨露之所潤，非無萌蘖之生焉，牛羊又從而牧之，是以若彼濯濯也。人見其濯濯也，以為未嘗有材焉，此豈山之性也哉？雖存乎人者，豈無仁義之心哉？其所以放其良心者，亦猶斧斤之於木也，旦旦而伐之，可以為美乎？其日夜之所息，平旦之氣，其好惡與人相近也者幾希，則其旦晝之所為，有梏亡之矣。梏之反覆，則其夜氣不足以存；夜氣不足以存，則其違禽獸不遠矣。人見其禽獸也，而以為未嘗有才焉者，是豈人之情也哉？

夜氣者，此陽靈之向晦入宴息者也。夜氣之生，係乎旦晝之所爲，旦晝無所梏亡，則夜氣清而仁義之心存焉。存者，仁義之心，所謂靈也，非氣也。氣在夜中，雖靈竅未開，而本體不失其清，能通乎夜而知，其靈屬乎陽矣。至於平旦，是人初寤之時，其靈漸開，清通而知覺露焉，故好惡與人相近，好惡與人相近，如惻隱之心、羞惡之心，即夜氣所存之仁義，至此而發見也。但其發見甚微，而自旦至晝所爲，又復紛擾其氣，而梏亡仁義之心，故夜氣常昏，無有寧靜，而平旦之氣亦不能清，則所好惡遂與人遠矣。好惡與人遠者，無惻隱之心非人也、無羞惡之心非人也，則禽獸耳。夜氣困於陰而不開，其所運動蠢然無知覺矣。故言夜氣之生者，必曰日夜之所息，惟息然後生，故謂生爲息。無梏亡則有息時，有梏亡則無息時，旦晝有息時，是日之所息也，日有時而息，則夜亦有時而息，夜之息即是生矣，此氣機之相感，通乎晝夜者也。山木亦然，故以爲喻。息與梏相反，存與亡相反，於此驗之而已矣。○木是無情之物，故本山之生理，而以其材言性。心是有靈之物，故本人之感物，而以其才言情。

故苟得其養，無物不長；苟失其養，無物不消。

此總言山木人心惟係所養。養在旦晝不梏，以存化機，化機醒處即是存也。

孔子曰：『操則存，舍則亡；出入無時，莫知其鄉。』惟心之謂與？」

操即提醒此心，愼獨是也，豈有所著意操持哉？所存則仁義之心也，一舍即亡，可見時時當操也。出入，猶言往來屈伸，自心之存主而言，謂之入；自心之應用而言，謂之出。出入無時，莫知其鄉，是說人心本體之神如此，非因操舍而分出入也。心本活物，心之神即是聖而不可知之神，是論心體得正處，苟非就得正處論，不可以爲神矣。蓋事物之感不知在何時，既無常時，則無常處，但有感即應，此心之所以爲神也，夫豈恍忽無常之名哉？但恐舍而不求，則流於物欲，常出在外，而其用不神矣，故操之則常入在內，心體得正而其用自神。此孔子操存之意，而孟子引之，以明良心不可不存也。《集註》謂「心豈有出入，特以操存而言」，卻未知人心本體之妙，原只是如此也。〇操則存，存其心也。苟得其養，無物不長，養其性也。存養二字，蓋本於此。夫心是仁義植根之處，而性則仁義所以能生之理也。理根於心，心存則性得所養，而生生之機不息，故養性工夫，惟在存心。心爲物牽，不能自覺，是不操也，然後謂之不存；自覺則物來能察，一察即是操，一操心即存矣。故省察之外無存養，而省察之功即是立大本也。在《易》之〈頤〉以養爲義，其卦震下艮上，動而止也。動於欲則不止，止則不動於欲，所謂存也，養道盡於此矣。

九

孟子曰：「無或乎王之不智也。雖有天下易生之物也，一日暴之，十日寒之，未有能生者也。吾見亦罕矣，吾退而寒之者至矣，吾如有萌焉何哉？

無或乎王之不智，是謂其本非不智也。特以不專心致志，而寒其生意耳。萌者，智之端，即生意也。

今夫弈之為數，小數也；不專心致志，則不得也。弈秋，通國之善弈者也。使弈秋誨二人弈，其一人專心致志，惟弈秋之為聽。一人雖聽之，一心以為有鴻鵠將至，思援弓繳而射之。雖與之俱學，弗若之矣。為是其智弗若與？曰：非然也。」

此發明上節之意，以見其非不智也。「爲是」，就不專心致志說。惟不專心致志，故所學有不精。此以智之用處言，若智之本體，則天之所以與我者固自若也，故曰非然也。此孟子自相問答之辭。

十

孟子曰：「魚，我所欲也；熊掌，亦我所欲也。二者不可得兼，舍魚而取熊掌者也。生，亦我所欲也；義，亦我所欲也。二者不可得兼，舍生而取義者也。生亦我所欲，所欲有甚於生者，故不為苟得也。死亦我所惡，所惡有甚於死者，故患有所不辟也。如使人之所欲莫甚於生，則凡可以得生者，何不用也？使人之所惡莫甚於死者，則凡可以辟患者，何不為也？由是則生而有不用也，由是則可以辟患而有不為也。

二者不可得兼，言二者有時不可得而兼也。此節以口之擇味而食，況心之擇義而安也。蓋言義重於死，而反覆以明其意也。

是故所欲有甚於生者，所惡有甚於死者，非獨賢者有是心也，人皆有之，賢者能勿喪耳。

能舍生取義即是賢者，此心人皆有之，所重不在賢者，但以其勿喪起人之失本心者耳。

一簞食，一豆羹，得之則生，弗得則死，嘑爾而與之，行道之人弗受；蹴爾而與之，乞人不屑也。

嘑，喝叱之意。蹴如蹴毬之蹴，踢也，非踏也。行道之人雖亦饑而欲食，但不若乞人欲食之急耳，故以嘑、蹴分屬之。此言人皆有欲惡甚於生死之心。

萬鍾則不辨禮義而受之。萬鍾於我何加焉？為宮室之美、妻妾之奉、所識窮乏者得我與？鄉為身死而不受，今為宮室之美為之；鄉為身死而不受，今為妻妾之奉為之；鄉為身死而不受，今為所識窮乏者得我而為之，是亦不可以已乎？此之謂失其本心。」

失本心，正與賢者能勿喪相反。○此章是孟子提醒人羞惡之心最爲吃緊，此學者所當深省也。

十一

孟子曰：「仁，人心也；義，人路也。舍其路而弗由，放其心而不知求，哀哉！

此因當時外仁義者而發。言仁非在外之物，乃人之心，則切於己者也；義非無用之物，乃人之路，則心之條理，而所當必由矣。舍其路即是放其心也，故下文但言求放心，而義不必言矣。心屬於人，則具此生理而生者也，失之則氣不貫，與死何異？故曰哀哉！

人有雞犬放，則知求之；有放心，而不知求。

知求雞犬者只是利心，若天理當求而求之，即此便是求放心矣！此起下條。

學問之道無他，求其放心而已矣。」

此章專爲求放心而發，即此是道。學者學此者也，問者問此者也。求放心之外，別無學問之道矣。求字義見《說理會編》卷三。

十二

孟子曰：「今有無名之指，屈而不信，非疾痛害事也，如有能信之者，則不遠秦、楚之路，為指之不若人也。指不若人，則知惡之；心不若人，則不知惡，此之謂不知類也。」

無名之指，指之無用者也。屈而不信，指之病也。此與上章「知求雞犬，不求放心」意同。

十三

孟子曰：「拱把之桐、梓，人苟欲生之，皆知所以養之者。至於身，而不知所以養之者，豈愛身不若桐梓哉？弗思甚也！」

養身即是養心。弗思者，爲欲所蔽也。

十四

孟子曰：「人之於身也，兼所愛。兼所愛，則兼所養也。無尺寸之膚不愛焉，則無尺寸之膚不養也。所以考其善不善者，豈有他哉？於己取之而已矣。

此章本爲口腹害心志而發。蓋以人多溺於口腹之奉故也，但且泛言眾體以起之耳。尺寸之膚皆小體也，養小體則爲不善，於此能不失大體之養，則所養善矣。善不善者，理欲之分也。

體有貴賤，有小大。無以小害大，無以賤害貴。養其小者為小人，養其大者為大人。

此決所養之善不善也。無，猶言不可也，小體之養，非可廢者，但爲養小體而害大體，則不可耳。小體泛指尺寸之膚，大體謂心志。

今有場師，舍其梧檟，養其樲棘，則為賤場師焉。養其一指而失其肩背而不知也，則為狼疾人也。

賤場師，以養小者之爲小人，故曰賤也。人之所以甘爲小人者，由其溺於耆慾之病也。狼疾，謂狼有病也。其病在一指，則其心不復他顧矣。不顧則不見肩背，故以失肩背言。此設二喻自相唱和，以明養小失大，自取小人之由。〇不知以心言，所謂失大。

飲食之人，則人賤之矣，為其養小以失大也。飲食之人無有失也，則口腹豈適為尺寸之膚哉？」

此則歸於養口腹者之爲小人也。口腹之養得其正，則口體即是大體，不可以尺寸之膚而小之，故曰「口腹豈適爲尺寸之膚哉？」《集註》以爲「軀命所關」，失之淺矣。

十五

公都子問曰：「鈞是人也，或為大人，或為小人，何也？」孟子曰：「從其大體為大人，從其小體為小人。」曰：「鈞是人也，或從其大體，或從其小體，何也？」

曰：「耳目之官不思，而蔽於物，物交物，則引之而已矣。心之官則思，思則得之，不思則不得也。此天之所與我者，先立乎其大者，則其小者弗能奪也。此為大人而已矣。」

心一也，惟在思與不思之間。思則心為之主，而耳目之欲不能蔽；不思則心不為主而著於物，即是耳目之官不思，而蔽於物也。官者，主宰之名，即此心也。心著於耳目，則曰耳目之官；不著於耳目，則曰心之官。心體虛靈，耳目著於聞見，才出於心，便是耳目之欲也。孟子本意止是以心為重，特以不思而為耳目之欲所引者起之耳。天之所以與我者一句，當屬心之官則思，而先立乎其大者，則其小者不能奪也二句，正是說從大體之意，從大體則為大人，故曰此為大人而已矣。《集註》以耳目皆為天與，則以氣同於理，失輕重矣。〇上章養小體言口腹，此章養小體言耳目。蓋口腹是一身之奉養，軀命所不可闕者，故即此示人以天理之正。然其說猶粗，若耳目之欲，則說入細矣。凡事物之有形聲者，皆耳可得聞、目可得見也，欲動於中，皆耳目所接之物也，所以蔽心之本，莫近於此。雖口腹有欲，亦只耳目感於形聲上發端，故耳目之用尤為緊要，而孟子特言其不思之為心害也，其意切矣。

孟子曰：「有天爵者，有人爵者。仁義忠信，樂善不倦，此天爵也。公卿大夫，此人爵也。

仁義者，性之德，合體用而言也。忠信，則仁義之實心也。樂善不倦，好是懿德之意，言其不已也。此天所與我之良貴，非人所能奪也，故曰天爵。

古之人脩其天爵，而人爵從之。今之人脩其天爵，以要人爵；既得人爵，而棄其天爵，則惑之甚者也，終亦必亡而已矣。」

今之人脩其天爵，亦本其初心而言，但爲人爵所動，故要之耳。蓋爲仁不力而不能勝不仁之意，然其心猶知天爵之爲美也。至於得人爵，而棄天爵，則本心盡爲人爵所奪矣。此見不定也，故曰惑。

十七

孟子曰：「欲貴者，人之同心也。人人有貴於己者，弗思耳。人之所貴者，非良貴也。趙孟之所貴，趙孟能賤之。

此言天爵，非人所能奪。

《詩》云：『既醉以酒，既飽以德。』言飽乎仁義也，所以不願人之膏粱之味也；令聞廣譽施於身，所以不願人之文繡也。」

此申上文之意，蓋在我者重而外物輕矣。

十八

孟子曰：「仁之勝不仁也，猶水勝火。今之為仁者，猶以一杯水救一車薪之火也；不熄，則謂之水不勝火，此又與於不仁之甚者也。亦終必亡而已矣。」

此爲爲仁不力者發。

十九

孟子曰：「五穀者，種之美者也，苟為不熟，不如荑稗。夫仁，亦在乎熟之而已矣。」

此承上章爲仁不力而言，不力故不熟。

二十

孟子曰：「羿之教人射，必志於彀；學者亦必志於彀。大匠誨人，必以規矩；學者亦必以規矩。」

此與〈盡心上〉篇「公孫丑問道則高矣！美矣！」章意同。

卷十二　告子下

一

任人有問屋廬子曰：「禮與食孰重？」曰：「禮重。」「色與禮孰重？」曰：「禮重。」曰：「以禮食，則飢而死；不以禮食，則得食，必以禮乎？親迎，則不得妻；不親迎，則得妻，必親迎乎？」

以禮食，謂不求於人，如饑餓不能出門戶者是也。

屋廬子不能對，明日之鄒，以告孟子。孟子曰：「於答是也，何有？不揣其本而齊其末，方寸之木可使高於岑樓。金重於羽者，豈謂一鈎金與一輿羽之謂哉？取食之重者，與禮之輕者而比之，奚翅食重？取色之重者，與禮之輕者而比之，奚翅色重？

寸木高於岑樓，以事勢之變言也；金重於羽，以本體之常言也。設此二喻，自相倡和，以明禮之爲重，不可論其變，而當論其常也。若論其變，則食色固有甚重於禮者。不食則軀命將亡，所以嘑爾而與，亦可受也；不娶則後嗣將絕，所以不告而娶，亦可爲也。凡儀文之節，皆可盡廢矣！奚復較於輕重之間，而但謂食色爲重哉？

往應之曰：『紾兄之臂而奪之食，則得食；不紾，則不得食，則將紾之乎？踰東家牆而摟其處子，則得妻；不摟，則不得妻，則將摟之乎？』」

此言禮之本體有決不可廢者，如紾兄奪食、踰墻摟處子之事，則害於天理之正，而謂常道可以變乎？

二

曹交問曰：「人皆可以為堯、舜，有諸？」孟子曰：「然。」

然者，謂人之果可爲堯、舜也。爲者，用力之辭。故章內爲字，皆從此發端。但曹交之意，則不知爲字爲重耳。

「交聞文王十尺，湯九尺，今交九尺四寸以長，食粟而已，如何則可？」

湯、文皆能爲堯、舜者，故舉以爲言，而交自以形體與湯、文相上下，而不能如湯、文之能爲堯、舜也。如何則可與前「可以爲堯、舜」之可相應。此問重在不能堯、舜，非較形體也。

曰：「奚有於是？亦為之而已矣。有人於此，力不能勝一匹雛，則為無力人矣；今曰舉百鈞，則為有力人矣。然則舉烏獲之任，是亦為烏獲而已矣。夫人豈以不勝為患哉？弗為耳。

奚有於是，言不難也。舉百鈞即是力不能勝一匹雛者，爲之練習之功不息，而力日進焉。則舉烏獲之任者，即此人也。豈以不勝爲患，指舉雛者，而言不爲有力之人，則甘爲無力之人矣。○堯、舜，至聖也。人必以爲難爲，然而人皆可爲者，豈謂一蹴可到哉？因其良心所發以漸擴充，行遠自邇，登高自卑，工夫不息而日孳孳焉，何所不至？所以不能至者，只爲不爲，不爲奚能至哉？

徐行後長者謂之弟，疾行先長者謂之不弟。夫徐行者，豈人所不能哉？所不為也。堯、舜之道，孝弟而已矣。

此節正言可以爲堯、舜意，明其不難也。爲堯、舜而以孝弟言，是從實地上做工夫。孝弟本是天性，陳氏以爲良知良能。堯、舜，人倫之至，亦率是性而不能加毫末者是也。孟子欲就易行處，發孝弟之不難爲，故以徐行爲言。楊氏之言正發孟子徐行之意，故其說與陳氏各爲一義。然所以能徐行處，必是天性常存，乃不敢忽，故堯、舜之道孝弟而已矣。則本其天性而言也，堯、舜與人同一性善，故人皆可爲。

子服堯之服，誦堯之言，行堯之行，是堯而已矣。子服桀之服，誦桀之言，行桀之行，是桀而已矣。」

孝弟即是堯之心；不孝不弟即是桀之心。凡衣服言行以孝弟之心行之，則事皆合禮，即此便是堯，反是則爲桀。此明堯、舜之道不外乎孝弟，惟在曹交之所自盡也。孝弟見於日用者，衣服言行不一而足，上文特借徐行一事以明其易耳。

曰：「交得見於鄒君，可以假館，願留而受業於門。」曰：「夫道，若大路然，豈難知哉？人病不求耳。子歸而求之，有餘師。」

道即孝弟。求即是上文爲字之意。

三

公孫丑問曰：「高子曰：『〈小弁〉，小人之詩也。』」孟子曰：「何以言之？」曰：「怨。」

〈小弁〉蓋怨子之詩，非必宜臼之傅所作也。孝子之情非人所得代言者。

曰：「固哉，高叟之為詩也！有人於此，越人關弓而射之，則己談笑而道之，無他，疏之也。其兄關弓而射之，則己垂涕泣而道之，無他，戚之也。〈小弁〉之怨，親親也。親親，仁也。固矣夫，高叟之為詩也！」

談笑而道之，所以解釋也。垂涕泣而道之，所以感動也。二己字即有人於此之人。射之，射此人也。射之但欲傷之，未必致之死也。故其人得以道之。此設譬之辭，但以明親疎之情耳，豈可以當關弓時不能即道，而遂以辭害義哉？

曰：「〈凱風〉何以不怨？」曰：「〈凱風〉，親之過小者也；〈小弁〉，親之過大者也。親之過大而不怨，是愈疏也；親之過小而怨，是不可磯也。愈疏，不孝也；不可磯，亦不孝也。

〈凱風〉，〈詩序〉謂「衛有七子之母，不能安其室而作」。竊意此亦母之大過，今曰過小，必止奉養有缺，和樂不耽耳。親之過大，則親親之恩絕；親之過小，則親親之恩未絕。激水者，磯石也。怒者，水也。以石比親之過，以水之怒比怨。

孔子曰：『舜其至孝矣，五十而慕。』」

〈小弁〉之怨，其哀痛迫切，與舜怨慕之怨同，故引孔子稱舜之言以明之。程子嘗論小弁之怨與舜不同，非也。

四

宋牼將之楚，孟子遇於石丘。曰：「先生將何之？」曰：「吾聞秦、楚構兵，我將見楚王說而罷之。楚王不悅，我將見秦王說而罷之，二王我將有所遇焉。」曰：「軻也請無問其詳，願聞其指。說之將何如？」曰：「我將言其不利也。」曰：「先生之志則大矣，先生之號則不可。先生以利說秦、楚之王，秦、楚之王悅於利，以罷三軍之師，是三軍之士樂罷而悅於利也。為人臣者懷利以事其君，為人子者懷利以事其父，為人弟者懷利以事其兄，是君臣、父子、兄弟終去仁義，懷利以相接，然而不亡者，未之有也。先生以仁義說秦、楚之王，秦、楚之王悅於仁義，而罷三軍之師，是三軍之士樂罷而悅於仁義也。為人臣者懷仁義以事其君，為人子者懷仁義以事其父，為人弟者懷仁義以事其兄，是君臣、父子、兄弟去利，懷仁義以相接也。然而不王者，未之有也。何必曰利？」

有利己之心則不顧人矣，人人利己則見利必爭。夫利必怨亂之道也，故曰不可。此與答梁惠王「何以利吾國」意同。

五

孟子居鄒，季任為任處守，以幣交，受之而不報。處於平陸，儲子為相，以幣交，受之而不報。

鄒，父母之國，故曰居。平陸乃其暫寓，故曰處。處守因君出而言也。季任、儲子初以幣交時，其禮意節文所謂交以道、接以禮者，故皆受之。不報者，不往答拜也。

他日由鄒之任，見季子；由平陸之齊，不見儲子。屋廬子喜曰：「連得間矣。」問曰：「夫子之任見季子，之齊不見儲子，為其為相與？」

得間者，本不見儲子而言，故舉儲子爲相以起問。

曰：「非也。《書》曰：『享多儀，儀不及物曰不享，惟不役志於享。』為其不成享也。」

享，獻也，儀禮之合義者也。多儀者，禮意周至也。言禮意當厚於所獻之物也，雖享而不復再留意焉，謂之不役志。如此則併所享而不成矣，故曰爲其不成享也。儲子以幣交所享，非無一念之誠，但禮意不能曲盡耳。

屋廬子悅。或問之。屋廬子曰：「季子不得之鄒，儲子得之平陸。」

陽貨餽孔子蒸豚，亦儀不及物者也。孔子以其先來加禮而見之，今孟子於儲子則不見者，蓋孔子於陽貨待小人之禮也。儲子非陽貨比，孟子有意於興齊，則欲儲子知尊賢之禮耳，詳見《說理會編》卷六。

六

淳于髡曰：「先名實者，為人也；後名實者，自為也。夫子在三卿之中，名實未加於上下而去之，仁者固如此乎？」

先名實而爲人，以功業言，即救民之仁也。在三卿之中，則爲人之時也。名實未加於上下而去之，則後名實而自爲，其仁不及於物矣。戰國時人隨世以就功名，多以發用言仁，故髡之論如此，則如墨子之兼愛、子貢之博施乃可爲仁，而甘簞瓢陋巷之貧者皆不得爲仁矣。

孟子曰：「居下位，不以賢事不肖者，伯夷也；五就湯，五就桀者，伊尹也；不惡汙君，不辭小官者，柳下惠也。三子者不同道，其趨一也。一者何也？曰：仁也。君子亦仁而已矣，何必同？」

伯夷，隱者也，以其不以賢事不肖言，則潔身者矣。伊尹、柳下惠皆仕者也，以其五就湯，五就桀；不惡汙君，不卑小官言，則混俗者矣。伯夷與伊尹、柳下惠異道而皆稱爲仁，則仁以心言，而不以迹論也。仁，人心也，孟子之宗旨蓋如此。〇心外無理，理即心之見於事而有條理者，天下未有無私心而不合天理之理。慶源輔氏謂「人固有雖無私心，而行事不合天理者」，此但可爲爲仁而有間斷者言耳，不可以理言於仁外也。

曰：「魯繆公之時，公儀子為政，子柳、子思為臣，魯之削也滋甚。若是乎賢者之無益於國也！」曰：「虞不用百里奚而亡，秦穆公用之而霸。不用賢則亡，削何可得與？」

爲政者，當國大臣也；爲臣者，同列庶職也。繆公初以賓師之禮待子思，至是則子思亦就而任職矣。然班在公儀子、子柳之下，蓋其意主於推讓，不踰尊戚，亦可見其不擇官矣。○周公之封於魯，本止百里，其後侵小而得，乃有七百里之廣。至魯使慎子爲將軍時，尙存方百里者五，蓋自七百里之所削也。子思講聖學者也，卒不能相繆公以成王業，何也？蓋魯當春秋之末，介於齊、楚諸大國之間，勢已難支，賴繆公用賢，始得不亡。然繆公雖賢，其才僅可畏天保國，非得君百里之地，而能朝諸侯有天下者。而子思亦因其才而曲成之耳，況子思之德亞於曾子，而才又在孟子之下者乎？此必待久於其道而後化可成，力行之而後國可新也。若魯地見削而甘心焉，則以七百里之中多非故封之地，互相損益，可以無爭，況君子不以養人者害人，又仁人之本心乎？

曰：「昔者王豹處於淇，而河西善謳。緜駒處於高唐，而齊右善歌。華周、杞梁之妻善哭其夫，而變國俗。有諸內，必形諸外。為其事而無其功者，髡未嘗睹之也。是故無賢者也，有則髡必識之。」

謳歌說，見〈萬章上〉篇「堯以天下與舜」章。善謳，如康衢謠之歌咏太平；善歌，如高漸離之擊筑悲歌。善謳、善歌、善哭而國俗皆變，言其誠意之感動人也，故曰有諸內必形諸外。無其功，即髡前所謂名實未加於上下之意。

曰：「孔子為魯司寇，不用，從而祭，燔肉不至，不稅冕而行。不知者以為為肉也，其知者以為為無禮也。乃孔子則欲以微罪行，不欲為苟去。君子之所為，眾人固不識也。」

魯之不用孔子，本以受女樂之故，此決去就之幾者也。爲魯司寇，方是見行可之時，所謂兆足以行，而不行，而後去，正指此事。若言爲兆，則當在爲司寇之前矣。從而祭，言受女樂之後即遇祭也。不稅冕而行，蓋服冕以待膰肉之望，此即遲遲吾行。與孟子「三宿出晝」意同，非以不稅冕爲速也。魯雖不用孔子，而孔子不欲顯其君相受女樂之失，此其用意之忠厚也。去而不審，是爲苟去。適遇膰肉不至，則簡賢廢禮，不欲復用孔子之實，居然可見。故以此而去，亦見於義所當去，非謂假膰肉而去也。以爲爲肉者，固小人之見，以爲爲無禮者，亦止禮節偶有小失，不係於用舍，何必以此決去就哉？孔子之去，本不爲此，此衆人之所不識者也。以膰肉行所以爲微罪者，蓋人臣去國必已有嫌，人君未有不以爲罪者，而魯國不用孔子之端，實因女樂之受。若直以女樂去，則無忠厚之心，顯君相之失，爲罪大矣。故當膰肉不至而行，則乘其疏己之隙，雖不面辭而去，亦無所嫌，假使欲加之罪，亦不至於大咎矣。此言孔子去魯之微意，以答淳于髠名實未加於上下之問，明己之去齊非苟去也。〇君子所爲，蓋孟子自謂。而泛言君子耳，與上文「君子亦仁而已」義同。

七

孟子曰：「五霸者，三王之罪人也；今之諸侯，五霸之罪人也；今之大夫，今之諸侯之罪人也。

五霸，丁氏所謂夏昆吾、商大彭、豕韋、周齊桓、晉文是也。詳見《春秋私考·僖公二十三年》。

天子適諸侯曰巡狩，諸侯朝於天子曰述職。春省耕而補不足，秋省斂而助不給。入其疆，土地辟，田野治，養老尊賢，俊傑在位，則有慶，慶以地。入其疆，土地荒蕪，遺老失賢，掊克在位，則有讓。一不朝，則貶其爵；再不朝，則削其地；三不朝，則六師移之。是故天子討而不伐，諸侯伐而不討。五霸者，摟諸侯以伐諸侯者也，故曰：五霸者，三王之罪人也。

此言王者以德服人之意。王者以德行仁，本是道之以德，所重在於巡狩。春秋省耕、省斂，而補助民之不足，正是天子巡狩助民之事，而躬行以率諸侯者。詳見〈梁惠王下〉「孟子見雪宮」章。巡狩者，所以考諸侯之德，諸侯能盡所受之職者，則慶以地；不能盡職者，不即削其地也。必其心果有不服、侮慢不恭，然後以漸治之。貶爵而後削地，削地而後誅移，則讓雖是責，猶有從容退讓，俟其改過之心，此何等委曲哉！討者，求也。求其不恭之故，而欲得其罪狀之真，此非同列諸侯之所得為，必有天子之命而後可以服人，故以討屬之天子。伐者，發也。發其罪而征之，非天子所得私也，必須召集諸侯，以合天下人心之公。即《周禮》所謂「時會以發四方之禁也」，故以伐屬之諸侯。蓋王者以德服人，故諸侯畢集而為天子伐叛國；五霸則以力服人，而摟諸侯以伐諸侯。摟是箍集之意，以諸侯不服，故摟之也。

五霸，桓公為盛。葵丘之會諸侯，束牲載書而不歃血。初命曰：『誅不孝，無易樹子，無以妾為妻。』再命曰：『尊賢育才，以彰有德。』三命曰：『敬老慈幼，無忘賓旅。』四命曰：『士無世官，官事無攝，取士必得，無專殺大夫。』五命曰：

『無曲防，無遏糴，無有封而不告。』曰：『凡我同盟之人，既盟之後，言歸於好。』今之諸侯，皆犯此五禁，故曰：今之諸侯，五霸之罪人也。

此言齊桓能以天子之禁禁諸侯，而人心皆服，不敢犯也。初命正家之事也，再命貴德之事也，三命愛民之事也，四命正官之事也，五命睦鄰之事也。曲防謂築堤壅水，注之他國以自利，如謂以鄰國爲壑也。封而不告，恐無封國不告天子之理，且與曲防遏糴，同爲睦鄰一類，則封當如楚封魚石之封，謂以鄰壤相連之地封其臣，則告鄰國知之，以正經界也。○此言三王是道德齊禮之治，五霸則道之以政者也。苟諸侯不服，則以兵力勝之，此專務政刑之事。若今之諸侯，則併政而不脩矣。

長君之惡其罪小，逢君之惡其罪大。今之大夫，皆逢君之惡，故曰：今之大夫，今之諸侯之罪人也。」

上文犯五禁者，即是君之惡，而今之大夫實導之也。○長君之惡，謂其君不能者皆是也。逢君之惡者抑又甚焉。南軒張氏論逢君之惡，極盡小人之情狀，不可不知。

八

魯欲使慎子為將軍。孟子曰：「不教民而用之，謂之殃民。殃民者，不容於堯、舜之世。

《集註》謂：「教民者，教之禮義，使知入事父兄，出事長上也。」此言深得教民之本。

一戰勝齊，遂有南陽，然且不可。」

此即下文「徒取諸彼以與此」之意。以其亂封國之制，故曰不可。

慎子勃然不悅，曰：「此則滑釐所不識也。」曰：「吾明告子：天子之地方千里，不千里，不足以待諸侯。諸侯之地方百里，不百里，不足以守宗廟之典籍。周公之封於魯，為方百里也；地非不足，而儉於百里。太公之封於齊也，亦為方百里也；地非不足也，而儉於百里。

先以天子地方千里，發諸侯地方百里，明先王封國之制。因言封國有定制，而人不敢亂也。爲慎子欲益魯地而言，則所取者齊地也，故併齊言之。

今魯方百里者五，子以為有王者作，則魯在所損乎？在所益乎？徒取諸彼以與此，然且仁者不為，況於殺人以求之乎？

自吾明告子至此，明上文然且不可之意。殺人以求之，所謂殃民也。

君子之事君也，務引其君以當道，志於仁而已。」

道與仁未嘗相離，脩道以仁，是仁主行道之心而言也。新安陳氏以「爭地爲不當道，殺人爲不志仁」，非也。才不合天理處，便是不仁。徒取諸彼以與此，然且仁者不爲，何必待殺人而後爲不仁乎？

九

孟子曰：「今之事君者曰：『我能為君辟土地，充府庫。』今之所謂良臣，古之所謂民賊也。君不鄉道，不志於仁，而求富之，是富桀也。『我能為君約與國，戰必克。』今之所謂良臣，古之所謂民賊也。君不鄉道，不志於仁，而求為之強戰，是輔桀也。由今之道，無變今之俗，雖與之天下，不能一朝居也。」

凡爲君處置富國強兵之法，雖惓惓忠懇，皆是功利之心。向道志仁，然後爲王道，由今之道，本君而言。王道以得民心爲本，古之道也，如此方是變今之俗。〇此及上章，當與〈離婁上〉篇「善戰者服上刑」章參看。

十

白圭曰：「吾欲二十而取一，何如？」孟子曰：「子之道，貉道也。

白圭之言亦富國之意。欲使節儉致富而不取民也，然豈常道哉？

萬室之國，一人陶，則可乎？」曰：「不可。器不足用也。」曰：「夫貉，五穀不生，惟黍生之。無城郭、宮室、宗廟、祭祀之禮，無諸侯幣帛饔飧，無百官有司，故二十取一而足也。今居中國，去人倫，無君子，如之何其可也？陶以寡，且不可以為國，況無君子乎？

惟黍生之，言其無所入也。無所入亦無所出，故二十取一而足云。居中國則當有量入爲出之制。君臣祭祀、交際之禮，對上「萬室之國」而言；百官有司，對上「一人陶」而言。不可爲國，必歸重於君子者。蓋城廓、宮室、人倫，皆由君子而立。國不可以無君子，則二十取一必不足，其法不可行矣。

欲輕之於堯、舜之道者，大貉、小貉也；欲重之於堯、舜之道者，大桀、小桀也。」

貉則寬縱，非所以齊民也；桀則嚴急，非所以養民也。此堯、舜之道所以以什一爲中正與！

十一

白圭曰：「丹之治水也，愈於禹。」孟子曰：「子過矣。禹之治水，水之道也。是故禹以四海為壑。今吾子以鄰國為壑。水逆行，謂之洚水。洚水者，洪水也，仁人之所惡也。吾子過矣。」

水患歸於鄰國，是不憂鄰國者也，豈仁人之心哉？若禹之治水，放之四海，則能憂天下矣。

十二

孟子曰：「君子不亮，惡乎執？」

亮，明也，非諒也。若以亮爲諒，則爲小信。與《論語．衛靈公》篇「貞而不諒」相戾矣。

十三

魯欲使樂正子為政。孟子曰：「吾聞之，喜而不寐。」公孫丑曰：「樂正子強乎？」曰：「否。」「有知慮乎？」曰：「否。」「多聞識乎？」曰：「否。」

此章本旨與〈秦誓〉「斷斷兮無他技」意同。強謂勇敢。

「然則奚為喜而不寐？」曰：「其為人也好善。」「好善足乎？」曰：「好善優於天下，而況魯國乎？夫苟好善，則四海之內，皆將輕千里而來告之以善。夫苟不好善，則人將曰：『訑訑，予既已知之矣。』訑訑之聲音顏色，距人於千里之外。士止於千里之外，則讒諂面諛之人至矣。與讒諂面諛之人居，國欲治，可得乎？」

好善如〈秦誓〉「人之有技，若己有之；人之彥聖，其心好之」之謂也。訑訑，予既已知之矣，是人狀不好善者之情。予字就不好善者言。

十四

陳子曰：「古之君子何如則仕？」孟子曰：「所就三，所去三。迎之致敬以有禮，言將行其言也，則就之；禮貌未衰，言弗行也，則去之。其次，雖未行其言也，迎之致敬以有禮，則就之；禮貌衰，則去之。其下，朝不食，夕不食，飢餓不能出門戶。君聞之，曰：『吾大者不能行其道，又不能從其言也，使飢餓於我土地，吾恥之。』周之，亦可受也，免死而已矣。」

言將行其言者，知其言之可行，而嘗有言以許其行也，則以行其言爲重，故言弗行則去之。○未行其言者，未知其言之可行，而但致敬以盡禮也。故在言將行其言也之次，則所重在禮，故禮貌衰則去之。禮貌衰，恐不止爲仰視蜚鴈小節耳。○人君元未有禮貌之及，故曰其下也。免死而已矣，對饑餓而言，謂亦可以救死耳。若以爲未至於饑餓，則猶不受，而以免死而已爲所受有節，則於〈萬章下〉篇「君餽之粟，可常繼者」不合。蓋當時人君有無罪而殺士者，則能周饑餓者猶爲善養士也，故可受之以免死。此爲其君可依，故曰可就，不然則士可以徙矣。○此三就者，所以因之而仕，故通謂之仕。

十五

孟子曰：「舜發於畎畝之中，傅說舉於版築之閒，膠鬲舉於魚鹽之中，管夷吾舉於士，孫叔敖舉於海，百里奚舉於市。故天將降大任於是人也，必先苦其心志，勞其筋骨，餓其體膚，空乏其身，行拂亂其所為，所以動心忍性，曾益其所不能。

心性一理也。心欲其動，不動則死；性欲其忍，不忍則流。動心者，良心謹而覺於幾微也；忍性者，真性存而節於嗜慾也。

人恆過，然後能改；困於心，衡於慮，而後作；徵於色，發於聲，而後喻。

上節言上智之人，此節言中人之性惟常有過，亦可以勉進也。困心衡慮是自知有失而心不能安，此即羞惡之心，有奮發之幾，故曰作。徵色、發聲，是不能自知，必待見於人之聲色而後知，故曰喻。喻亦自知有失，但比作爲淺耳。

入則無法家拂士，出則無敵國外患者，國恆亡。

此節推言國亦然也，蓋反說以明上文之意。

然後知生於憂患而死於安樂也。」

總結上文之意。

十六

孟子曰：「教亦多術矣。予不屑之教誨也者，是亦教誨之而已矣。」

因不屑教誨，而其人能退自脩省，必君子德足以感動人矣，如此則身教也。

卷十三　盡心上

一

孟子曰：「盡其心者，知其性也。知其性，則知天矣。

心者，言其存也。性者，心所存之理也。天者，性所出之原也。心無一毫物欲之累，則明無不照，而後爲盡心。不盡則明有所蔽，豈能知性？知性則知天矣，不必言矣。程子謂「盡心然後知性」，其說是也。此節言本體之全也。

存其心，養其性，所以事天也。

存養說見〈告子上〉篇「山木」章。存其心所以養其性也，此節言操存之密也。

殀壽不貳，修身以俟之，所以立命也。」

朝聞道夕死可矣！殀，此心也。死而後已，不亦遠乎？壽亦此心也。不貳，則窮通得喪舉不足以動其心矣。心不貳則能專於脩身以復其性，而無外慕，故曰脩身以俟之。俟之者，俟命也。命者，天以正道命我，使我順受者也，立之則爲正命矣。此節言根基之定也。○此章言性出於天，而總會於心，故復性之要，惟求之心而已。盡心者，知性之虛靈也；存心者，盡心之工夫也；殀壽不貳者，存心之定志也。以定志立根基，而存存不已以至於心體無不盡，然後能充其性，而性爲主矣。此所以全天命之正也，而學豈在天外哉？天命、性、心之名，詳見《說理會編》卷二。

二

孟子曰：「莫非命也，順受其正。是故知命者，不立乎巖墻之下。盡其道而死者，正命也。桎梏死者，非正命也。」

此章亦是欲人立命之意。命皆天命，無有不正，以人不盡道而命之以桎梏之死，則不正在人，非天也。吉與福屬正，凶與禍屬不正。論命，詳見《說理會編》卷一。

三

孟子曰：「求則得之，舍則失之，是求有益於得也，求在我者也。求之有道，得之有命，是求無益於得也，求在外者也。」

仁義禮智，求則得，舍則失，是求則必得也，故爲有益於求。富貴利達，求有道，得有命，是不可必得也，故爲無益於求，非求外別有無益也。朱子謂「富貴身外之物，求之惟恐不得，縱使得之，於身心無分毫之益，則無益不在求而在得」，非孟子本意矣。

四

孟子曰：「萬物皆備於我矣。反身而誠，樂莫大焉。強恕而行，求仁莫近焉。」

吾性之德，天下之理皆從此出。誠之所形，即是物也，故曰萬物皆備於我。誠則真實無妄，全體此理矣。樂如樂則生矣之樂，此理油然而生，即仁體也。仁體未能渾全，則強恕以求仁。恕者，仁之施，因事而盡其誠心，至其合一，則仁矣。

五

孟子曰：「行之而不著焉，習矣而不察焉，終身由之而不知其道者，衆也。」

此章之意本爲學而不思者言之，所謂賢者過之是已。蓋行之已是務力行者，但習則工夫比行爲常久耳。言著已是心體之明，不著則著物而心爲所蔽也。察比著爲精，用功久者，宜亦略有開明，故以察言著後，而不察則均之爲不知道也。○《集註》以著爲「明其所當然」，察爲「識其所以然」，是以所當然、所以然分而爲二也。殊不知所當然謂當其事則必有其事之理，有物有則者是也；所以然謂此理之不得不然處，天命之本然是也。所當然與所以然乃本末之道也，豈可分爲兩截事哉？

六

孟子曰：「人不可以無耻。無耻之耻，無耻矣。」

無耻之耻，猶言不以耻爲耻，則爲無耻也。耻不可無者，故一夫不獲，伊尹猶以爲耻，雖仁如堯、舜，猶有所病；德如孔子，猶有所憂，皆耻心也。如《集註》說，則耻不爲累，而可無矣，況上下文所解耻字不同，似非孟子本意也。

七

孟子曰：「恥之於人大矣。為機變之巧者，無所用恥焉。不恥不若人，何若人有？」

爲聖、爲賢皆從耻出，一耻可以盡之，故於人爲大。機變是文過、飾名之事，巧於遮蔽者也。以其遏絕羞惡之心，故曰無所用耻，非謂機變之巧爲人所深耻也。有耻自能奮發有爲，只無耻一事不如人，則事事不如人矣，此耻之所以爲大也。

八

孟子曰：「古之賢王好善而忘勢，古之賢士何獨不然？樂其道而忘人之勢。故王公不致敬盡禮，則不得亟見之。見且由不得亟，而況得而臣之乎？」

此章本指專爲賢士而發。《集註》雖以君與士並論，而意則有所重也。蓋古之賢王欲成天下之務，故好善而忘勢；賢士之所係其重如此，豈可不自重而樂其道，以忘人之勢哉？王公以下承賢士，言賢王如湯、文之類，賢士如伊、呂之類。自賢王而言，則曰好善；自賢士而言，則曰樂其道。致敬以誠心言，盡禮以節文言。

九

孟子謂宋句踐曰：「子好遊乎？吾語子遊。人知之，亦囂囂；人不知，亦囂囂。」曰：「何如斯可以囂囂矣？」曰：「尊德樂義，則可以囂囂矣。故士窮不失義，達不離道。窮不失義，故士得己焉。達不離道，故民不失望焉。

窮即人不知，達即人知之。曰義，則德在其中；曰道，則義在其中。以其斷而言則曰義；以其用而言，則曰道。以道義爲主，何有於外慕。窮主脩己，達主濟人。得己者，守於獨，民不失望者，兼於人，此尊德樂義見於行事之實也。

古之人，得志澤加於民；不得志脩身見於世。窮則獨善其身，達則兼善天下。」

此言古人窮達各有所主者以實之。獨善兼善之善，指其所以處窮達者，乃道義也。

言道義則囂囂不待言矣。

十

孟子曰：「待文王而後興者，凡民也。若夫豪傑之士，雖無文王猶興。」

此欲人以豪傑自期也。

十一

孟子曰：「附之以韓、魏之家，如其自視欿然，則過人遠矣。」

欿然，言其心之謙虛，不以富貴自滿也。蓋當時大家皆侈肆，故有此言。過人遠矣，說見後章「人能無以饑渴之害爲心害」下。

十二

孟子曰：「以佚道使民，雖勞不怨；以生道殺民，雖死不怨殺者。」

以佚道使民，謂本欲佚，此勞者雖勞而不怨。以生道殺民，謂本欲生，此死者雖死不怨，就死者言。

十三

孟子曰：「霸者之民，驩虞如也；王者之民，皞皞如也。殺之而不怨，利之而不庸，民日遷善而不知為之者。夫君子所過者化，所存者神，上下與天地同流，豈曰小補之哉？」

王者之民皞皞，謂民之廣大自得也。以驩虞起之，見其與驩虞者不同矣，蓋蕩蕩乎民無能名之意。殺之不怨，是「以生道殺民，雖死不怨殺者」之意。利之而不庸，是「耕田而食，鑿井而飲，帝力何有於我」之意。民日遷善而不知爲之者，是「不識不知，順帝之則」之意。所過者化，所存者神，上下與天地同流，是「惟天爲大，惟堯則之」之意。流，謂天地之化，運行不息也。或以不怨不庸，不知爲之，從王者身上說，殊不知孟子本意，是於民之皞皞上見王者之如天也。下文過化存神與天地同流，乃始正說王者之德如天，不從民上說神化矣。張子謂「性性則能過化，物則能存神」，斯言得之。小補，如彌縫其闕，匡救其災之類。此所以結其歡心，非至仁無恩也。

十四

孟子曰：「仁言，不如仁聲之入人深也。善政，不如善教之得民也。善政民畏之，善教民愛之；善政得民財，善教得民心。」

仁言者，見於號令，以起善政之端；仁聲者，實德所發，以起善教之端。故下文止從善政、善教申明之。○善政者霸，善教者王，蓋因上章而言。善政得民財，即無政事則財用不足之反也。然善政本於仁心，則為王道；不以仁心行之，則入於霸矣。

十五

孟子曰：「人之所不學而能者，其良能也；所不慮而知者，其良知也。孩提之童，無不知愛其親者；及其長也，無不知敬其兄也。親親，仁也；敬長，義也。無他，達之天下也。」

習其事為學，求諸心為慮。○愛親、敬長但言無不知，而不及良能者，蓋良知所知即良能，良能所能即良知也。○親親乃吾心之仁，敬長乃吾心之義，但以此擴充而達之天下，則天下之理盡於此矣，無他道也。《集註》謂「達之天下無不同者，所以為仁義」，語似不切己耳。

十六

孟子曰：「舜之居深山之中，與木石居，與鹿豕遊，其所以異於深山之野人者幾希。及其聞一善言，見一善行，若決江河，沛然莫之能禦也。」

幾希指天理虛靈之處，異於野人者不多也。當其未有感觸，空空若無知者；及聞善即應，聲入心通，非人所能及矣。此見舜之所以爲聖，惟在心體之虛靈而人皆可學也。

十七

孟子曰：「無為其所不為，無欲其所不欲，如此而已矣。」

爲以事言，欲以心言。有所不爲、不欲，羞惡之心也。人惟擴充此心，則用之不窮矣。何必外求哉？而已矣者，無他之辭也，此與「耻之於人大矣」意同。

十八

孟子曰：「人之有德慧術知者，恆存乎疢疾。獨孤臣孽子，其操心也危，其慮患也深，故達。」

在心之理謂之德，處物之方謂之術。慧由德明則有本，知以術行則不差。

十九

孟子曰：「有事君人者，事是君則為容悅者也。有安社稷臣者，以安社稷為悅者也。有天民者，達可行於天下而後行之者也。有大人者，正己而物正者也。」

新安陳氏以事君爲志富貴者，安社稷爲志功名者，天民爲志道德者，大人爲純乎道德之自然者，此亦本《集註》而言，恐非孟子本意。蓋此章是論人臣事君者有此四等，皆忠於所事者也，但其力量有大小耳。事君人者，謂小臣無行道之責，主於奔走承順，以貌之恭敬悅其君，如「王順、長息事我者」之類。曰事是君則爲容悅，是猶專心於所事者也。比之懷二心與患得患失，無所不至者不同矣。安社稷爲悅，任事之臣，思效其勞，以安社稷悅其君者也。天民則將正君善俗，但視事可行則行，尚有一可字耳。若大人正己而物自正，則無可無不可矣。孟子言此四等之臣，見外此皆非正人矣。

二十

孟子曰：「君子有三樂，而王天下不與存焉。

中天下而立，定四海之民，王天下之樂也。此章言君子之樂不必在於王天下，雖窮居亦自有所性不存之樂焉。

父母俱存，兄弟無故，一樂也。

此天性之樂也。蓋孝弟乃人之良知良能，其心惟欲父母之俱存，兄弟之無故也。此天性之自然，無待於勉強，故言於「不愧不怍」之前，以見至樂之本在是也。若以爲不可必得而樂，則樂爲有迹矣。

仰不愧於天，俯不怍於人，二樂也。

此盡性之樂也。

得天下英才而教育之，三樂也。

此及人之樂也。天下英才猶言出類拔萃，乃指一人之善蓋天下者而言，非以爲盡一世之人也。

君子有三樂，而王天下不與存焉。」

三樂本因樂字而次第之，樂則生矣，蓋本於孝弟。

二十一

孟子曰：「廣土衆民，君子欲之，所樂不存焉。中天下而立，定四海之民，君子樂之，所性不存焉。

廣土衆民，欲以遠施其澤也，此止是欲。樂之，是樂其澤之遠施也，此止是樂其所欲耳。此章本爲所性而發，君子欲之，非樂即是欲也；君子樂之，非性即是動於外也。堯、舜治天下如一點浮雲過太空，所其性豈在治天下哉？

君子所性，雖大行不加焉，雖窮居不損焉，分定故也。君子所性，仁、義、禮、智根於心。其生色也，睟然見於面，盎於背，施於四體。四體不言而喻。」

中天下而立，定四海之民，即是大行。性只是天命之性，德性爲主，則無待於外，此大行、窮居所以不能有加損也。○心之所以爲心，仁義禮智而已矣。仁義禮智即是心之理，心之理即是性之德，是言性分自然之樂，與大行而樂者不同矣。生色，睟然見於面是一意，盎於背是一意，施於四體，四體不言而喻是一意。四體不言而喻，猶言則不知足之蹈之，手之舞之。《語錄》所謂「手不教他恭而自恭，足不教他重而自重」，最得其意。

二十二

孟子曰：「伯夷辟紂，居北海之濱，聞文王作興，曰：『盍歸乎來！吾聞西伯善養老者。』大公辟紂，居東海之濱，聞文王作興，曰：『盍歸乎來！吾聞西伯善養老者。』天下有善養老，則仁人以為己歸矣。五畝之宅，樹墻下以桑，匹婦蠶之，則老者足以衣帛矣。五母雞，二母彘，無失其時，老者足以無失肉矣。百畝之田，

匹夫耕之，八口之家足以無飢矣。所謂西伯善養老者，制其田里，教之樹畜，導其妻子，使養其老。五十非帛不煖，七十非肉不飽。不煖不飽，謂之凍餒。文王之民，無凍餒之老者，此之謂也。」

此章專爲伯夷、太公有西伯善養老者一語，而發制田里、教樹畜而導其妻子，使之養老，此養之所以爲善也。此之謂也正指此四句。〇導其妻子，使養其老，是王者皞皞氣象。若家賜而人益之，則爲霸者驩虞之政矣。

二十三

孟子曰：「易其田疇，薄其稅斂，民可使富也。食之以時，用之以禮，財不可勝用也。

田疇荒蕪則難爲常，耕耘則易治，故以治爲易，而已易之田則爲疇。薄其稅斂，什一而賦，不加重也。食之以時，謂饔飧宴飲之常也。用之以禮，謂民俗稱家之節也。此主在上言，使民盡力於農畝，而又教之以節儉，則民富而多財，即下文所謂使有菽粟如水火也。

民非水火不生活，昏暮叩人之門戶，求水火，無弗與者，至足矣。聖人治天下，使有菽粟如水火。菽粟如水火，而民焉有不仁者乎？」

此章緊要處，惟在使有菽粟如水火一句。民知禮義，則百姓親睦，所謂小民親於下也，故謂之仁。

二十四

孟子曰：「孔子登東山而小魯，登太山而小天下。故觀於海者難為水，遊於聖人之門者難為言。

東山、太山乃孔子所嘗實登，孟子借以明聖人所處益高，則視下益小之意。東山略高，故但小魯；太山益高，則天下亦小矣。此二句猶《詩》之比也。觀於海者難爲水，又以興遊於聖人之門者難爲言，承上文小字而言。故以故字發之。蓋視下益小，即是所見既大，而其小者不足觀也，何則？大者無形而難窮，小者有迹而易見耳，遊於聖人之門者，即是孔子一等人。不可專指孔子，蓋此節是借孔子以明聖人之道大也。難爲言之言，即善言德行之言，已是說行矣。

觀水有術，必觀其瀾。日月有明，容光必照焉。

道之大非散漫無統也，故又自其本而言之。水之瀾自其流處言，日月之光自其照處言，猶人惻隱羞惡之情自道之發端處言。瀾之混混不已者爲源，光之昭昭不已者爲明，猶情之生生不已者爲性也。源爲瀾之體，明爲光之體，性爲情之體，則其存主至虛之處，所謂本也。若末之發於外者，則大而不可禦矣。曰瀾、曰光，蓋即末以見本也。

流水之為物也，不盈科不行；君子之志於道也，不成章不達。」

流水之爲物也二句亦興也。志道者，志聖人之道也，然實下手處惟在本耳。於本求之，乃爲有漸，本立而道生，所謂達也，達則通乎道體之大矣。成章言德已有成，而文章外見，所謂充實而有光輝也。

二十五

孟子曰：「雞鳴而起，孳孳為善者，舜之徒也。雞鳴而起，孳孳為利者，蹠之徒也。欲知舜與蹠之分，無他，利與善之間也。」

利與善從心之所發端言，蓋獨知之所能自決也。

二十六

孟子曰：「楊子取為我，拔一毛而利天下，不為也。墨子兼愛，摩頂放踵利天下，為之。子莫執中，執中為近之。執中無權，猶執一也。

楊朱乃老子之學，非全然不濟世。但欲我無爲而民自治，我好靜而民自正，雖拔一毛猶爲損己，故曰爲我，此過於義而於仁不及者也。○摩頂放踵，猶言粉骨碎身。墨子一於利物者，雖捨其身而不顧，此過於仁而於義不及者也。○子莫執中，亦謂楊、墨所執爲偏也，故不爲楊、不爲墨，混然無所分別。然當爲我時，亦隨其爲我；兼愛時亦隨其兼愛，以其心無所倚。故曰近之。然不能以義理裁度事務，處之各得其當，故曰無權。若謂二者之中，執其一節，膠於一定，則不知爲我、兼愛之間，何節可執，而心體之中，作何氣象邪？若謂執爲我、兼愛之兩端，而較量比擬，則又近乎權變、權術，非執中之謂矣！此子莫自以爲中，而不知其非時中也。

所惡執一者，為其賊道也，舉一而廢百也。」

道者，心體之發而中節也。執一者，所見偏於一物也。一在物則倚於偏也；一在心則能通達萬變矣。舉一則不能通達萬變，事事皆不得其當也。《集註》謂「爲我害仁，兼愛害義，執中者害於時中」，亦大概言之。楊、墨、子莫之執，其心本不爲偏累，但學術之偏，有害本體耳。詳見《說理會編》卷十四。

孟子曰：「飢者甘食，渴者甘飲，是未得飲食之正也，飢渴害之也。豈惟口腹有飢渴之害？人心亦皆有害。

此言人之苟飲食，以發苟富貴者，所重在於害人心也。

人能無以飢渴之害為心害，則不及人不為憂矣。」

此借饑渴以明貧賤，非以饑渴爲貧賤也。○前章「附之以韓魏之家」，以處富貴者言也，則曰過人遠矣；此章以處貧賤者言，則曰不及人不爲憂矣。義各有所重也。

二十八

孟子曰：「柳下惠不以三公易其介。」

柳下惠未嘗爲三公。言雖與之三公，必不苟受也。

二十九

孟子曰：「有為者辟若掘井，掘井九軔而不及泉，猶為棄井也。」

此孟子譬人有爲之辭，掘井必及泉，方是有爲也。

三十

孟子曰：「堯、舜，性之也；湯、武，身之也；五霸，假之也。

此專以堯、舜、湯、武之實德，證五霸假仁義之非，所以深明王霸之辨也。此章專爲假之亂真而發。性之身之，與下篇「性者反之」立言本旨不同。性者反之是自然而然之等，性之身之是發誠僞之意。蓋出於性者是誠，而身之則體此性也，雜以人僞則離性而爲假矣。

久假而不歸，惡知其非有也？」

假者，所以飾僞也，歸之則本相露矣。五霸惟其久假不歸，故安於僞而不自知其非真有，此言假之自欺以亂真也。趙氏謂久假不歸，即爲真有，是以五霸爲假之不久而遽歸者，不歸猶愈於歸也。此說足以長奸，故《集註》以爲誤。

三十一

公孫丑曰：「伊尹曰：『予不狎于不順。』放太甲于桐，民大悅。太甲賢，又反之，民大悅。賢者之為人臣也，其君不賢，則固可放與？」孟子曰：「有伊尹之志，則可；無伊尹之志，則簒也。」

此章雖以伊尹言，實泛論人臣也。

三十二

公孫丑曰：「《詩》曰『不素餐兮』，君子之不耕而食，何也？」孟子曰：「君子居是國也，其君用之，則安富尊榮；其子弟從之，則孝弟忠信。『不素餐兮』，孰大於是？」

其君用之則爲有大人之事，而陳相所謂賢者與民並耕而食者，非也。其子弟從之，則爲入則孝，出則弟，守先王之道，以待後之學者，而彭更以傳食諸侯爲泰者，非也。用則善其君，見行可之仕也；不用則善其子弟，亦際可、公養之仕也。皆謂之食祿。

三十三

王子墊問曰：「士何事？」孟子曰：「尚志。」曰：「何謂尚志？」

此所謂士，指未仕者而言，隱居以求其志之時也，故曰尚志。尚者，無以加之辭也。

曰：「仁義而已矣。殺一無罪，非仁也；非其有而取之，非義也。居惡在？仁是也；路惡在？義是也。居仁由義，大人之事備矣。」

以殺一無罪言仁，明仁主於愛也；以非其有而取之言義，明義主於宜也。取非其有即爲利，心才動於利，便害此心之仁。故於仁言居，本其存心而言也；於義言路，本其所從出而言也。居仁由義是爲尚志。仁以義爲體，故曰居；義以仁爲用，故曰由。詳見《說理會編》卷二。

三十四

孟子曰：「仲子，不義與之齊國而弗受，人皆信之，是舍簞食豆羹之義也。人莫大焉亡親戚、君臣、上下。以其小者信其大者，奚可哉？」

此與〈滕文公下〉篇「匡章問陳仲子」一章當互看。

三十五

桃應問曰：「舜為天子，皐陶為士，瞽瞍殺人，則如之何？」孟子曰：「執之而已矣。」

如之何者，問皐陶何以處瞽瞍之殺人也。執謂執法。

「然則舜不禁與？」曰：「夫舜惡得而禁之？夫有所受之也。」

夫有所受之之夫指皐陶言。皐陶之法乃上古聖人所傳天討之正，以治天下者，而皐陶受之，不敢私也。

「然則舜如之何？」曰：「舜視棄天下，猶棄敝蹝也。竊負而逃，遵海濱而處，終身訢然，樂而忘天下。」

海濱，荒服之地，王法所不至之處，此言舜惟欲使其父脫罪，其心略無論量也。○桃應設問，所以觀聖賢用心之極也。孟子言臯陶但知執先王之法以盡臣道，舜不敢撓臯陶之法以盡子道，此上古公天下而無所私之心也，豈可以後世之見論聖人哉？若夫因時曲處則必順人心而盡精義，此八議之所由起歟？《語錄》載李愿中之言，其義精矣。

三十六

孟子自范之齊，望見齊王之子，喟然歎曰：「居移氣，養移體，大哉居乎！夫非盡人之子與？」孟子曰：「王子宮室、車馬、衣服多與人同，而王子若彼者，其居使之然也，況居天下之廣居者乎？魯君之宋，呼於垤澤之門。守者曰：『此非吾君也，何其聲之似我君也？』此無他，居相似也。」

此章要旨只在居字。舊說認爲勢位之居，然勢位之居非可歆羨者，必推說居廣居，乃始歸正。但末引魯君呼垤澤之事以證之，則呼當是移氣之聲，而守者之言亦無意義。蓋孟子本意但言王子存心向善，略能變化氣質，故贊歎其所居之大。居謂所存也，若只鄙其奉養移人，不可以言大。夫者指王子而言，盡人言其欲盡人道也。下文宮室車馬衣服多與人同之人，指其他王子而言也，在常人安得與王子同奉養哉？「況居天下之廣居者乎」，又惜王子之未能充其全體也。如此則所引魯君之呼，乃謂其有從容不迫氣象也。曰居相似，亦就存心而言矣。

三十七

孟子曰：「食而弗愛，豕交之也；愛而不敬，獸畜之也。

此章爲國君待賢而發，所重在敬。

恭敬者，幣之未將者也。恭敬而無實，君子不可虛拘。」

敬非可以幣帛臨時僞爲，幣帛未將先有此敬，方是實心也。

三十八

孟子曰：「形色，天性也。惟聖人，然後可以踐形。」

形色，形之色也。如耳目身口，形也；視聽言動，色也。其物當然之則，乃是天性，非謂形色即天性也。色不在於形之外，故但言踐形，而色在其中矣。〇形色天性，與告子言「食色性也」，若認得本源，亦非有二也。

三十九

齊宣王欲短喪。公孫丑曰：「為期之喪，猶愈於已乎？」孟子曰：「是猶或紾其兄之臂，子謂之姑徐徐云爾，亦教之孝弟而已矣。」

徐徐之說本借以爲喻。教之以孝弟，則正指短喪而言矣。

王子有其母死者，其傅為之請數月之喪。公孫丑曰：「若此者，何如也？」曰：「是欲終之而不可得也，雖加一日愈於已。謂夫莫之禁而弗為者也。」

庶子爲其母本當終三年之喪，但爲嫡母所厭，而不聽其服，故欲終之而不可得。無所厭者，終喪可也。《儀禮》有公子爲其母既葬除喪之說，亦是衰世有所厭而不得已之事，非正禮也。

四十

孟子曰：「君子之所以教者五：有如時雨化之者，有成德者，有達財者，有答問者，有私淑艾者。此五者，君子之所以教也。」

君子之教所以成就人材，成就之者，皆成就其德性，但有深淺不同耳。五教之序，由深至淺。○成德，以德之全體言。達才，以德之一節言。達之，亦從一節成就其德也。○問雖不同，所答者皆欲開明其德性也。○私淑艾者，亦君子親見其人之教，謂私以善治之也。蓋必其人素有過舉，不可顯言其失，而君子不忍棄之，乘間以善言開導，教施於人所不知之地，故云私耳。《集註》謂「人或不能及門受業，但聞君子之道於人，而竊以善治其身，是亦君子教誨之所及」，因引孟子「予未得爲孔子徒，予私淑諸人」之語爲則。後世聞聖人之言而興起者亦多矣，盡欲歸於君子之教，不亦遠乎？若孟子言予私淑諸人者蓋謙辭，謂人以孔子之道私淑吾身也，私淑艾之之人即其師矣，奚必以私爲學者之竊哉？

四十一

公孫丑曰：「道則高矣，美矣，宜若登天然，似不可及也。何不使彼為可幾及而日孳孳也？」

高矣、美矣，言高者美也，所重在高，故曰若登天然。古之爲道者皆從天命之性立根基，是求道於心體也。公孫丑之意以心體難於下手，惟欲逐事逐物而理會之，即程子「今日格一物，明日格一物」之意也。

孟子曰：「大匠不為拙工改廢繩墨，羿不為拙射變其彀率。

繩墨、彀率，喻教人之法，指天命之性一定不可易之則而言。

君子引而不發，躍如也。中道而立，能者從之。」

此以引弓喻中之立。不發，即喜怒哀樂之未發也。當其時，中之在中已具，欲發之機所謂躍如也。此是形容立大本氣象，豈謂「授以學之之方，而不教以得之之妙」哉？如此則所立者，道之中，故曰中道而立。此言君子之道即其所以爲教也，惟戒謹不睹，恐懼不聞者，然後能從也。能如「人一能之」之能。詳見《說理會編》卷四。

四十二

孟子曰：「天下有道，以道殉身；天下無道，以身殉道。未聞以道殉乎人者也。」

窮達雖有顯晦之殊，而身與道本不相離也，道而殉人則離身矣。

四十三

公都子曰：「滕更之在門也，若在所禮。而不答，何也？」孟子曰：「挾貴而問，挾賢而問，挾長而問，挾有勳勞而問，挾故而問，皆所不答也。滕更有二焉。」

有所挾而問者，非虛心以求道者也，將廣聞見以誇人耳，故不答。故，謂舊好。彭更有二，謂挾貴、挾賢也。

四十四

孟子曰：「於不可已而已者，無所不已；於所厚者薄，無所不薄也。其進銳者，其退速。」

不可已，以處事言。所厚者薄，以待人言。此不任事，不理人者也。進銳，任事、理人之太過者也。

四十五

孟子曰：「君子之於物也，愛之而弗仁；於民也，仁之而弗親。親親而仁民，仁民而愛物。」

此章言君子之推恩，不混於所施，而必先於所親也，所重在於一本。蓋當時之人大抵以其所（不）愛及其所（不）愛，於所厚者薄而其所薄者厚，故發此論。〇聖人不以待民之仁施之物，不以待親之親施之民，非故爲此差等也，勢有所不能如吾心耳。若以仁加物，以親加民，則爲墨子之兼愛，而非一本之學矣。

四十六

孟子曰：「知者無不知也，當務之為急；仁者無不愛也，急親賢之為務。堯、舜之知而不徧物，急先務也；堯、舜之仁不徧愛人，急親賢也。不能三年之喪，而緦小功之察；放飯流歠，而問無齒決，是之謂不知務。」

此章先言智者急先務，未指其所急也，及論仁者急親賢，則實其所急之務矣。智者當務之急，豈有出於親賢之外者哉？所譬緦功之察，齒決之問，特明舍本狥大者爲不知務耳。非謂能三年之喪，則緦功有不足察；無放飯流歠，則齒決有不必問也。南軒張氏之說得之。

卷十四　盡心下

一

孟子曰：「不仁哉！梁惠王也！仁者以其所愛及其所不愛，不仁者以其所不愛及其所愛。」

本爲梁惠王不仁而發，特言仁者以起之耳。

公孫丑曰：「何謂也？」「梁惠王以土地之故，糜爛其民而戰之，大敗；將復之，恐不能勝，故驅其所愛子弟以殉之，是之謂以其所不愛及其所愛也。」

此明梁惠王好戰之罪也，後三章皆此意。

二

孟子曰：「春秋無義戰。彼善於此，則有之矣。征者，上伐下也，敵國不相征也。」

諸侯無道，得罪王法，而天子會天下之諸侯以禁止其不義，於是諸侯奉天子之命以伐之，此所謂義戰也。春秋之時，征伐不由天子，此所謂無義戰也。彼善於此，謂有辭可執，非無名而興師者，然敵國自相征，則爲無義戰也。征伐所以必自天子出者，亦恐無所統制，諸侯得以亟戰殘民也。

三

孟子曰：「盡信《書》，則不如無《書》。吾於〈武成〉，取二三策而已矣。

信者，實體而行之之謂。蓋言《書》之所載事有不善者，不可信而學之，非謂其辭有重稱過實，而不足信也。〈武成〉二三策，如奉天伐暴之意，反政施仁之法，則可信而當學者也。

仁人無敵於天下。以至仁伐至不仁，而何其血之流杵也？」

血流漂杵，本是商人自相殺，非武王殺之，《書》之載此豈有過實？況商人見武王兵至，而反戈自攻，罔有敵於我師，君子有玄黃之匪，小人有壺漿之迎，已是武王無敵於天下處。但武王兵至商郊，而紂猶率如林之旅出會，比於湯之征桀不同。蓋湯之無敵在未興師之前，是以南征北怨，東征西怨，而皆曰奚爲後我？若武王，則兵既至矣，必諭以無畏寧爾之言，而後民皆崩角稽首也。雖亦天下無敵，而卻在已出師之後，故倒戈自攻以至流血，亦由武王救民心急，發端處略欠順自然耳。我雖不殺商人，商人由我而死，亦仁人之所不忍也，故特借以爲言，以見武王未盡善之意，其慮深矣。○杵當作杆，字相似而誤也。杆與干同，盾也。盾本杆身，而血流入焉，見其不能自杆而反自殺也。

四

孟子曰：「有人曰：『我善為陳，我善為戰。』大罪也。國君好仁，天下無敵焉。

國人好仁，天下無敵，見不貴戰之意。

南面而征，北狄怨；東面而征，西夷怨。曰：『奚為後我？』武王之伐殷也，革車三百兩，虎賁三千人。王曰：『無畏！寧爾也，非敵百姓也。』若崩厥角稽首。

三千人即《書》所謂「予有人三千惟一心」，言其不恃兵眾也。武王無畏寧爾之言，尚有曉諭百姓之意，比之南征北怨、東征西怨，氣象不同，然崩厥角稽首與奚爲後我？則同一無敵也。

征之為言正也，各欲正己也，焉用戰？」

此言各欲正己，與前章「敵國不相征」各是一意。蓋前章爲擅兵者發；此章爲天吏可以伐國者言。所重在於不戰矣，與《論語》「孔子告季康子爲政焉用殺」意同。

五

孟子曰：「梓匠輪輿能與人規矩，不能使人巧。」

此以喻君子教人，但能授以學之之法，而不能啓其得之之妙也。

六

孟子曰：「舜之飯糗茹草也，若將終身焉。及其為天子也，被袗衣，鼓琴，二女果，若固有之。」

被袗衣是臨朝之時。鼓琴、二女果是燕居之時。

七

孟子曰：「吾今而後知殺人親之重也：殺人之父，人亦殺其父；殺人之兄，人亦殺其兄。然則非自殺之也，一閒耳。」

知此則當推親親長長之心，以及人之親長矣。

八

孟子曰：「古之為關也，將以禦暴。今之為關也，將以為暴。」

古者關譏而不征，是指文王之政言也。戰國時不行文王之政，故征貨出入而爲暴。

九

孟子曰：「身不行道，不行於妻子；使人不以道，不能行於妻子。」

身不行道，是無身教也；使人不以道，是無言教也。

十

孟子曰：「周於利者，凶年不能殺；周於德者，邪世不能亂。」

周于利，以小民言也。周于德，以君子言也。

十一

孟子曰：「好名之人，能讓千乘之國；苟非其人，簞食豆羹見於色。」

其人指真能輕富貴之人也。

十二

孟子曰：「不信仁賢，則國空虛。無禮義，則上下亂。無政事，則財用不足。」

有仁賢而後禮義可興，禮義興而後政事可舉，立言固有序也。

十三

孟子曰：「不仁而得國者，有之矣；不仁而得天下，未之有也。」

此爲周衰，諸侯相雄長者言之。自孟子之前觀之，則但有不仁得國者，無不仁得天下者；自孟子之後觀之，則自秦以來，不仁而得天下者亦有之矣。蓋孟子之時，先王封國猶有存者，諸侯欲雄長於一時，其智力但可以得一國，若欲盡得天下，則地醜德齊，列國猶有能相抗者，此所以不易統一也。至秦以後，則封建盡廢，天下無主，而得天下者有矣。鄒氏不知此意，而謂其皆不一再傳而失之，則過於回護矣。

十四

孟子曰：「民為貴，社稷次之，君為輕。

此言天意本欲養民，而爲民立君也，故所重在民，蓋爲當時輕民命者而發。

是故得乎丘民而為天子，得乎天子為諸侯，得乎諸侯為大夫。

此言民爲貴也。得乎天子爲諸侯，得乎諸侯爲大夫，言其不如得丘民也。

諸侯危社稷，則變置。

此言君爲輕也。變置如伊、霍之事。

犧牲既成，粢盛既潔，祭祀以時，然而旱乾水溢，則變置社稷。」

此言社稷次於民也。壇，纍土爲之。壝，則壇外圜內之地也。毀其壇壝，謂易以他土，使新其生意，非謂改遷。古者社有常處，在朝之右，安得遷哉？

十五

孟子曰：「聖人，百世之師也，伯夷、柳下惠是也。故聞伯夷之風者，頑夫廉，懦夫有立志；聞柳下惠之風者，薄夫敦，鄙夫寬，奮乎百世之上。百世之下，聞者莫不興起也。非聖人而能若是乎？而況於親炙之者乎？」

伯夷、柳下惠非聖之至者也，而孟子論聖人百世之師，則歸二子者。蓋聖人者，就其德性所近，而各造其極之名也。致曲而至於有誠，則大而能化矣。故頑夫廉、懦夫立、鄙夫寬、薄夫敦，百世之下，聞者莫不興起，此由誠之能動於物也。然則聖之所以爲聖，惟在心體之誠耳。此章本爲聖人百世之師發，而以夷、惠實之，謂夷、惠雖各有偏，而既至於聖，則能化人也。況於親炙之者乎一句，是因百世之師而言其德之必能化人，有惜其不能親見之意焉。○朱子論此章謂「以百世之師歸之夷、惠，而孔子反不與焉。蓋孔子道大德中而無迹，故學之者沒身鑽仰而不足；二子志潔行高而迹著，故慕之者一日感慨而有餘。」失孟子所重在論聖人之意矣。然伊尹之聖，亦有所偏者也。而但舉夷、惠言者，亦以二子未嘗得位行道，與伊尹澤被當時者不同，恐人疑其學之無用也，其旨深矣。

十六

孟子曰：「仁也者，人也。合而言之，道也。」

仁在人心，則爲性。人是生理可見處，無惻隱之心，非人也，言人則見有此生理者方是人矣。合者，不雜之意。人合於仁，乃爲率性之道。詳見《說理會編》卷二。

十七

孟子曰：「孔子之去魯，曰：『遲遲吾行也。』去父母國之道也。去齊，接淅而行，去他國之道也。」

孟子去齊，非父母國，而有三宿出晝之濡滯，亦若孔子去魯之遲遲。南軒張氏謂其有望於宣王，其說可取。

十八

孟子曰：「君子之戹於陳、蔡之間，無上下之交也。」

陳蔡從楚，久變於夷狄，尤與他國不同。其君臣之間無一人可與語道者，故無上下之交。

十九

貉稽曰：「稽大不理於口。」孟子曰：「無傷也。士憎茲多口。《詩》云：『憂心悄悄，慍于群小。』孔子也。『肆不殄厥慍，亦不隕厥問。』文王也。」

貉稽必亦士類而招謗者。

二十

孟子曰：「賢者以其昭昭，使人昭昭；今以其昏昏，使人昭昭。」

此言治人者當自明其德也。

二十一

孟子謂高子曰：「山徑之蹊間，介然用之而成路。為間不用，則茅塞之矣。今茅塞子之心矣。」

〈告子下〉篇公孫丑於孟子前稱高子，孟子亦自稱之爲高叟，則高子年亦長矣。蓋孟子之友，未必從學於孟子者也。孟子稱告子、夷子、章子，皆曰子，豈高子亦此類歟？○介然，分別之意。非謂倏然也。

二十二

高子曰：「禹之聲，尚文王之聲。」孟子曰：「何以言之？」曰：「以追蠡。」

欲知禹與文王樂之優劣，當自其德之感動人處觀之，不當以追蠡也。

曰：「是奚足哉？城門之軌，兩馬之力與？」

此主禹說，而與文王相形。城門之軌，以其轍迹深者，言如禹之鍾久而紐絕也。兩馬之力與，言非一車兩馬之力所能致也。○兩當作四，一車兩輪，故車以兩名，不可以言兩馬，豈兩馬本謂一兩之馬歟？

二十三

齊饑。陳臻曰：「國人皆以夫子將復為發棠，殆不可復。」孟子曰：「是為馮婦也。晉人有馮婦者，善搏虎，卒為善士。則之野，有衆逐虎，虎負嵎，莫之敢攖。望見馮婦，趨而迎之。馮婦攘臂下車。衆皆悅之，其為士者笑之。」

發棠之事，齊王所能自爲，固不必屑屑言之也。孟子本爲行道，既不能格君心，而乃復與之言發棠，此何心哉？不過悅齊人而已。故引馮婦事，見今日當以義自守，不可徒取悅於衆也。

二十四

孟子曰：「口之於味也，目之於色也，耳之於聲也，鼻之於臭也，四肢之於安佚也，性也。有命焉，君子不謂性也。仁之於父子也，義之於君臣也，禮之於賓主也，智之於賢者也，聖人之於天道也，命也。有性焉，君子不謂命也。」

性皆是性善之性，命皆是天命之命，但自天爲限者而言則曰命；自我爲主者而言則曰性。耳目口鼻之偏，天所限之氣，而物之不通者也。理雖不能外，而專其能者，氣也，故但謂之命而不謂之性；仁義禮智之正，我所主之心，而神之能妙者也。氣雖不能齊，而成其德者，理也，故但謂之性而不謂之命。天所賦爲命，人所受爲性，以天人分兩截，正此章之義。其實命無二命，性無二性也。性命相勝之間，則理欲之所由辨耳。朱子論耳目口鼻，則以性屬氣，命屬理；論仁義禮智，則以命屬氣，性屬理。性命各有二義，非合一之道矣。詳見《說理會編》卷一。

二十五

浩生不害問曰：「樂正子，何人也？」孟子曰：「善人也，信人也。」「何謂善？何謂信？」曰：「可欲之謂善，有諸己之謂信，充實之謂美，充實而有光輝之謂大，大而化之之謂聖，聖而不可知之之謂神。

不害問何謂善、信，止欲知善、信之義，非問樂正子也，故可欲之善，當從善字發義。蓋可欲者，好是懿德之意也。此善實有諸己，則謂之信矣。美、大、聖、神，皆自此善、信而擴充之。《集註》以「其爲人也可欲而不可惡」釋善，則善指人而不指德，不切於擴充之實矣。○充實，充其實有諸己之善也。美，章美也。胸中全具此美，猶《易》所謂「含章」也。光輝者，明無不照，所以爲大也。德未實則明有蔽，光輝安能及遠哉？美以在內者言，大以在外者言。美非無外也，內已充而外有不足也；大非無內也，發於外者本於內，即其外可知其內矣。聖與神亦有差別，程子謂「非聖人之上，別有一等神人」，恐非孟子本意。孟子嘗曰「聖人之於天道，命也」，而以伯夷、伊尹、柳下惠之聖不及孔子。周子亦曰「聖希天」，安得遽謂聖人即神人哉？然化未有不神者，則大而化之之聖，是何等地位乎？不直曰化，而曰化之，則指未化之迹而言也。故聖者化其迹之名，非既化之神也。程子又以不可知爲人不可測，是就人而言，知在外矣，殊不知此乃過此以往，莫之或知之意，猶所謂不知足之蹈之，手之舞之也。

樂正子，二之中，四之下也。」

二之中非謂善、信之間也。蓋孟子已實許樂正子爲善人、信人，則固在二等之中矣。但未至於充實，則在四之下耳。故謂之實有未充則可，謂之未信則不可。○觀美、大、聖、神之等爲四，可見聖、神分明作二等矣。

二十六

孟子曰：「逃墨必歸於楊，逃楊必歸於儒。歸，斯受之而已矣。

逃猶棄也，棄彼而反此也，蓋其良心有自覺處，故知彼爲非而逃之。逃墨歸楊，非與其終於楊而已，言其反正之漸必至楊，然後能歸儒也。受是儒者受之，不兼楊之受墨也。逃墨必歸楊，自虛而歸於實，蓋厭其不情，則必尚實矣。矯枉者過直，未能便至於中正之道，故只歸楊，蓋先欲其近實也。及其歸儒，則儒者理一分殊，方是仁義之中正矣。

今之與楊、墨辯者，如追放豚，既入其苙，又從而招之。」

招之，謂以儒者之道責其成功也。蓋其人既入於苙，則但當俟其自化耳。上節言異端之反正者，當待之恕，此則申言其不可不恕也。

二十七

孟子曰：「有布縷之征，粟米之征，力役之征。君子用其一，緩其二。用其二，而民有殍。用其三，而父子離。」

布縷、粟米、力役之征，是每歲征賦之常法。《集註》言取於夏、取於秋、取於冬，爲下文併取而起也。用其一，緩其二，則各以其時矣。

二十八

孟子曰：「諸侯之寶三：土地，人民，政事。寶珠玉者，殃必及身。」

諸侯土地受之天子，傳之先君，此至重也；而守國在於人民，是人民至重也；安民在於政事，是政事至重也。三者皆諸侯之所寶也。此與《楚書》言「楚國無以爲寶，惟善以爲寶」意同。

二十九

盆成括仕於齊。孟子曰：「死矣盆成括！」盆成括見殺，門人問曰：「夫子何以知其將見殺？」曰：「其為人也小有才，未聞君子之大道也，則足以殺其軀而已矣。」

恃才妄作，則任一己之長，而不近人情，此所以取禍也。

三十

孟子之滕，館於上宮。有業屨於牖上，館人求之弗得。或問之曰：「若是乎從者之廋也？」曰：「子以是為竊屨來與？」曰：「殆非也。夫子之設科也，往者不追，來者不距。苟以是心至，斯受之而已矣。」

求之不得，謂屨失而無所覓也。不爲竊屨而來，言爲道也。設科者，指教人之條，如孔子之四科也。往者，向日之不善也，故言不追。來者，今日向善而來也，故言不拒。《集註》謂「雖夫子亦不能保其往」，此語似不緊切，若曰「不能保其既退而爲惡」，方與竊屨意相應耳。觀孟子於此不答，亦以其言爲然矣。

三十一

孟子曰：「人皆有所不忍，達之於其所忍，仁也；人皆有所不為，達之於其所為，義也。

達之於其所忍，孰達之？仁之本不忍者所達，故曰仁也。達之於其所爲，孰達之？義之本不爲者所達，故曰義也。此言仁義之本心也。

人能充無欲害人之心，而仁不可勝用也。人能充無穿踰之心，而義不可勝用也。

無欲害人之心，是所不忍之實；無穿窬之心，是所不爲之實。此是仁義之端，人所同有者也，但爲私欲蔽之，則有不能達於所忍所爲者，故在於充。能充不忍、不爲之心，方滿仁義之量，此言仁義之不可不充也。

人能充無受爾汝之實，無所往而不為義也。

爾汝亦古人相謂之常辭，未必爲輕賤之稱也。但譏議人短者，恒以爾汝指之，故以爾汝言充耳。穿窬者，人所不爲之心也，爲人所覺，則指議之矣。然貪昧隱忍而受之者，非其本心之實。惟慚憤而不受者，乃其實也，所謂充無穿窬之心，蓋在於此。

士未可以言而言，是以言餂之也；可以言而不言，是以不言餂之也，是皆穿踰之類也。」

餂者，探取人之意向，所以逢迎而取媚人之術也。以本心論之，真有可羞，故曰是皆穿窬之類也。上言穿窬之心爲人所覺，徵於色、發於聲，有所爾汝，此心之所不受也，欲人於此而充之。蓋人恒過，然後能改，以即其心之所安，猶是人所共知之地能羞惡也。若士則當謹於心術之微，苟有所餂，則是己所獨知之處，欺人不見也。與《大學》所謂「小人閒居爲不善」者意同，蓋至此而語益切矣。○此章言仁義當充，而復歸重於義，蓋爲仁工夫莫切於義也，稍有不義，則虧仁之體矣。南軒張氏之說得之。

三十二

孟子曰：「言近而指遠者，善言也；守約而施博者，善道也。君子之言也，不下帶而道存焉。君子之守，脩其身而天下平。

言近而指遠即守約而施博也。近即約，遠即博。以言而言，謂之言；以行而言，謂之守。此但以善言起善道耳，非有二也。不下帶者，事不遠於心也。道存之道，即善道之道。

人病舍其田而芸人之田，所求於人者重，而所以自任者輕。」

此借耘田以明不守約施博之病。所求於人，猶言求治於人之田也。觀此專以不守約而施博者言之，可見言近指遠本一意矣。

三十三

孟子曰：「堯、舜，性者也；湯、武，反之也。

性者、反之，言其自然、勉然也。既曰反之，則已至於自然矣。

動容周旋中禮者，盛德之至也。哭死而哀，非為生者也。經德不回，非以干祿也。言語必信，非以正行也。

周旋者，細微曲折，周匝而無斷絕也。動容周旋中禮即從容中道，德盛如此，而後爲至。哭死而哀，死而哀以下三句申言此意。若爲生、干祿、正行，則出於有意之私，與納交、要譽，惡其聲同，非天性之自然矣。

君子行法，以俟命而已矣。」

法即上文所謂禮也。行法以俟命，爲未能動容周旋中禮者言也。若動容周旋中禮，則法由我立，命由我出矣。而已矣者，不計其他之意也。上言爲生乃要譽，干祿乃求利，正行乃計功，皆有慕於外，非所謂安命也。命以未來者言，故曰俟。如壽殀、窮通、成敗、利鈍是也。一有私意於其間，則謂之不知命，非所謂行法也。法本天命之在我者，惟行法然後命自我立矣。〇盛德之至，不但可言於堯、舜，雖湯、武反之而至於聖，則亦入於自然矣。當其初用功時，亦惟行法俟命而已，故行法俟命者，入聖之功也。

三十四

孟子曰：「說大人，則藐之，勿視其巍巍然。堂高數仞，榱題數尺，我得志，弗為也。食前方丈，侍妾數百人，我得志，弗為也。般樂飲酒，驅騁田獵，後車千乘，我得志，弗為也。在彼者，皆我所不為也；在我者，皆古之制也，吾何畏彼哉？」

古之制即是仁義，「尊德樂義，則可以囂囂」與此意同。〇此章本爲當時遊說之徒畏慴於崇高富貴者而發，苟發當其可，不可謂其有妨人之短氣象也。孔子曰「不義而富且貴，於我如浮雲」；曾子曰「彼以其富，我以吾仁；彼以其爵，我以吾義」亦是此意，不必以一言不發，然後爲無迹也。

三十五

孟子曰：「養心莫善於寡欲。其為人也寡欲，雖有不存焉者，寡矣；其為人也多欲，雖有存焉者，寡矣。」

此章言天理人欲消長分數，蓋自初學未至於無欲者而言。言寡則未至於全無，故心猶有不存耳。欲人驗心之存亡於欲之多寡也，惟寡欲而後可以無欲。寡欲者損之也，多欲者縱之也，皆主工夫言。蓋心乃虛靈之體，即是所存之德，但被物欲蔽之，則即引去此心，而謂之放。於欲上寡一分，則心體即露一分，才露處，好惡便與人相近，即是存也。此與〈告子上〉篇「操則存」義同。

三十六

曾皙嗜羊棗，而曾子不忍食羊棗。公孫丑問曰：「膾炙與羊棗孰美？」孟子曰：「膾炙哉！」公孫丑曰：「然則曾子何為食膾炙而不食羊棗？」曰：「膾炙所同也，羊棗所獨也。諱名不諱姓，姓所同也，名所獨也。」

丑謂膾炙美於羊棗，則必曾皙所尤嗜也，故問曾子何爲食膾炙而不食羊棗。○諱名不諱姓，從父沒後言。蓋古者死而無謚，不以名爲諱，周人以謚易名，於是乎有諱禮。蓋人子之於父生時，雖不稱名，然常知所尊，故不必言諱也。至父沒，則人子容或有忘其諱親者，故特言諱，示不忘也。

三十七

萬章問曰：「孔子在陳，曰：『盍歸乎來！吾黨之士狂簡，進取，不忘其初。』孔子在陳，何思魯之狂士？」

狂與簡相因，以其有簡略處，故謂之狂。若非簡略，則克念而爲聖矣。進取，正其志大而欲進於古人也。不忘其初，謂狂者向道之初心未忘也。

孟子曰：「孔子『不得中道而與之，必也狂獧乎！狂者進取，獧者有所不為也』。孔子豈不欲中道哉？不可必得，故思其次也。」

萬章本就孔子思狂士發問，故孟子答以思狂之意，而以狂爲中行之次。

「敢問何如斯可謂狂矣?」曰:「如琴張、曾晳、牧皮者,孔子之所謂狂矣。」「何以謂之狂也?」曰:「其志嘐嘐然,曰:『古之人,古之人。』夷考其行,而不掩焉者也。

言之所在即志之所在,故志大而言亦大,謂之囂囂。古之人,古之人,志於學聖人也。行有不掩,非是爲敗倫傷化之事,止是工夫缺略,而所行不能掩於人耳。○此節以上通以狂言。

狂者又不可得,欲得不屑不潔之士而與之,是獧也,是又其次也。

上文先論狂者,此方并獧者而論之,以終孔子必也狂獧之意。狂、獧源頭皆是聖人之學。狂是擔當聖人者,獧是行己有恥者,皆任道者也。但才氣有高下,故以獧次狂耳。

孔子曰:『過我門而不入我室,我不憾焉者,其惟鄉原乎!鄉原,德之賊也。』」曰:「何如斯可謂之鄉原矣?」

鄉原過孔子之門而不入,蓋爲當時皆非毀聖人,而鄉原避譏議也。憾,《集註》以恨解之,而又謂「不見親就爲幸」,非聖人與人爲善之心也。竊意孟子本意,蓋謂孔子自反,未有得罪於鄉原者,而無所憾於心也。原亦美德也,《書》稱「直而原」;

孔子稱「侗而不原」。何嘗以原爲不善哉？但謂之鄉原，則不可行於天下，非真原也。以其無成己成物之志耳。

曰：「『何以是嘐嘐也？言不顧行，行不顧言，則曰：古之人，古之人。行何為踽踽涼涼？生斯世也，為斯世也，善斯可矣。』閹然媚於世也者，是鄉原也。」

即鄉原之言，可以見鄉原之志。觀此則狂獧是真心向道者，鄉原是不露形迹以求免非議者，此爲己爲人之分，孔子所以取狂獧而惡鄉原也。閹然者，閉藏一點僞心，而人不能知之意，視狂者之不掩，明晦大不同矣。

萬子曰：「一鄉皆稱原人焉，無所往而不為原人，孔子以為德之賊，何哉？」

萬章之意，謂鄉中人人以爲謹原，則其原有常，必非妄行以爲害者，故發此問。

曰：「非之無舉也，刺之無刺也，同乎流俗，合乎汙世，居之似忠信，行之似廉潔，眾皆悅之，自以為是，而不可與入堯、舜之道，故曰德之賊也。

凡有非者皆可刺，鄉原善周防其身，不犯浮議，所以無非無刺。何以見之？蓋言其處眾，則同乎流俗，合乎汙世，謂之同、合，中間必多曲意狥人處。言乎持身，則居似忠信、行似廉潔，謂之似，中間必多矯情干譽處。但以其善於遮掩，不見可非可議之迹，此所謂闇然也。以此，人皆謂爲原人，無不悅之，此所謂媚於世也。彼見行之皆通，遂自以爲學術正當如此，就以此爲有德，居之不疑。殊不知德乃真切之心純於爲己，略無一毫遮飾，故其爲學不敢自足，必求就正有道。而於學道之人如狂獧者，必欲與之同歸於善，此是成己成物之實德，即所謂堯、舜之道也。鄉原避孔子而譏狂獧，止狥世俗意向，於心無真切處，故不可入堯、舜之道，而謂之害德，以其在鄉中乃謹厚之人，故得稱原耳。○狂獧鄉原之辨，詳見《說理會編》卷十三。

孔子曰：『惡似而非者：惡莠，恐其亂苗也；惡佞，恐其亂義也；惡利口，恐其亂信也；惡鄭聲，恐其亂樂也；惡紫，恐其亂朱也；惡鄉原，恐其亂德也。』

惡似而非總引起下六句，然大意又重在惡鄉原也。六句之內皆見似而非。佞謂口才，能以義折辯使人屈服者；利口謂巧言，變亂是非，似實有此事者。然義，非中心之裁制，不可爲真義也；信，非中心之誠實，不可爲真信也。樂，所以和人心，以鄭聲和人心，所以亂樂。周人尙赤，以朱爲正服；當時必尙紫，紫深於朱者也，故亂朱。引此以明孔子所以惡鄉原之意。

君子反經而已矣。經正，則庶民興；庶民興，斯無邪慝矣。」

經者，仁義之常心，所以別於鄉原者也。反經，本君子脩身而言，經既正即是德。民興於善，是民化而知學。無邪慝，謂鄉原不能亂德也。○此章之意，取狂獧而惡鄉原，所以辨學術之邪正。

三十八

孟子曰：「由堯、舜至於湯，五百有餘歲，若禹、皐陶，則見而知之；若湯，則聞而知之。由湯至於文王，五百有餘歲，若伊尹、萊朱，則見而知之；若文王，則聞而知之。由文王至於孔子，五百有餘歲，若太公望、散宜生，則見而知之；若孔子，則聞而知之。由孔子而來至於今，百有餘歲，去聖人之世，若此其未遠也；近聖人之居，若此其甚也，然而無有乎爾，則亦無有乎爾。」

此章之意重在聞知。蓋有見而知之者，然後有聞而知之者；有聞而知之者，而後五百之遠始有聞也。孟子自言私淑於人，未嘗親見孔子，不可自謂見知之人，乃親聞於見知者，是聞知之人也。爾猶我也，蓋孟子指己而言。大意謂今日無有聞而知之如爾者，後世豈復有聞而知之如爾者乎？言此以明道之在己也，其自任重矣。

孟子私存跋

書孟子私存後

孟子平生願學孔子，其傳得孔子之正宗。雖其書本門弟子之徒之所雜記，要皆孟子所嘗自言，而門弟子之轉授不失其真者也。不然安能義理醇正，體用渾全，而無一語詭聖人哉？堯、舜、湯、文以至孔子，皆以五百歲，由見知而有聞知，所傳皆精一之學，非他人所能與。而孟子生於孔子後僅百餘歲，又鄒、魯相去不百里，固自謂「有乎爾」者，孟子之言何可疑哉？司馬溫公乃作《疑孟》，李泰伯又作《常語》以闢孟，鄭叔友亦作《藝圃折衷》以詆孟，此皆不知而作者也。及余隱之爲《尊孟辯》，朱子既條斷之，黃東發又覆論之，已足折馬、李、鄭三家之說矣。顧世之學者知有先儒定論，尙謂孟子才高文勝，不能不以強辭奪正理，其所援引未必皆真，則亦不爲知孟子也。夫聖人之藴，至孟子而發揮殆盡，又其學以知言爲本，而肯爲誕說以惑世哉？故韓子曰：「求觀聖人之道者，必自孟子始。」其亦讀孟而有得者歟？予於《孟子》最深信之，凡其言旁喻曲證，雖若有迂怪難通者，必求其精義之所在，不敢忽焉。故附此於《私存》之後，以見孟子之學當以孔子視之可也。

嘉靖甲寅歲臘月既望，彭山季本書於建之大忠禪舍。

〔附錄〕

龍惕書

自序

始余從陽明先師遊，聞致良知之說。謂良知與良能合德，良知者，知良能也；良能者，能良知也。但心之昭明而不可昧者，惟良知為切。故專主知言，而能在其中矣！能也者，乾乾不息之誠，即其工夫也。良知曰致，致其乾乾不息之誠而已。然其知也不因於學，其能也不因於學，其能也不因於慮，於本體不加毫末焉，則自然也。此其所以爲良（與）〔歟〕！既而慈湖楊氏之書出，先師以其順性命之理，無所勉強，謂其得心體之本然，偶有取焉，一時門人多習其說，語及學問率主自然，而勉強工夫輒爲費力，則若自然無與於工夫者。嗚呼！此豈先師之本教哉？余懼自然之流於無節也，則爲龍惕書以明乾乾之義。告之同志，亦不盡以爲然也。今自然之弊有至樂便易而厭拘檢者矣，其明智之士又或務高遠，而細行不矜，其流將不入於佛老也邪？故搜葺舊言併次同志所嘗往來論說，彙爲一書，廣發先師宗旨云。

會稽彭山季本明德甫書。

龍惕書

會稽季本論辯　山陰甥劉毅訂正

與楊月山龍惕書

月山名欽，字敬夫。湖廣辰州衛人

別後見得此學主腦略真，大抵論心當以龍不以鏡。夫明鏡止水借以明心，亦略相似，然影像之間非真體也。蓋鏡者，無情之照，凡有所見皆自外來，而磨擦之功亦自外作，非己能用力也。或妍或醜，或去或來，誠無意必，然未有所經綸裁制，則亦一著虛者耳。惟水亦然，故孔門言水者多矣。曰：「小德川流」、曰「淵淵其淵」、曰「逝者如斯夫，不舍晝夜」、曰「源泉混混，不舍晝夜，盈科而後進」、曰「觀水有術，必觀其瀾，流水之爲物也，不盈科不行」、曰「水無有不下」、曰「如智者若禹之行水也，則無惡於智矣。禹之行水，行其所無事也」，皆言其出有源，而其行必順之意，未嘗言其虛體自然而能照也。至於鏡之爲說，則鮮有及者，惟佛老之徒乃始言之，可見聖人不以水鏡之虛者言心也。若果如二氏之有取於此，則妙道至象，聖人豈顧隱而不以示人哉？正恐毫釐之差千里之謬耳！夫任其自妍，任其自醜，任其自去，任其自來，以是爲無意必，而無所經綸裁制，則習懶偷安皆緣此起，自以爲虛而不知，乃是先迷失道也。《易》之〈坤〉體正言自然無爲之理，此豈凶德哉？然一入於此，則聖人便有履霜堅冰之戒；而於〈坤〉之極也，以其氣勝理微，則曰「龍戰于野」。《傳》曰：「爲其嫌於無陽也，故稱龍焉」，而龍之可見者則爲乾矣。由此觀之，聖人之學止是以龍狀心也。夫龍之爲物，以驚惕而主變化者也。驚惕者，主宰惺惺之謂也。因動而見，故曰驚惕。能驚惕則當變而變，當化而化，不滯於跡，不見其踪，此非龍德之自然乎？吾心剛健之象、天命之不能已者正如此。故以龍言心，則或潛或見，或大或小。出則顯於天下，入則藏於無形。隨時所遇，動必惕然。是以爲赤子時，有赤子之見；爲初學時，有初學之見；爲賢人時，有賢人之見；爲聖人時，有聖人之見。見有不同，故其用力疾徐亦因而異，用力雖異，然因時知惕，則一而已矣。此皆龍德之所爲也。故竭力而不以爲勞，省力而不以爲逸，孟子曰：「夫志，氣之帥也」。志，其龍之德乎？帥，其主宰之惺惺者乎？心本剛德，本自惺惺。夫惟志不帥氣，則靈明爲物所蔽而不知變化，於是壅遏生意，始失自然之體，則見以用力爲起念，而以無念爲省力矣。故言學者當以主宰爲的，有主則虛，虛則必明，所謂惺惺也，不明不可以爲虛，不虛不可以爲有主。孔子曰：「發憤忘食，樂以忘憂」。孟子曰：「必有事焉而勿正」，發憤、有事，剛德也，言其主宰也；樂且勿正，柔德也，言其自然也。自然固主宰之無滯者也，然曷嘗以此爲先哉？故以龍言心，則變化即自然也，而主腦則未之失，故下手工夫不待他求，觀於龍則自見矣。故即龍見惕，即惕見帥，即帥見志，即志見心，此至約易明之道也。若夫水鏡之象，原非心體，於此求焉，則安於壅遏生意，而一動便爲起念，故下手者便覺無據，而言學者亦終有所不安矣。夫佛老之說，豈盡詭於聖人哉？如《道德》、《壇經》理皆合一，雖近世慈湖楊氏所言之妙，何以加焉？然聖學所以不取者，爲其貴自然而少驚惕也。柔道也，非剛道也，坤道也，非乾道也，在〈剝〉有曰「蔑貞凶」，其殆以此乎？子罕言利與命與仁，利謂順利非貪利也，若貪利何止於罕言哉？利命與仁皆道體自然之妙，恐犯履霜堅冰之戒，故罕言之，謂當以乾乾爲主腦耳。吾師陽明先生提出良知示人，知者主也，天之則也。因動而可見者也，正指吾心之惕然處而言也，戒謹恐懼，所謂惕也，非動何以見惕？非惕何以見自然？非自然何以爲良？以良知爲惕，則戒謹恐懼。天命靡寧，主宰常惺，矩則常定，明則必誠，是謂真虛。故惕然其動，自然其良，非若失之於動者矣。欲知良知之學者，舍龍德其何以哉？近見如此，嘗與雙江劇論，頗亦不以爲非，故欲與同志者再商正之。

聶雙江論龍惕書

雙江名豹，字文蔚。吉安府永豐縣人

承以龍譬心之教，足占實際之學，獨得之見。敬服敬服！心生道也，生生之謂易，易主變化，古今言變化之神者莫如龍。《周易》首〈乾〉，而六爻皆以龍象，蓋言心也，若謂龍不足以象心，而乃可以象〈乾〉乎？大哉乾乎！剛健中正，純粹精也，惟龍象之，於是見心體之妙盡於龍矣！惕之一字，又於剛體上捻出示人，尤為切要。惕即戒懼，不見不聞，其龍乎？工夫本體，一口打迸。余故曰：「實際之學，獨得之見也。」其以明鏡止水言心者，有所似有所不似，知其似而又知其不似，亦可以言儒釋之辯矣！

又雙江心龍說

或問心可象乎？曰：難言也。操則存，舍則亡，出入無時，莫知其向。精矣精矣！而人尤不能無疑於夫子也，而可象乎哉？釋氏明鏡止水之論，似乎曰：有所似，有所不似。知其似而又知其不似，斯可以辯儒釋矣！然則彭山季子以龍譬之，何如？曰：是非季子意也。季子讀《易》，而有見於文王、周公之意也。昔者文王作《易》首乾，周公六爻取象於龍，豈徒為卜筮設哉？蓋將遡心學之源而昭示乎本體之妙也。夫心，健以行天者也，惟健故惕，惟惕故時。時潛而潛，時見而見，時躍而躍，時飛而飛，時亢而不亢，其惟乾乎？大哉乾乎，剛健中正，純粹精也。惟龍象之龍可以象乾，而不可以象心乎？聖人盡心者也，故曰：「時乘六龍，以御天時」。乘者，惕之意也。六龍者，三極之道也。天地人之至妙至妙者也。是故進修之要，〈文言〉獨備於九三，義可概見矣！彭山子有見於世之論學者樂簡便而惡夫戒懼之嚴，往往藉口於水鏡之自然，而稽其將來之弊。上者入禪，下者縱情，乃不得已揭《易》之旨以象之，而尤拳拳於惕之一字。蓋惕者本體，天行之健，不犯人力，莫非自然。昧者疑其有類於作爲，而一以無情爲自然，將併戒懼而廢之，而於先師良知之學則彌近理而大亂真矣！是故彭山子憂之而有此象也，泥其象而失其意，則言亦贅，故曰「君子居則觀其象而玩其辭，動則觀其變而玩其占，是以自天祐之，吉無不利！」豈泥其意於象者可語哉？

答聶雙江書

前寄楊月山以龍喻心之稿，略加更定，別具小本，仍附一觀。若來書所謂「以明鏡止水言心，有所似有所不似，知其似而又知其不似，可以言儒釋之辨矣。」茲數語者深合鄙見。近檢得整翁《困知記》，內閱慈湖書有感詩云：「鏡中萬象原非實，心上些兒卻是真，須就這些明一貫，莫將形影弄精神。」其下又云：「鏡中之象與鏡原不相屬，提不起，按不一，收不隴，放不開，安得謂之一貫邪？」此亦可見先得我心之同然矣！昨與程松溪言，似不欲僕以龍爲喻，豈其未識真心，捨鏡不得邪？非借一言以爲重，自度終不能取信耳，惟情照。

李古沖論龍惕書

古沖名默，字時言。建寧府甌寧縣人

尊教以龍喻心，以惕喻心之用，雖未盡協於經旨，然〈乾〉健之德，宰物之議，實得之。於引申觸類之餘，豈惟擴陽明之未發，亦恐從前無此議論，真足以羽翼心學，隄障流弊。敬服敬服！用是輒敢僭伸鄙見，少答不棄之雅，惟執事幸終教之。夫龍者體備純陽，飛潛變化，乃其能事，故號爲神物，敬惕二字恐不足以言之，況心之本體自然應物，其不能者，本心放失耳。惺惺，治心法也，戒謹恐懼之類也，以言乎本體則非也。今以龍惕明良知，得無少戾乎？且良知猶言明德耳。此陽明宗旨也。今訓知爲主，以求合於龍惕之說，是邪否邪？心體本明，其取譬於鏡者，謂其如鏡之能別姸媸也。非謂姸媸去來，一任自然也。止水云者，不撓不濁之謂，澄清之至，足鑑毫髮。寂然不動，感而遂通，氣象正復類此，執事何爲過疑邪？僕聞聖人之德乃龍德也，今舉變化神妙之物，以擬一切之人心，將無凌躐之患乎？其失或使人習爲機巧變詐而已矣。以無情爲自然者，固未免於異端，而意必將迎，又犯正助之戒。執事龍惕之喻，意必折衷於此矣。近日議陽明之學者，率病其直捷傲誕而忘精切警省之功，執事豈欲救正調停之乎？僕未敢知也。立本研幾，其說無補於道，正不過與存養省察同一面目耳！豈知戒謹恐懼即慎獨之事，而閑邪乃所以存誠邪？僕雖不敏，究心斯學久矣！十餘年來，頗有所見，未敢輕以告人。茲所論者，特因執事開教所及，有疑而質正耳。至於天人之際，性命之微，道器理氣之辨，殆難以紙筆陳也。匆匆過舟，不盡萬一，狂瞽之民，智者所察，伏惟君子矜憐裁教，幸甚幸甚！

又古沖書

再過蕭灘，得聞至教，批豁茅塞多矣！奉答小啓，初因未領面諭，輒以疑請。別來始悟龍惕之說皆真切語，特以立論太高，下學遽難入手，故未免牴牾於心耳。何時更得遽談，盡所未聞也？昨會太和郭給舍，似能發公微蘊，僕遠不及也。前陳鄙見，多出揣摩，不足掛齒，便中倘辱鍼砭之益，益荷故情。

薛中離論龍惕書

中離名侃，字尚謙。潮州府揭陽縣人

來教警發良多，要皆自體履中察識得來，非承搜想像之語，深服精進，以示同志，亦皆謂然。惟晴川頗有異同。心龍之說甚切，水鏡之喻亦各有當。蓋心無物，而物皆其物；

心無事，而事皆其事。故心無象，而象皆可象，不可是此而非彼也。吾心之體，靈明而已。龍者，靈之象也；水鏡者，明之象也。然靈者未嘗不明，明者未嘗不靈，亦非可二也。發揮惕義，尤千聖心法，兢業、嚴恭、抑畏皆此物也。存此乃是惟精，乃合道心之微，略此便是粗心浮氣，失此則是昏昧放逸矣！曾子得聖門之傳，正是臨深履薄數語，此莊列老釋聖賢之分。比亦正見此意，承諭遂以惕字名其常侍之僮，蓋識教也。朝夕無忘，性氣自平，言動自審，便不流入功利忿欲中去矣！

鄒東廓論龍惕書

東郭名守益，字謙之。吉安府安福縣人

惠示所寄楊月山書，具見新功。其曰：「學者當以主宰爲的，有主則虛，虛則必明」，「不明不可以爲虛，不虛不可以爲有主」，旨哉！其言之也。又曰：「戒謹恐懼，所謂惕也。非動何以爲惕？非惕何以爲自然？非自然，何以爲良知？」則先師能戒謹恐懼即良知之旨，可謂喫緊發揮矣！其謂「以水鏡喻心，則任其自妍自媸，自去自來，以是爲無意必而無所經綸裁制，則習懶偷安皆緣此起」，亦得近時學者之病症，仰欽仰欽！特中間乾坤剛柔之分，則猶覺有比擬文字者存。夫時順而順，時動而動，時說而說，時止而止，無往而非剛柔之流行，無往而非龍德之變化，似未可以二之也。願俟面命，以終至教。

又東廓書[1]

執事憂近時學者失自然宗旨，流於物欲，特揭龍德之驚惕[2]變化以鍼砭之，可謂良工苦心矣。特剛柔善惡之分，初[3]鄙情尚未釋然，是以遲遲未敢復也。

夫三才之道：曰陰陽、曰剛柔、曰仁義。仁義剛柔陰陽之流行中節處，則爲道爲善；其偏重不中節處，則爲過、爲不及、爲惡。故〈乾〉之上九剛也，以過而曰「有悔」；〈坤〉之六五非柔乎？以中而曰「元吉」。君子之乾乾不息，正以能晦能顯、能屈能伸，若四時日月錯行代明。故果行育德，非以奮發也；嚮晦宴息，非以因循也；容民畜眾，非以兼愛

1 本文另見鄒守益：〈復季彭山使君〉，《鄒守益集》（南京：鳳凰出版社，二〇〇七），卷十，頁五一八—五一九。此處乃〈復季彭山使君〉之節錄。另，字句修訂、句讀亦參考之。

2 《鄒守益集》「驚惕」皆作「警惕」。

3 「初」，《鄒守益集》作「於」。

也；儉德避[1]難，非以爲我也；明罰敕[2]法，非以立威也；議獄緩死，非以售恩也。此皆乾德之變化時出之，不可以纖毫人力增〔損〕[3]。若以剛柔蔽善惡，得無尚有未瑩乎？

答東廓書

前領教惠，感感！自然之說，僕以人之安於無爲而無所主宰者當之，故以爲有剛柔之別。今思真自然者，原不如此，尊教以爲誤認自然，是也。至於陽善陰惡，則本是易理；柔中之善，乃亦陽剛之退，當退而無所主宰，則陰晦乘之矣！惡得爲善邪？舉此推之，他可例見。因俗冗不暇備論，尚伺合併之日面悉耳！

1　「避」，《鄒守益集》作「辟」。
2　「敕」，《鄒守益集》作「勅」。
3　據《鄒守益集》修訂。

東廓又復書[1]

承諭誤認自然之說，具見新功。古之君子虛己取善，浩浩若滄溟之納百川，百川日夜宗之而不能外，由此其選也。驚惕[2]變化、自然變化，其旨初無不同者。不驚惕不足以言自然；不自然不足以言驚惕。驚惕而不自然，其失也滯；自然而不驚惕，其失也蕩。蕩與滯皆有適有莫，不可與語比義之變化矣。

向所陳〈乾〉之上九，以剛而曰有悔；〈坤〉之六五，以柔而曰元吉。似不可以剛柔分善惡。而來教若有未允者，〔當〕〔嘗〕[3]即各爻而考之，則〈需〉之九三不如上六之終吉；〈蠱〉之九二不如六五之用譽；〈噬嗑〉之上九不如六五之黃金；〈頤〉之初九不如六四之虎視；〈大過〉之九三不如初六之白茅；〈離〉之九四不如六二之黃離；〈井〉之九二不如上六之有孚；〈旅〉之上九不如六五之譽命。高明試一思之，再以見教。

---

1 本文另見鄒守益：〈再簡季彭山〉，《鄒守益集》，卷十，頁五一九。此處乃〈再簡季彭山〉之節錄。另，此處字句修訂、句讀亦參考之。
2 「驚惕」，《鄒守益集》皆作「警惕」。
3 據《鄒守益集》修訂。

夫陰陽剛柔仁義本一道也，因三才而六其名耳。故自其流行中節處便是善，其偏重處便是過與不及，便是惡。若必以陰陽剛柔分善惡，不知仁義又將安屬之乎？

王龍溪論龍惕書[1]

龍溪名畿，字汝中。紹興府山陰縣人

來教及與月山所論龍惕一書，深懲近時學者過用慈湖不起意之弊。足知任道懇懇，憫時憂眾之懷。某不佞敢忘佩服？細繹來旨，尚有毫釐欲就正處，茲據其略以請，非敢為正處，以求益也。

丈云：「今之論心者，當以龍不當以鏡，惟水亦然。」夫心與物無對，無方體、無窮盡，難於名狀。聖人欲揭以示人，不得已取諸譬喻，初非可以擬而比倫也。水鏡之喻，未為盡非。無情之照，因物顯象，應而皆實，過而不留，自妍自醜，自去自來，水鏡無與焉。蓋自然之所為，未嘗有欲，聖人以無欲應世，經綸裁制之道，雖至於位天地，育萬物，其中和性情、本原機括，不過如此而已。著虛之見，本非是學，在佛老亦謂之外道，只此著

---

1 本文另見王畿：〈答季彭山龍鏡說〉，《王畿集》（南京：鳳凰出版社，二〇〇七），卷九，頁二一一—二一五。此處乃〈答季彭山龍鏡說〉之節錄。另，此處字句修訂、句讀亦參考之。

便是欲，失其自然，聖人未嘗有此也。

又云「龍之爲物，以驚惕而主變化者也」，「自然固主宰之無滯，曷嘗以此爲先哉？坤道也，非乾道也」。其意若以〈乾〉主驚惕，〈坤〉主自然。驚惕時未可自然；自然時無事驚惕。此只墮落兩邊見解，《易》道宗原恐未可如此分疏也。夫學當以自然爲宗，驚惕者，自然之用。戒謹恐懼，未嘗致纖毫力，有所恐懼，則便不得其正，此正入門下手工夫。乾乾不息，終始互根，竭才而不以爲勞，省力而不以爲逸，道並行而不相悖也。自古體《易》者莫如文王。文王「小心翼翼，昭事上帝」乃是真自然；「不識不知，順帝之則」乃是真驚惕。乾坤二用，純亦不已，是豈可以先後而論哉？孔子「發憤忘食，樂以忘憂」，孟子「必有事焉而勿正心」，義皆類此。或者以爲聖人本體自然無欲，學者工夫豈能遽至？是殆未知合一之旨也。夫道一而已矣，滕文公未嘗學問，孟子開口便告以法堯舜、師文王，豈漫爲之說，以誣世子[1]哉？誠有以見道之本一，而學之不容以異也。聖人學者本無二學，本體工夫亦無二事。聖人自然無欲，即是本體便是工夫；學者寡欲以至於無，是做工夫求復本體。故雖生知安行，自修之功未嘗廢困勉；雖困知勉行，所性之體未嘗不生而安也。舍工夫而談本體，謂之虛見，虛則罔矣；外本體而語工夫，謂之二法，二則支矣。此在吾

1 《王畿集》無「子」字。

人自思得之，非可以口舌爭也。

其云「以驚惕而主變化，不若以無欲而主變化」，更爲得理。驚惕只是因時之義，時不當，故危厲生，惟惕始可至於無咎，非龍德之全也。無欲則自然驚惕，當變而變，當化而化，潛見飛躍，神用無方，則不涉蹤跡，不犯安排。吾心剛健之象，帝命之不容已者正如此。習懶偷安，近時學者之病。然此卻是錯認自然，正是有欲而不虛，若便指爲先迷失道，〈坤〉體言虛，一入於此，便有履霜之戒。則不惟孤負自然，亦孤負乾坤矣。慈湖未嘗起意[1]之說，善用之未爲不是。蓋人心惟有一意，始能起經綸、成德業。意根於心，[2]心無欲則意[3]自一，一念萬年，主宰明定，無起作、無〔遷〕[4]改，正是本心自然之用，艮背行庭之旨。終日變化酬酢而未嘗動也，纔有起作，便涉二意，便是有欲而妄動，便爲離根，便非經綸裁制之道。慈湖之言，誠有過處，無意無必乃是聖門教人榜樣，非慈湖所能獨倡也。惟其不知一念用力，脫卻主腦，莽蕩無據，自以爲無意必，而不足以經綸裁制。如今時之弊，則誠有所不可耳。

---

1 「未嘗起意」，《王畿集》作「不起意」。
2 《王畿集》後接「心不離念」四字。
3 「意」，《王畿集》作「念」。
4 據《王畿集》補一「遷」字。

又云「良知因動而可見，知者主也」，恐亦未為定論。《易》曰：「乾知大始」，良知即乾知。靈明首出，剛健無欲，以其混沌初開第一竅，未生萬物，故謂之大始；順此良知而行，無所事事，便是「坤作成物」。《本義》訓知為主，反使聖人喫緊明白話頭，含糊昏緩，無入手處。只一知字且無下落，致知工夫將復何所屬耶？夫良知兩字，性命之根，至微而顯，徹動徹靜，徹內徹外，徹凡徹聖，徹古徹今，本無汙染，本無增損得喪，寂感一體，非因動而後見也。老師雖出示人，原是孔門宗旨，「蓋有不知而作，我無是也」、「吾有知乎哉，無知也」、「夫婦之愚可以與知，聖人天地所不能盡」，蓋指此良知而言也。範圍天地，曲成萬物，其要只在通乎晝夜之道而知。純此謂之〈乾〉，順此謂之〈坤〉，主此謂之帝，謂之無欲之靜[1]，盡此謂之盡性，致此謂之至命，非有二也。顏子發聖人之蘊以教萬世，所學何事？顏子有不善未嘗不知，知之未嘗復行，不遠而復，復此良知而已。惟良知精明，時時作得主宰，纔動便覺，纔覺便化。譬如明鏡能察微塵，止水能見微波，當下了截，當下消融，未待遠而後復，謂之聖門易簡直截根源，當時子張、子貢、子夏諸賢信此良知不及，未免在多聞多見上擇識、言語上求解悟、億上求中，湊泊幫補，自討繁難，所以不如顏子。故顏子沒而聖學遂亡。說者謂明道之學有似顏子，觀其應跡自然、澄然無事

1 「謂之無欲之靜」，《王畿集》作「主此謂之主靜」。

之論，源委條貫，亦可槪見。今日良知之學乃千聖以來相傳密機，顏子、明道所不敢言者。後之儒者不明宗旨，祇是傳得子張以下一派學術，顧疑良知孤單，不足以盡萬物之變，必假知識聞見意解增贅而合發之，反將直截根源賺入繁難蹊徑上去，其亦不思甚矣。

夫良知之於萬物，猶目之於色，耳之於聲也。目惟無色，始能辨五色；耳惟無聲，始能辨五聲；良知惟無物，始能盡萬物之變。無中生有，不以跡求，是乃天職之自然，造化之靈體，故曰「變動不拘，周流六虛」，「不可爲典要，惟變所適」。易即良知也，今疑此不足，而必假聞見以爲學，是猶假色於目以爲視，假聲於耳以爲聽，如之何其可也？夫良知未嘗離聞見，而即以聞見爲良知，則良知之用息；耳目未嘗離聲色，而即以聲色爲視聽，則耳目之用廢。差若毫釐，謬實千里，豈惟不足以主經綸而神變化，揜蔽靈竅、壅閼聰明，將非徒無益而又害之。雖然，孔門諸賢誦法孔子，皆以聖人爲學，雖不免意見之雜，未嘗落於世情。今時之弊，則又十百千萬於此矣！蓋自霸術以來，功利世情漸漬薰染，入於人之心髓，已非一朝一夕之故。吾人見在種種好名、好貨、好色等習，潛伏膠固、密制其命，不求脫離，終日倚靠意見，牽搭支撐，粉飾假借，以任情爲率性，以安逸因循爲自然，以計算爲經綸，以遷就爲變通，以利害成敗爲是非，以憤激悻戾爲剛大之氣。方其度圖影響同（意）〔異〕[1]，駕空獵虛、談性說命，傲然自以爲知學，譬如夢入清都，自身正在溷中打眠，全無些子受用處。今日學問所以不能光顯於天下，在吾人誠有不得不任其咎者矣。此事關涉甚大，豈可強爲？吾人欲與直下承當，更無巧法，惟須從心悟入，從身發揮，不在凡情裡營窠穴，不從意見裡尋塗轍，徹底掃蕩，徹底超脫。良知真體，精瑩靈洞，纖翳悉除，而萬象昭察，緝熙千百年之絕學，以（底）〔抵〕[2]於昌大休明，使人不以西河致疑於夫子，始爲報答師恩耳。某本貧人，無可受用，然說金處，自信頗真。執事師門倚頓也，倘忘其乞食之嫌，相信弗疑，不以世情意見參次其間，則此學真如精金，將益光顯於世，德日崇而業日廣，人心世道，庶乎有一變之機矣！聞與東廓、雙江諸友曾劇論，併往一通質之。同心一體，休戚相關，千里毫釐，辨之在早。有進我者，不吝往復，終（益）〔教〕之（望）〔益〕[3]也。

1 據《王畿集》修訂。
2 據《王畿集》修訂。
3 據《王畿集》修訂。

答龍溪書

所論以自然主變化之說，由良知本體言之，固無不可，但主腦卻不在此。夫知其自然而順之，知其不自然而強之，皆乾道也。苟無此知，則不自然者固困於蔽而難開，而所謂自然者必流於欲而忘返矣！故自其合一者而言，則乾非坤不可以爲健，坤非乾不可以爲順。乾則坤矣，坤則乾矣，本無彼此，本無先後。然坤統於乾而不爲主，則一乾道而已。自失其本體而言，則陰進陽退，氣勝理微，當斯時也，雖無爲自然，失之未遠，而剛德爲柔所乘，不謂之坤道而何？試以「居敬行簡」一章視之，敬者乾道也，爲主者也；簡者坤道也，自然者也。苟無主焉，亦安得遽謂自然者之無弊乎？僕所以主於言龍不言鏡者，非謂驚惕時不可自然，自然時無事驚惕，誠以學者之病在於自然，而不知所惕也。何則？自然者，是其順也；知自然者，是其健也。一於自然，則易忽所以，失此知之本體也，故工夫要處惟在於惕耳。文王序《易》，以〈乾〉爲首，是自古學問之本在乾也。夫惟如此，而後工夫有所下手，若他卦陰陽進退，則皆乾道之變化耳。後儒不知此義，乃信商易爲歸藏，而附謂其序首坤之說，則與周易所見似不同矣！不知首坤之說，則與《周易》所見似不同矣！不知首〈坤〉者，其下手工夫當以何者爲主乎？且陽全陰半，說易者固嘗言之。陽能主陰，而陰不能爲陽主，惟順從之而已，故於坤有先迷後得主之戒，而乾坤先後之序，不得不分矣！先師論學揭良知以示人，蓋指人心之爲主者而言，即首乾之宗旨也，特未嘗發明良知即乾道耳。近時學者往往以知識意見爲知，則非良知之本體，故即其本體而言自然，則自然在本體，本體乃良知，良知乃乾道之爲主者也。苟失自然，正賴乾道之知惕耳，是本在乾道不在自然也。若以自然爲本，則任陰而不任陽，毫釐之差忽不自覺，凡流於物欲，至於錮蔽而爲不自然者，皆此自然者之所必致矣！此所謂履霜堅冰至者也，非乾道又烏能不遠而復哉？陰陽消息之機，剛柔善惡之理，在知道者必能明之矣！執事爲師門正嫡、吾道宗盟，凡有所言，存乎德行，非若僕之膾口說者也。然龍鏡之辨，則亦頗因用功，見得聖人宗旨的是如此，非罔然無知，欲立異論也，故於尊教未敢唯唯受領，講學論文，宜加反覆，萬勿因人廢言，致疏精一之學，至囑至望。

與陳子虛書 子虛名昌積，號〔兩湖〕，門人。吉安府太和縣人

乾坤之說，比來看得甚精，乃自信龍鏡之辨，有決然無可疑者。但陽善陰惡，理亦甚微，非面論不能盡也。朋友亦多信之，而雙江尤無牴牾。東郭雖未釋然，以其往臨川，不得與之盡言。親見時，要亦不久當合一矣！此是自古聖人自強不息之要，足以發明良知之說，與水鏡之喻不同，因斷楊慈湖只是禪學。夫慈湖深妙，豈有加於《(檀)〔壇〕經》哉？

但其所引用者多聖人之言，故遂以爲聖學耳，殊不知曹溪之學亦是如此也。僕近以一聯示學者云：「曹溪以佛氏之言言聖，難尋罅隙；慈湖以聖人之言言佛，須辨毫釐」。雙江固以爲是，雖東郭亦不以爲非也，惟龍溪溺於舊見，未能相信。答稿內以「乾則坤也，坤則乾也，本無差別」，改作「乾即坤矣，坤即乾矣，本無彼此」。蓋乾坤終是二物，合一處乃是乾爲主而坤順之，不可混而爲一也。推此義，則於陰陽消長之間，亦可以不言而知其剛柔善惡之故矣。因便倉卒寓此，餘不多具。

贈楊月山擢清浪參將序[1]

月山楊先生少有遠志，雖起自辰州衛百戶侯，而好學求師，力行古道，故能荐立武功，累陞正千戶。然以安身立命之地不在是也，聞吾師陽明公講道東越，即不遠數千里負笈過從。又以甘泉公講道南都，復又不遠千里，自越過從，盡究其異同，而歸宿於吾師致良知之說。於是學有定向矣！甲午秋，余謫判辰州，月山以余爲同門，不恥下問，而余學尚未

---

[1] 本文另見季本：〈贈都閫楊君擢清浪參將序〉，《季彭山先生文集》（北京：書目文獻出版社，一九八八），卷一，頁十三上。部分字句修訂亦參考之。

精，靡有麗澤之益。然是時方興慈湖楊氏之書，同門諸友多以自然爲宗，至有以生言性，流於欲而不知者矣，余竊病之。越三年，轉二吉安，乃爲龍惕書以貽月山，人[1]亦不以爲然也，雙江聶子獨深信之，則爲心龍之說以發其義。夫心之爲龍也，言乎其惕也，龍起則驚，驚則惕，惕則天理初萌，未雜於欲之象。蓋即《中庸》戒慎不睹、恐懼不聞之（機）〔幾〕[2]也，是謂良知。此非至健，何以能之？故《易》曰：「乾以易知」，乾之知，我自能知，無待於外，何難之有？所謂自然也。自然以乾知爲主，豈復有流於欲者哉？此龍惕書之本旨也。然爲別既久，無由面論其詳。又三年，余守長沙。月山自辰陽假公事來見，復相與講明此學，而月山始洞然不疑，是余之說又深信於月山矣！及余謝事師林下，而月山已爲吾浙閫帥，過訪敝廬，而余亦時往造焉，淡而不厭，久而愈親，可謂君子交矣！至施爲持重，條理精明，則有[3]以見其深得於學問者，宜其功名之日顯哉！未逾一載，朝廷以月山閒於兵事，尋有清浪參將之擢。瀕行，余將述軍民感戴之情以昭月山之德，而月山以名稱爲恥，言於余門人丁生模[4]，但欲得規誨之言，以爲終身之用。余無他言，則有申

1 《季彭山先生文集》無「人」字。
2 據《季彭山先生文集》修訂。
3 「有」，《季彭山先生文集》作「又」。
4 《季彭山先生文集》無「言於……」此句。

前說而已！清浪密邇辰沅、酉溪諸蠻，乃月山德威素孚之地，其封侯掛印不難矣！竊謂月山明於此學，推以淑人，將折衝樽俎間耳，何事於兵哉？昔孔子答衛靈公問陳而曰：「俎豆之事則嘗聞之矣！軍旅之事未之學也」，聖人不戰之教，蓋如此。故杜子美亦曰：「苟能制侵凌，豈在多殺傷？」余將以此驗月山日新之學云。

附錄

張太史撰彭山季先生傳略[1]

太史名元忭，字子藎，號陽和，門人。紹興府山陰縣人

彭山先生[2]在吉安講學於青原山時，講學者多以自然爲宗而厭拘檢。先生懼其浸失師門之旨，因爲龍惕書以挽其敝。大都以龍喻心，以龍之驚惕而主變化，喻心之主宰常惺惺，其要歸於自然，而用功則有所先。間以質諸同志，或然或否，先生亦自信其說不爲動。

史忭評曰：「夫聖人之立訓以衛道也，各因乎時。時而執筌爲魚，滯於象數之末而不知本體之自足也，故聖賢示之以妙悟。時而認賊作子，蕩於繩墨之外，而不知人心之易放

---

1 本文另收入張元忭：〈季彭山先生傳〉，《不二齋文選》（台南縣：莊嚴文化事業有限公司，一九九七），卷五，頁二四下—二七上。本文乃〈季彭山先生傳〉之節錄。

2 「彭山先生」，《不二齋文選》僅作「其」字。

也，故聖賢示[1]之以惟危。其旨不同，同歸於道焉耳。」余讀季先生龍惕書，竊謂其得聖賢兢業之意，大有功於新建之門者也。其所著書累數百萬言，或以葛藤誚之，余閱其概，爲之三嘆。嗟乎！後世有楊子雲，吾知先生之書，其不爲覆瓿也夫！

張陽和龍惕書問[2]

龍溪先生所答書，即前答彭山先生書刪其繁者。見雲門要語內錄出

陽和子問於龍溪先生曰[3]：「乾坤皆聖學也，先儒何以有乾道坤道之別？果以敬義之功，謂於本體上尚隔一塵，不及自強不息之直達本體，則堯、舜、禹之孜孜相戒勉：曰欽、曰慎、曰兢業，皆敬也，是亦不得爲乾道耶？自良知之說一出，學者多談妙悟而忽戒懼之功，其（敝）〔弊〕[4]流於無忌憚而不自知。忭竊於彭山先生龍惕書有取焉，亦救時之意也。」

1 「示」，《不二齋文選》作「懼」字。
2 本文另收入王畿：〈與陽和張子問答〉，《王畿集》，卷五，頁一二三－一二八。此處乃〈與陽和張子問答〉之節錄。另此處字句修訂、句讀亦參考之。
3 全句《王畿集》僅作「問」字。
4 據《王畿集》修訂。

龍溪先生曰[1]：「先儒以顏子爲乾道；以[2]仲弓爲坤道，亦概言之耳。顏子已見本體，故直示以用功之目；仲弓於本體尚有未徹，故先示以敬恕之功，使之自求而得之。非以乾坤爲優劣也。良知乃自然之明覺，驚惕[3]者，自然之用，非乾主驚惕、坤主自然，有二道也。學者談妙悟而忽戒懼，至於無忌憚而不自知，正是不曾致得良知，非良知之教使然也。陽和[4]有取于彭山先生龍惕之說，予嘗有書商及此事，今述其大略以請。

彭山深懲學者[5]過用慈湖之弊[6]，謂『今之論心者當以龍，不以鏡，惟水亦然。』夫人心無方體，與物無對，聖人不得已，取諸譬喻，初非可以比而論也。水鏡之喻，未爲盡非。無情之照，因物顯象，應而無跡，過而不留，自妍自媸，自去自來，水鏡無與焉。蓋自然之所爲，未嘗有欲也。著虛之見，本非是學，在佛老亦謂之外道。只此著便是欲，已失自然之用。吾儒未嘗有此也。

---

1 《王畿集》無此句。
2 《王畿集》無「以」字。
3 《王畿集》「驚惕」皆作「警惕」。
4 「陽和」，《王畿集》僅稱「子」。
5 「學者」，《王畿集》作「近時學者」。
6 「弊」，《王畿集》作「敝」字。

又云『龍之爲物，以驚惕而主變化者也。自然是主宰之無滯，曷嘗以爲先哉？坤道也，非乾道也。』其意若以乾主驚惕，坤主自然。驚惕時未可自然，自然時無事驚惕，此是墮落兩邊見解。夫學當以自然爲宗。驚惕，自然之用。戒謹恐懼，未嘗致纖毫力，有所恐懼，則便不得其正，此正入門下手工夫。自古體《易》者，莫如文王。『小心翼翼[1]』乃真自然；『不識不知，順帝之則』乃真驚惕。乾坤二用，純亦不已，是豈可以先後而論哉？慈湖不起意之說，善用之未爲不是。蓋人心惟有一意，始能起經綸、成變化，意根於心，心無欲則念自一，一念萬年，無有起作，正是本心自然之用，艮背行庭之旨，終日變化而未嘗有所動也。可細細參玩，得其驚惕自然之旨，從前所疑，不待辯而釋然矣。」

徐文長讀龍惕書論[2]

文長名渭，號天池，門人。紹興府山陰縣人

甚矣，道之難言也！昧其全體，而後（愛）〔憂〕[1]道者指其爲自然。後自然者之不能

---

1 《王畿集》後接「昭事上帝」一句。

2 本文另收入徐渭〈讀龍惕書〉，《徐渭集》（北京：中華書局，二〇〇三），卷二十九，頁六七七—六七九。此處部分字句修訂、句讀亦參考之。

無弊也，而先生復救之以龍惕。

夫先生謂龍之惕也，卽乾之健也，天之命也，人心之惺然而覺、油然而生，而不能自已者也。非有思慮以啓之，非有作爲以助之，則亦莫非自然也。而又何以惕爲言哉？今夫目之能視，自然也；視而至於察秋毫之末，亦自然也。耳之能聽，自然也；聽而至於聞焦螟之響，亦自然也。手之持而足之行，自然也；其持其行而至於攀援趨走之極，亦自然也。心之善應，自然也；應而至於毫釐纖悉之不踰矩，造次顚沛之必於是，亦自然也。然而有病於耳目手足者矣，或爲翳，甚或爲盲也；或爲塞，甚或爲聾也；或爲不調，甚或爲痿痺也。始而罹是患也，旣以壞其聰明運動之神而漸不可救，其患之成而積之久也，則遂忘其聰明運動之用，而若素所本無。於是向也以視爲目之自然，而今也以不視爲目之自然；向也以聽爲耳之自然，而今也以不聽爲耳之自然；向也以持行爲手足之自然，而今也以不持不行爲手足之自然。

夫聰明運動耳目手足之本體自然也，盲聾痿痺非自然也，而卒以此爲自然者，則病之久而忘之極也。夫耳目手足以盲聾痿痺爲苦，而以聰明運動爲安，舉天下之人習知其聰明

1 據《徐渭集》修訂。

運動之爲自然，而盲聾痿痺之非自然，至於其病之久而忘之極，猶且以苦者爲安，非自然者爲自然矣。而況於人之心，其在胎妊之時已有薰染之習，馴至知覺之後，又不勝感物之遷，小體著於嗜好而無有窮已，人已奪於利害而未嘗知足。播遷流浪，百孔千瘡，其在今日，亦猶既壞之耳目手足，舉天下不見其有聰明運動之神，特有翳與盲、塞與聾、不調與痿痺，甚不甚之異耳。而況一念流轉，善惡易形，兩可相淩，物體無定，如象之蓋舜入宮，又忽然忸怩，閒居之小人，始而爲不善，繼[1]又作僞以著其善。又如取與死生，有傷廉、傷惠、傷勇之病，而兩立於可與不可之間，此皆倏然變遷，如環之無端，而思慮所不及；影響疑似，如路之交錯，而從違無可據。故蓋舜入宮，自然也，忸怩亦自然也，閒居爲不善自然也，繼而愧自然也，既而又作僞以著其善，亦自然也，取與死生可亦自然也，不可亦自然也，而忘其病者，孰知其病，又孰知其不病哉？

夫象與閒居之小人猶可言也，何者？入宮之與忸怩，爲不善之與見[2]君子而欲掩其善惡之念，雖若互發無端，而景境頓別，迷覺易知。至於可與不可之間，幽閒微細，而罅縫難尋，念之善惡，無甚相形，心所便安，易於沈溺，況於未泯之良，時亦弋獲，訟過之念，

1 《徐渭集》後接「而愧既而」四字。

2 「見」，《徐渭集》作「爲」。

似障天眞。於是以見起者爲本體[1]，踰矩者爲帝則，因眞恕妄，所遺實多。將清淨者喜其無情，圓活者忘其詭隨，遂非者假口灑脫，而放肆者遂至於無忌憚。苟無窮詰辯難，又將執是說以蓋藏其過，文飾其（間）〔姦〕[2]矣！故盲與明對，猶可辨也，惟少有見焉，而以黑爲白，白爲黑，自以爲明者，難稽也；聾與聰對，猶可辨也，惟少有聞焉，而以喁爲于、于爲喁，自以爲聰者難稽也；痿痺者與平和者對，猶可辨也，惟少有[3]持行者，而并以不能者爲能，難稽也；憂道者以自然之足以救支離，而不知冒自然者之至於此。

然則自然者非乎？曰：吾所謂心之善應，其極至於毫釐纖悉之不踰矩，造次顚沛之必於是，本自然也。然而自然之體不容說也，說之無益於工夫也。旣病之人心，所急在於工夫也，苟不容以[4]無說，則說不可徒以自然道也。惕之與自，非有二也，[5]猶指目而曰自然明，可也，苟不言明，而徒曰自然，則自然固虛位也，其流之弊，鮮不以盲與翳者冒之矣。而今之議先生者，得無曰惕者，循業發現，如論水及波，終非全體，隨時執捉，如握珠走

---

1 「體」，《徐渭集》作「來」。
2 據《徐渭集》修訂。
3 「有」，《徐渭集》作「能」。
4 「以」，《徐渭集》作「於」。
5 《徐渭集》後接：「自然惕也，惕亦自然也，然所要在惕而不在於自然也。」

盤，反窒圓機，亦或未諒先生之本旨矣乎？夫見赤子入井而怵惕，此惕也，謂之循業發現也。未見赤子之先，與既見赤子之後，或寂然而靜，或紛然而動，而吾之常明常覺常惺惺者無有起滅，亦不可不謂之惕也，亦不可不謂之循業發現也。業無際，發現無際，惕亦無際，又何別有全體之可云哉？至於以惕爲執捉，則是有所恐懼不得其正，少從事於口耳[1]者，類皆[2]避之，先生應不如是之竈也。

蓋先生嘗教人曰：使窮世皆水，指何爲水？纔有陸地，水始可名。《中庸》言戒懼，唯聖人常戒常懼，無有畔岸，故不見其戒懼；衆人惟有放逸，而戒懼始形。然則戒懼者固天命之性，工夫本體何（常）〔嘗〕[3]有二？此可以見先生之所謂惕矣！雖然，人在暗室不能見物，苟得日光，還見秋毫，不幸盲瞽，（目）〔日〕[4]亦不見，（又）〔及〕[5]復眼光，仍仰圓魄，則知光有得失，見體無爲。惟耳手足莫不皆爾，故人心既失，其顛倒悖逆，甚於

1　「耳」，《徐渭集》作「語」。
2　「皆」，《徐渭集》作「能」。
3　據《徐渭集》修訂。
4　據《徐渭集》修訂。
5　據《徐渭集》修訂。

耳目手足之病，而惕體依然。苟調停劑量，則易於盲聾痿痺之（毉）〔醫〕[1]，呼谷應（生）〔聲〕[2]、立竿見影，言說何益，冷煖自知。

渭小子感先生之憂道，識先生之苦心，雖志氣不前，而蹩躃思振，非以多言敷衍，期於（必）〔畢〕[3]露瘡痍[4]。伏覽茲文，悵然援筆，既請正於函丈，將遍質於同襟。

---

1 據《徐渭集》修訂。
2 據《徐渭集》修訂。
3 據《徐渭集》修訂。
4 「痍」，《徐渭集》作「瘢」。

跋

跋彭山府君龍惕書後

先儒以明鏡止水喻人心自然之本體，其來久矣！廼先君讀易，窮年反覆乾卦，有見於九三之惕，因作〈龍惕書〉遺楚月山楊公。蓋以主宰之常惺惺者言心，非若鏡之照物，任其妍媸往來，而中無所主也。既又請質於海內之同志，辯難往復，皆以爲然。間有不相信者，緣自信其所見，無足怪也。丑以是書廼先君平生精力所到，定千古儒釋界頭，非梓之以廣其傳，則世之譚妙悟者，鮮不任自然而入於禪，惑亂之者幾希！徐文長氏師先君而深信之者，詢謀及之，有取焉。力贊曰：「子必勉之！」併授以所嘗讀龍惕書論，命附於後。甥劉毅嘗讀是書，歎曰：「千聖競業之學，精蘊盡於此矣！」萬曆壬寅仲冬之藩少參任，遂攜之以行，付諸梓人，併梓丑〈讀龍惕書〉二律，因書其所由於簡末。

讀龍惕書

五言律二首

絕學久無傳，山川間氣纏，靈鍾九公嶼，精透萬家編。
乾道惟行健，坤從乃自然，永貞非有戒，鮮不入於禪。
水鏡體虛明，妍媸任照生，將來不知覺，已去即無情。
心體惺惺法，工夫兢兢成，自然知聖學，坤順乃乾行。

男丑百拜撰

跋龍惕書

吾越自陽明先生提良知二語，獨抉前聖道秘，一時學士大夫翕然宗之。顧授受傳訛，或至於耑主自然，盡遺兢業，而俗儒逐響者，遂追名其學爲禪。外氏叔曾大父彭山先生，先生高弟也。著述極博，所疏六經，已悉梓行於世。客歲以入賀之役竣事，里居梅龍。外叔祖搜其家篋中，手龍惕一編授毅，毅攜之建署，得以公餘卒業，反復數篇。大抵防自然之流弊，以常惺爲主腦，提起按下，念念競業，而總之不離良知本體。即其間剛柔、善惡、利命、冰霜之辯，末學固陋，亦或未安；若廼閑良知獨解之秘，破千載禪定之疑，則有功於陽明先生者多矣。諸儒標駁，或違或合，意各有抵，匪直耳譚。而余尤愛文長氏能以其沉洋自恣之詞，扶龍惕奧窔，而發其精光，是又有功於彭山先生者也。因併梓之以俟識者。

萬曆癸卯季夏月吉，山陰劉毅書於建之巡署。

中央研究院中國文哲研究所古籍整理叢刊 ㉒

四書私存

原作者 〔明〕季本
點校者 朱湘鈺
校訂者 鍾彩鈞
發行者 中央研究院中國文哲研究所
臺北市南港區研究院路二段一二八號
電話：（〇二）二七八八三六二〇
印刷者 久忠實業有限公司
三重市成功路四一巷十一弄六號
電話：（〇二）二九七七一六〇二
定價 平裝五〇〇元
初版 中華民國一〇二年六月

ISBN 978-986-03-7128-4（平裝）　GPN：1010201162

國家圖書館出版品預行編目資料

四書私存 /(明)季本撰; 朱湘鈺點校; 鍾彩鈞校訂. -- 初版. -- 臺北市：中研院文哲所, 民 102.06

面； 公分. --（中央研究院中國文哲研究所古籍整理叢刊；22）

ISBN 978-986-03-7128-4（平裝）

1. 四書 2. 注釋

121.212 102011158